U0927043

山东古镇古村

主编 董珂 郭晓琳

山东地名文化丛书

山东友谊出版社

前　言

地名，作为一种文化符号，是特定区域内自然、社会、历史及人文等发展的综合产物。千百年来，它见证着地方风貌的自然变迁，滋养着地方社会的民众生活，承载着地方历史的文化根脉，寄托着地方人文的情怀记忆。古镇古村，呈现给世人的不仅仅是一方土地上那些古老却灵动的地名标志，更是传承区域历史和文化的丝丝藤蔓，环绕其间，紧密不可分割。

山东历史悠久，人杰地灵。作为齐鲁文化、东夷文化的发源地，山东千年以上的古镇古村数量众多，虽历经沧海桑田，世事荏苒，这些存留至今的古镇古村仍旧散发着五彩缤纷的文化魅力。散落在齐鲁大地上的古镇古村，如浩瀚天空中耀眼的点点繁星，述说着一段段被尘封的地方往事。悉心保护我省丰富的古镇古村资源，既是时代赋予齐鲁儿女的文化重任，也是我们不容推辞的责任与担当。

正是怀着敬仰之心，我们决定编辑、出版《山东古镇古村》一书。该书主要收录了齐鲁大地上宋、金时期及之前形成的、尚有一定文化遗存的自然镇、集镇、建制镇及村庄，而且每一条地名都详细描述了地理位置、历史沿革、重要历史人物或事件、风土民情及今日发展等关键信息，期以地名文化的视角走进、领略并展示山东古镇古村的独特魅力。观览一处古镇古村，勾陈一段历史记忆，感悟一方文化积淀。从优美细腻的行文中体验地方历史的厚度，并在文化自觉中增强保护地名文化的意识和信心。

《山东古镇古村》是山东省地名工作者努力践行地名文化保护的一次有益的尝试。本书初稿由山东各市地名工作者提供，省有关部门亦多次组织专家学者进行审稿、评阅，几易其稿，终成今貌。鉴于水平所限，书中难免出现疏漏之处，恳请广大读者拨冗指正。

编　者

2016年5月

目录

第一辑　品味·山风泉韵

第二辑　拾忆•蓝色海湾

第三辑　寻觅·古都遗珠

第四辑　探幽•鲁南古风

第五辑　采撷·鲁西走廊

第一辑

品味·山风泉韵

大王山青青依旧　史蕴浓浓话舍人

王舍人镇地处济南东郊，东与郭店镇相邻，西与全福街道相连，南与历下区姚家街道接壤，北隔小清河与华山镇相望，是济南东大门之一。这里山清水秀，人杰地灵。毛主席曾于1959年两次视察该地。闻名遐迩的大辛殷商文化遗址、鲍叔牙墓、梁冢遗址、唐槐等十余处古文化遗迹荟萃于此，位列泉城七十二名泉的白泉、花泉嵌于内，山东省名牌产品——普利思矿泉水产于此；古与黄河、长江、淮河并称“四渎”的小清河流经域中；鲍山、大王山处东南一隅，似擎天二柱，为境内一胜境。

金代在此设置王舍人店镇，近代一度成为历城县政府的驻地。王舍人镇得名于王舍人庄，王舍人庄的得名，因为时间久远，资料缺失，人们无力考证，据坊间传闻，王舍人庄，隋代前称杂货店，后来因为一个姓王的舍人而更名王舍人庄并沿用至今。至于王舍人究竟是谁，有多种说法。

目前，传言最多的是唐代有一个中书舍人王玺（或称王熙），告老还乡在此开店。去世后，乡人为纪念他，遂把杂货店所在地改作了王舍人庄。

此外，关于王舍人，还有其他说法。东汉之前，附近出现了一个十分显赫的家族，史称“济南王氏家族”。王氏家族原来是战国时齐国(田姓)国君的后裔，楚汉争霸，项羽封田安为“济北王”，田安的后人王(田)遂便以“王”为姓，定居在了东平陵，死后就葬在了附近。

王遂的儿子王贺，曾担任汉武帝的绣衣御史。不过绣衣御史也不是正式的官名，仅表示受君主的宠爱，与当时“舍人”的含义大致相当。王贺罢官家居，与东平陵城内的终氏家族（终氏家族也大有来头，最著名的就是“弃繻请缨”的终军）结怨。无奈之下，王贺只得选择离开，举家迁徙到了魏郡。后来王贺的孙女王政君成为汉元帝的皇后，王氏一门逐渐都成了皇帝的近臣，个个都可称“舍人”。

汉元帝初元四年(前45)，王政君的侄子王莽出生。据《汉书•楚元王传》记载，当年王遂的墓门前的梓柱就生出了枝叶，“今王氏先祖坟墓在济南者，其梓柱生枝叶”。王莽篡位登基后，便声称王遂墓梓柱生枝叶，是自己称帝的预兆。他立即在新朝始建国元年(9)整修了王遂墓，“使者四时致祠”。有趣的是，与王遂同时，还有一个叫王訢的济南人，官至丞相，封宜春侯，家族世代袭爵。王訢的重孙女王氏，就是王莽的妻子。王遂和王訢两家子孙，自然也都是皇帝的近臣。所谓世代舍人，当不为过。

按常理推断，王遂的墓葬，自然不能在东平陵城内，而应在附近选择佳壤，那么不远处王舍人庄的“舍人墓”，就很有可能与王遂或王訢家族有关，王舍人或许就是上述两个王家的成员。只是因为王莽的篡汉之举，历来没有善誉，后人也就不再借此标榜，遂渐不为人知了。

王舍人到底是谁虽然无法考证，但一座座遗址，一个个美丽的传说，却无声地诉说着这座千年古镇的韵味和魅力。

鲍山位于王舍人庄东南部，海拔118米。春秋时，齐桓公将此地赐予大夫鲍叔牙作为食邑。鲍叔牙死后葬于此，得名“鲍山”。山上有鲍书牙墓。据《历城县志·山水考》载：“鲍山，鲍邑故城，在县东三十里处。”如今鲍山上亭阁台榭，苍松翠柏，草木繁茂，游廊中彩绘有鲍叔牙举贤、荐齐侯、分金和妙语释管子等历史典故。

“读书堂”故址位于王舍人庄内。北宋咸平初年，契丹人侵扰内地州县。淄州郡守临阵脱逃，监军张蕴带领兵士民众，昼夜防守。契丹骑兵见无机可乘，只好撤退。后郡守反诬张蕴有罪，张蕴襟怀坦荡，迅速在民众中赢得了威信。张蕴二子张掞、张揆亦皆有所成。

张揆，祖籍范阳，后徙居齐州。北宋进士，历任北海县尉、大理司丞、天章阁待制兼侍读、右谏议大夫、龙图阁直学士、给事中、翰林侍读学士、知审刑院、齐州知州。

张掞，北宋进士出身，历任益都、掖县知县，后官至户部侍郎。传说他至孝，其父患病时，曾“刲股肉以疗”。父死后，尊敬兄长，“为乡党矜式”。

张氏兄弟饱读诗书，学有所成，品行高尚，成为乡邻的行为楷模，对后世也产生了巨大影响。北宋名臣、学者苏轼、范纯仁、王临都曾到王舍人庄张氏故宅读书堂瞻仰凭吊，并亲笔题写匾额、诗作，并镌石立碑。金末元初，诗人元好问路过王舍人庄凭吊读书堂故址时，尚见三碑俱在。金元战乱之际，乡人把苏轼题写的“读书堂”碑埋藏于地下。明朝时，范纯仁的诗碑及苏轼的题字碑佚失。万历初年，苏轼题字碑出土后，被保存在县学文庙内，供人瞻仰。据县学街小学一位老教师说，20世纪50年代苏轼碑刻尚存。后县学文庙大成殿被拆，古碑再次遗失。今王舍人庄唯王临诗碑尚存。

位于庄内的一株千年古槐、一株百年古柳至今仍然枝繁叶茂，与张氏读书堂一起昭示着王舍人镇经历的沧桑岁月。

双龙桥位于王舍人镇陈家张马庄东北处。据文献记载，明朝柳河之水有两源。其中“东源花泉”，乱孔争沸，俗名“乱泉”。西源为钊家泉，水势尤大。两源交汇而形成水面，遂建桥于水上。两源之水，流似双龙，从桥下经过，故命名“双龙桥”。水流经耿家泉汇合后，北入小清河。桥上碑文显示，双龙桥曾经两次重修。一次是清嘉庆六年（1801），另一次是道光十九年（1839）。旧时，往来于东北乡到济南府的必经要道就经过双龙桥，农民、商贩们驴驮车推，手提肩挑，热闹非凡。桥边设商亭、茶馆、饭摊，供过往行人歇脚、乘凉、吃饭，生意红火。

唱筹量沙的传说——粮冢遗址位于王舍人镇梁王庄村边，当地俗称“粮冢”。传刘宋元嘉八年(431)，南朝宋派遣征北将军檀道济攻打北魏。当部队进驻历城梁王庄(今王舍人庄一带)时，军粮告急，敌军乘机发动进攻。危急之时，檀道济急中生智，连夜以土代粮，量土成山，并令量粮军士边高喊筹码。堆积叠成的土山，月光下远望像是一堆堆粟米，使敌军顿生疑虑，以为是宋军的伏兵之计，不敢贸然攻击。檀道济趁机指挥军队安全撤退，此地留下了一堆堆“粮冢”。据明崇祯六年《历乘》记载，梁王庄的“粮冢”原有72个。现尚保存3个。此庄原名粮家庄，以粮字同音转用梁字至今。后人为纪念檀道济，又建檀公祠。

1988年，济南市文物管理处在王舍人镇梁王地区发掘出3件汉代陶器。1993年8月，王舍人镇梁二村砖瓦厂在施工时挖出汉代陶磨盘1套、陶罐2件、陶壶1件、陶匾1件、五铢钱数枚，唐代陶罐2件，元代瓷罐1件、黑釉罐1件，对梁王城的考古研究具有重大价值。

大辛庄商代遗址位于王舍人镇大辛庄村。2003年出土了包括甲骨文在内的多种文物。出土文物显示，该遗址是以商代文化为主，集居住、手工业作坊、礼仪中心和墓地为一体的大型商代遗址。刻有甲骨文的卜辞甲骨，其内容是都邑中一位重要人物祭祀占卜所做的记录。该遗址的发掘为认识商王朝跟周边地区的关系，探索商代的政治制度和社会组织，提供了极其重要的资料。甲骨的整修、钻凿形态、字形文法等，与河南安阳殷墟卜辞属同一系统，距今已有3200年。

岁月沧桑，舍人墓已经不复存在，王舍人究竟是谁也无法确证，唯一不变的，是村南的大王山依旧常青。“大王山”“王舍人”“舍人墓”等组合在一起，穿越千年，所蕴含的历史谜题，至今令人品味。

山东“生态旅游第一镇”——柳埠镇

山东“生态旅游第一镇”——柳埠镇，位于济南市区南部，锦阳川上游北岸。东南邻泰安市，西邻仲宫镇和高而乡，北邻锦绣川乡和西营镇。柳埠镇的交通四通八达，以小城镇为中心，柳埠镇至长城岭、黄巢、药乡、水帘峡、野生动物世界、苇沟等道路呈辐射状，构筑起柳埠镇优美的交通圈。

据出土的文物考证，春秋战国时期柳埠就有人居住。有记载可考的是，明代曾名柳蒲、柳埠店。柳氏早居于此，以开店铺为业，柳埠因此而得名，俗称柳埠街、柳埠庄。后因住户增多，遂成商贸集散地。以后沿称为柳埠。金代置柳埠镇。明崇祯十三年（1640）属锦阳川路。清乾隆三十六年（1771）属东南乡。民国属仲宫乡。1950年始设柳埠乡，后改柳埠区。1985年撤区并乡设立柳埠镇至今。

古时的柳埠镇位于春秋战国时期齐、鲁两国的交界处，是齐国的战略要地。隋唐时期就是山东的商埠重地，历史悠久、人杰地灵、文物荟萃、名胜众多。这里群山环绕，层峦叠嶂，山水相依，风光旖旎，透露出一股神奇迷人的魅力，被誉为“绿色明珠”“泉城济南的精品后花园”。如今则被专家一致公认为山东“生态旅游第一镇”。

迷人的山水后面，是厚重的文化和历史。柳埠是最早的佛教圣地之一：有四门塔、九顶塔、龙虎塔、千佛崖四大国家级文物，并称“三塔一崖”，闻名遐迩。这些国宝不仅彰显了柳埠人民的勤劳和智慧，也为柳埠这片古老的大地增添了一份神秘的色彩。另有齐长城遗址、黄巢农民起义纪念地、天齐庙等多处省、市、区级文物保护单位。高僧朗公、唐王李世民、农民起义领袖黄巢等历史人物都曾在此驻足，并留下了许多历史遗迹和动人的民间故事。黄巢村、车子峪、裁缝峪等村名都是从古时沿袭而来。此外，柳埠还有唐太宗李世民操练兵马的跑马岭、张良墓、九圣堂等古老文明的遗迹，此外，还有新近开发建成的野生动物世界、槲树湾、山青世界、九顶塔民族风情园等景区7处。

四门塔景区位于柳埠镇琨瑞山北金舆谷内，景区苍山幽谷，古塔巍立。四门塔建于隋大业七年（611），距今已有1400多年的历史，是目前中国现存最古老的单层亭阁式石塔，有“中华第一石塔”之美称。整个建筑风格独特、结构简洁、外貌古朴、深厚庄严。檐部挑出，叠涩五层，塔顶用23行石板层层叠筑，砌成四角攒尖方锥形层顶，顶端由露盘、山华、焦叶、相轮等构成塔刹。塔内四座佛像各具形态，栩栩如生。此塔对于研究我国的佛教历史和古代建筑都有一定的价值，是我国古建筑的珍贵遗产，被誉为“千古绝胜”，为我国首批重点文物保护单位。塔北邻有一古松，九顶苍秀，传为汉植。因顶股有粗大的树干平伸，“因凤凰衔枝而生九顶”，人称九顶松。古老苍松交相辉映，秀丽壮观。龙虎塔位于四门塔西北、白虎山下，与四门塔隔谷相望，因塔身雕有龙虎而得名。该塔为砖石混合建筑的重檐方塔，从建筑风格推断，塔基和塔身建于唐代，塔顶补建于宋代，是我国著名高浮雕石刻艺术珍品。千佛崖位于神通寺遗址西北的白虎山山腰上，崖壁上镌有大小石佛千尊，雕刻精美，造型生动，故名千佛崖。新建成修复的神通寺博物馆珍藏着许多历史文物。这里可谓瑰宝荟萃，风光神奇，是我国著名的佛教与文物旅游胜地。

九顶塔，位于柳埠镇东南的灵鹫山山腰上，它以构筑别致而出名。明代诗人许邦才曾写道："其塔一茎，上面顶九各出。构缔诡巧，他寺所未经有。"九顶塔为砖砌结构，单层八角，塔心为实体，始建于唐代。塔檐上部八角上各筑有八座小方塔，在八座小塔中央筑有中心主塔，突兀众塔之上。九座小塔组成塔林，构成塔上有塔的奇特造型，得名九顶塔，与龙虎塔齐名。日本出版的《世界美术全集》评九顶塔"匠意纵横，构筑奇异，其他无能及"。

柳埠山多高水多高，山山有泉水，川川是溪流。泉水潺潺，溪流缓缓，被誉为济南泉水的源头。在济南新命名的72名泉中，柳埠就有6个。分别是涌泉、突泉、泥淤泉、苦苣泉、避暑泉和缎华泉。泉水旺盛，一年四季不断，并有"细水长流""锦上添花"的美丽景观。泉水甘洌清澈，富含多种矿物质和微量元素。特别是水帘峡的泉水含有钙、镁、钾、钠、偏硅酸等微量元素，被誉为"神水""圣水"。柳埠还有鹿宝泉、水帘泉、凉湾泉、琴泉、永乐泉等泉子43个，不知名的泉子有上百处。镇内还有黄巢、吴家沟、龙门、大会等12座水库，锦阳川河道贯穿全镇。其中黄巢水库是柳埠镇最大的水库，容水量460万立方米，汇水面积15平方公里，下游形成的"悬崖瀑布"蔚为壮观，有"银河落九天"的美感。

柳埠也是动物的乐园。济南野生动物世界（跑马岭）放养动物150余种，1万余头（只）。老虎、狮子、大象、狗熊、犀牛、鸵鸟、袋鼠、鳄鱼、狼等集五大洲的野生动物在此栖息繁衍；适宜的温度引来了众多鸟类，老鹰、麻雀、燕子、野鸭等鸟类30余种，10万余只。

柳埠镇还是天然氧吧。全镇森林覆盖率达到61%。茂密的森林净化了空气，负氧离子浓度为每立方厘米12000～20000个，是市区的300倍，噪音比市区低30～50分贝，是名副其实的“天然氧吧”。柳埠森林公园是目前山东省内最大的国家级森林公园。四门塔景区内的涌泉竹林是江北最大的竹林。柳埠又是有名的“花果山”，有核桃、板栗、大樱桃、山楂、苹果等果树数万亩。春来，山花烂漫，五彩缤纷；夏季，丛竹滴翠，清凉无暑；秋日，天高水清，漫山遍野，果实累累；寒冬，松柏伟岸，山舞银蛇。既有江南景致的秀丽，更有北国风光的壮美。

近年来，柳埠镇充分发挥资源优势，精心打造生态旅游、农副产品深加工两大品牌，努力建设绿色柳埠、文化柳埠、富裕柳埠、诚信柳埠，努力建设山东“生态旅游第一镇”。

仲宫山泉景色美　锦绣人文名士多

仲宫镇位于济南市区南部10公里处，是一座有两千多年历史的文明古镇，古称终军聚。这里扼守三川之锁钥，泰山后山走廊之咽喉。是南部山区水系的重要汇聚地、泉城地表水和地下水的重要水源地和补给区，也是省城40万居民饮用水源——卧虎山、锦绣川两大水库的所在地。是南部生态经济区的政治、经济、文化、交通中心和商贸集散地。这里依山傍水，风光秀美，为省城“后花园”的门户。素有“一城山色，两湖荡漾，三川锦绣，四季常青”的美誉。

仲宫镇因西汉时期请缨报国的少年英雄终军而得名。《历城县志•古迹考》载：“历城南九十里，有终军村。古名终翁聚，即终军故里。”清人董芸曾咏赞：“出关慷慨弃儒生，故里终军旧有名。毕竟戈船多汉将，少年多事请长缨。”（请缨一词即出于此）仲宫镇早在唐朝初期就建有历城县主簿署。金、明时期设中宫镇。民国十三年（1924）属终宫乡。1955年改称终宫区。1960年以后，改“终”为“仲”，1985年设立仲宫镇至今。2005年，高而乡、锦绣川乡撤乡设立街道办事处并入仲宫镇。

仲宫镇境内名泉遍布，历代被列入济南名泉的达50泓，其中南泉寺南泉被誉为南部山区名泉之首。清道光二年（1822）《重修南泉寺碑记》载："历邑之南，大川有三（指锦绣、锦阳、锦云三川），名泉七十有二……此泉居七十二泉之首。"据金代《名泉碑》和明代《七十二泉记》记载，共有大泉、圣水泉、车泉、柳泉、琵琶泉、悬泉、醴泉七泓名泉先后被列入济南七十二名泉。

仲宫三川汇集，两湖荡漾。锦绣川、锦阳川和锦云川汇于玉符河，由济南群泉而出。据《齐乘》载："泰山后与齐东南诸谷之水，西北汇柏崖之湾（柳埠镇柏树崖村南），又西北，至黑水之湾（卧虎山水库），又西北至渴马湾（市中区寨而头村西，梯子崖下），则泊然而止，洑流而东，发趵突泉。"

仲宫镇内名胜古迹丰富，有"齐鲁第一大佛"大佛寺造像、黄花山造像、太甲山摩崖造像、宁海王墓、普门寺遗址、邱家三官庙、朱老庵遗址、子房洞、子房庙等。另有北草沟遗址、仲宫遗址、大门牙关帝庙等文物保护单位三十余处。

五祖禅宗普门寺位于镇区西北北道沟村圆通山下。据传，其兴建于魏晋南北朝时期，普门寺遗址前现有周长5米、高25米的雌雄两株银杏古树，虽经千百年的风霜雨雪，仍显得枝如铁、干如铜，枝繁叶茂、遒劲傲立。《重修普门禅寺记》碑文记载了一个名为"慧湛"的禅师，自小"割爱辞亲，诣大灵岩寺，礼大方和尚为师"。学成佛法之后，南去台山传佛授道，普度众生前后达六年之久。然而不知什么原因，慧湛法师却突然北归，来到了普门寺，并认为"此五祖及师积功累德之处也"。碑中记载的五祖，为禅宗五祖弘忍禅师，由此给我们透露了古寺的渊源。据专家考证，四祖与五祖培养了一代僧才，尤其是东山法门下的十大弟子，在全国开枝散叶，弘扬佛法，各为一方教主。因此，五祖禅宗普门寺，在我国佛教及禅宗史上具有重要的地位。

大佛寺位于仲宫镇锦绣川老庄村北青铜山南麓悬崖上，寺内主尊大佛面相修长，有北朝遗风，眼睑下垂俯视，表情慈祥。双手施禅定印，结跏趺坐，着敞领大衣，正面衣纹呈U字形隆起。窟内右壁上方凿有四龛，其中大龛中为二佛并坐像。窟右壁中央雕有一桃形小龛，龛内造像单膝跪拜，双手合十面向主尊。窟内左壁下方凿有一龛，内为一站立菩萨、一站立弟子，此龛左侧有明嘉靖十五年（1536）商家庄人重新修葺大石佛龛的题记一则。有资料称窟内右壁上方的二佛并坐像有明确的纪年题记："天宝七载（748）九月二十七日……"关于大佛建造年代尚无定论，专家依据造型风格，多持隋代和唐代两种观点。从造像的整体风格来看，它与济南周边如玉函山、东佛峪的隋代造像风格相似，且隋开皇时期，山东境内开窟造像风气盛行，大佛开凿于此时期也有可能。

子房洞位于仲宫镇东沟村北，在一深幽的山峪北面，铜壁山巍然峻拔。山腰有洞，面南，洞门由青石券成，额嵌"汉留侯子房隐仙洞"八字，镌刻于清光绪三十二年（1906）正月。洞东西两侧，各有碑碣，分别为明隆庆、崇祯和清康熙年间重修子房洞、创建五帝阁记碑。洞之周围，翠柏葱郁，蔚然深秀。洞内建一石庙，颜额刻"汉留侯祠"，两侧镌楹联："宝鼎呈祥香结彩，银台报喜烛生花。"庙内原有木龛，内置石像三尊，中为黄石公，左为张良，右为尹宗。张良在辅佐刘邦平天下后，视富贵如浮云，弃轩冕从仙人赤松子游，相传曾居于此洞。

子房洞外山下，约400米处，有"子房庙"，庙南山涧中，有千年黄连木一株，树干茁壮，虬盘鳞结，冠幅博大，枝叶繁茂，为济南地区同树种最大者。树侧有泉，称"双虎泉"。庙东，翻山入另一峪，峪中黄石公、张良、尹宗墓三角鼎立，其排序与子房洞内石像同。西有石碑及八仙庙、子房庵遗址。

济南名士多，仲宫出圣贤。仲宫镇境内历史名人辈出，圣贤达人不可胜数。除了是终军故里外，还是“门神”秦琼老家。秦琼以勇猛彪悍著称，他随李世民征战，“勇敢先登，累立奇功”，是唐朝开国将领，凌烟阁二十四功臣之一。他在民间赫赫有名，是说唱文学《响马传》和演义小说《说唐全传》中的传奇英雄，被人们誉为“山东好汉”。清末两广总督毛鸿宾是有清一代历城最大的官，他生性刚烈，直言敢谏，不避权贵。后世评价颇高，“鸿宾文字第一筹，子晋典籍八万册”。晚清进士吴树梅任南书房行走约二十年，兢兢业业，深受皇帝信赖。1907年参与了《山东通志》的编纂。

万亩荷塘无穷碧　稻花飘香鱼儿肥
——遥墙镇

“稻花香里说丰年，听取蛙声一片”不仅出现在旧时茅店社林边，“接天莲叶无穷碧，映日荷花别样红”也不单指西湖六月天。南宋词人辛弃疾、诗人杨万里描绘的乡村美景、西湖绝色，谁能想到一千年后，又重现在辛弃疾的故乡——历城区遥墙镇。遥墙镇环境优美，物产丰富，人杰地灵，素有“北国江南”之称。“万亩荷塘”“温泉度假”“泛湖垂钓”“稼轩故居”“黄河夕照”“菌棚品菇”“梨园观飞”“莲池赏鲤”等景点，共同组成了济南“后花园”中独特的田园风光。

遥墙镇原名高固君。唐称遥墙，金设遥墙镇。相传，当初有队官兵侵扰到此，天空骤然狂风大作，一时飞沙弥漫，遥墙“高固君”好似一堵墙挡着去路。他们惊奇地说这村真“谣巧”，便仓皇而逃。以后，此地演称遥墙。《金史•地理志》记载“山东东路济南府历城县镇六……遥墙”，《山东通志》“遥墙镇在县东北五十里，金设”，明崇祯《历城县志》“巨冶（野）河路：遥墙镇”，清乾隆《历城县志》“东北乡安平二：遥墙”，民国《续修历城县志》“遥墙乡安平二：遥墙”。

境内有济南遥墙国际机场、临港经济开发区，绕城高速公路贯穿南北，济青高速公路穿境而过，陆空交通十分便利。镇北境沿黄约15公里，小清河横穿全境，地下水资源充足。境内土地肥沃、荷塘泛翠、稻花飘香，盛产黄河大米、白莲藕、珍稀食用菌、黄河鲤鱼等名优特产。镇区拥有丰富的地热资源，地热温泉出水温度42℃，温泉水富含多种微量元素，温泉度假村疗养度假老少皆宜。遥墙实为藏风得水、造化独钟的风水宝地。

江山代有才人出，各领风骚数百年，遥墙是南宋著名抗金名将、杰出词人辛弃疾的故里，古朴凝重的辛弃疾故居纪念馆被列入济南市爱国主义教育基地。

辛弃疾（1140-1207），宋代著名豪放派词人，济南历城人。绍兴三十一年（1161）金兵南侵。辛弃疾聚众二千，隶耿京为掌书记，奉表南归后，于建康受宋高宗召见，力主抗金。著有《稼轩集》《稼轩奏议》，均佚。今人辑有《稼轩诗文钞存》。词有四卷本《稼轩词》及十二卷本《稼轩长短句》两种。

辖区内四风闸村便是辛弃疾故里。辛弃疾故居占地总面积29.3亩，建筑面积4000平方米。整体建筑为宋朝风格，造型巍峨、庄重肃穆。石坊上额有武中奇笔书的“辛弃疾故居”。石坊内为碑亭和辛弃疾塑像，山门为仿宋式，“稼轩故里”雕刻石碑为书法家欧阳中石书写。三座展厅，中展厅展示辛弃疾的生平事迹，陈列许多珍贵的文献资料。两侧展室以文东、武西壁画形式再现辛弃疾活捉逆贼、上奏《美芹十论》等历史画面。位于碑亭、塑像两侧的碑廊，展示了我国著名书法家启功、沈鹏、李铎等人的稼轩词书法艺术刻石。后院为仿宋民居，再现了辛弃疾“幼承祖训”“聚义抗金”“夜闯敌营”“挑灯看剑”等生平经历。民居院落两侧仿建了辛弃疾侨居铅山时所钟爱的“瓢泉”“蛤蟆塘”等景观。

遥墙镇是农业大镇，主要种植小麦、玉米、水稻和各种蔬菜、瓜果，优质黄河大米在市场上供不应求，丰水梨畅销深圳、澳门，鲜食花生远销北京、上海等全国各地。近年来，遥墙镇大力发展莲藕、食用菌生产和奶牛养殖业。种植莲藕近万亩，营造了“接天莲叶无穷碧，映日荷花别样红”的美景，引来数万城乡居民赏花。同时，由于其莲藕肉质脆嫩，色白味香，具有较高的营养价值和药用价值，颇受市场欢迎，与维维集团合作建设千亩万头奶牛基地，采取多种方式鼓励养殖户进基地养殖奶牛，奶牛业将成为遥墙镇致富农民的又一支柱产业。

鸭旺地热温泉出水温度42℃，富含多种微量元素，可医治多种皮肤病，现已建起仙泉宾馆、温泉度假村，疗养度假、少长咸宜；辛弃疾故居纪念馆古朴凝重，陈列文物再现了词人抵御金兵、金戈铁马的历史景象，现已列入市级爱国主义教育基地；范家湾旅游垂钓湖，风光旖旎、茅舍竹林、红炉小酌、垂钓冶情、别有韵致；荷塘赏莲、阡陌纵横、垂柳成荫、鸟语蛙鸣，心旷神怡。夏日万亩荷塘无穷碧，秋来稻花飘香鱼儿肥。

木鱼奇石甲天下　万亩玉杏在张夏

张夏镇原名清国、景兹、茌县、山茌、张下等，因在张山（汉留侯张良在此隐居，故名）之下而得名，距今已有两千多年历史。张夏镇地处长清区东南部，南临旅游城市泰安23公里，北距省会济南25公里；104国道、京沪高铁、京福高速公路贯穿南北。这里自春秋以来就是南北通衢御道，是通往灵岩、泰山的必经之地，是历代帝王封山祭地、祈福祷寿的行宫、行台，又是山东佛教的发源地之一，是古文化古文明的发祥地之一，是兵家、商家必争的战略要地，其自然文化遗产丰厚，是以丰厚的文化底蕴和旖旎的自然风貌而闻名的名胜区。

通览长清、平阴、齐河、肥城、历城等部分县志，从字里行间发现张夏地名来历不凡。张夏地处御道，又在丘陵边缘，实为战略要地，历代兵荒马乱首当其冲，民不聊生。有人认为地名至关重要，决议以公认的好人之名，组合一个地名。当地历史名人有唐译经僧义净（俗名张文明），汉建信侯娄敬、梁大夏、辟司徒等。义净法师精通佛家经、律、论，济贫救民，普度众生；娄敬，军人出身又是谋士；梁大夏，于唐朝开元年间在本地任山茌县令，监理大修“大唐齐州神宝寺”，功德善绩四邻皆知；辟司徒，战国时期在齐国当过官又当过兵。选来选去，选中了唐义净法师张文明和山茌令梁大夏。在两人姓名中各选一字组成地名，选中了“张夏”两个字。此为张夏之称的开始。

张夏镇山清水秀，林茂景幽，历史渊源流长，周武王统一中原后，大封功臣和古帝王后裔，建立诸多诸侯国，其中，封黄帝后裔于清，地域包括张夏、万德、五峰、马山和平安东部地区。后人在今天的张夏建亭以垂永久，史称“清亭”，张夏就是清国的国都，因此张夏一带的居民都是黄帝的后裔。秦时期在此设茌县，属东郡。两汉时期，改属卢国（长清），后改为山茌县，归属泰山郡；西汉至唐历代在此设郡县治所。张夏自春秋以来就是南北通衢的御道要地，历经数千年的沧桑，遗留下市、县级古建筑、古遗址、古墓葬和摩崖造像9处，有闻名于世界的唐朝皇家寺院义净法师出家修行之地——四禅寺（土窟寺）、世界地质文化遗产——馒头山、世外桃源——莲台山、隋唐摩崖造像——王泉；有五十三参、双泉庵、龙华寺、琉璃宫（泰山行宫）、真武阁、黄巢寺、神宝寺等古迹；有号称“七十二洞”的娄敬洞、王母洞、朝阳洞、八卦洞等。

元代长清诗人、散曲家杜仁杰游览张夏之后，在《娄敬洞洞虚观碑记》中说：“山至于岱宗，天下无山矣。其尊雄浑厚，固应为群岳之长。然面向阳则晓峋，若无生意。凡物之在阴便觉深秀，泉则甘洌，土则膏润，木茁而拱然，梨栗实拳许，是其人力所能成？地势使然也。”这是对张夏镇“物华天宝”优越自然条件的精辟概括。

张夏古镇，山川毓秀，地灵人杰，是儒、释、道三教和谐发展的圣地，是优秀历史人物辈出的基地。春秋战国名臣晏婴、范蠡，西汉政治家留侯张良，关内侯娄敬均在功成名就后，来这儿隐居或死后葬于此。一则看中了张夏这块风水宝地，再则他们都是黄帝之后，“落叶归根”来张夏，这也就是他们理想的归宿。西汉娄敬、晋朝名士张忠、唐朝与陈玄奘法师齐名的高僧义净法师、宋朝仙人靳八公都出生在此地，并在此修行。隋朝农民起义领袖李密、唐末农民起义首领黄巢都曾在这里为自己修筑宫室，建立他们举大计、成大业的根据地；唐代著名诗人杜甫曾游览张夏，住在神宝寺，并留下了流传千古的名诗佳句。这些文臣武将、雅人骚客都在张夏留下了众多美丽的传说和文化遗迹。

娄敬，即刘敬，号草衣子，张夏镇人，汉高祖五年（前202）与张良一起建议刘邦入都长安有功，后来张良弃爵隐居张夏东山，娄敬亦来到莲台山（后称娄敬洞山）隐居，与张良过从甚密，常在洞前下棋，至今石棋盘尚在。清道光《长清县志》“娄敬洞山”条载：“……前有棋枰，山中人故摆棋而退，次日观之枰残。”

张夏镇青山环抱，碧水萦回，水资源丰富，有李密泉、段家泉、白鹤泉、灵泉、晓露泉等历史名泉56处，其中“晓露泉”被评为济南市七十二名泉之一。

“木鱼石的传说甲天下，木鱼奇石产张夏。”木鱼石是张夏镇独有的珍贵资源，约形成于5.5亿年前，其产地仅限于泰山山脉西侧，储量有限，极其珍贵。因其色、纹、声酷似和尚诵经敲打的木鱼，故称木鱼石。

张夏镇是“ 山一水一圣人”旅游热线上一颗璀璨的明珠。境内还有小寺村玉皇庙、靳庄真武阁、琉璃庙、渡仙桥、迟贤亭、晏婴墓、李密墓、靳八公墓、奉朗王置墓、神宝寺碑、唐开元碑、王泉摩崖造像、吕祖仙刻、大娄峪玉皇殿等历史遗迹。境内农林资源丰富，有万亩玉杏、万亩泰山小白梨、万亩干杂果、万米葡萄长廊。其中万亩玉杏园有“泉城新春第一游”的美誉。每年3月杏花盛开时节，游客可乘车环山，观光花的海洋，亦可徒步沿环山路赏花观景，与朵朵开放的杏花亲吻，也可同果农体验一下果树管理的乐趣，或听听导游人员对景点的讲解。徒步观赏劳累之余，可到山涧小溪歇脚，戏水纳凉，或到水库、会务接待中心垂钓划船、休闲娱乐，也可到农家乐体验农家生活。夜晚可享受寂静山林中清凉新鲜的空气。到了5月，金黄色的玉杏挂满枝头，游客可亲自采摘个大、新鲜、酸甜可口的玉杏，大快朵颐，在绿叶茂盛的树荫下纳凉、野炊。待炽热的太阳西下，带着丰收的喜悦满载而归。

九省御道　齐长城遗址——万德镇

万德镇位于济南市长清区城区东南35公里处，居东岳泰山北麓，南与泰安市的岱岳区和肥城市交界、西与马山镇相邻、北与五峰山街道和张夏镇接壤、东与历城区柳埠镇搭界，国内有名的“四大名刹”之一的灵岩寺就在万德境内。104国道、京福高速公路、津浦铁路、京沪高铁四条交通大动脉贯穿南北，京福高速路在万德设有出口，交通十分便利，是济南的南大门之一。境内大部为山地、丘陵，地势略呈东高西低，自东南向西北倾斜。镇驻地因地势低洼，故名“湾底”，后来谐音定名为“万德”。

万德镇起源于唐朝，距今已有1300多年历史。据资料记载，唐代建村，名安阜店。元朝中期，村西南有个大水湾被山洪淤平，后村民以其地临南北御道（时称九省御道），聚集建房经商，逐渐形成较大村镇，人称湾底街，后演变为村名，后来讹传为剜底街、湾德街。清中期始，命名万德街，民国始至新中国成立前称万德区，解放初称万德乡，后设万德区、万德镇。

万德镇历史悠久，古建筑、古遗址较多。原万德街就位于春秋时期齐鲁两国交界处（万德辖属鲁国）。当年九省御道就从万德街中心通过，是华东南九省进京的咽喉要道。有史以来万德街是兵家必争之地。国内修筑最早的长城——齐长城就在万德街南2公里处，现存有齐长城遗址（当时属鲁国）和万南烽火台遗址（当时属齐国），均属春秋战国时遗物。黄巢寨遗址位于万德街西南8公里处。齐长城遗址之上，是唐代农民起义领袖黄巢率部驻扎过的一个重要山寨。现顶峰仍存有旗杆穴，山下有饮马槽和上营、下营（官兵宿营地）以及山腰杀人场（与朝廷军队打仗的地方）、血胡同等地和传说故事。

姜女祠遗址，位于万德街南长城村北首。齐长城遗址上，原有姜女祠正殿5间，内有姜女及其夫塑像，“文革”时期被破坏，现仅存有遗址及明朝嘉靖四年（1525）重修观音堂、姜女祠、玄帝阁的石碑一通，清雍正四年（1726）岁次丙午重修姜女祠圆头石碑一通，另有残碑数块。

柳御史洞遗址，位于万德街西北的西房村南首，窑洞为仿木结构、砖券而成，面阔3间，中间正门、两侧间开内门，各成里间，外看为后高土层打的窑洞，从建筑形式看属明代所建。据当地传说，明代后期，有个在京做官的柳御史被贬后，来此避难修建，当朝皇上南巡路过此地，听说柳御史在此避难，便派人追捕，柳御史闻讯逃生，后改柳姓为刘姓，移居外地。

灵岩寺，位于万德街东北灵岩山南坡上。灵岩山又名方山，北魏郦道元《水经注》称玉符山，系泰山十二支脉之一。“灵岩”二字来自十六国时期的朗公和尚，《神僧传》云：“朗公和尚说法泰山北岩下，听者千人，石为之点头，众以告，公曰：‘此山灵也。’遂名灵岩。”灵岩寺因山得名。朗公所创寺院，兴盛不到一百年，北魏太武帝（拓跋焘）太平真君七年（446）灭佛，庙宇全部被毁。北魏孝明帝正光年间，法定禅师来此，重建寺院于方山之阴，曰“神宝”，后又建寺于方山之阳，曰“灵岩”。如今的灵岩寺是唐代贞观年间高僧慧崇建造的，但经宋、元、明几代修葺，已非原建（多属宋代）。宋真宗景德年间，灵岩寺改称“敕赐景德灵岩禅寺”，明成化四年（1468）又改称“敕赐崇善禅寺”，嘉靖年间复名。据资料记载，最盛时殿阁40余处，禅房500多间，僧侣500多人。寺院布局恢宏，文物古迹丰富。主要建筑有千佛殿、大雄宝殿、御书阁、钟鼓楼、辟支塔等，还有积翠证明龛、墓塔林、五花殿石柱及唐代李邕书《灵岩寺颂碑》，元代日本僧人邵元撰书《息庵禅师道行碑》等唐宋以来的碑碣，具有较高的历史价值和艺术价值。寺周群山环抱，深远幽邃。寺内外的汉柏、摩顶松、朗公石、可公床、一线天、对松桥以及“五步三泉”“镜池春晓”“方山积翠”“明孔晴雪”等胜景，都别具情趣。唐代李吉甫在《十道图》中将灵岩寺与浙江天台国清寺、湖北江陵玉泉寺、江苏南京栖霞寺同称四绝。明代学者王世贞有“灵岩是泰山背最幽绝处，游泰山而不至灵岩，不成游也”之说。

龙居寺位于万德街西南5公里处，为灵岩寺下院，创建于元代，明代重修。龙居寺三面环山，清溪绕前，殿前有茂盛银杏树一棵，可谓古树参天，谷幽院静。

万德是济南、泰安之间经济文化最繁荣的地方，较早就是长清县除县城以外的最大商贸集散地。万德建镇较早，当年当地村民借九省御道便利条件，在西侧建房经商，万德街亦称青龙街，是早年最繁华的一条主街，当年店铺较多，进京返乡的客商官员都愿在万德街吃住玩乐。据当地老人讲述，当年最有名的马家店生意最红火，来往的客商和官员都愿到马家店吃住，当年万德街最受欢迎的食品有曲家锅饼、邱家馒头、齐家火烧，过往客商都会购买一些带回家。

当年万德的青龙街，全部是用加工好的长方青石板铺起来的，全长有200米之多，街北头有北戏楼，南头有南戏楼，当地百姓为祈求风调雨顺、和乐安康，集资修建天气老爷庙和娘娘庙，每月逢五排十为万德大集。每年春秋唱两台大戏，周围村庄的百姓都到万德街看戏，据老人介绍，当年四邻八乡的姑娘都愿嫁到万德街，有“不图宅子，不图地，就图每年两台戏”之说。

生态双泉　魅力水乡

双泉镇位于山东省济南市长清区西南部，因镇内有一处风景如画的名胜古迹双泉庵，庵内有天然形成的双泉，故名为“双泉镇”。双泉镇北与归德镇相接，南与泰安肥城市湖屯镇、王瓜店镇、老城镇搭界，西与孝里镇相连，东与马山镇为邻。春秋时地绾齐鲁两国，汉属卢县，五代时始属长清县。

双泉镇地处泰山西北余脉区，自南向北周围有刀山、九鼎莲花山、黄崖山、银子山、人头山、牛头山、小马山等七座山环拱，形成四周群山环绕的盆地地形。

境内马山主峰海拔512.3米，与泰山、五峰山并称鲁中“姐妹三山”，山上悬崖百丈，大树参天，森林茂密，景色秀丽，有早溯春秋、晚至明清时期的古建筑，山顶“丰施侯殿”“碧霞元君殿”“玉皇殿”，山下“五泉十洞”“四十八景”令观光游客流连忘返；早于秦长城490余年的齐长城环绕在群峰之上，长达150华里。明代万历年间碑刻“四面云山不墨画，一曲涧水无弦琴”的诗句，说明双泉自古便是生态优美之地。双泉镇和生庄园、好兄弟都市农业园、万亩石榴园更是度假、休闲、娱乐的好去处。

马山半腰至山巅有古人修筑的陡峭而整齐的石阶。山顶有唐宋以来的东西山门、丰施侯庙、玉皇殿、碧霞祠、王母殿、灵官殿等建筑遗址，以及元明以来的大量碑碣。

双泉镇历史悠久，文化底蕴深厚，境内有大柳杭遗址、沈庄新石器时代到周时的遗址两处。春秋时期孙膑、庞涓拜师学艺的古卢国都城遗址“学城”村，距今有2000多年的历史。始建于南北朝时期的双泉庵，风景如画，鸟语花香。以幽、奇、险为特色的马湾，更是钟灵毓秀，引人入胜。此外，还有著名的古代齐长城，齐长城要塞——杜庄古城堡、“马陵之战”古战场马陵道、今天的“天然氧吧”穆柯寨、小泰山、樱桃采摘基地书堂峪等，境内还有牛山、人头峰、九顶莲花山、石小子寨等旅游观光景区。

双泉镇以泉闻名，雨季更多。双泉南部东西排列着十个自然村，泉水清澈甘洌无垢，且富含微量元素，乃天然的矿泉水，较有名的当属黄鹂泉、五眼井、满井及双泉。黄鹂泉因泉畔有黄鹂婉转鸣唱而得名，后依音称“黄立泉”。书堂峪樱桃采摘节为济南市十大采摘节之一。全镇精心打造独具风貌的水乡，已建成20公里的水上长廊，“生态双泉、魅力水乡”为全镇的烫金名片。清道光《长清县志》载：“县治西南四十里，水冬夏不涸，每将雨，先有白鱼浮游而云雾蒸蒸然发，即大雨如注，土人验之，旱祷辙应。”当地人多长寿。

双泉乡的杜庄古城堡，是春秋战国时期齐国修筑的军事防御工事齐长城的一要塞，距今已有2500年的历史。古城堡总面积为1.5万平方米，是千里齐长城上现存最完好、防御体系最严密的唯一一座古城堡。该城堡根据“因地形用险塞”的军事工程原则而修建，所有城墙都像刀削一样，城墙上的垛口也都非常整齐。城堡所在的山顶为东西走向，在狭长的山脊两侧是天然形成的绝壁悬崖，而东端的长顶则呈贺形，山的东坡呈缓慢下沉之势，为了防止敌人从东坡突破，城堡在这里建有三道城墙防线。城墙的南北两端都是绝壁深涧，从而形成屏障。中间的山脊只有大约三间屋的宽度，是整座城堡最为险要的地方，在这里建有第三城墙，靠南端留门，门内有大型石屋四间，大约是城堡的指挥机关和首长居所。石坪上还凿有当年插旗的旗杆窝。城堡西面的第四、第五道城墙，同样是建于南北悬崖峭壁之间，它们的作用是防备敌人从西面偷袭，因此战台和连墙石屋都设在城墙的东侧。整个城堡设计缜密，结构严谨，易守难攻，匠心独运。

古代齐国是中国谋略文化的诞生地，今双泉镇是古代谋略文化极发达的地区。双泉镇西南侧的陶山，是范蠡隐居所在地。陶山西南的平阴东阿一带，是秦汉之际著名谋略家黄石公的活动地。就马山本身来说，更是谋略文化的名山。据康熙《长清县志》以及位于山巅万历年间的碑刻记载，马山是战国谋略学鼻祖鬼谷子隐居之山，学城遗址，便是战国兵家孙膑、庞涓，纵横家苏秦、张仪师从鬼谷子之所在。马山有鬼谷洞、鬼谷水帘洞。

双泉民风淳朴，民俗旅游资源丰富。第一，民间文艺发达。马湾农历三月三庙会已延续千年。双泉庵庙会规模宏大，影响面广，有“齐鲁三会”之称。其他如踩高跷、舞龙、扭秧歌等。第二，民间神话传说众多，如马山得名的传说，马山、泰山、五峰山三姐妹赌高低的传说，人头山的传说，石小子寨的传说，“双泉”的传说等。

千年古城“金章丘”——绣惠镇

绣惠镇位于章丘市中部，北靠刁镇、水寨镇，南临明水、枣园镇，东傍相公庄镇，西连宁家埠镇。地势南高北低，略向西倾。省道242线（绣江公路）、244线（枣刁公路）穿越南北，绣宁公路、济青高速公路横贯东西，女郎山、章丘古城坐落镇中。自然风光优美如画，境内有松柏苍翠的女郎山、蜿蜒起伏的长白山，绣江河、漯河穿境而过，滋养了勤劳聪慧的古城人民。著名的章丘八景中“绣江春涨”“锦川烟雨”“东岭晓月”皆出自绣惠境内。绣惠镇驻地是章丘千年古城，自556年至1958年一直是章丘县治所在地，迄今已有1500余年的历史。绣惠镇自然环境优美，物产丰富，素有“金章丘”美誉。

“山不在高，有仙则名。水不在深，有龙则灵。”绣惠镇北侧有一座清秀的女郎山，原名小田山，后称章丘山、万松山。是北京城以南一望平川的平原地区第一山，素有“登上女郎山，鸟瞰半章丘”之说。据传“章丘”名字的来历也与女郎山有关。据清初顾祖禹撰《读史方舆纪要》载：“三齐纪云，章亥妾溺死葬此，县因以名。”但据顾炎武在《山东考古录》中考证，章亥是《淮南子》中两个善走的人——大章和竖亥，说章亥妾溺死葬此是附会其说。而根据《尔雅》对“丘”字的解释：“上正，章丘。”意思是说丘顶上平正者，名章丘。章就是平的意思。清道光《章丘县志》载：“北齐置高唐县于此。隋开皇十六年（596）改为章丘，取县北山章丘为名。”

女郎山上有三阳洞，相传为金代葆光子学道处，此人成仙而走。洞外有玉皇阁、三清殿。金代县令刘思温曾于山上建“甘澍亭”。明万历年间知县王振熙又建“大观楼”。民国时期又增建了灶君庙、鲁班庙、戏楼等。山下有真武庙、八腊庙、关帝庙、历邑坛、社稷坛等。全山层峦献翠，掩映峰壑，春秋佳日，登临眺望，古楼名刹，烟树参差；更佳者农历三月二十八女郎山会，外商内客车水马龙，名士如云，聚集于山，戏剧杂耍，锣鼓喧天，堪称“女郎山之大观”。

古往今来，文人墨客登山览胜，借景抒情，为女郎山题有美好诗篇，知名者不下数十人。明代著名文学戏曲家李开先辞官回家常登此山，咏五律《游女郎山》一诗，开头两句为“平野千余里，南来首此山”。抒发对女郎山的钟爱和忧国忧民的心情。清康熙三十五年(1696)，年已57岁的蒲松龄曾先后两次游女郎山，写下七律两首，其中一首曰：“当年曾此葬双环，骚客凭临泪色斑。远翠飘摇青外廓，小坟杂沓乱云间。秋郊罗袜迷榛梗，月夜霜风冷佩环。旧迹不知何处是，于今空说女郎山。”借此表达其对命运多舛的忧愤。

女郎山东侧有绣江河涓涓流淌，依山傍水，山下土壤肥沃，灌溉便利，盛产章丘大葱，葱高、味脆甜、杆白，故真正的章丘大葱出产于女郎山下。

“章丘大葱，绣惠正宗。”绣惠镇物产丰富，以章丘大葱最为著名。

章丘大葱的原始品种于公元前681年由中国西北传入齐鲁大地，至今已有2700年的种植历史。明代时期，章丘大葱名扬全国，成为贡品，1552年明世宗御封之“葱中之王”。乾隆二十年（1755）的《章丘县志》记载：“蔬菜之属芥、韭、葱、蒜、瓜，以产女郎山者为最。”章丘大葱历史悠久、品质绝佳，“名”“特”“优”三字兼备，有“葱中之王”“世界葱王”的美誉。章丘大葱敢于称王，其过人之处在于“高、白、脆、甜”四字，以“大梧桐”为代表，因其直立魁伟，似梧桐树状。其单株最高可达2米，平均1.5米，葱白长60厘米。其特点是辣味稍淡，微露清甜，脆嫩可口，葱白很大，适易久藏。

黄家烤肉亦为绣惠名吃，起源于明末清初，由黄氏家族创制，祖祖辈辈以烤肉为业，距今已有300多年历史。黄家烤肉整猪烤制，以其皮黄酥脆、外焦里嫩、肥而不腻、久放长存闻名于世。黄家经营的“全盛号”黄家烤肉，早在晚清、民国时期就销往北京、天津、上海等地，享誉全国。

元代散曲家刘敏中、明代文学家李开先等名流才子留下许多脍炙人口的传说和佳话，成为绣惠人民的骄傲。

刘敏中自幼卓异不凡，仕世祖、成宗、武宗三朝，多为监察官，一生为官清正，以时事为忧。敢于将权贵横暴之徒绳之以法，并上疏针砭时弊，受到皇帝的嘉纳。但在一些词作中也透露出他“学古无成，于今何补”的怅惘以及对官场现实的不满。著作有《中庵集》25卷，《四库全书总目》评论“其诗文率平正通达，无钩章棘句之习”。

李开先是“嘉靖八才子”之一，著有戏曲《宝剑记》《断发记》，其戏曲语言“俗雅俱备”“明白而不难知”。李开先琴棋书画无所不通，尤其是象棋，终生无出其右者，有《象棋歌》流传至今。

文化龙山　田园小镇

龙山镇（现为龙山街道办事处）位于章丘市最西端，西与历城区隔河相望，南与圣井街道办事处毗邻，北与白云湖镇接壤，胶济铁路、济青高速公路横贯腹地，交通便利，地理位置优越，是龙山文化的第一发现地。龙山镇以镇政府原驻地龙山村而得名。

龙山镇，汉代称巨里聚，又名巨合城，最早见于《魏书·地形志》："蠡吾有龙山，县志未详。"蠡吾乃南朝刘宋时所设置（侨）县。县志（寄治地）虽史书已失载，但从"（县境内）有龙山"一语推论，其所在龙山附近似无可疑。发现于龙山西南处的西河遗址表明，早在8600年前，境内就有原始部落人群居住。龙山文化时期的文化遗址的分布表明，早在4600多年前，境内即形成了都、邑、聚三级政权。3600年前曾一度出现了"东夷代夏"的局面。周文王灭商后，迫使这一部分商代遗民逃往东土，河南谭氏家族来到龙山，在城子崖废墟上建立了谭国。刘邦建立汉朝后，汉武帝封刘发为巨合侯，在龙山建立巨合城。龙山在殷商西周时期属谭国。春秋战国时期先属谭国，后属齐国。秦朝时属齐郡。两汉时期属东平陵县。三国时属魏，晋属平陵县，隋属亭山县，唐代属平陵县、全节县。宋朝先属济南郡，后属齐州，再属济南府。元、明、清时属历城县。民国时期分期属历城县、章历县。新中国成立后属龙山乡，1985年撤乡属龙山镇。2005年属龙山街道办事处。

龙山物华天宝，人杰地灵，历来就是备受关注的一片热土。将历史上溯到4600年以前的龙山文化时期，龙山的先民就首先利用当地细腻的河流淤泥，采用轮制方法，垒筑土窑烧制出“黑如漆、亮如镜、声如磬、薄如壳”的蛋壳陶杯，“飘乎若无，敲之铮铮有声”，被考古界誉为“四千年前地球文明最精致之制作”，给世界文化史写下了辉煌浓重的一笔。西周初期，周公旦营建洛邑（今河南省洛阳市）为东都，并修筑了从洛邑经龙山通往齐国都城的大道——周道。后经历史变迁周道又演变成为中原通往青州、胶州、登州与大海之滨相连的官道，其中龙山村中的前街（太平街）就是其中的一小段。封建社会时期，又在龙山设置驿站、铺递，除用来传递信息之外，很大程度上还负担着货物的传递与集散。20世纪50年代，官道移至村北成为今天的济青公路。另由德国人设计建设，于1904年建成通车的胶济铁路线就从龙山村南横向经过，并在龙山建设平陵城火车站。独特便利的交通条件带动了龙山经济的繁荣和发展，形成了以工商贸易和手工作坊生产为主的经济模式。在过去的年代里享有盛名的手工作坊和老字号有以生产酱菜、酱油、醋、香油、糕点为主的东泉居酱园、和兴永杂货铺、春林堂杂货铺以及恒庆堂药店。

过去的龙山，宗教文化也很活跃。这里佛教、道教、基督教多教共存，建筑风格多样。自古就备受文人墨客、社会贤达的青睐，苏东坡、李开先、赵瓒、王象春、马国翰、张之洞等，都曾给龙山写下了脍炙人口的赞美诗篇。如今，这些往事与这座古镇一起，共同经历了几千年的历史风云，早已变得支离破碎、所存无几，变成了人们的美好回忆。

自古以来龙山乃是兵家必争之地，历史上有“后羿代夏”“桓公灭谭”之战；西汉时期，韩信武源河架桥灭齐军；东汉时期的“巨合城”之战；唐代的“李君球抗叛”；宋金时期女英雄杨妙真抗金；清朝后期，捻军突破龙山防线，大败官军以及1945年9月鲁中军区攻打龙山火车站之战、1946年5月龙山武工队伏击国民党军运输队、1948年9月渤海纵队发起的“章龙之战”等都为龙山增添了传奇而神秘的色彩。

龙山镇因驻龙山村得名，也确实是得了龙山的灵气。但纵观龙山镇的历史与今天来看，勤劳朴实的龙山人民不仅创造了辉煌灿然的龙山文化，同时也在以后的历史阶段创造了新的不朽篇章。龙山镇历史文化积淀丰厚，境内共有各类文化遗址26处，其中有城子崖文化遗址、西河文化遗址、东平陵故城遗址三处国家级文物保护单位，就济南而言，一个镇域内文化遗址规格如此之高、且总体密度如此之大也是绝无仅有的。汉代曹操在东平陵城做济南相，肃政治吏，政绩显赫。高家村、党家村的清末大院——党氏民居，依稀可见旧时农家大户的风采。

目前，龙山文化博物馆改造提升、龙山文化大遗址公园业已开工兴建，龙山这座历史文化古镇将伴随着改革开放的春风继续呈现新的风姿与色彩。

村邑上千年　临济古迹多

在绿树环绕之间，临济村这个古老的村庄繁衍生息着，周边的农田纵横交错，蔬菜大棚比比皆是，宽敞明亮的农家庄院鳞次栉比，无不展现着近年来临济村发生的巨大变化。

临济村位于济南章丘黄河镇镇政府驻地西南，长方形聚落，因濒临济水（今黄河）而得名。

听老人们说，章丘的很多老人，都不一定知道黄河镇，但一定知道临济，知道这里的西瓜赫赫有名，可见其历史悠久，享有盛名。该村原为朝阳县废城遗址。隋开皇六年（586），朝阳县由延安镇（今属邹平县）迁此。十年后，改朝阳县为临济（此为临济二字的最早记载）县。宋咸平四年（1001），省临济入章丘。景德三年（1006），新建与府州同级的清平军，为清平军驻地。熙宁三年（1070）清平军降格为县级军，驻地由临济迁往旧军。金代，名临济镇，是县属四镇之一。临济，自隋代以来，历为县、军、镇驻地，至今已有1400多年的历史。

临济村古墓集中，古迹众多。村北有一座清代大庙、孔子闻韶台，相传孔子在此听到了在家乡鲁国失传已久的韶乐，竟“三月不知肉味”。村西北有崔氏城（俗称土城），是姜子牙嫡孙季子（名德兴）的采邑，季子本应继承齐国王位，但他仁爱贤良，孝悌有加，将王位让于庶兄叔乙，隐居崔邑，后以崔为姓，是崔氏始祖。

村南有郦食其墓。郦食其为汉王刘邦的著名谋士，以三寸不烂之舌说服齐国归汉。却因韩信强行攻齐，被齐王田广所烹。因临济是从历下通往临淄的北路要道，烹杀就发生在田广逃至此地时。后人曾作挽联缅怀:“是七尺男儿生能舍己，作千秋雄鬼死不还家。”

村西南有终军墓（另有位于淄博市临淄区齐陵镇一说）。终军生于今济南历城区仲宫镇，年少好学，负有抱负，很受汉武帝欣赏。出使南越和亲时，被谋反叛汉的南越相国吕嘉所杀，年仅26岁，因此世称“终童”。唐代王勃在《滕王阁序》中说“勃，三尺微命，一介书生。无路请缨，等终军之弱冠”，抒发了自己虽与终军同岁，却无处请缨杀敌的感慨。清乾隆年大学士郝敏中也著有《临济西南吊终军冢》。

魅力“小泉城”——明水镇

明水位于章丘中部，南连双山，北接绣惠，西南隔绣源河与枣园相望，东邻普集、官庄二镇，东北毗连相公庄镇，西南一角与埠村街道接壤。

关于明水名字的来历，有一则传说。相传，明水的水是泰山流来的。有一年，章丘大旱，河水断流，民不聊生。碧霞元君想拯救章丘的百姓，就把泰山水神召来，吩咐说：“眼下章丘老百姓正遭受旱灾，你从泰山底下的水源中，分出一股送到章丘去。为了沿途不发生争抢，你要趁着天黑从地下暗暗流过去，等到章丘，你再从地下流出来。”水神受命而去，从此章丘水源涌水，禾苗得救。四方百姓纷纷搬来居住，逐渐形成村落，这就是明水。

明水历史悠久，远在两千年前的西汉初年，即在这块盛产中药材土鼓藤的地方设土鼓县（驻马棚山）。《魏书·地形志》载：“东魏郡博平县有土鼓城，盖尝徙置也。”明水地处泰沂山区与中渤海平原之结合部，扼南北通道，实为一军事要地。五代后周，曾于此设镇遏使（军事派驻机构）。作为镇名最早见于《旧五代史》：“晋，开运元年（944）齐州奏：青州贼寇明水镇。”至今已一千余年。金代时是章丘四镇之一，明清两代属东锦乡。抗日战争爆发后，又历为县、区、公署、乡、公社、镇驻地，其地位之重要，可见一斑。

明水地势南高北低，总地貌为山前倾斜平原，在地质上属奥陶纪石灰岩与泥灰岩溶高压富水型丘陵与平原之结合地带，地下水自南向北汇聚，在明水附近受阻水头出露地面，形成泉群，故明水境内泉多水澄，是罕见的城区内有涌泉的城市，素有“小泉城”之美誉。

实际上，明水以泉水清澈净明得名，在以明水为中心的2平方公里范围内，泉群集中，有三大泉系之说。绣水泉系灵气四溢，小巧纤秀；西麻湾泉系水量极大，一泉成河；明水泉系泉眼繁多，街漾巷溢。东麻湾、小麻湾、百脉泉、清水泉、眼明泉、金镜泉尤为盛名，其中百脉泉名列济南七十二名泉之一，可与济南市趵突泉媲美。清道光《章丘县志》称：“（百脉泉）方圆半亩许，其源直上涌出，百脉沸腾，状如贯珠，历落可数，故名。”曾巩曾云：“岱阴诸泉，皆伏地而发，西则趵突为魁，东则百脉为冠。”池底涌出数不清的水泡，缓缓浮上水面，好像滚动的珍珠，形成“百脉寒泉珍珠滚”之盛景，居“章丘八景”之首。

龙泉寺雄踞百脉泉北，为济南地区著名佛寺，始建于明景泰元年（1450），殿内佛像金碧辉煌，壁画形象生动，栩栩如生，为章丘佛教文化的一处名胜景点。

龙泉寺原名隆泉寺，“隆”者，释为高起之状，引申为盛大之貌和深厚之意。结合“泉”字解释，便是百脉泉水盛大浩渺、泉源深厚之意。加之从地势看，百脉泉水面高起于东麻湾的水面，乃隆起于地面之泉，故为隆泉。为何又改叫“龙泉”呢？“水不在深，有龙则灵”，明水地区民间早有传说，百脉泉源通达东海。称龙泉最贴切，因此，用龙泉名寺也就顺理成章了。另外，明水望族康姓之人，历代善堪舆之术，自古视胡山至明水之势为龙势，称其南到北起伏绵亘的脉络为龙脉，龙脉至百脉泉结为龙穴，龙穴之泉，不正是龙泉吗？因此，寺名龙泉，当之无愧。

明水虽居江北，却有江南水乡之色。境内河流纵横，荷叶连连，稻香飘逸，以“家家泉水，户户垂杨”著称，绣江河发源于百脉泉，蜿蜒北流，沿途造就了数座水磨，明水湖波光潋滟，荡舟湖心，水色天光共蔚蓝，令人心旷神怡。

明水物华天宝，物阜民丰。“方池半亩水盈盈，蘋藻交横彻底清。绿筠雨过色偏好，黄稻风来香细生。”（清道光《章丘县志•艺文志》）这秀丽的景色，是与郁郁葱葱的明水香稻分不开的。据《济南府志》记载：“稻非此地常产，历章诸处稍稍有之，其美者则以章丘明水为最。”明水香稻产于百脉泉水的泉头，得益于甘洌清甜的百脉泉，明水香稻米质优良，芳香纯正。以“香、优、鲜、爽、珍”驰名中外。有“一地开花满坡香，一家做饭四邻香”之美誉。

明代科学家宋应星所著《天工开物》中提到：“香稻一种，取其芳气，以供贵人，收实甚少，滋益全天，不足尚也。”明水香稻的主要产区集中在明水城北一带。这里的水田土质条件最适合香稻的生长，由于产量极少，成为稀物。明代成为皇家贡米，百姓无缘问津。

关于明水香稻的来历还有一段凄美的爱情故事。相传在很久以前，明水还是一片汪洋大海，一个勤劳勇敢的小伙子和美丽善良的海蚌姑娘相爱了。龙王以“退去海水，永远将海蚌姑娘压在山下，同时饿死渔民”的惨重代价，阻止这段美丽爱情。想不到小伙子的泪水变成了“珍珠”，海蚌姑娘的泪水变成了“泉水”，泉水浇灌珍珠，最终长出了明水香稻，而这芳香，就是海蚌姑娘那一片爱的挚情。从此，这儿的人们便改渔植稻，延续至今。

百脉泉独特的优良水质为百脉泉传统原生态酿酒技艺提供了先决条件。它是千百年来劳动人民总结出的精湛技艺，是华夏文明的历史见证，其酿酒工艺是独特、不可复制的龙山文化代表之一。明代“后七子”领袖王世贞一生爱酒，他在《酒品前后二十绝》的序中说：“章丘酒，清味隽永，自是名胜，而人乃传秋露，何也？谢少溪侍郎者佳。”可见，在明代章丘酒就已十分著名。

明水人杰地灵，文风蔚然。境内清照园为纪念出生在明水的“一代词宗”李清照而兴建。它占地1.8万平方米，是一座集中国南北园林风格于一体的园中之园。园内设有李清照纪念馆，在目前全国现有的4座（济南、青州、金华、章丘）李清照纪念馆（堂）中，容纳了5个之最，即建筑规模最大、自然景观最美、文化品位最高、馆藏资料最丰富、李清照学术研究成果最新等。园中匾额、楹联、碑碣、雕塑、图画等大量精湛高超的书法艺术作品，均出自国内著名书法家和美术大师之手，徜徉其中，令人赞叹不绝。

千年古镇展新姿——东阿镇

东阿镇位于济南平阴县西南部，是济南、聊城、泰安、济宁四市交界处。自古以来，东阿镇就是鲁西南交通要塞、商贾集散地，也是兵家必争之地。据清道光《东阿县志》记载：“东阿，古之名邑也，会盟争战，废垒遗墟，见经史者不一而足。东阿为南北冲衢，四通八达。东南负山，西北距河，为自古必争之地。”

东阿镇地处古代齐赵两国边境，古之济水于境内注入大清河，东流与黄河平行入海。河曲形成大陵，故曰“阿”。阿有二，在赵者曰“西阿”，在齐者曰“东阿”，亦即齐之阿邑，曾为齐相管仲之食邑。东阿老城始建于秦代，称“谷城”，距今已有两千多年的历史。相传此地盛产五谷，神农曾尝五谷于此，故而得名。东阿故城屡遭水害，曾六次迁徙。明洪武八年（1375）知县朱真为避水害，迁于今址，即今之东阿镇，为《本草纲目》所记载的阿胶发源地。

东阿镇地理位置优越，水陆交通发达，成为远近闻名的货物集散地和交易场所。尤其每年春秋两季庙会规模宏大，从明朝万历年间开始到日寇侵占东阿镇之前，东阿庙会一直兴盛不衰。上海、江浙、广东一带客商千里迢迢赶赴东阿。据民国《山东通志》记载，东阿境内黄河帆船甚多，航路上通汴梁（河南开封），下至利津（山东利津），运销便利。四通八达的交通，促进了东阿镇的繁荣与发展。

东阿镇因盛产滋补佳品“阿胶”而闻名海外。1915年，东阿镇阿胶即获巴拿马国际博览会金奖。据民国《山东通志》记载：“阿胶驰名四方，行销国内外。”的确，阿胶为东阿镇得天独厚的条件所孕育。早在《尚书•禹贡》中就已有阿胶的记载，距今已有两千多年的历史。明朝李时珍在《本草纲目》中把阿胶称为“圣药”。东阿镇在历史上有养驴之风。其西南三里处的狮耳山，草茂林丰，生产着几百种草药，驴食则体壮肉肥，毛色乌亮，其皮特别适宜熬胶。源于洪范九泉之狼溪河横贯东阿镇而过，此水比重硬度较小，含有十几种人体必需的矿物质，用此水浸泡驴皮，熬胶减少原料污染，灰份易于控制，保存时间长。东阿镇拥有如此得天独厚之条件，故而阿胶生产逾千年而不衰。1996年，东阿镇被评为“中国阿胶之乡”，与景德镇、茅台镇并称三大传统特产名镇。

除东阿阿胶外，九泉之水汇成的狼溪河和狮耳山、少岱山等犹如神来之笔造就的青山秀水，也为东阿镇奉上了一系列名优特产。

酱菜、阿胶、乌枣与卤豆腐共称“东阿三黑一白”。东阿卤豆腐，以当地大黄豆为原料，由狼溪河水制作，软、滑、白，久炖不碎、掷地不烂，味美可口；东阿酱菜与济宁玉堂酱园同出一师，共负盛名；乌枣即选用个大肉厚之优质红枣，用火烘干，外皮乌黑通亮，食之肉软甘甜，沁人心脾，早在明清两代便畅销江南。

此外，狼溪河桥上农家老汉限量焙烤的东阿镇烧饼，传统工艺卤制的东阿镇烧鸡，还有龙王峪核桃、东黑山红荷包杏、贾庄有机韭菜、南市香椿也一直为周边百姓所津津乐道。

东阿镇不仅物产丰富，而且人文古迹众多。

地处城东的少岱山，毗邻护城河，高82.1米。因其地处泰山之西，故名少岱，俗称小泰山。

少岱山顶北端的高台上建有碧霞宫，即碧霞元君祠，俗称泰山奶奶庙。红墙灰瓦，飞檐花脊，蔚为壮观。相传泰山金氏三妹来东阿施药救人，后人为感恩而修祠供奉。至今仍有很多善男信女到这里顶礼膜拜，祈福迎祥。

从少岱山西侧沿古石道下山，便是东城门，也称少岱门。过去城门上方建有单檐结构望楼，洞内设两道大门。门洞砌青石为基础，上用青砖粘石灰发券，结构十分坚固。据记载，当时城墙用三合土和糯米汤夯筑为胎，外砌青砖，异常坚固。

由此往南即是阁老府遗址。于阁老就是于慎行，衙前村人，生于明嘉靖二十年（1541），卒于万历三十五年（1607）。他自幼聪明好学，六岁中秀才，隆庆二年（1568）考中进士。官至太子少保、礼部尚书、东阁大学士、皇帝日讲官。著有《读史漫录》《谷城笔录》《谷城山馆文集》《谷城诗集》等。《明史》评价他“学有原委，贯穿百家”，“神宗时文学为一时之冠”，卒时63岁，赠太子太保，谥号文定公。

阁老府的大门，门楣上书“黄阁调元”，下书“谷城世家”，意在赞颂阁老为人、为文、为官的成就。进了大门分东西两个院落，东院为家庙，现存有家庙谱碑，西院就是阁老家人生活起居之所，现只存三间库房。

阁老府西行不远就是永济桥。永济桥，原名“狼溪桥”。它始建于明弘治十三年（1500），曾两次坍塌，我们看到的这座桥是明万历四十年（1612）由知县李时馥全部用青石重修的，桥面青石板已被岁月磨得光滑照人。当地人用顺口溜来概括它建筑的精美：“十八狮子一对猴，二八一十六个蘑菇头。独石一百零八块，南北三十条流水沟。”现为国家级文物保护单位。

狼溪河汇九泉之水，清爽甘洌，“春时云树低垂，流波荡漾，风景甚美”，是人们游玩垂钓之妙境，称“狼溪春水”，为古东阿八景之一。另外，东阿镇还有“归台遗井”“石门晚照”“黄石仙踪”“鱼山闻梵”“大监出云”“虎窟秋风”等名胜古迹。

为躲避黄河水患，东阿镇驻地自1976年开始东迁，截至目前，新城建成区面积已达1.5平方公里。先人创造的文化，激励着勤劳的东阿人去创造前无古人的辉煌业绩，谱写出让后人也为之骄傲的壮丽篇章。

聚宝盆里的千年古村——安城村

在距平阴县城5公里处有一处千年古村，它东近泰山，北邻黄河，四面青山环绕，安栾河、圣栾河绕村东西穿流，老虎嘴山据东，马蹄寨山据南，文笔皇山在村西，地理位置独特，自然风光优美，历史悠久，文化底蕴丰厚，它就是“聚宝盆”里的千年古村——安城村。

村中有一古井“十家井”，深数丈，常年不枯，有“东海眼”之称，被称之“宝珠井”。俯瞰村落全貌，云烟氤氲，遥峰列如屏障，看似“聚宝盆”里有“二龙戏珠”。老虎嘴山似一下山猛虎雄踞守寨，巍峨壮观。《易经》曰：“四面环山，前照（指水）后靠（指山），实乃龙居风水宝地也。”

从村东的北安故城遗址的出土文物分析，该村属早商至汉代的先民遗址。据《续山东考古录》载：“在城东十里，今安城铺。”《汉书•淮南衡山济北王传》：“济北王宽，自刎死，国除。为北安县，后并入卢。”又曰：“汉文帝前元元年，于卢县西南筑城，为济北国治。国除后为北安县城。”可知济北国先是改为济北郡，后为北安县，故名安城。清光绪年间又改名安城里。

丰厚的文化积淀，造就了历代英才。在20世纪30年代初，老一辈无产阶级革命家将共产党人革命的火种传进了安城这块热土。老虎嘴山的后山洞，曾是革命前辈万里、何千里、纪登奎等藏身之处，是革命老前辈安城人翟笑吾、翟成等秘密发展地下党员的地方，也是平阴县第一任县长熊善隆带领谷扩如、朱大全、卢玉梅等英勇献身的战场。

勤劳智慧的安城人，日复一日，年复一年，励精图治，几经磨难，仍不乏孜孜求索。“青山难遮，毕竟东流。”改革初期，220国道穿村入济，2004年济菏高速公路穿村而过，给安城带来了商机。“借力护帆风正济，策马扬鞭正当时”，改革的大潮将多彩的古村山寨推向了新的舞台。一个生机盎然的新安城正在崛起。

祝福你，聚宝盆里的千年古村——安城村。

蝶舞四季——济阳镇

古镇济阳（现济阳街道）坐落于黄河北岸，历经千年的沧桑巨变，积蓄千年的文化沉淀，见证千年的岁月更迭，俨如一只破茧的蝶，在历史的长河中蹁跹起舞，舞过四季，绽放一世的美丽。

冬日，踏雪而行，在逶迤的黄河堰堤上，望去，皆是白茫茫一片。远处，堰堤下的村子里萦绕着升起的袅袅炊烟，林中雪花翩然飞舞，惊扰了觅食的雉鸡……好一幅美丽而纯净的乡村雪野图。再看黄河，滔滔河水此时也屏住呼吸，尽情亲吻着雪花，欣赏着雪舞。岸的阳面，就是小城济阳，阴面，即为省会济南。别处狂傲不羁的黄河，在这里却成了一条安静、谦逊的城中河，哺育、滋养着两岸的人民。

古镇济阳历史悠久，在少昊时为爽鸠氏之地。虞舜至夏朝时为季氏之地。商初为逄伯陵之地。商末为蒲姑国之地。西周至战国为齐国地。秦、西汉为著县地。东汉至北宋，先后隶属于济南、齐、东魏等郡、国、州、府。金太宗天会七年(1129)，南宋济南府知府刘豫降金，济南府遂为金国地。是年农历十月七日(11月20日)，割章丘、临邑二县各一部（块）境域置一新县，因县境地处济水之北，故命名为济阳县，时属济南府。置标杆镇，即后来济阳镇。戊戌变法前属济阳县东乡，1898年该乡划区称城区。后经近百年血雨腥风的洗礼，行政区划几经调整。1957年设城关镇，1984年改名济阳镇。2007年以原行政区域分设济阳街道、济北街道、回河镇。济阳自有建置至今，已有八百多年的历史。

经久不衰的不仅是古镇济阳的历史，更有那沉淀千年的古镇文化和璀璨的黄河文明。黄河作为中华母亲河，以其博大包容的胸怀、丰富灿烂的文明赋予黄河岸边的济阳人民厚道和善的性格、淳朴和谐的民风，地处齐鲁大地，邻有孔孟之乡，深受礼仪之邦中儒家文化的熏染，尤其以明清之际经学家张尔岐最为著名。其“点虫成龙”“绣花鞋船”等传说，妇孺皆知，随便拉住一个7岁稚童，便可将其娓娓道来。张尔岐晚年精研“三礼”（《仪礼》《周礼》《礼记》），造诣颇深。他于济南讲授《仪礼》时，偶然间被当时的著名学者顾炎武听到，顾十分敬佩其精辟见解，翌日绝早即登门拜访，谈论欢洽，遂订交为友。后来，顾炎武在谈师论道时曾说：“独精‘三礼’，卓然经师，吾不如张稷若。”张尔岐曾应聘与修《山东通志》，分文不取，淡泊名利。其著作有《仪礼郑注句读》《易经说略》《诗经说略》《书经直解》《老子说略》《春秋三传驳义》《蒿庵闲话》《弟子职注》等，皆由后人及弟子刻版问世，在民间流传极广。

店子村南有玉皇冢，明代曾两次在冢上修建玉皇寺，故又名玉皇寺。玉皇冢南北宽64米，东西长77米，面积4928平方米，冢内出土有蚌镰、石刀、红陶钵残片、骨矛等文物，时间跨度大。属原大汶口文化遗址，是鲁北地区罕见的早期遗址之一。

春季，万物萌发，充满希冀。古镇济阳，也在春的圆舞曲中焕发青春的魅力。在海棠湾国际度假村，你可以住五星级国际大酒店、泡温泉养生浴、与亲亲鱼亲密接触；在黄河风貌带，你可以柳岸行吟临风观澜，体味一把诗人的情怀；在澄波湖风景区你可以领略到“济水澄波济水清且涟”的盛景；在东、西商业街、步行街、六福商业广场，你可以尽情淘宝，选购你心仪的服装与饰品；在古村朝阳村，你可以探寻“斜庄”的奥秘与神奇。水满田畴稻叶齐，日光穿树晓烟低。秋日里，远离喧嚣吵闹的都市，携妻带子、呼朋引伴来古镇济阳享受静谧的田园风光，吮吸清新的空气，感受采摘的乐趣，品味丰收的喜悦，该有多惬意！

济阳是省城济南的后花园，也是省城人民的“菜篮子”“米袋子”“奶盒子”。济阳培育的双孢菇、金针菇等精品食用菌畅销全国各地；所产黄河大米冰清玉洁，晶莹透亮，蒸煮芳香四溢，黏香适口，回味甘醇；白莲藕质细洁白、清脆爽口，每至夏季，荷香扑鼻，赏心悦目；始产于汉代的圆铃大枣，以个大肉肥、甜美可口著称。枣紫红光亮，脆甜鲜美，酒香醇厚。鲜枣经潦、烤、熏等工序，即成乌枣（又名熏枣、黑枣）。

天然纯净的鲜奶、沾满露珠的蔬果、黏软香甜的稻米、脆甜鲜美的大枣，还有优美的沿黄风光带，如果让陶渊明再选择一次归隐，想必会来济阳吧。夜观星斗，近听黄河，在水一方，心境舒畅，那田园佳句“采菊东篱下”又会不会变为“采菇东篱下”呢？

看古镇既是看风景，更是透过历史的沧桑看文化的传承与现代的文明。杰出的人文、开放的经济、典型的风貌……古镇济阳，就是这样一个平凡、朴实的地方，她不同于温婉灵秀的江南水城，也不同于苍劲豪迈的大漠塞北，她有的只是蕴含丰富的历史和阳光缤纷的季节，在她的怀抱里长大的济阳人被赋予了淳朴、善良与率真的性格，世代生于此长于此的济阳人，无法穷尽她的沧桑与美丽，无法言说她的风貌与品格，只有毫无保留地热爱着她、维护着她、创造着她。

季节更迭，周而复始，日新月异。只有蝴蝶能辨别出季节的轮回，只有蝴蝶能舞动出时光的轨迹，一任蝴蝶舞，在这斑斓的季节，在这活力焕发的古镇，在这地肥水沃的济阳。

河右此镇古　曲堤风物长

在历史文化名城济南以北、九曲黄河右岸，有一个闻名遐迩的千年古镇，这就是历史文化名镇——济阳县曲堤镇。它北与商河县交界，南与章丘市隔河相望，西与垛石镇相接，东与仁风镇相邻，是济阳东北部的历史文化名镇。国道220线穿境而过，有着十分便利的交通条件和区位优势。

古镇曲堤，因黄河下游的支流漯水绕镇而过，挡水之堤弯曲而称“曲堤”。“曲堤”之名始于宋金，北宋咸平四年（1001），曲堤属山东东路齐州。宋徽宗政和六年（1116），曲堤随齐州升格为济南府后，隶属济南府，与济阳置县同步，但镇域历史可上溯至龙山文化时期，距今4000多年。域内刘台遗址，是省级重点文物保护单位。全镇地势平坦，土壤肥沃，物产丰富。

1957年发现经我国考古人员三次发掘的“西周早期诸侯墓群”，出土珍贵文物2000多件，证实曲堤镇刘台遗址属龙山文化，古为西周逄国都城，是一名叫陵的逄国伯爵（逄伯陵）后裔“逄公”（周文王表叔）的封地。此前，这里曾是有“万国”之称的夏朝一方国都城；商末为古蒲姑国之地；春秋至战国时期属齐国，秦代初为著县地，先属齐郡，后属济北郡。西汉时属济南郡，东汉隶属济南国。汉景帝四年（前153）并入章丘县，东汉时属阳丘县，称“阳丘朔镇”。镇治有坚固的城墙及护城河。四向城门各有其名：南叫“阳丘朔门”，北名“济武中枢门”，东曰“雅周门”，西称“达圣门”。四城门下均有砖桥跨过城壕。此外，另有东南、西南、东北和西北四门，形成八卦式建筑格局。东北门叫“鸣珂门”，其中“珂”字古意为像玉的美石，多用做马笼头上的装饰品；“乘马鸣玉珂”是古代贵族的写照。此门是达官显贵通行的地方，有大路直通刘台西周诸侯墓地——“逢公”家族古墓群。南北城门，均有楼阁，古朴典雅。城内有四街、八隅头、四稍门，分布着20多处寺院庙宇。北街有无梁大殿和秦代烽火台，西街有禅塔、无顶塔、弥勒寺、月牙桥。古城规制，体现了西周诸侯王的地位和权威。

史传孔子游历齐地，在瞻仰西周诸侯墓群、考察周礼的途中，路过时为诸侯王城的今曲堤镇，应王侯之邀而进城，欣赏了当时齐国统治阶层独拥的颂周之音——韶乐，从而激起了他的思周之幽情，不吝赞赏，发出“三月不知肉味”的感叹。在“汉唐以来，先师过化之地，俱必有建”的尊孔时尚中，为了纪念孔子闻韶一事，古镇修建了闻韶台。闻韶台原坐落在今曲堤东街，为黄土方台。兴盛时期高40多米，占地2800多平方米，分上、中、下三层，建有殿台楼阁；台下四周有寺院禅塔、庙宇书院；台上有苍松古槐、石刻碑文；八块名人撰写的记事碑记载了此台历次修葺的因由始末。自宋金时期到鸦片战争前夕九百多年间，此处有过九次较大的重修和新建。元代，台顶建大成殿，有肃政廉访使王士熙撰写的碑记。当地志书记载的历代朝廷命官及文人名士歌咏闻韶台的诗词、文章达30多篇，所写的文章、诗歌可谓韵味隽永，影响深远。在济阳县历史八大景观中，曲堤有“韶台远眺”和“禅塔晚灯”两景入选。其中，“韶台远眺”一景，列入济阳历史人文景观之首。

乾隆《济阳县志》载《韶台远眺》诗曰：

凌空殿阁逼星台，极目中原掌上回。
下里于今虚大雅，训风犹自绕高台。
云飞旷野清阴合，雾散南山霁色开。
仿佛韶音一派落，悠悠千古此徘徊。

小镇曲堤，既有悠远的历史，又有美丽的今天。黄河水土，孕育出丰富的曲堤特色名优物产。在曲堤系列物产中，曲堤黄瓜以瓜体细长匀称、口感清脆、甘甜爽口而在黄瓜界独领风骚，曲堤因而被誉为“中国黄瓜之乡”。新建设的曲堤黄瓜会展中心、曲堤黄瓜产业博览馆、精品采摘示范园，为打造“五彩果蔬之乡、休闲生态济阳”提供了一处集采摘、休闲、观光为一体的蔬菜基地，发展为全市特色农业的一大亮点，被业内人士誉为“济南农业看济阳，济阳农业看曲堤”。

曲堤镇另盛产曲堤黄河大米、曲堤大蒜、曲堤刘家羊肉、曲堤金李烤鸡、曲堤黄河鲤鱼、曲堤白莲藕、曲堤圆铃大枣。

曲堤镇有百年发展史的乔家村高跷，动作畅快洒脱，场面热烈欢快，形式灵活多变，服装斑斓多彩，融舞蹈、音乐、杂技等诸多艺术形式于一体，刚柔相济，雅俗共赏。传统套路主要有“二虎把门”“月子花”“十字街”“里四外八”“剪子股”等，扮相以戏剧人物为主。经过这些年乔家村人对套路、伴奏、服装的推陈出新，表演更加欢快、流畅、优美，新增“打劈叉”“跳桌凳”“上模板”等惊险高难度动作，既能反映热烈豪放的古朴民风，又可展示典雅飘逸的艺术元素，曾多次登上中央电视台，被广大观众赞为一绝，成为“山东省非物质文化遗产”。金李村的小伞鼓子秧歌以其鲜明的地方风格和别具特色的民间舞蹈形式，被认定为“济南非物质文化遗产”。刘家村的龙灯、李旺村的鼓子秧歌等传统民间艺术，均被相关文化部门挖掘整理，重放异彩。

古朴的家园　梦里的童年——仁风镇

过了济南黄河公路大桥后沿国道220线向北行驶，驱车约40分钟，便到了一个充满自然之趣、古朴神韵的小镇。当你被路两边满眼的绿色唤醒，从昏昏欲睡中被拯救出来时，钢筋混凝土的建筑不见了，灰色迷蒙的天空远去了，一望无际的麦田，葱郁笔直的树林，还有远处矗立的红瓦房和袅袅的炊烟，仿佛是正在开往那个童年记忆里梦幻温馨的家园，从城市的喧嚣陡然跌落到原始的宁静，古老淳朴得让你想起外婆温暖的手，安抚在喧闹中沸腾的心，有一种家的温馨，童年的感觉。

这便是到了仁风古镇。

仁风镇地处济南市东北角，与惠民、商河、邹平三县交界，北依徒骇河，南靠黄河。国道220线穿境而过，镇区域内两纵两横公路成网，魏桥—王圈浮桥连通黄河南北，交通十分便利，是济阳东北之门户，也是中国西瓜之乡、中国山楂之乡、中国鼓子秧歌之乡。

仁风镇历史悠久，人文鼎蔚。春秋时为齐国地，当时称作“马防城”，后又称为“迎风镇”。相传唐朝大将薛仁贵征东时驻军此地，薛家军军纪严明，对当地百姓秋毫无犯，当地百姓“箪食壶浆以迎王师”，薛将军深受感动，盛赞“真乃仁义之风之地也”，遂改“迎风”为“仁风”，沿用至今。仁风镇自古多次立县，宋代曾将仁风置为镇，1944至1950年，仁风曾先后为三边县、杨忠县、惠济县县政府所在地，一直是周围百里内的商贸重地。农历每月的四、九逢集，集市兴隆时可达两万多人，被称为“黄河以北第一大集”。2001年3月乡镇合并，把原来的仁风镇、王圈乡合并为现在的仁风镇。

仁风镇城内庙宇林立，碑碣甚多。原有黑风口、镇武阁、城隍庙、三圣庙、东大寺、无梁殿、月阳桥、望天猴等八大古景观，素有“七十二眼井，八十二座庙”之说。

人间五月天，赏花好时节。不同于城市花园里的姹紫嫣红，仁风镇那一片片果园里的花儿也开得正酣，苹果花、梨花、山楂花，竞相在枝头绽放，那迎风招摇的娉婷姿态煞是惹人喜爱，人们不仅能欣赏花的美丽，仿佛也会从中闻到果实的馨香。游玩赏花的同时，如果渴了，随处走进一个西瓜大棚，随手摘一个仁风特有的富硒西瓜，那清凉而又甘甜的瓜汁定会让你一饱口福。仁风镇是闻名全国的西瓜之乡，生产的富硒精品西瓜口感好、营养丰富，含硒量是普通西瓜的35倍，先后被认证为“无公害农产品”“绿色食品”，2010年又成功获得国家工商总局的“全国地理标志商标”认证。仁风富硒西瓜远销全国各地，深受消费者青睐，是济南市家喻户晓的夏季首选水果，成为仁风镇的一张“烫金名片”。

春夏时节的仁风古镇被包裹在一片绿色中，一片片郁郁葱葱的杨树林、柳树林是该镇一道独特的风景，仁风镇有丰富的林木资源，全镇速生林面积达4万亩。苹果、山楂、薄皮核桃、葡萄、包金梨等果树种植面积1万多亩，春夏季节来仁风镇赏花、摘瓜、体验农家乐趣的市民越来越多。

仁风古镇，民风淳朴，川流不息的母亲河从脚下流淌，她不仅养育了沿河的人民，也孕育了几千年的乡风文明。行走在仁风镇的大街小巷，仿佛是梦回童年的心灵家园。生活在仁风镇的父老乡亲们淳朴善良，以诚待人，相互帮助，和睦相处。对待外地来客总是热情友善，照顾周全，使人有宾至如归之感。

如果是过年后的初一到十五，或恰逢重大节日或庆典，你来到仁风镇，还会领略到仁风鼓子秧歌的独特魅力。鼓子秧歌与胶州秧歌、海阳秧歌并称为山东三大秧歌，雏形形成于夏商，完善于唐宋，兴盛于明清。分“快板”“慢板”“戏剧”三大流派，“伞”“鼓”“棒”“花”，人物齐全，扮相俊秀，惟妙惟肖。节奏铿锵有力，套路变化繁多，动作粗犷豪放，气势恢宏磅礴，充分展现了广场舞蹈的丰富内涵，闻名齐鲁，享誉全国。2008年，鼓子秧歌被国务院正式批准列入国家级非物质文化遗产名录，被誉为“民族舞蹈之经典”“迷人的东方芭蕾”。

如果当地人看到了你这个外来客，也许他们会善意地提醒你，临走时别忘了捎上这里的土特产——肖家吊炉烧饼。它选材讲究，手工制作，工艺精湛，风味独特，放置三个月仍然酥脆，满口生香，是远近闻名的地方小吃，同时也是馈赠亲友的佳品。

说到肖家吊炉烧饼，当地流传着一段传说，相传清朝嘉庆年间，家住直隶省的一位老人到南方探亲，途经仁风镇肖家村时，正值农历冬月，突然天下大雪，温度骤降，老人连冻带饿晕倒在路上奄奄一息，肖家村有一户李姓人家正从外地归来，看到老人后立即招呼儿孙们把老人抬回家，并请来郎中为老人号脉治病，家境本不富裕的李家几乎倾其所有精心照料老人。一个月后，老人完全康复。临行时老人特别感动，就将做“吊炉烧饼”的秘方传授给这户李姓人家。李家按照秘方做出来的特色烧饼又香又酥又脆，广受欢迎，从此大卖。

仁风古镇，就像一个洗去铅华的女人，历经风雨的容颜在沧桑中依然风姿卓然，千百年来的山水涵养着她天然清新的浪漫情怀。你来，或者不来，她都在那里，不悲不喜，兀自芬芳，兀自精彩。古朴自然之中，有一种说不出的亲切，一如渐渐淡去的记忆，一如梦里的童年。

济水河畔话孙耿

在济水河畔、济南北邻，有一座古老的城镇孙耿镇。它位于济阳县西南部三地交界处，东毗邻崔寨与回河镇，南临济南市天桥区大桥镇，西与齐河表白寺镇、临邑县的临南镇接壤，北接太平镇，104国道纵穿南北，南跨黄河大桥至济南市区。

“欲知大道，必先知史。”历史上此处就是氏族聚居之地，孕育了悠久而古老的文明，早在四千多年前的新石器时代，孙耿镇就有氏族聚居。从县境内的古文化遗址和大汶口文化及龙山文化出土的大量代表性器物证明，今孙耿镇在少昊时为少昊氏的司寇爽鸠氏之地。及至后来虞舜至夏朝时为部落酋长季荝氏之地。商初为逄伯陵方国之地。商末为古国蒲姑氏之地。西周初至春秋战国时期，镇境为齐国地。秦时属漯阴县。汉时，孙耿仍为漯阴县地，属平原郡。西晋属济南郡。南朝刘宋孝建二年（455）于漯阴南境侨置临邑县治所即在孙耿境内，属侨置之魏郡。北魏属东魏郡。隋开皇三年（583）废东魏郡，临邑县属齐州。唐武德四年（621）改属谭州。贞观元年（627）废谭州，临邑县仍属齐州。北宋属济南府。北宋太祖建隆元年（960），黄河于公乘渡决口，冲毁县城。建隆三年（962）县治从孙耿移至今德州市的临邑县城。原临邑故城置为孙耿镇。

清朝年间属济阳，清末改属济阳景贤区。民国二十五年（1936）属第三区。1944年齐济县分开，第三区归齐临县所辖。1946年又划为齐河县东孙耿区。1984年改为孙耿镇。2001年3月，辛集回族乡并入，成为现在的孙耿镇。

孙耿镇素有“尚书之乡”的美誉，悠久的历史、古老的文化造就了一代代文人名士、英才先贤。在这些人物中，以清朝初年的艾元徵最有代表性。艾元徵是孙耿艾老村人，字长人，号允洽，生于明代天启甲子年（1624）四月二十六日，卒于康熙丙辰年（1676）七月四日，是清顺治三年殿试三甲进士，历任翰林院学士、户部侍郎、官至刑部尚书。一生著述很多，主要有《易经会通》《书经会通》《左传详解》《离骚合参正解》等。他为官一生，刚正不阿，政绩卓著，是济阳县有史以来最大的文官。他在任户部侍郎期间，曾出京勘验田亩，以确定田赋征收数额。因区划得宜，农村没有出现百姓转徙失业的现象。任左都御史期间，艾元徵多次上书请求朝廷广圣孝，重国本，整饬官场风纪，屯田养民，缓征赋税。任刑部尚书期间，狱无分大小，必求其合于情理和法律，即使受到皇帝责备，也不心存芥蒂，而是一如既往，忠心耿耿为朝廷效力。艾元徵死后安葬于艾老村之西艾家老坟，即后来著名的古迹艾尚书墓。康熙帝感其忠诚，特派山东省布政使施天裔前往拜祭。当代的孙耿人也群贤迭出，名流荟萃。以著名学者、作家、教授丁文方为代表的一大批孙耿人在各自的岗位上默默耕耘，辛勤工作，无私奉献，取得了骄人的业绩，令人瞩目，永载史册。

孙耿镇比较出名的文物古迹有药王庙（高家）、八棱碑、夫子庙堂碑、菩萨石像、红脸关公等。但因年代久远，历经战乱、天灾人祸，今多毁少存。

孙耿镇一直以农业生产为主，传统作物以小麦、玉米、花生为主，农业特产有香瓜、红提葡萄、金太阳杏、樱桃西红柿等。最近几年大棚蔬菜被广大农户广泛种植，成为孙耿的主要经济作物，为孙耿的农业经济发展做出了重要贡献。“狮子张”牌大棚土豆、杓子李村的大棚西红柿是孙耿两个有代表性的大棚品种。另外引进种植的有机蔬菜和高品质君子兰，成为省内最大的现代农业观光养殖基地。

如今的孙耿镇，正以勃勃生机走向未来，用自己的实际行动诠释着文明与发展的内涵。

水岸果园　风情小镇——怀仁镇

怀仁，单从名字上看，就是个历史底蕴深厚、文化味道浓郁的地方，它位于山东省济南市商河县西北，两市（济南、德州）三地（商河县、乐陵市、临邑县）交界处，地理位置优越，是重要的物资集散地和商贸重地，素有“济南市的北大门”之称。“怀仁”即“怀德仁里”，出自《论语•里仁篇》：“君子怀德，小人怀土”，“里仁为美，择不处仁，焉得知”。“怀仁”可解释为：“首善、宜居之地。”怀仁原为古汉平昌地，历史悠久，古迹众多，文化底蕴厚重。新中国成立前为德平县东南重镇，1956年划归商河县。

怀仁自然风光优美，临商河贯穿南北，大沙河横贯东西，大沙河为东汉时期水利专家王景治理的黄河故道，后来成为北宋著名的“漕运四渠”之一。宋太祖赵匡胤即位后，为增强对契丹的防御，增强粮草转运功能，开始了以汴梁为中心的运河治理，向东疏水道注入渤海，据考证，此运河正经此地。因运送粮草船只很多，当地俗称“运粮河”，至今民间还流传着有关“运粮河”的神奇故事。大沙河沿岸有近千亩树龄三百多年的古杏林、古槐林。盛夏之时，游人如织，或沿河赏林漫步，或闲坐垂钓，消暑避夏，惬意自在。怀仁现有三处历史遗址，均为县级重点文物保护单位。南有占地9万平方米、城墙仍历历可见的古鬲城遗址，该遗址周围曾多次发现陶盆、石磨、石夯、陶罐、陶瓦当及陶豆、陶鬲残片等文物。北有占地4万平方米、高出地面近五米殷商时期的东信冢和耿家冢，两个古冢保存相对较好。相传两冢有时顶端忽发黑气，数日不绝，众人见了惊讶异常，不知缘由，非常恐惧，有大胆的上去以土压之，后再不见此种现象。但每到盛夏，冢顶上空，云雾缭绕，蒸汽腾腾，远见如雾，时有可观。

人杰地灵、人才辈出的怀仁，历史上涌现出唐代著名诗人孟云卿、孟简，清嘉庆年间为民请命、舍生取义的义士杨樟、闫常留，民国时期参与制造震惊中外的“皖南事变”的国民党将领上官云相等历史人物。孟云卿、孟简二人值得一提。

孟云卿（约725—？），唐天宝末年进士，唐肃宗时为校书郎，其存诗17首，为著名诗人杜甫所推崇。孟简（？—823），唐宪宗元和年间进士，官至太子宾客。工诗，善行书，《全唐诗》收录其诗7首，《全唐文》收录其文3篇。

说起非物质文化，民歌绝对是怀仁悠久历史文化的一个缩影，民歌从哪个朝代兴起，已无从考证，但自明清时期开始，民歌就已经广为流传。怀仁民歌以生活情趣类居多，其中最出名的有《小货郎》《裁单裤》等。除了民歌，鼓子秧歌、吕剧等在怀仁也有着悠久的发展历史。如今，怀仁乡土文化氛围浓厚，所辖的58个村均成立了民歌队和鼓子秧歌队，并定期开展各类文化活动。

作为传统的粮棉大镇，近年来，怀仁在稳定粮食生产的同时，十分重视发展特色农业，已形成规模且富有地方特色的农产品有鸭蛋、核桃、苹果、葡萄、芫荽等，产品远销济南及周边城市。

近年来，围绕“水岸果园，风情小镇”的发展定位，怀仁镇已形成了“四街一城二市一园”的格局，城镇建设独具特色，是“全国创建文明村镇先进单位”和“山东省省级中心镇”。大沙河高效生态农业观光带已动工，景观大道顺河而建，依次为果品采摘区、园林绿化区、旅游观光区，一个现代化宜居宜业的魅力小镇正在形成。

鬲城探秘　古城流芳

坐落在商河县县城西北方向15公里处的古城村，距今已有2000多年的历史。古城，因古鬲城而得名。据史书记载，汉光武帝建成十三年曾封寝居于此的建义大将军朱祐（也称朱祜）(?—48)为鬲侯，该地也随之被世人称之为鬲城。该城在德平县城东南三十里处，据《德平县前志·古迹篇》记载，东汉刘秀登基后大封功臣，建武十三年（37）于鬲津河（俗称四女寺碱河）流域重置鬲城，封朱祐为鬲侯，在德平东南三十里，北齐天保七年（556）废。后来由于战乱频仍，灾害频发，生活不得安宁，人们便往西迁移一公里后定居下来，取名为古城村。该村先有崔氏，有"坐地崔"之说。相传崔氏一脉出于吕尚。后有张氏、庞氏等姓氏陆续迁来。据张、庞氏家谱记载，张、庞两氏为姑表兄弟，于永乐年间由长清县迁居于此。

今天的古城村由古城和小李家两个自然村组成，东与芦沟庄为邻，西与临邑县林寨村相连，南与储家村接壤，隶属商河县怀仁镇管辖，全村占地总面积320公顷。

千年古城遗址仍然较好地保存了下来，它坐落在古城村北1公里处，是春秋时期齐国的麦丘邑、汉代的鬲城遗址。据《韩诗外传》及《新序•杂事》载，齐桓公曾出猎于麦丘。遗址占地约9万平方米，今城墙、院落及大型建筑遗迹清晰可辨。城中间略低，东西有高出地面2米的城墙，长百余米，高2.7米，最宽处达10多米。西面有南北大道，相传为跑马道。南面有高2.7米的点将台。遗址周围多次发现陶盆、石磨、石夯、陶罐、陶瓦当及陶豆、陶鬲残片。还曾挖出一堵较完好的墙壁，埋入地下0.5米。墙壁用青砖白灰垒制，砖长0.5米，宽0.3米。临近老农迄今仍以“城海子”“城东”“城南”“杀场”等旧名区分周围地块，是个探寻古迹的好去处。

今日的古城村依旧美丽，其地处鲁北平原，地理位置优越，地势平坦，水源丰富，发展农业具有得天独厚的条件，境内盛产小麦、玉米、棉花、蔬菜等。如今的古城，有香椿园4公顷，葡萄园6公顷，苹果园4公顷，柿子园4公顷，植被面积244公顷，覆盖率76%，是远近闻名的省级、市级文明村。

齐鲁会夹谷　归田谢过此——东城村

泰山区东城村位于泰安城东北部、泰山南部，地处山区，聚落略呈方形，村落形成年代无考。因在谢过城之东得名东谢过城，简称东城。鲁定公十年(前500)，鲁定公与齐景公会于夹谷，孔子以相礼的身份随同鲁君出席盟会，他以理服人，迫使齐人将郓(今东平境内)、灌(今汶阳境内)、龟阴(今泰安旧县以北)等地归还鲁国，齐景公也在此地向鲁定公表示谢过（承认错误，表示歉意之意），这就是历史上著名的“夹谷会盟”。谢过城之名，始见于《太平寰宇记》：“谢过城有汶阳田，齐以此归鲁以谢过，故有城存。”清《泰安府志》：“谢过城县东北十五里，春秋夹谷之会，齐侯归田，以谢过城之名，以此城南有汶阳田。”《山东通志》载：“谢过城在今县东北十五里，春秋夹谷之会，齐侯归汶阳之田以谢过城之名以此。”

今村西有一高台地，西高东低，为古明堂故址。高台四周平衍，一自然高丘如台兀立，高17.6米，南北宽80米，东西长180米。文化堆积层1至3米，曾出土周代至汉代的布纹瓦当、陶片等。今台地上陶片随处可见。

《史记·封禅书》及《水经注·汶水》记载，汉武帝元封二年（前109）降坐明堂。明堂原为周代建筑，汉武帝东巡时路过泰山，有济南人献明堂图，传明堂图为黄帝时期之物。明堂图中有一殿，四面无壁，以茅蓬盖之，通水环宫垣为复道，台上有楼，从西南入。武帝遂令奉高地方官员依照此图建明堂于汶水之上，即汉明堂故址。高台地西侧有一泉，曰明堂泉，今仍有涓涓细流，常年涌出。

2002年，泰安在汉明堂遗址北侧建仿汉建筑群。建筑群由东膳房、书画院、博物馆、西茶苑、碑林等五部分组成，占地30余亩，总建筑面积3500平方米。园内荷塘垂柳、亭台楼榭、小桥流水，一步一景，错落有致，赏心悦目。整个建筑为仿汉代建筑，古色古香，精巧别致，气势宏伟，既有大汉遗风，又有明清古韵。其北依泰山，东北距方特乐园约2公里，距封禅大典约6公里，与周边自然环境融为一体，是休闲游玩的极佳场所。

岱南名镇大汶口

巍巍泰山南麓，滔滔汶河北岸，坐落着千年古镇大汶口。

大汶口镇地处泉城济南、东岳泰山、孔子故里曲阜“一山一水一圣人”之黄金旅游线上，北距泰山30公里，南离曲阜40公里，京沪高铁、京福高速公路、104国道、济微省道纵贯南北，良（庄）边（院）路、盐化路横穿东西，交通十分便利。漫步狭窄的古镇街道，踏着光滑的石板路面，望着两侧一栋栋老式门面的雕花窗棂和斑驳的青砖楼房，一种厚重的历史沧桑感油然而生，思想的羽翼随即穿越时空，去追寻那远逝的古商埠的繁华与兴盛。

大汶口镇南即著名的倒流河——大汶河。牟、瀛、石、泮、柴五条汶水在此汇集，形成“五汶萦回一脉深”的辽阔水面，浩浩荡荡，往西奔流。古老的大汶河，孕育了古老的文化，使大汶口成为中华民族最早的发祥地之一。早在6000年前，我们的祖先就在这里傍河而居，繁衍生息，刀耕火种，捕鱼狩猎，创造了灿烂的史前文明——大汶口文化。位于镇西侧面积广达82万平方米的大汶口遗址，以其丰富的地下遗存和独特的历史考古价值，全面展示了中华民族由原始社会向奴隶社会、由母系氏族社会向父系氏族社会转变的历史进程。国家文物局和山东省的专家历经四次发掘，“为中华文明的发展历程提供了实物证据，将中华文明起源向前推进了2000—3000年，有力地驳斥了国际社会对中华五千年文明的质疑”。早在20世纪80年代初，该遗址已被国务院命名为全国文物保护单位。

尧舜禹时期，东夷族在此创建遂国、铸国、章国和成国。春秋时期，这里既是齐鲁两国的交界，又是南北古驿道鲁道的必经之地。“汶水汤汤，行人彭彭，鲁道有荡，齐子翱翔。”两千多年前的《诗经》，生动地描绘了当年色贯六宫的齐子文姜在此横渡汶水往返齐鲁的盛景。

两汉至两晋时期，则在大汶口置钜平县，属泰山郡，刘宋、后魏因之。西汉后期，曾出过不畏权势、仗义执言的大政治家王章。王章历任左曹中郎将、谏议大夫、司隶校尉、京兆尹等职。三国时期，则出了魏国大将于禁。西晋初年，著名的政治家、军事家、文学家羊祜曾在此被封为钜平侯。

此后的1000多年间，大汶口以其独特的地理位置、显要的交通和肥沃的土地，始终为岱南政治、经济、军事重镇和兵家必争之地。

早在宋、明时期，伴着资本主义在中国的萌芽，仰仗大汶口便利的水陆交通，这里的商业就开始发达。许多富有商业头脑的山西人看中这块风水宝地，纷纷前来经商。一座拥有300多年历史的大汶口山西会馆，一条石板铺就的山西街，就是晋商在此发展的最好见证。直至清末，尤其是1912年津浦铁路的开通，大汶口镇的商业发展达到鼎盛，成为闻名全国的花生、粮油、棉麻等农副产品集散地。每到夏秋收获季节，运送粮油、花生、棉麻的车辆络绎不绝，从泰安、宁阳、肥城、新泰等周边诸县汇集大汶口，再通过大汶口车站装运火车，运往祖国的四面八方。此时的大汶口可谓栈铺林立、商贾云集、车水马龙、川流不息。及至20世纪50年代初，泰安县的棉麻、盐业、生资等五大公司还设在大汶口，占据着老泰安县经济的半壁江山。

作为千年古镇，大汶口历史文化之丰厚，文物景点之众多，也为一般乡镇所少见。

镇东数百米之遥，是市级文物保护单位、春秋时期鲁桓公为方便爱妻文姜回齐国省亲而修建的行宫文姜城遗址。在方圆2.8万平方米的城台上，随便拣一块残砖断瓦，都能敲出千年的古音。

镇东南处即被誉为泰安八大景之一的“汶河古渡”。当年的文姜就是从这里横渡汶水的，后人也曾在此留下许多脍炙人口的赞美诗篇。出古镇西南门，即是明朝隆庆年间修建的大汶口明石桥，也是大汶河上的第一座桥。桥宽2.5米、高1.8米、长约570米、65孔，全部用长3.5米、宽0.5米、厚0.3米的巨型石板铺架而成。远远望去，活像一条巨龙横卧河面，将汶河两岸连为一体，成为南北交通的要道。

清末民初，在明石桥西数百米处，修建了津浦铁路汶河大桥。建国之后，在大汶口镇附近的河面上，又先后架起了京沪铁路复线大桥、济微公路大桥、104国道大桥、北藤村汶河大桥、京福高速公路大桥、京沪高铁大桥六座大桥，连同明石桥和上世纪初修建的津浦铁路大桥，在不足两公里的河面上，大桥竟有八座之多，且一座比一座漂亮，一座比一座壮观。站立明石桥中段的齐鲁两国分界线上，放眼望去，七座雄伟的大桥尽收眼底。于是，“双脚踏齐鲁，一眼观七桥”便成为该镇一处罕见的胜景。

镇西除了大汶口遗址外，还有总面积2.4万平方米的皇营，即清朝皇帝出巡的行宫。康、乾二帝八次下江南，均在此居住。据记载，皇营四周环有宽1.2米、高6米的红墙，院内宫殿房屋百间，三进三出。城外还附设驸马府及御桥。后因年久失修，加之人为破坏，于19世纪中叶损毁，只留下迎驾庄、卫驾庄、武驾庄、送驾庄等村落，昭示着行宫的曾经存在。

镇北5公里处，有市级文物保护单位云亭山，是古代帝王封禅泰山时的“禅地”之所。唐玄宗《记泰山铭》云：“古封泰山，七十二君或禅亭亭，或禅云云。”经专家考证，此“亭亭”“云云”，即云亭山是也。古代帝王登封泰山，先在泰山南麓的云亭山设坛祭地。山上原有庙宇，后因战争损毁。

2010年，在“一山（泰山）一水（大汶河）一文化（大汶口文化）”的建设思路下，政府花费五年之功建成大汶口遗址公园。而在大汶口遗址附近的大汶河上，一个1.5亿立方米的人工湖和万亩岸边湿地也正在加紧建设，以再现大汶河烟波浩渺、草木幽深、舟楫往来、渔歌唱晚、白鹭翔集的古渡风貌，为人们休闲观光、旅游度假，提供一个绝好的去处。

千年殷商遗址——满庄镇

“满庄”名字的由来还要从商朝时说起。满庄镇是商朝相土东都遗址，自商朝时期，这里商贾云集，络绎不绝，经济繁荣，故满庄在历史上是一个古镇。但在古时，由于战乱、残杀，这里曾伤亡许多人，遍地是坟墓。所以那时满庄被称为“满塚”。后来，康熙皇帝下江南，路过此地，觉得“满塚”不吉利，便改为“满庄”。满庄历史悠久，早在6000年至4000年前，我们的祖先就在此地繁衍生息，创造了大汶口文化。以满庄西北坡出土挖掘出来的商陶为据，在商朝时期，满庄附近已形成了村庄。又根据商朝相土之东都建于满庄附近，可见当时的满庄已成为商朝的政治、经济、文化、交通比较发达的地区之一。

满庄镇人杰地灵，留有众多珍贵的历史文化古迹。如山东省境内奇特罕见的唐朝桧柏（它不结种、不根生，无法繁衍后代），奇特罕见的“五指柏”以及距今两千多年的魏槐，高大挺拔，古而不朽，枝叶繁茂，蔚为壮观。在金牛山半腰处明清朝代建有“云泉庵”，庵旁有一山泉，泉水深1米，直径0.8米，无论天气多旱，只要天上有云，泉内便有水，甚为奇特。当地人称，来满庄观名墓，若不看“云泉庵”，就如一出大戏没有结尾。

满庄镇的中淳于瓷窑遗址属商朝遗址，面积约10万平方米。中间略高，1米～2米土层下为文化层，东北部有断崖，可看到暴露处的灰坑、墓葬和红烧土痕迹。从出土的文物看，有龙山文化时期的夹砂褐陶扁形鼎足、尊形器残片、泥质蛋壳黑陶片、岳石文化的泥质褐陶带子母口的器盖、商周时期的残豆盘等，系龙山文化至商周时期的文化遗址。

西汉初年，汉文帝时太仓令淳于意，为今满庄人。其因“益公多尽力，损公多自斩”的为政观念，受到贪官的陷害，被汉文帝错以“窃粮之罪”下狱，判为腐刑。临刑前淳于意骂其女：“生女不生男，缓急无所恃。”其小女缇萦请从入关，上书救父，终以理感化皇帝，撤除腐刑。淳于意出狱后，专心行医，首创因人施医的分科治疗方法，被列入祖国医药史册。《史记·扁鹊仓公列传》记载他二十五例完整的诊脉医案，称为“诊籍”，是中医病例的创始人。淳于意去世后，葬于满庄。今存其墓，高8米，周长25米左右。据《泰安县志》载：“淳于意墓：在中正区淳于韩姓茔北。墓方十二步，高八尺。清光绪间施植柏树七株，颇壮观。”小女缇萦也葬于此，其墓俗称“救女坟”。东汉经学家把“缇萦救父”列为二十四孝之一。

说起满庄镇的历史文化，想必大家都对萧大亨墓地早有耳闻。萧大亨墓地石刻群位于满庄镇西北方向十七华里处的“金牛山”之阳、“龙山”之阴，距今已有四百年的历史，是山东省重点文物保护单位。

萧大亨乃明万历兵、刑两部尚书，数百年来，泰安世代流传着萧大亨的传说故事，“免皇粮，智建无梁殿”“进御贡，泥鳅换赤鳞”“修华表，巧计斗权臣”“定木桩，计移风水宝地”“苦读书，自强成大才”等故事无不脍炙人口。萧大亨历仕三朝，因其治理朝政、加强法制、维护边关和平等功绩卓著，故在其卒后，明神宗恩命为其造墓建房立碑。明廷在萧氏墓坊上撰楹联为“束发登朝，勋业永垂于边地；鞠躬尽节，忠勤益励于宦成”，是对萧公功绩的高度评价。

萧大亨墓建于金牛山之阳的土岗上，依山傍水，坐北朝南。墓地地势北高南低，视野开阔。墓前有童男童女石像4座，除牌坊前后对称外，其余石人、石兽、石畜、华表均左右对称，排列在长60米、宽8米的神道两侧。前后石坊是四柱三门式，均高10米、宽4米，门柱上均雕刻着牡丹、祥云等吉祥花纹和麒麟、狮子、凤鸟等瑞鸟瑞兽。让人称异的是所有花鸟禽兽，都各有所异，无一重笔，前后石坊正门横梁上各雕刻着进出宫图，下梁上雕着二龙戏珠，摇头摆尾，腾跃如飞，坊座上四柱的前后雕塑着8组形色各异、形态逼真、活灵活现的狮群。六棱华表高达11米，方形基座，四面均刻有灵芝、兽头等，表体周身浮雕，飘逸精美卷云纹，扶摇直上，顶部一朝天吼兽，面向南屈蹲在莲花宝座上，其势拔地通天，气势非凡。石羊坐卧在石座上，安详自如，栩栩如生。马高2米，身长2.5米，周身雕刻细腻，骑具俱全，装饰华丽，形似奔驰疆场的骏马，两虎昂首挺胸，威风凛凛，雄姿矫健。文官双手握笏恭立，衣纹线条细腻流畅，神态安详，端庄秀气，文质彬彬。武官则头戴盔甲，身穿武服，膀宽腰圆，挺胸直立，手持钢鞭，双目圆睁，炯炯有神，真有一命待发之势。有趣的是，当地群众说“狮、虎、羊、马”四禽兽各有寓意，它代表忠、孝、节、义四种含意。更有趣的是，这各组石雕也分上下年长之别，凡东侧的都年长于西侧的。

墓正南170米有“神道”，前后均设四柱三间歇山顶石坊，两侧雕立华表、武士、石虎、石羊、石马、文侍各一对，雕刻精细，物象生动。纵观这组石雕群，布局合理、排列有序、结构严谨、气势宏伟、雕刻精细、和谐统一，是我国石刻建筑中不可多得的艺术珍品。“神道”两旁由南向北依次是高10米、宽8米的四柱三间的石牌坊，上刻“敕建”。石坊上雕刻有狮子、龙、凤、花鸟、麒麟等图案。往北分别是高十米的石华表及石武官、石虎、石羊、石马、石文官、石牌坊和萧大亨一品夫人刘氏牌。石雕群气势恢弘、巍巍壮观。集透雕、浮雕、阴雕为一体，石人、石马、石虎、龙、凤、花鸟等无不栩栩如生，生动传神，堪称明代石雕艺术之精华，令世人惊叹。萧大亨墓的牌坊左前方是“龙山”，右前方是龙门洞，背依金牛山。明朝时期在龙山、龙门洞之间各有一条小河相向而流，都流在“响水河水库”的低凹地段，两河在此交汇，所以在这个范围内完全符合乘风而散、界水而止的风水学说。

满庄镇的民俗风情有很多，像段家唢呐、西林民间戏班、北迎高跷、东林舞龙队等都是家喻户晓的中华传统民间艺术。其中满庄镇段家唢呐历史悠久。段家唢呐起源于明末清初，至今已有四百年的历史。现已传至第六代段传斌、段传国等。唢呐演奏花样繁多，技艺精湛，并多次出国参加演出，段家唢呐已成为享誉泰安大地的一项精湛的民族技艺。

千年古村话鱼池

在岱岳区道朗镇有一鱼池村。鱼池村始建年代不详，据鱼池村玄姓族谱记载，鱼池自唐朝始有文物并保存下来。如“故镇国上”的石刻方碑就垒在菩萨庙（群众俗称“唐庙”或“塔庙”）的东墙上。鱼池原称故镇，“先有唐庙后有故镇”，自隋唐时就称故镇，已有千余年的历史。

鱼池村名一说来自春秋范蠡之养鱼池。清张开东《白莼诗集》卷二《鱼池》诗注：“鱼池：为陶朱公种鱼皮陂，在泰安县西。”一说由于此村的建立和发展与泰山文化紧密相连，因其历史悠久，故而取名“故镇”。其故字的含义是指该村是一个历史悠久古老的镇，与北京“故宫”的故字是同一个意思。五代（907 923）人王彦章，事梁太祖累官至招讨使。他在村北建一花园，内有养鱼池，成为此村的特殊景点，途经该村的人们前往观看，喝茶少憩，并奔走传告，长此以往，人们便以“鱼池”代替“故镇”之名。所以后人将此村称为“鱼池”，一直沿用至今。

据清光绪三十一年（1905）《道朗志·文物志》载，鱼池娘娘庙是泰山碧霞元君的行宫，传为明代建筑，并有戏楼一座，对面是震武阁，新中国成立后毁，建民房，现存一钟房。鱼西有三官庙，对面也有戏楼一座，新中国成立后毁，建成学校。

鱼池东依泰山，位于泰安神州西部边缘，位置适中，是河南、安徽、江西等地香客登泰山进香的必经之地，成为泰安神州的西大门，由于泰山历史文化的兴盛发展，此村的交通、商贸也随之兴旺发达起来，源于泰山的佛、儒、道等宗教文化融合发展，建寺庙、兴楼阁、刻立石碑等，使此村逐渐形成独特的规模，被河南、江西等地的客人称为“小泰安”。得到了“拜了奶奶庙，不到泰山也叫到”的尊称。外地客人在村东头修建了“望岱阁”，使之在阁上东望泰山，瞻望“岱岳”之尊容。此时的鱼池声望超过了道朗。

鱼池的古街道建筑约有五百余年的历史。在古街道西头北侧发现了半块“创置道路”的石碑，此碑记载：“泰安神州正西大路六十里名曰鱼池”，“壹亩受价银四钱五分”，“施地人×××”，“立碣，此照万年不朽”，“大明万历十五年岁次丁未四月初六吉日立”。在古街道中间的关王庙，有垒在西墙内的重修关王庙碑记，是江西人在大明成化丁未年（1487）立，据现在已有500余年。鱼池中心这条东西街道是泰安通往肥城的必经之路，长约三里，整个街形如“非”字，有三座戏楼，差不多等距离摆开，坐落在街心的南侧，坐南朝北；街心北侧与南面戏楼相对建有三座庙宇：东边是泰山碧霞元君庙（俗称老奶奶庙），中间是关王（帝）庙。关王庙南侧约20米的地方有“三山加一井、七十二道沟”，提水用的麻绳将井沿石磨出了一道道的沟，诉说着此井的古老与沧桑。西边是三官庙。东段街心北侧修有节孝石牌坊，原奶奶庙及节孝牌坊已拆除，砸碎的石碑有的垒砌在墙上，残存石碑有仙鹤的图案，有关于“痘疹娘娘”记载。西段街心北侧是一所1915年成立的山东省二等学堂（原属崔氏私宅房舍）。街道两侧是私人作坊，商户店铺林立，商品琳琅满目。

鱼池已有千年历史，古街已有五百余年历史。历史长河中，鱼池的许多古建筑物、古石刻历经兵燹火劫，至今巍然屹立，这在山东省也是罕见的。这些凝固的艺术、石质的史书，值得后人加倍珍惜。

九省御道羊流店

据《新泰县志》载，羊流店为西晋名臣羊祜故里，因地有“羊氏之流风”故以为名，后简称羊流。清初因设驿站而更名羊流店。

羊流店曾有九省驿道之称，自古就有“南京到北京，羊流在当中”之说。现在仍存有古代驿站、城墙、碑刻等遗址。羊流驿站遗址仍存，现有拴马石3块。

清初，为加强南北之间的联系，清廷设立了自东南各省至京的驿道，俗称“九省御道”。乾隆《新泰县志•驿站》载：“邑在元明时，僻处山径，非孔道也，原无驿路，旧编里甲夫马十二匹，止以供上司巡历。自天启末年，徐州驿路受黄河水决而加冲。国朝定鼎，始于涿州城南分东西两路，顺治十年（1653）以东南全闽、两浙、吴会、淮扬诸路至京由泰、沂为捷，羊流置驿从此始。”穿经新泰的这条驿道，道光二十八年（1848）《山东考古录•图考》所绘非常清晰——该路起自北京，经平原、禹城至济南，穿越泰安、新泰、蒙阴、垛庄、徐公店、临沂、李家庄、郯城、红花埠，往南至江苏、浙江，最后抵达福建。对这条驿道记述最为详细的乃光绪《新泰县乡土志·道路》：“自江南赴都驿路一：越蒙阴入新泰境曰嶅阳，西行六里曰沈家庄，西北行十馀里至县城西南关，由县城正西过西周河行十余里曰葛沟桥，又行十九里过崖头庄之广宁河曰崖头庄，逾四槐树岭而西又行十余里曰浮邱镇，又行十八里过羊流河曰羊流店，又过羊流西河西行十五里逾关桥岭曰关桥庄，自关桥而西又行二十余里过上四庄、望见岭，出新泰西境，与泰安化马湾之驿路接。”

新泰境内之驿道，共设驿站两处，一为“城驿”，一为“羊流驿”。其职责是掌管投递公文、转运官物及供来往官员暂住休息。“城驿在县署后，东至蒙阴驿六十里，西至羊流驿六十里，羊流驿距城驿六十里，西至泰安崔家庄驿五十里，马六十匹，马夫三十名。”（《新泰县志·驿站》）两驿站中以羊流驿名声为最著，羊流驿站设在羊流店西部正古街中段，乡人称之为“马号”。初，备马六十匹，马夫三十名，拨马牌子三名，递送公文马夫两名，抄牌两名，药材兽医一名，另有官库、车夫若干名，规模等同县驿，所属隶于县衙。并设有规格很高的“太公馆”，专门招待过往的朝廷高官和贤达名士。

驿道过境新泰，打破了新泰原有的封闭式经济体系，促进了沿途商业的流通和发展。其中嶅阳店和羊流店，更成为商贾汇集的旱码头。羊流店作为“九省御道”之重要驿站，更是客商云集，店铺比邻。其中山西商人开办的“茂盛永”钱庄、“新福盛”酒店、“东大盛”油坊，章丘人开办的“复盛德”酱菜店，号称“四大盛”。其兴隆程度、经营规模，远远超过县城。故民间才有了“南京到北京，羊流在当中”之说。羊流，在当时的政治、经济、文化活动中占据了较为重要的地位。

千年古镇　武术之乡——石横镇

在巍巍泰山的西麓有一座历史重镇，像一颗璀璨的明珠镶嵌在泰安市的西北处，她就是肥城市石横镇。

据史书记载，石横自唐尧、虞舜、夏三代为青州之域，商代为海岱营州之地，西周为兖州之域，东周为鲁国之地。石横镇最初为石沟村，因该村村北邻近一条又深又长的大石沟而得名。宋朝以前为石沟村，所在的镇叫石沟镇。北宋时，天降陨石于石沟村北，硕大的陨石横卧在山坡前，当时的人们迷信，认为是天降祥瑞，是吉兆，一方能人便将石沟村改为石横村。石沟镇改为石横镇，从此“天生石横”之说流传开来。

石横镇历史悠久，上古时期的虞舜帝曾在其南部村落与百姓一起耕种、捕鱼、狩猎、建都，号令天下，繁荣了一方经济，百姓称他为都君。为纪念舜帝的功绩，百姓在此建起了都君祠，将村庄取名为都君庄，沿用至清朝。舜帝病逝后，这里的百姓又为其修了舜帝像，现仍存在坟冢的一角（在道口村北）。康熙《肥城县志》载：“都君庄在城西四十里衡鱼，即舜帝成都之处。”宋代学者王醇德在《题左丘明墓》中云：“荒草迷离土一堆，坟前古木亦凋衰。传留千载英魂渺，每到都君一泪垂。”都君一词就指当时的都君庄，春秋时期的左丘明就诞生在都君庄，祖孙三代均为史官，他身残志坚，著有《左传春秋》《国语》两部不朽的著作，被称为“百家文字之祖，万世文字之宗”，史学界称左丘明为“史祖”。他德高望重、才识渊博，力荐孔子为鲁国司寇。孔子称：“与左丘明同好共恶”，史圣司马迁称他为“鲁君子”，唐太宗李世民称他为“先儒”，崇祯帝称他为“先贤”，乾隆帝称他为“经臣史祖”，其后人为“奉祀生员”。北大留的霸王墓，见证了西楚霸王项羽在此驰骋疆场、奋勇当先的英雄气概；隆庄关公“风雨竹”石刻，记载了武圣关羽的忠勇义气；后衡鱼的舜井唐槐铭刻着唐代文化烙印；前衡鱼宋代抗金英雄刘海东的墓志铭记述了他英勇御敌的英雄气概。徐向前元帅曾在这里指挥了著名的衡鱼战役，肖华将军来此指导工作，指挥了赵庄战役。

石横村的四眼子井相传建于明朝初叶。当时皇帝朱元璋第四子朱棣初封燕王，镇守北平(今北京)，握有重兵，势力较大。1399年，惠帝朱允炆即位，燕王朱棣起兵一万南下，途经石横。石横是个缺水村，突然驻扎了庞大部队，吃水成为难题。朱棣一面派军士到邻村去挑，一面考虑解决吃水问题。当时凿井不及，即将村中原井加粗加深，栅石开四口，口径60厘米，4人可同时打水，互不干扰。现井旁有明隆庆年间李邦珍撰书“四眼子井”重修碑记和清嘉庆年间四眼子井重修碑。

泰山显灵宫位于石横镇石横村西，为泰山老奶奶西行在此歇脚的地方。始建于明万历四十二年（1614）三月，天启年间又重修加固，气势恢宏，成为人们祈福求安的圣地，每年农历四月初八传统庙会，前来上香赶会的人络绎不绝。泰山显灵宫俗称“西宫庙”或“行宫庙”，现正殿、东西配殿、前过殿保存完整，前过殿为穿堂式，硬山顶，黄色琉璃瓦。

门上方横刻“泰山显灵宫”，落款“明万历肆拾贰年三月建”。正殿为“碧霞元君祠”，内塑碧霞元君像。后有穿堂直通后楼，有碧霞元君卧姿塑像，俗称“睡奶奶”。楼下花轿内塑有“马姑娘”像。正殿脊为彩陶蟠龙，并挂琉璃瓦。东西山墙外侧上部镶有彩色陶塑，西山墙上塑有“十八罗汉斗悟空”，悟空居中，滑稽有趣，罗汉神态各异，栩栩如生。东山墙上为“八仙过海”“鹭鹚戏荷花”“鲤鱼跳龙门”等。东西墙上有拱门，两墙底部各镶有清代重修碑3通。前殿为过殿，塑有四大天王像。门额横石条镌有“泰山显灵宫”五个大字。院内有钟楼一座，数尊龟驮石碑，俱已废。后院为玉皇大帝阁楼，后楼为石砌弧顶建筑。东西配房为对称式建筑，东配殿南有灵官殿。庙前原有古戏楼，创建于清初，坐南朝北，砌垒精致，挂瓦楼顶，有清乾隆时东衡鱼进士胡翘楚所书楹联“不大地面有家有国有天下，平常人物能文能武能鬼神”，横批“镜花水月”。

圣佛寺位于石横镇北部圣佛寺村与八道岭村之间的高阜处，今仅存石佛一尊。圣佛寺始建于宋崇宁二年（1103），元延祐四年（1317）落成。明清两代多次修葺，为肥城境内较大寺院。原寺院内有古井一口，旱时不涸，雨季甘泉自溢，除供僧人饮用外，亦引流灌田，为当地奇景。寺北有墓塔林。寺东西青山对峙，遍山披翠，秀丽异常。清末民初，该寺住持热心办学，免费为群众治病，曾获民国教育部和省教育厅“法门读秀”“热心教育”巨匾褒奖。

正觉寺位于石横镇大寺村西，始建于唐代，旧名三教堂。金大定十年（1170），邳州僧人宗明买下寺院，改名正觉寺。寺后张智纯墓前，有金明昌元年（1190）佛顶尊胜神咒经幢，上刻佛像八尊。后有元大德二年（1298）重修碑。明、清两代皆有修葺记载。寺西有和尚碑林，向西为左丘明墓。

福山寺位于石横村西北1公里福山（俗称石庙山）近顶东侧，相传为七佛传灯处。寺始建于唐代，多次重修。建筑物有正殿，原有七佛传灯神像，另建有春秋阁、魁星楼等，现仅存断壁残垣遗迹。寺前原有明万历四十二年（1614）李邦珍撰碑，现已湮没，仅存清乾隆二十三年（1758）肥城知县陶淑己所立石碑。其西石壁有明崇祯九年（1636）肥城知县郑位题七佛传灯石刻。“七佛传灯”为肥城十六景之一，历代文人墨客多有临寺游览赋诗者。

石横是道德文化的发源地之一，中华武术之乡。明清时达到鼎盛，习武练拳的人数多达千余人，历史上一直有“枪不扎石横”之说，流传着“徐家枪、梅家棍、邹家皮锤不用问”的歌谣。

为进一步弘扬和挖掘历史文化资源，石横镇同清华大学和泰山学院编制完成了《石横镇旅游总体发展规划》，成为全市第一个完成旅游规划的乡镇，一个更加美丽富饶的历史古镇正在悄然崛起……

书院秋风荫泽百世——东里三村

桃园镇东里三村位于肥城市肥桃路北、凤凰山南，距桃园镇驻地约4公里，距肥城城区约8公里。

据《胡氏家谱》记载：胡姓于明朝洪武二年（1369）从山西洪洞县迁居此地建村，取名东黄庄。明嘉靖年间，将村名改为东礼村，清末演变为东里村。

村北凤凰山有晒书城汉代遗址，现城址已毁。相传2000多年前，春秋时代的思想家、教育家孔子，带弟子周游列国时，曾游于东里村北凤凰山下，书被淋湿后在此下马晒书。当时阴雨连绵，孔子等一行在众乡亲的帮助下，依托几棵大树搭起了草棚晾晒书。数日内孔子边晒书，边教书育人。世人因仰思圣德，建祠塑像祀之；又因孔子曾问礼于老子，所以将老子同祀之。匾曰“晒书城”。

到元至正年间，有俗僧住此处，改塑佛像于中，左塑老子，右塑孔子，遂更名“三教堂”。至明嘉靖二十年（1541）知县刘赞迁佛像移老子，扩建大成殿3间，东西厢房5间，大门一座，为红木门，门前有十六平方尺的方台，台上有石鼓四人。殿内将孔子安在中间，旁配四贤哲（孟子、曾子、颜子、子思），匾曰“大成书院”，垛殿横匾曰“万世师表”，配寺人掌管礼仪等。后至知县林成立任期，裁掉二祭者，书院渐渐衰败。明万历年间，同川公李邦珍慨然收裁者复之，又镌碑以传永久。后清顺治年间，知县史廷桂按衍圣府公文，以寄籍圣裔孔贞格等。康熙九年（1670），知县尹任期又亲自修建，使之焕然一新。每年2月、8月都有各地名人、师生、知县等到此，以整猪、整羊为祭品，祭祀孔子。

史廷桂留咏诗云：

古今人说晒书城，此地何由得此名。
宣文过时开典籍，太阳当午照文明。
独怜古院基犹在，竟值秋风景更清。
只此可修圣贤业，何须郓鲁访群英。

光绪十七年（1891）《肥城县志》记载：遗址以北为晒书城，城址已毁，大成殿和古碑已湮没。晒书城后凤凰山上建有玉皇阁，料石建成。阁前尚有清顺治四年（1647）的石碑1块，碑文中有“为民御灾捍患而修阁”字句。

晒书城历经世代风云，传承着中国文化余脉，是泰山脚下一处难得的圣迹，是桃园人一笔珍贵的精神财富。沧桑巨变，岁月无情，就在20世纪40—80年代短短的三四十年间，古朴典雅的晒书城和令人神往的玉皇阁全都荡然无存了。

如今，当地政府接受当地名士的建议，将新建小学命名为“晒书城小学”，让“晒书城”之名留存下来，遗憾之余亦令世人欣幸。

商圣传千古　佛音万年长——栖幽寺村

栖幽寺村位于肥城市湖屯村北9公里处，陶山西麓。

清光绪十七年（1891）《肥城县志·古迹》载，“栖幽寺旧名幽栖寺，陶山西崦，唐供佛而祠”。

该村建于春秋末期，越国大夫范蠡（后人称商圣陶朱公）于公元前473年来此，见陶山山清水秀，绿树掩映，山间散居着10余户人家，是幽栖的好地方。司马迁在《史记》中写道：“范蠡浮海出齐”，“止于陶卒于陶”。范蠡浮海出齐，来此经商，历数十载，为通有无，也曾到外地进行贸易，晚年携西施幽居陶山，后卒于此。据传陶山之阳村庄里的陶姓、范姓均为他的后裔。在幽栖寺右侧建有范蠡祠，神祠内原有1米左右的范蠡石雕坐像，有一石碑“范蠡归湖处”，秦丞相李斯陪始皇帝泰山封禅返回到此凭吊，并题字“忠以事君，智以保身。千载而上，孰可比伦”。陶山之阴的观音洞石壁上有明崇祯四年（1631）石刻“陶山古越王勾践大夫范蠡归湖隐居处也”。

幽栖寺遗址位于幽栖寺村北一华里处。据史料记载，“秦代创建幽栖寺祠，汉代改为幽栖寺”。范蠡葬于这里后，人们为了纪念他，于秦代创建了“陶公幽栖祠”。由于到此凭吊、拜谒者络绎不绝，到了汉代创建“幽栖寺”。幽栖寺占地300余亩。遗址地面上裸露着殿宇的房基、八棱石柱、柱础。有“宣和三年”文字的一根八棱石柱，上面为浅线阴刻的凤凰牡丹图案。此处曾经建有泰山西部最大的寺院。是秦、汉、唐、宋几个时期的遗址。由于屡遭兵燹，寺院长年失修，遂成废墟。2003年，仁才法师主持重修了大雄宝殿。

民间相传栖幽寺原有前后两座大殿，可人们只见过前殿，从没见过后殿。

据传很久以前，有叔侄两人在这里一块当和尚。叔叔掌管前殿，侄儿和一些小和尚在后殿念经。有一天，叔叔上陶山采药，在观音洞旁找到了一棵人参。这人参长在石缝里，他挖呀挖呀，一直挖了三天三夜才挖出来。他实在累极了，就抱着人参睡着了。猛然间只觉得观音洞里一片金光耀眼，莲花盆托着观音飘了出来，观世音用柳条枝蘸着甘露水往叔叔身上洒，说：“你道业已够，赐你这棵人参，深更半夜熬着吃了就能升成天仙。仙参难得，天机莫露。”叔叔睁眼一看，只见星星眨眼，月亮弯弯，知是观音显灵，便带着人参下山了。

第二天夜里，夜深人静，叔叔悄悄起来，点火熬起人参来。熬着熬着，他忽地想起侄儿来；侄儿从小没了爹娘，跟着他出家当了和尚，如今自己要成仙，何不也带上侄儿呢！想到这里，叔叔便走到后殿，小声叫醒了侄儿，把自己的想法说了出来。侄儿一听要他成仙，冲着叔叔磕了三个响头。可他人小鬼大，心里嘀咕着：就算成了仙，他是仙叔我还是仙侄，多少万年后你还是盖着我，什么时候也没头了。等叔叔熬好人参撤了火。侄儿突然指着门外说：“有贼！”叔叔吃了一惊，心想，要是失了盗，就算俺爷俩成了仙，众人还不是说俺带赃逃跑吗？可不能落这个骂名。想到这里，对侄儿说：“你守着这仙参，我去抓贼。”说完冲了出去。

侄儿趁空端起人参汤边吃边喝，又想，我成了仙也得要人伺候我，也得有住的地方，不如把后殿连小和尚们一块带了去。就把剩下的人参汤围着后大殿浇了一圈。

叔叔在前大殿各廊房找了个遍，也没见个贼影子，正在疑惑，只觉得山摇地动，后殿一片光亮，慢慢地拔地向空中飘去。叔叔大声喊着：“侄儿！侄儿！”怎么也叫不应，眼睁睁地瞅着后殿越升越小，没有了。叔叔气得一头栽在地上，再也没起来。

给叔叔出殡那天，棺材里飞出来个老鹰，至今飞在大殿的上空，不信你听听老鹰的叫声：“侄儿—侄儿—”

二疏故里　东疏情韵

古镇东疏位于泰山南麓的宁阳县西部，地处黄河流域，傍依泰山，境内古河道纵横，土地肥沃，气候适宜，自然条件优越，是人类起源较早、较先进入文明史的地区之一。史学界认为大约距今二三万年前的细石器时代是向新石器时代过渡的一个主要阶段。20世纪70年代以前，黄河流域能初步定为细石器时代的遗存仅陕西沙苑一处。1989年秋天，在东疏镇庞庄、前张庄、前学、西张庄、陈茂等村采集到细石器遗存，这些发现细石器的地点，都处在赵王河故道两侧的土岭或台地上。此前已在境内多处发现了距今四五千年前的大汶口古遗址，史前先人为创造中华民族的历史和灿烂文化做出了卓越贡献。

东疏从远古走来，汉高祖七年（前200）始置宁阳县，东疏境内为其属地。太子太傅疏广为西汉名臣，精于《论语》《春秋》。太子少傅疏受为疏广兄长子，以贤良举为太子家令，叔侄二人先后施教于太子，史称“宁邑二疏”。清咸丰元年（1851）重修《宁阳县志·古迹》记载：“两疏故里在县西南二十里，东疏、西疏二村是也。”光绪二十三年（1897）

《宁阳县乡土志》记载：“东疏、西疏二村，土人掘得石碣，云是两疏故里。”又据《泰山志》载“宁邑二疏”，东疏亦被称为“二疏故里”。

汉宣帝地节年间，疏广、疏受叔侄二人以年老辞官归隐。据《汉书·两疏传》载，两疏回乡后广设学馆，敬业授教，不收学子分文，乡邻称颂。对于朝廷赏赐的养老金，昔日好友私下劝其为子孙买田宅，广曰：“贤而多财，则损其志；愚而多财，则益其过。且夫富者，众人之怨也”，“乐与乡党宗族共飨其赐，以尽吾余日”。族人悦服。后世宁阳地方官员为纪念这两位先贤，将其故里分别命名为“东疏”和“西疏”，距今已二千余载。

东晋陶渊明路过宁邑时，曾赋《咏二疏》：“大象转四时，功成者自去。借问衰周来，几人得其趣？游目汉廷中，二疏复此举。”高度评价了二疏功成身退、不贪图名利的高尚情操。北宋大文学家苏轼曾作《“二疏”国赞》，对“二疏”居高位急流勇退极尽称颂仰慕之情，清代宁阳举人周远昌亦盛赞宁阳为“大小夏侯传经之地，东西二疏脱驾之邦”，溢美之情，胜于言表。至明清时期，境内汶（上）宁（阳）官道，设有西疏公馆（为宁阳境内三个驿站公馆之一）。境内文化古迹丰富，仅汉代以前的文化遗址就有20余处，还有潘茂汉墓、汉周仓墓、泰伯祠、关圣帝君庙碑、至圣炳灵王庙碑等。

潘茂汉墓在东疏镇驻地西南潘家黄茂村北，封土高约6米，直径约30米，1954年村民在墓东北打井挖出两件精美的错金银铜车軎和3件错金银铜车饰，亦有铁器与大量子母砖，车軎及车饰现在中国国家博物馆珍藏。墓周围散布汉代砖瓦碎片及“千秋万岁”汉代瓦当。1979年潘茂汉墓被公布为首批山东省重点文物保护单位，划定周围60米为重点保护区。

距潘茂汉墓西约1公里，即为汉周仓墓，位于赵家黄茂村西北卧牛山之阳的五龙口。史传周仓随汉寿亭侯关羽殉节麦城，此其为葬衣冠处，今封土无存，墓碑犹在，高约2米，墓前有周仓庙遗址。由此北望便是卧牛山，其西北一带土冈连亘数里，俗称“周仓寨”。可以想见当年关公寻兄由河北过此地收周仓成为千古佳话，并非虚言。

卧牛山南麓寺头村，位于镇驻地西5公里处，村中有祠，又名至德庙，史传泰伯为周太王长子，不袭王位，与弟仲雍避居江南，断发文身，开发吴地建立吴国。周太王传位于三子季历，后武王即位，泰伯曾孙受封于闫乡，因以为氏。明朝初年，嫡裔国宝公来宁卜居，作庙祭祀泰伯。昔泰伯三以天下让，孔子以为至德。原泰伯祠高大宏伟，雕梁画栋，饰描金粉，巍然立于卧牛山之阳。祠为两进两出，大门两边为方形岗岩柱石，正面阴刻“隐隐孤忠荆蛮三让高千古，煌煌周礼端委一时留万年”。驻足祠前，仰观楹联，字里行间展露出泰伯那惊天动地的丰功伟业。

镇驻地南约500米，马庙村中十字大街西北侧有一方形红墙围院，里面矗立着一高大石碑，这就是远近闻名的关圣帝君庙碑。该碑为赑屃透雕龙首方柱形石碑，俗称“龟驮碑”。通高6.10米，碑身宽厚各为1.06米，明末清初修关帝庙时所立。此碑之高大为宁阳县境内之最。该碑顶部是石雕荷叶托着宝葫芦，荷叶周围是镂空的二龙戏珠盘石。碑文之首为“关圣帝君碑记”，碑文字迹清晰可见。此院有专人看护，来往过客及特意造访者络绎不绝。

镇驻地北6公里有远近闻名的大伯集村。大伯集出名在于它是近千年的古集、古会，优越的地理区位及交通优势孕育了发达健全的市场体系，明清时期已成为宁阳乃至鲁西南地区重要的经济贸易和生活资料集散地。每逢会期，肥城、东平、汶上、济宁、兖州及江苏、河南、安徽等邻省县的客商纷至沓来，交易频繁，逛会品名吃；大伯集出名还在于它是革命纪念地。解放战争时期，它曾是华东野战军“攻济打援”指挥部所在地。粟裕将军是这次战役的总指挥，他将“攻济打援”指挥部设在大伯集。这里是一个绝好的指挥位置，向北可以指挥北兵团攻打济南，向南又可以指挥西兵团打援和阻援。如今，“攻济打援”指挥部旧址已成为革命教育纪念地。

宁阳弦子戏距今已有两百余年历史，唱腔突出“九腔、十八调、七十二哎嗨”，有时洪亮、有时圆润、有时柔美、旋律动人，并按剧情需要巧用“花腔”和“变调”，突出人物性格。发展了《娃娃》《锁南枝》《山坡羊》《道情》等140多个曲牌，演出剧目有《打登州》《双龙冠》《挂龙灯》《红嫂》《审椅子》等三百多个。弦子戏的演奏分文戏和武戏两种，一般由五人组成，主要以“笛、笙、三弦”等乐器为主，有“笛是骨、笙是肉、弦是筋”之说。

人文圣地　乡饮酒礼——乡饮乡

乡饮乡地处宁阳县城东南，位于宁阳县、曲阜市、兖州市三县市交界处。乡饮东周时期属鲁国。西汉平帝元始元年（1）丁姓由山西襄汾县丁村迁此，原名丁家村（据真武庙碑记载）。后又有牛姓来此落户。明朝永乐年间曹姓由山西洪洞县迁此（曹氏族谱记载）。明清时期，乡饮乡西部属香寺社，东部属龙岗社，北部属韦周社。1985年设乡饮乡。

“乡饮”，因古代鲁国最盛行的西周礼制——“乡饮酒礼”而得名。“乡饮酒礼”又叫“饮酒乡礼”，目的是让人们学习敬让，避免相欺和争斗。《仪礼·乡饮酒礼》记载的乡饮酒礼，复杂异常。起始主人正衣冠请来宾及赞礼者，众宾行至正门之外，主人向宾及赞礼者作揖行礼，众宾入室，位尊年长者先行。主人三揖立在阶上，众宾三让升堂，由赞礼请众宾入席，众宾互相谦让，不敢居首席，主人酬酒，众宾受爵立饮，酬酒既遍，不酢下退，以免多饮失仪。乐工上堂，歌相关乐章数遍，主人反复献酒。待乐工报告乐已全备，退出。宾以酒敬主人，先长后幼，三巡为止。饮酒之节，从朝至午，从暮至夜，宾出，主人送诸门外。

乡饮乡景色秀丽，气候宜人。发源于黄河流域和淮河流域分界线骆驼山的汉马河，从乡境东部波光粼粼、潺潺流过，给乡饮乡带来了21平方公里的膏腴之地。由充满了神秘故事的“搬倒井”发端的引汶干渠，撩起了罗河、北泥沟的裙带，编织成“四纵四横”的引蓄水网络，浩浩荡荡奔跑40多公里，中间镶嵌了数十个蓄水方塘，就像几十颗璀璨的明珠，又像乡饮这块风水宝地的眼睛。三万亩速生丰产林，一百公里的乡村公路，或平行、或垂直地穿插在千顷林间，七万亩良田如碧海波涛，在一代代勤劳勇敢的乡饮人民手中，年年重演着春华秋实的壮丽画卷。

乡饮乡物产丰富，特色鲜明。“乡饮粉皮”是驰名品牌。“沙河西瓜”的美名从古至今源远流长。被誉为“四小”特产的小凉席、小莲藕、小粉皮、小磨香油等地方传统产品，畅销多地。乡饮斗蟋具备五德：“鸣不失时，是其信也；遇敌必斗，是其勇也；寒则归宇，识时务也；伤重则死，是其忠也；败则不鸣，知耻辱也。”人们赋予蟋蟀以灵性、人性。乡饮七彩山鸡，以其外表华丽、色彩斑斓、尾羽修长、善走飞跳、争斗好鸣的特性，令人赏心悦目。传统的“四八筵席”是纯正的鲁菜风味，做工讲究，风味独特，乡饮民间每逢贵客临门或有大喜庆贺之时，必备“四八筵席”待客，席间频频演示“乡饮酒礼”，成为自然。“四八筵席”有24道菜。即四铺桌、四压桌、两大件、八大碗、四小碗、两糕点。“四铺桌”即四个花生粘果碟；“四压桌”即四个凉菜碟，常常是用松花蛋和猪下货调制而成；“两大件”即整鸡、整鱼；“八大碗”是大碗盛的“鸡丝、瓦块鱼、水晶丸子、红肉、白肉、肉丝、银耳、海米白菜”八个菜；“四小碗”中“拔丝山药、鱼棒”两个菜是固定的，其余的两个菜是青菜炒肉；“两糕点”即两样点心，多数是芝麻片和细粉糕。其中一道很关键的菜即最后一道菜白菜，白菜意味着丰收，作为“四八”里为数不多的蔬菜，必须要有。“四八筵席”有“四红四喜、八方来财、四平八稳”之说。

乡饮地处鲁国腹地，历史文化悠久，与孔孟文化一脉相承。早在原始社会就创造出光辉灿烂的人类文化。八官庄遗址为新石器时代遗址，曾出土石凿、红陶器、红陶鼎。郭沟遗址曾出土陶豆、盆、罐、筒、板瓦等，青沙寺遗址曾出土陶鬲、鼎、豆、壶、盆、钵等，均为周至汉古遗址。沙河瓷窑址曾出土青绿碗、黄绿碗、青瓷罐、瓷瓶、窑具等，为隋唐时期古窑址。至今耸立于境西南部的龚丘城遗址，是战国至汉遗址，龚丘城是春秋战国时期鲁国的重要城镇。据载，孔子在带领学生郊游时，子路曾向孔子请教“乡饮酒礼”。可见，“乡饮”一词来历久远。蛮营村南至今尚存的油篓墓群，据传原本是唐朝皇帝李世民的钦天监袁天罡为皇家看好的皇林。

明朝时，韦周村周绍业，万历丙子举人，由校官迁判松江府，清操善政，一时罕有其匹。其子周爰访，事母色养备至，与兄并以孝闻。明末进士，观政吏部。清顺治初入都选授翰林直内宏文院，一时制诏，咸与属稿，后擢编修。汉马河村王冠成，清乾隆选贡，洁行治经，尤工行楷，士林荣之，寻入四库馆，充校录。书成，议叙以布政司理，权判徐、淮、海三府州，所莅并著声绩，曾谳桃源疑狱，发奸擿伏，一时有“青天”之誉。常家屯村苑生瑞，邑诸生，少有至性，事父母内外无间言，里中称为“孝子”。广拓学舍，愿来学者，悉令其子诲之，操行端洁，寸牒不入公门。八官村王永锡，乾隆年间诸生，孝友醇谨，动遵矩则，家颇裕，邻里假贷不责偿，亦不立卷，远迩翕然，交口以“善人”称之。姜家厂村殷实发，生计日窘，力作养亲，处之怡然。晚清宣统年间，二郎庙村人王家卫，带兵剿匪，为民除害，荣归故里，自租一园，种粮种菜，栽植果树，辛勤耕耘，夫妇互敬互爱，白头偕老。乡饮乡第一个大学生梁耀东，在北京大学文学系就读时，曾接受李大钊的指导。大学毕业后，不求名利，回家乡自办“金马完小”，为开办人民教育奠定了师资基础。

“一方水土养一方人。”个人的命运融于一家、一村、一乡，改变家乡面貌需要一代人的共同努力，推进乡饮社会发展需要一代又一代乡饮儿女孜孜以求、生生不息地开拓和创新。

悠悠千年古韵——无盐村

无盐村距东平县城东南五公里，南临清河，三面环山，清泉穿村而过，经年不息。

无盐村战国建邑，北齐废制。其间西汉（前206）至东晋（420）曾为东平国国都。东平国国王刘宇死后，葬无盐县故城东三公里处，龙山之阴，今无盐村东石门峪。无盐故城遗址，南部已被大清河吞食。现存遗址，东西约300米，南北约350米。遗址内暴露物有灰陶、素面缸、盆瓮、瓦当等残片，及较大型残砖等。曾出土汉代镏金三足双鱼纹铜洗等文物。

无盐村不仅是座历史名村，战国时期还出过一位女政治家、思想家——无盐娘娘。无盐娘娘姓钟离，名春，是我国古代著名四大才女之一。宣王登基后，不理朝政，国况日衰，钟离春冒死面见齐王，陈治国之策，被齐王封为无盐君，并纳为王后。

王莽新朝末年（22），无盐村发生过一次大战役，史称“无盐大捷”，无盐大捷结束了王莽政权的统治。无盐大捷的总指挥，是无盐人索卢恢。现有油画“无盐大捷”存于中国国家博物馆，油画生动记载了无盐大捷的战况。传说王莽死后葬无盐村西北1公里处，五脑山前有王莽墓。

元明清三朝，无盐村曾是齐鲁文化名地，建于元至元三十年（1293），废于清乾隆二十五年（1760）的无盐龙山书院，历时467年。书院乃皇家书院，有多位著名学者、文学家、大家任教，诸如著名农学家王祯，元代词人“三王”王构、王旭、王磐以及著名文学家张养浩等。书院培养了数以万计的优秀人才，其中有戏曲大家高文秀、兵部尚书王宪、侯延爽，顺天巡抚王汝孝等。李清照之父李格非曾任龙山书院学正，李清照即出生在书院。

无盐是个历史古村，也是一座历史名村。传说，孔子曾到此一游，子曰：“斯龙凤之地，其兴衰千载易也。”无盐前为龙山，后依凤山，它的兴盛和衰败，一千年交换一次。孔子语后二十年，无盐建邑，至北齐废制，无盐兴盛连续一千余年，衰后至今一千三百余年，无盐又该兴盛了！

如今走进无盐村，青山绿水，天公赐一方净土，人寿年丰。村东南龙山之阴，战国时期沿用的海铃泉，泉水不断；村东鱼鼓山半山腰有个大石龟，传说造于北齐，有齐龟之说，现石龟完好尚存，头朝东北，昂视苍天，大有怒而不遏之状。

七千年历史的古镇——斑鸠店镇

斑鸠店镇位于东平县城西北隅，北隔黄河可望三国时期的曹子建墓。

斑鸠店镇自商周为青州之域，唐、宋属郓州东阿县，元属东平路东阿县，明、清至民国皆属东阿县境。建国后属梁山县，1985年划属东平县。

斑鸠店镇是历史上的古文化名镇，20世纪60年代从“鸠山”之阳李心海家出土的光滑锋利的石斧、石产、石凿残段证明该镇在新石器时代境内即有人类聚集村落，开始原始农业生产活动。柏松山汉墓石室顶部所见石刻伏羲盘龙图，伏羲嘴边咬着一条尾巴向上翘的活鱼，即《纲鉴》所载伏羲氏“造书契又结网罟以教民佃渔”。伏羲盘龙图中又刻有耕牛图、月宫蟾蜍图、战车兵马出行图。《东平县志》载：东平是“须句为伏羲氏之苗裔国最古”。据此，斑鸠店镇的历史可上溯七千年。

春秋时期，孔子带领弟子由卫适齐途经斑鸠店，路过“梓麓村”，因长途跋涉非常劳累，便在此村休息，弟子子路却展卷读书，后人为纪念子路苦学勤读的精神，将“梓麓村”改为“子路村”。明、清两代，子路村走出进士、举人、秀才计有70名，是斑鸠店镇文风茂盛的大村庄，清代村名为“读书村”。

隋朝末年，隋炀帝暴政，招致天下大乱，斑鸠店镇人程咬金揭竿而起，在劫皇纲、反山东、三斧定瓦岗中都起到了重要作用，后追随李世民，被封为“二十四功臣”之一，凌烟阁上有名，卒赠骠骑大将军，陪葬昭陵。

元朝以还，境内堂子村人李谦被元世祖召入朝廷议事，李谦向元世祖提出治国十大纲领，元世祖非常满意，钦赐葡萄酒，并封其为集贤殿大学士、荣禄大夫、朝廷制诰，至元十六年（1279）李谦升待制扈驾至上都，侍成宗于潜邸，为元世祖、元成宗、元武宗、元仁宗四朝元老。致仕归，赠白银150两，金织币及帛各三尺，卒年79岁，李谦在元朝是斑鸠店镇境内级别最高的官员，其子李偘官至大名路总管。

斑鸠店镇古建筑遗产丰富。有程咬金国公府、三官庙、三教堂、十王殿、明代凤凰岭道院、明清建筑群、明清古民居等，传北宋时期宋江起义人马曾占据豆山山寨。岱程村汉墓出土汉紫灰砖、护心镜、汉陶罐、陶瓮、五铢钱等文物计70多件。路村汉墓出土汉画像石一方，上有大臣出行图、上朝图、耕田图、狩猎图、大臣跪拜图等。

明清至民国时期斑鸠店是纹石文化开采地，子路山出花纹石，酷似竹形，纹石有黄地黑纹者，为株成行，纹类竹叶者，色有黄有紫有黑有白，天然之妙。子路村人曾采其纹石琢为桌凳、案几、石础、建筑装饰，子路山纹石一度输出海外。《魏书·土地志》载：穀城产纹石，穀城即东阿。《东阿县志》载：“纹石产于子路山。”

六工山唐代建福寺坐北朝南，重修后，山门再现明代山门风格。建福寺钟鼓楼，让游客重新听到“钟鼓千戚以和安乐”之谐音。建福寺西，子午堂是“中华子午功夫研究会”和“中国禅拳道研究会”所在地，占地6

亩，坐北朝南，依山而建，具有唐代风格的子午堂山门，令人赞叹。

相传斑鸠店镇柏松山村西面山上有汉墓百余座，因此山俗称“百墓山”，山下村庄亦名百墓山村，今改为柏松山村。在山体周围开山打石陆续发现一些墓葬，均为汉代墓葬。其中在山东面发现的一座墓已早被盗，内存淤土，从暴露部分得知，该墓为全石结构中型汉画像石墓。墓室完整，墓门向东。分前室、后室、左右耳室和回廊。画像石主要分布在前室和左右耳室上，共有10余幅。

建福寺位于六工山南麓，由十二个山峰组成，每两个连成一个工字形，共六个工字形，故名六工山。其后就是著名的理明窝石崖造像。寺庙与其后的造像为同一时期，即初建于长安四年（704），其后又增修扩建。

据清代《东阿县志》记载，建福寺为“唐武后时所建，金大定间赐额，明正德九年（1514）僧满学重修”。此说同佛龛石碣的时间一致，且大殿墙壁中砌有金大定（金世宗完颜雍年号）年间记述修复此殿和金世宗赐额的石碑。建福寺建筑雄伟，大雄宝殿宽五间，深三间，画栋雕梁，斗拱飞檐，工艺高超，结构古朴。殿前松桧苍然虬枝龙钟，殿内有壁画，石柱上刻有明朱三太子所题的对联。

建福寺理明窝摩崖造像佛龛旁，一块残破石碑上刻“长安”“弥陀”字样。它呈“一”字形东西向排列，长14米，共有大小造像49尊，均为唐代造像。其中最高者176厘米，最小者仅有10厘米。佛像分三期而建，首期“长安之年”造像，主要为阿弥陀佛三尊大佛像。均着双领下垂式衣，质薄贴体，面相丰腴，眉眼细长，身体上宽下窄，呈现出强健的力度美感。头光为双层桃形火焰纹并施彩绘，内层有化佛七尊。末期“咸通十四年”造像，衣纹呈粗泥条状，头似圆球，身体面相圆胖，面容较丑陋，体现出唐代造像走向衰落的特点。这三期造像显示出不同的风格特点，从中可以看出唐代造像的发展过程。这些造像有的手施无畏印、禅定印或金刚印等，还有供养人像，有的手托供品，有的双膝跪地，姿态不同。造像题材，多为弥勒、阿弥陀释迦佛等形象，反映出当时佛教文化的繁荣及人们的信仰主流。

长勺之战发生地——苗山镇

苗山镇位于莱芜市东北部。东与钢城区辛庄镇、淄博市博山区南博山镇为邻，北与和庄镇、茶业口镇交界，西与口镇毗邻，南与凤城街道办事处、张家洼街道办事处相接。

苗山镇历史悠久，文化积淀深厚。在这片古老的土地上，有古色古香的景点，也有日新月异的繁荣景象。

长勺古战场——西勺山

在镇政府西北12公里处，有一村名叫西勺山，这里曾是公元前684年齐鲁长勺之战的发生地。《齐鲁文化大辞典》载："长勺，古地名，春秋鲁地，因商遗民长勺氏居此得名，故址在今莱芜东北。"长勺氏为商朝遗民，精通青铜器铸造技术，以铸造青铜酒器、青铜长勺为业，而居长久之地，称为长勺。《中国地名大辞典》《辞海》《续修莱芜县志》等书记载与此意相同，长勺就是今天的苗山镇勺山村，距村300米是长勺之战时的擂鼓台，台面分上下两层，南北总长100米，东西宽70米，从台地断面考察，文化层可达2米，在山顶及山北也发现了同时代的文化遗迹，出土了石器（石斧一件，通体磨光），陶器（有鬲足、鬲沿、豆盘、柄、足、罐底，陶质有夹砂和泥质两种，以夹砂陶为主，陶色有红色、褐色、灰色三种，褐陶较多，其次为应陶，纹饰为素面，有的饰有绳纹），青铜兵器（有铜戈、铜剑、铜箭）。器物呈商周文化特征，遗址时间正与长勺氏居住时期相吻合，因此是商周遗址。近些年，山东大学考古系的专家对长勺氏遗址中新发现的陶片进行了鉴定与断代，确认发现的黑陶袋足的时代为龙山文化时期，夹砂褐陶片的时代为岳石文化时期。这个成果将该遗址的年代提早了一千余年。

《左传•庄公十年》（《曹刿论战》）详细记载了长勺之战的过程，弱小的鲁国“取信于民”，依靠百姓的力量，实行“敌疲我打”的正确方针，“一鼓作气”战胜了强大的齐国，谱写了一曲以弱胜强的斗争凯歌。毛泽东在《中国革命战争的战略问题》中对长勺之战以少胜多有精彩的评价：“春秋时候，鲁与齐战，鲁庄公起初不待齐军疲惫就要出战，后来被曹刿阻止了，采取了‘敌疲我打’的方针，打胜了齐军，造成了中国战史中弱军战胜强军的有名的战例。”《曹刿论战》入选中学课本，使得长勺之战更加名显于世，广为人知。长勺古遗迹的发现为我们研究古代战争史和探讨鲁地晚商、西周时期的政治、经济的变化及生活习俗提供了一定的实物资料。“一鼓作气”的精神感召了一代又一代勤劳善良的莱芜人民，从而也哺育出了以军事智慧和战争文化为主要内容的长勺文化。

嬴国古都——响水湾

距镇政府驻地东10公里处，有一村名叫响水湾，这里有东周时期的嬴国古都遗址。在响水湾西桥油篓坟的发现，足以证明这里人类居住之早，数座油篓式古墓群，皆四五人合葬，身体比现在人长半倍，腿骨特别长，并有简易陶器陪葬，据考证东周时期这里生产力发达，是嬴国最早建立的地方，是嬴国古都。嬴国北临齐，南与牟、鲁国接壤。嬴都数经战乱，城墙皆有重修，至今保持着当年的雄姿，险要的地势，独有的造型，古城遗址依旧显露着古代王朝至高无上的威严。城东有一条由北向南的沿河大道，相传秦始皇、刘秀东巡均经此路。嬴国古都遗址城高10米，周长500余米，金水桥和城门保存完好，城外流水哗哗，落差6米，形成一个小瀑布，景色壮观诱人。相传春秋时候，鲁国的孔子曾经和齐相晏子在此谈判，结果晏子输了，只好把侵占鲁国的四个县的土地退给鲁国。

2700年前，东周列国，大国争霸，小小嬴国靠山险城固以及强国之间的矛盾，不偏不倚，礼尚往来，灵活外交，自给自足，成了远近闻名的世外桃源。古代曾以寺庙衡量文明程度，嬴国处处是寺庙，都城东北摩云山下有玉皇堂，西北角建有人生归宿处的角斗树陵、地狱和阎王大殿，凰始崖下建有尼姑庵，东南山上建有河山寺，在嬴国都城国府后宫处建起了三元宫，宫外南面瀑布之上建有观音庙。三元宫建筑群集佛教释迦牟尼、道教老子、儒教孔子等人的形象雕塑而成，是当时东方较早的三位一体的新式庙宇。

世事变迁——新苗山

苗山镇地处莱芜市东北旅游区，有多处省市级的重点文物保护单位，最著名的为“长勺之战遗址”，1999年被莱芜市确定为市重点文物保护单位。其次是位于铜山村的“古冶铜遗址”，为我国现存最古老的冶炼青铜的场地之一，为全省重点文物保护单位。在这些遗址出土的重要器物保存下来的有9块钱范，其中有半两、三株、五铢钱范，均为母范，石质，为全面系统地研究汉武帝时的币制改革提供了重要资料。另外还有响水湾村的“三元宫”和“基督教堂”，为市重点文物保护单位。笔架山、孟游亭、望夫山、药王庙、文字县、五色崖节孝牌坊和燕子山阻击战战场遗址是该镇极具文化内涵的旅游景点。望鲁山风景区为该镇新增旅游景点，是远近闻名的休闲度假胜地。

吐子口邑　蚕丝中心——口镇

口镇位于莱城区北部，东临苗山镇，南接张家洼街道办事处和方下镇，西连羊里镇，北靠雪野镇和茶业口镇。口镇是个古老的城镇，历来为莱芜之重镇。据赵氏墓碑和出土文物考证，口镇始建于周朝，后为通往济南、博山的要道，是莱芜进山出门的隘口，俗称口子、口子街，明嘉靖年初始称吐丝口，因盛产蚕丝，是鲁中蚕丝集散中心，故雅称吐丝口。清嘉庆年间建石寨，民国初期称口子镇，1949年定名口镇。口镇是1947年莱芜战役主战场。

口镇原有土城墙，咸丰年间改筑石城墙，周长12里，墙基宽10余米、高6米，有雉墙，每隔百米设敌台。城墙内为旧城土墙，高4米，顶宽2米。墙外有城壕，宽10米，深4米。城有东南西北四个大门，对门形成东西、南北相交的两条大街，城中原有宋代以来修建的关帝庙、观音堂、文昌阁、玄帝庙、张氏节孝坊、郑氏节孝坊、赵氏节孝坊，重修文昌阁记碑、进士魏昭藜故居、顺香斋作坊、缫丝厂、银行、商店等，现大部分建筑已无。城西北有汉代冶炼遗址。《续修莱芜县志》载："吐子口邑，巨镇也，东通淄博，西达泰安、济南，商业繁茂，居人恃以无恐。"清代发展成为鲁中地区重要的贸易集散地。

在口镇江水村西的玉皇顶山上有吕祖洞铜矿遗址。山高约60米，东接章莱公路，北临雪野水库，松柏满山，风景秀丽，遗址在山南的悬崖上。崖东西长300米，高约30米，东半部分为铜矿，西半部分混有铁矿。《泰安府志》载："绿矿洞缘间多绿痕，由半腰一孔入，得平地可三四十步，东西相间者，大洞各一，又二十余步，小洞二，俱阔丈余。"

传说吕洞宾曾在此修炼，所以叫吕祖洞。洞内生满绿锈，是较好的铜矿。沿汶河往南6公里，有嬴城内的冶炼遗址和城外的烧砟地，为商末至汉代的冶炼遗址，其矿石可能来源于吕祖洞，因此此矿约始采于商末。

口镇垂杨村南有"孔子观礼处"碑。公元前544年，吴国公子札出使齐国，返回途中长子亡，葬于嬴博之间，孔子前往观看葬礼。正如《礼记•檀弓下》所载：见"延陵季子适齐，于其反也，其长子死，葬于嬴、博之间。孔子曰：'延陵季子，吴之习于礼者也。'往而观其葬焉。其坎深不至于泉，其敛以时服。既葬而封，广轮掩坎，其高可隐也。既封，左袒，右环其封，且号者三，曰：'骨肉归复于土，命也。若魂气则无不之也，无不之也，而遂行。'孔子曰：'延陵季子之于礼也，其合矣乎！'"孔子观礼后，向百姓讲季札子葬长子一事，并大加赞扬季札子知周礼，葬礼十分符合周礼。明代穆宗隆庆二年（1568）莱芜县知事傅国壁于口镇东南立"孔子观礼处"碑，正楷阴刻，字迹清晰，笔力雄健。同时，傅国壁在孔子碑西建垂杨书院，又名观礼书院，不仅为纪念孔子观礼，也为勉励后来的学子苦读圣贤书以报效国家。他为此还举行了盛大的仪式，"择日柬诸学博寮友士大夫，烹羊洒酒，庆兹落成，环垂杨而观听者，童冠千余人"。对当时莱芜的教育影响很大。

在口镇大冶村北有宋代时称石门冶又名铁冶城的冶铸遗址。石门位于大冶水库坝身，原为南北相距60米的两个陡峭的小山头，形制如门，故名石门。遗址占地南北长600米，宽500米，有选矿区、冶炼区、烧木炭区、生活区和采矿区。选矿区在炉渣山西南，出土有铁锤、铁耙、石槽、石轮滚，遗有精矿粉3560吨。冶炼区在炉渣山及其东北面。炉渣山南北长110米，宽80米，炉渣山侧原有一排十几座依坡而建的冶炼炉，为椭圆形，炉径1.5米左右，残高2米多。炉渣山西部，村民将炉渣等平整为平地后建成民房，遗址东南的窑洼子沟处有木炭窑址，原有6座窑，窑直径3米，另一处在石门冶北2公里的黄鸡子山南麓，窑炉成片火光闪闪，人称“北天火焰山”。生活区位于冶炼区东，原来叫营盘地，出土过唐至明代的墙基石、砖瓦块及铁矛头、铁戟头、大刀等兵器。生活用具有乳黄釉瓷器片，黑釉、白釉的碗片，罐、盆、陶器片等，还有铁钱。采矿区位于遗址西和北面，西有锡矿洞，北有双山铁矿。

据《莱芜矿冶文集》载：“有一块碑上有铁冶城字样，村民在城门附近曾挖到长10余米的大石墙基，一些大石块，其中有块石匾，上残存‘城’字和‘冶’字，石匾应为铁冶城匾。”据明代天启年间碑载：“石门冶，冶务人丁众多，红光映天，夜如昼间，铁件外搬之车马兵役往来络绎，犹城池焉。人谓铁冶城也”，“宣德冶止，冶为庄名矣”。

口镇顺香斋的南肠是莱芜著名的地方特色名吃之一。莱芜南肠，民间俗称“香肠”，由济南府历城县苏家庄人氏苏志廷（字廷杨）创始于清道光年间，因香味独特、美味可口，蝇不叮、虫不蛀，久存不变质，被人们誉为“肴上肴”。南肠以“莱芜黑”（莱芜本地盛产的一种猪，被誉为“华北第一猪”）为主要原料，加之祖传秘方和六道严格工序，尤其是在蒸煮环节沿袭使用原始老汤的制作方法，保持了香味醇正、余香悠长的特点，很受大众喜爱。民间曾广为流传的一首民谣“拉不尽的莱芜猪，香不过的老南肠”，就来源于此。

管鲍分金——方下镇

方下镇位于莱城区西部，东邻凤城街道办事处、张家洼街道办事处，西接杨庄镇，北依羊里镇、口镇，南隔汶河与牛泉镇相望。大汶河从嘶马河入境，西五龙口出境。方下河、公清河纵贯南北，辛大铁路东西贯通，泰莱公路、泰莱高速公路穿越东西。

方下镇历史悠久，早在明朝之前，有方姓迁来落户，随之迁来的有童、毛两姓，因方氏居早人多取名方庄子。后来，方氏在十字路口盖一前出厦房屋，人称方厦，村名也改为方厦。因厦与下音近，逐渐演变为方下。方下镇境内历史文化积淀深厚。1983年在境内嘶马河村发现龙山文化时期遗址。嘶马河遗址为高台地，黄沙土质，面积2500平方米，出土过三角形鼎足、褐陶鬶足、灰陶钵口沿、磨光石斧和陶器残片，有夹砂和泥质两种陶质，褐色、红色、灰色三种颜色。

据明嘉靖《莱芜县志》记载："世传汉韩韶乘牝马来宰是邑，及归，留之，其马嘶于河上，故名。"韩韶，字仲黄，河南颍川舞阳人，汉永寿二年（156）被委任为嬴长。当时泰山公孙举、东郭窦起兵，守官多因此而被罢职，经过认真挑选，乃派韩韶为嬴长。公孙举闻其贤良，互相告诫不要攻打嬴县，以免难为韩韶。周围诸县得知嬴县安全，流民纷纷涌入，韩韶怜悯饥民，开仓赈济，同僚担心私开官仓放粮，有杀头之罪，韩韶爽快地说："用我一颗人头，保住数万人的性命，死而无怨。"其上司太守看重韩韶名德，未加追究。百姓们感恩戴德。韩韶为人正直，不避权贵。当时嬴城最大的粮铺"一斗粮铺"是太尉的亲戚开设的一个连锁分铺，资财雄厚。他打着太尉的旗号，平日里缺斤少两、私抬粮价。民以食为天，百姓对此怨声载道。韩韶上任后，严厉地惩治了奸商，并将粮铺的粮食分发给了城里的难民。韩韶经过一系列改革措施，把嬴城治理得民风纯正，道不拾遗，夜不闭户。夜以继日的操劳，使他染病在身，遍请名医调治也不见好转，只好辞官回乡疗养。老百姓听说后，不约而同前来送行，一直送到水涨流急的河边。韩韶到嬴县来时曾骑一母马，到嬴县后生一小马驹，临别时韩韶指着老马身边的小红马驹对众人说："此驹生在嬴，吃嬴草，喝嬴水长大，是嬴的财产，应该留给嬴。"说着让人把小马驹留下，跨马而去。二马分离，马驹恋母，母马恋驹，相互嘶鸣不止。人们万分感谢韩韶为民造福的恩情，将留驹处的河流取名为"嘶马河"。后来，人们感念韩韶，纷纷在此沿河建村，村以河名，有了嘶马河村，沿传至今。

历史上著名的管鲍分金的故事，就发生在方下镇。"管"指管仲，"鲍"是鲍叔牙。鲍叔牙，春秋时齐国大夫，以知人著称。管仲二十来岁时就结识了鲍叔牙，起初二人合伙做点买卖，因为管仲家境贫寒就出资少些，鲍叔牙出资多些。生意做的还不错，可是有人发现管仲用挣的钱先还了自己欠的一些债，这钱还没入账就给花了，更可气的是到年底分红时，鲍叔牙分给他一半的红利，他也接受了。这可把鲍叔牙手下的人气坏了，有个人对鲍叔牙说，他出资少，平时开销又大，年底还照样和您平分收益，显然他是个十分贪财的人，要我是管仲的话，我一定不会厚着脸皮接受这些钱的。鲍叔牙听了后，不以为然地笑笑说："见钱(财)眼开是人的本性。管仲是人，岂能例外。但贪财者有两种，一种是贪财为己，想过花天酒地的富足生活；一种是家道贫寒难以度日，猎财是为了孝敬双亲，建家立业。管仲就是后者，他家境贫寒，高龄老母过着饥一顿饱一顿、衣食无着的苦日子，所以才取双金赡养娘亲，尽儿子的孝道，我心甘情愿地任他取财。"商友们对鲍叔牙的高风亮节佩服得五体投地，便把他的义举广为传颂，这便是莱芜民间流传"管鲍分金"的故事。

据历代所传，鲍叔牙与管仲曾在嬴国做过买卖，分红的确切地点在今莱城区方下镇的小义和村，此村早年叫"义和沟"，村名即由管鲍分金而来，而且附近的村庄，也多由此而取名，比如乔义和沟、李义和沟等，后演变为乔家义村、李家义村等。

为了歌颂鲍叔牙的美德，前人曾在靠近大道的地方，建造了分金台。分金台遗址位于方下镇的蔺家楼村，原为一土台，长宽各约2米，高1米。20世纪70年代扒坟时扒了土台，下有坟，砖室墓，只有衣服，且颜色鲜艳，见风后就风化了。据当地村民讲，没有人上过坟，也并非农村分家处，历代相传是管鲍分金处，但不知此台建于何年。

棋山传奇处　抗日根据地——里辛镇

里辛镇位于莱芜市钢城区中东部。韩莱公路东西横贯该镇，与803省道相接。

在里辛镇东南部、钢城区政府驻地东北，有著名的棋山森林公园。它南北走向，面积12平方公里，主峰海拔585米。山上松柏林立，山下流水潺潺。景区内有棋山柯烂、雪蓑洞、一线天、双猴山、望海石、老鹰石等自然景观，又有文化底蕴深厚的人文景观，如宋代时修建的佛洞子，明代的雪蓑碑、后宫，民国时期的抗匪英雄碑，抗战时期徐向前题名的抗日阵亡烈士纪念碑。棋山饮食文化颇具吸引力，"棋山炒鸡""八大庄水库鲤鱼"等为地方风味小吃，形成了自然景观、人文景观、饮食文化三位一体的独特旅游资源。

棋山之名起源于金元之际，当时道教名人丘处机弟子杨道源云游至莱芜东部棋山下，见"峰峦环抱，涧谷萦回，观其地穹者、窪者、峻者、方者、蔚者、隈者，左右前后，纵横布列，有似棋局"，故命名曰"棋岩"。此处有"蓬莱阆苑之胜"，于是定居此地，使"穹者室焉，窪者湮焉，峻者平焉，方者耕焉，蔚者豁焉，隈者敞焉”，不数年而“力本功成”。于是将“收获之积”建道场一所，名为“棋岩洞宫”。有正殿三楹，另建有文室、云堂、庖湢、仓廪，共11楹。孟志芳、冯志蕴、王道润、夏道亨相继在此主持修道。元至元年间，道门提点卢志诠自任总角师，在同邑皇甫清的协助下，主持重修，并扩大规模，新建13楹，共24楹。元延祐七年（1320）以法旨授卢志诠为“寂然洞照大师”。

南朝梁任昉《述异记》记载，东晋建元年间有个叫王质的樵夫上山砍柴，看到两童子在溪边大石上下围棋，于是把砍柴用的斧子放在溪边地上，驻足观看。棋局终了，童子说“你该回家了”，王质起身去拿斧子时，一看斧柄（柯）已经腐朽了，磨得锋利的斧头也锈得凹凸不平了。王质非常奇怪。回到家里后，发现家乡已经大变样。无人认得他，提起的事，有几位老者，都说是几百年前的事了。原来王质在打柴时误入仙境，遇到了神仙，仙界一日，人间百年。明嘉靖年间，莱芜知县陈甘雨依据“棋岩洞宫”，引用这一神话传说将棋山列为莱芜八景之一，名为“棋山柯烂”，并赋诗道：“流水行人世代殊，石棋山上有樵夫。至今传说樵柯烂，不识当年柯烂无。”

棋山后宫南山腰有一石洞，洞内可容纳二三十人。洞口外石壁上，有康熙九年(1670)进士，任莱阳、郓城教谕、候选中书的张严题刻行书“雪蓑洞”三字。相传寓莱文人雪蓑曾在里边居住。洞口西侧，原来在竖立的巨石上面有两个据传为雪蓑留下的脚印，如今巨石已毁。雪蓑，姓苏名洲，河南杞县人，喜欢在大雪中披蓑而行，故自号雪蓑子。一生形骸放浪，往来于青山碧水间，过着悠悠神仙般的日子，善弹琴、吟诗、书画。古人评价其书法：“其笔阵雄健，理趣深长，初若放狂涉怪，细目之则敛锷藏锋，微妙难名，变化莫测，乃神之所为，非力之可与也，故曰神。”

明嘉靖二十年至三十七年间（1541—1558）他曾在莱芜一带旅居，留下了不少墨宝，其代表作“玄之又玄”是书法一绝。

“玄之又玄”碑位于棋山北麓里辛镇棋山观村。碑圆额，赑屃座，碑身高3.13米、宽1.18米、厚0.42米。碑阳面阴刻“之玄又玄”四个行草大字。“之”字在上，一点呈龙头状，似蛟龙腾空，一捺垂延至下端，长2.62米，如神龙掉尾，“玄又玄”三字在“之”字之左，布局奇特，气势豪放，别具一格。此地原建有棋山观，内有三清殿，该碑为棋山观的题记碑，本义为“玄之又玄”，书者别出心裁，从书法艺术的角度，故意写成“之玄又玄”。

在棋山西南的山阴斜坡上，有一后宫。主要奉祀碧霞元君，始建于明正德八年（1513），先后重修四次，为市级文物保护单位。占地南北长50米，宽22米。旧有3座建筑，元君殿居中，老母殿在南，阎君庙在北。现有元君殿3楹，东西长10.86米，宽6.75米，高7.55米。北门匾题为“慈航普度”行书大字，门上联是“门口通天仰观碧落星辰近”，下联为“路承绝顶俯瞰翠微峦屿低”。院内有修庙古碑四块。

里辛镇焦家庄村南岭、棋山之西，有一佛洞子。占地东西长约100米，宽约50米，分南、北两组石窟，是石窟形式的佛教场所。南石窟群分东西两处，西边有两个神龛，东边有一个石龛。北石窟群有东西两个石龛。内供白石佛像，北石窟壁上刻有“大观三年（1109）八月”等字样。石匠为郑经，另有潘巡、许奇署名，可能是施造人。此处系宋代佛教之地。

抗日战争时期，棋山一带是莱芜重要的抗日根据地。有许多仁人志士就牺牲在这里。1941年八路军山东纵队第一旅为纪念在抗日战争中牺牲的165名干部，在棋山观村建立了抗日阵亡烈士纪念碑。碑呈二层檐亭状，总高3.35米。碑身为正四棱柱形，边宽0.76米，高1.97米。碑帽为石刻的重檐亭形，高1.27米，檐角飞翘，角梁端部有龙头，面饰瓦纹，顶部浮雕着四个左右相接且两两相对的五角星。碑台为长方体，横距3米，纵距3.5米，高0.8米。碑文为楷书，阴刻。碑阳面中间竖刻“抗日阵亡烈士纪念碑”9个大字，右边竖刻“陆军第十八集团军山东纵队第一旅”，左边刻着“徐向前题”，下有徐向前的篆刻印章。碑阴面是山东纵队第一旅司令部的撰文。碑两面刻着该旅抗日阵亡烈士名录，并刻有纵队政委黎玉的题词。

抗匪烈士碑，与棋山抗日阵亡烈士纪念碑相邻，为纪念鸿福山惨案而建。碑身高1.56米，宽0.65米，厚0.25米。鸿福山，位于里辛镇后朱山村东，海拔450米，山顶有山寨，寨南北长约200米，宽约100米，现残存寨墙和寨内多处房石墙基。1927年4月22日，棋山周围20余村人在山寨避难，凭险据守，土匪刘黑七部连攻数日不下，27日拂晓，一守寨炮手不慎将点炮香火掉进火药罐，炸药被引爆，炸坍了山寨西南角楼，匪徒蜂拥而入，残杀398人，伤153人，掳走70人。为纪念这一惨案，后将山名改为红山。

“花鼓锣子”发源地——颜庄村

颜庄村为颜庄镇政府驻地，位于莱芜市钢城区政府驻地西北处。此地在春秋战国时期就有村落，且有官道穿村而过，村内设有驿站。后因战乱，村落衰败。几经兴衰，到元末只剩几家住户，现大部村民系明朝以后迁来。明代为颜庄保驻地，曾设铺。民国初至1958年多次为颜庄区、颜庄乡驻地。1985年起为颜庄镇政府驻地。

颜庄村是民间舞蹈艺术“花鼓锣子”的发源地。花鼓锣子诞生于颜庄天和村，清朝光绪末年，天和村里的穷人因生活所迫，各择其生路，有击鼓沿街乞讨的，有打伞卖药的，有打夹板磨刀的，有敲着小锣卖艺的。以打竹板(后改马夹板)说书为生的艺人张奉祉，将这些穷苦人组织起来，根据不同行当编出唱词，将击鼓的动作、敲锣的艺术、卖药人打伞的技巧、磨刀人打夹板的节奏精心设计，将这几种艺术融为一体，经过多次排练修改，编排出了一套各具特点的完整舞蹈动作，取名“花鼓锣子”。每逢演出，5名演员（三男二女，女由男扮）分别持花鼓、小钹子、手锣子、长板、雨伞等道具进行表演。演员彼此呼应，配合默契，舞蹈动作熟练优美，唱词活泼新颖，深受老百姓喜爱。

近年来，文化部门组织力量再次编排，在舞蹈动作、唱词内容、演出阵容等方面多次改编。2006年，被列入山东省首批非物质文化遗产保护推荐项目。

颜庄村是锡雕、银炉制品产地。清道光年间，泰安人杨纯到颜庄村落户，经人介绍到鲁西南的滕县（今滕州市）学习锡雕手工艺，从此以锡雕为业，代代相传，逐步发展起来。主要制品有大型锡锅、中型酒壶、水壶、烛台，小型随葬品桌椅条凳等十几个品种。其造型构思精巧，新颖别致，富有艺术价值。新中国成立初期，其工艺制品远销泰安、新泰、博山、周村、章丘等地。杨家制锡业终业于20世纪70年代。清代咸丰年间，颜庄银炉业开始出现，最多时发展到四五家，只有李家的银器工艺制造延续至今。银炉工艺，主要用银做头饰、耳坠、项链、戒指等饰品。头饰有叉子针、尖头针、疙瘩针、海棠针、旋花针、藕形针等，耳坠有南瓜种子形、豆皮碗子形、龙头形等，项链有麒麟送子锁、长命百岁锁、龙凤呈祥锁等，戒指有牡丹花形、蝴蝶花形、七星形、八宝形等。20世纪80年代，李家重操旧业，技艺不断提高，“四连环”戒指是其绝活，远近闻名。

第二辑

拾忆·蓝色海湾

仁里之乡——王哥庄

王哥庄社区西倚雄奇险秀的崂山，东临浩渺无际的黄海，是游览崂山北线的必经之地。社区位于青岛市崂山区王哥庄街道，北邻王山口村，南邻姜家村，西靠桑园村，东面崂山湾，隔海与大管岛、狮子岛相望，周围有双台山、八毛岗等山峦和众多奇石景点，王哥庄河流经该村，王哥庄到青岛高新区、李村的公路分别从村北穿过。

明清时期，王哥庄属莱州府即墨县。清同治十二年（1873），属即墨县海润乡肖旺社。1914年9月18日，日军在仰口登陆侵占青岛，1938年1月10日，日军再次侵占。1949年8月，建立王哥庄村政府。1956年3月属崂东区。2004年8月，王哥庄村改为王哥庄社区。

相传明初，宋氏兄弟为躲避战乱迁入居住，后弟移居他处，因想念大哥回来探望，故取村名“望哥庄”，后演化成王哥庄。

北宋熙宁九年（1076），苏东坡从密州（诸城）到芝罘（烟台）上任途中游览崂山，在道士乔绪然和吴复谷的陪同下，游览了太平兴国院、庄子庵。夜晚在庄子庵住宿，子夜时分，闻庵前崖下村民起早上山砍柴，邻居们相互叩门招呼，结伴同行。苏东坡听道人言其详情，被村民休戚与共、辛勤劳作的质朴品德所感动，连连赞叹“仁义之里”。村民们邀请这位苏太守入村共进晚餐。北宋元丰八年（1085），苏东坡在汝州结束谪居生活，诰命复期奉郎，起知登州乘船在仰口湾登岸，到太平宫访道人乔绪然，应苏姓村民之邀请进村做客，畅谈昔日友情。后来，道人代苏东坡在村北立下（东坡仁里）石碑（碑高1.98米、宽0.73米、厚0.26米），表达了苏氏对苏姓村民团结、仁义、好客的赞叹。村民深以此事为荣，世代相传。

王哥庄社区以崂山茶的生产、加工而著名。崂山茶在《崂山志》中就有记载：“深山时有之，味淡以清。”由于茶区云雾缭绕，山泉、溪流常年不断，土壤营养元素含量多，土壤呈微酸性，得天独厚的自然环境孕育了崂山茶“叶片厚，滋味浓，豌豆香，耐冲泡”的超群品质，被誉为“江北第一茶”。

千年古都　厚德重商——城阳镇

城阳街道办事处位于青岛市区北部，是进出青岛市区之北大门，城阳区政府所在地。城阳属崂山腹地，胶州湾畔重镇，东靠惜福镇，南连流亭，西邻棘洪滩，北与即墨市接壤。

城阳历史悠久，源远流长。城子龙山文化遗址出土文物表明，远在四五千年前，先民“不族”“其族”两个部落就在这片土地上繁衍生息，称为“不其”。上古为东夷之邦，夏商为莱夷之地，战国时为渔盐之所、铸币之场。公元前221年，秦统一六国，置不其县，建不其城。城阳因处不其城之南即城之阳而得名。

西汉初年，汉高后吕雉封其族人吕种为不其侯，使城阳之名昭彰天下。其间，扩建了不其城，并在城内建行宫驻跸。此后，汉武帝东巡不其县，使城阳声蜚朝野。建武六年（30），东汉光武帝在不其县内置不其侯国，封大司徒伏湛为不其侯，食邑3600户。伏氏有八代袭爵不其侯，前后185年，是不其县历史的鼎盛时期。

两汉时期，城阳先后属琅琊郡不其县和东莱郡不其县。魏晋南北朝时期，战乱使不其县人口锐减。晋武帝咸宁三年（277），西晋置长广郡，郡治设不其城。南朝宋泰始四年（468），刘宋置东青州，州治设不其城。在北齐王朝建立前的270余年中，城阳郡治与县治或州治与县治并存。南朝梁绍泰二年（556），不其县撤销。隋王朝建立后，开皇十六年（596）隋文帝复置不其县，同年又将其废除，并入即墨县。在隋后的1300多年里，城阳一直隶属即墨县。新中国成立后，城阳行政隶属几经变迁。1994年，青岛市行政区划调整，城阳改属城阳区。2001年，改称城阳街道。

城阳地理位置得天独厚，区位优势十分明显。域地依山傍海，气候宜人。东为低山丘陵，西乃广袤平原。域内东部丘陵广植树株，瓜果飘香，所蕴藏的麦饭石是国家宝贵的矿产资源。中部平原沃野膏壤，富产五谷菜蔬。城阳青大白菜远销上海、广州，出口日本、韩国。青芸豆、菠菜等是青岛市地方名菜。

城阳历来以人杰地灵，英才辈出而闻名于世。东汉永平年间，王景治理黄河，功载史册。经其治理的黄河，安流长达978年，受到世人赞誉。明任安仁县令、广西道监察御史的袁耀然，拒不与权倾朝野的魏忠贤同流合污，上书揭发其党羽郭国观的恶行，表现出城阳人的浩然正气；民国初纪家坛任山西汾城等县县长、山西省绥察禁烟善后总局局长，为官清廉，体恤民情，深得民众拥戴。近百年来，在争取民族独立和人民解放的伟大事业中，城阳人不屈不挠，用生命和鲜血谱写了感天地、泣鬼神的壮丽篇章。田世磊、田世兴兄弟组建抗日武装，驰骋胶东，痛击日寇；李肇兰率领城阳武工队深入敌后，英勇善战，威震敌胆，战功卓著，英名远扬。

城阳历来以商贸繁荣、经济强盛闻名于世。城阳村皇姑庵和东南坝出土的齐国刀币，见证了春秋战国时期城阳的富饶。秦汉时期，不其城所制生产工具、经营日用杂货和饮食服务初具规模，邻近县民纷纷迁来定居，彰显城阳之繁荣。明嘉靖年间，城阳人牛稼觅船往来于金家口（京口）与淮安搞海运贸易；万历年间，城阳设立集市，开放海禁，江淮浙闽一带商人海运货物到金家口港来城阳交易，使城阳逐渐成为胶州湾畔的重要商埠。1904年，胶济铁路全线通车，城阳火车站投入营运，带动了当地工商业的发展。至1930年城阳商会成立时，已有火柴厂、面粉厂生产加工企业，经营煤炭、煤油、土产、粮油、日用杂货的商号达45家。

城阳是一座交通立体化、信息广通达的现代化城镇。清末，城阳与即墨县城已有公路相通，并设立了邮政代办所、电报房和电话局。1914年，已与即墨城通客车。1917年，开通与胶济铁路沿线各主要站点间的电报电路。1925年，长途电话直达青岛、济南等地。便利的交通、邮电，吸引八方商贾到城阳从事工商贸易，促进城阳经济的发展。现已形成由胶济铁路、204国道、308国道、青银高速公路、烟青公路、青威公路、双元公路等铁路、公路构成的交通运输网络。

城阳历史文化厚重。城阳的文明，至少可追溯到4000年之前。城子村“东城顶”新石器时代文化遗址出土的大量石器，通体磨光，刃部锋利，陶器胎质坚硬，造型优美，足见城阳先民的聪慧。城阳村出土的齐国刀币，既是城阳经济发达的标志，更是城阳文化繁荣的象征。秦汉时的不其城、城阳汉墓群、皇姑庵，魏晋时的狮莲院，唐代的石桥庙等，与“城子遗址”一起，印证了城阳作为青岛地区古文化发祥地之一的历史地位。

城阳重教兴科蔚然成风。清代，致和堂义学、启文堂义学分别在京口村和仲村开办。民国初，城阳村人牛淑宏创办即墨第六高等小学的前身城阳学堂，开城阳近代教育的先河。新中国成立后，城阳教育事业进入了全面发展的崭新时期。

城阳文化艺术硕果累累，明代，西城汇村民始制陶土罐盆，工艺精细考究，黑陶文化在城阳盛传，城阳村人袁肇基著有《雪航近草》。清代，大北曲村人纪润著有《劳山记》。1978年后，城阳人发表文艺作品1200余篇（件），其中获市级以上奖的100余篇（件）。被誉为“战士雕塑家”的仇志海，一生创作雕塑、黑陶艺术作品万余件，多件被国家博物馆收藏，“仇氏黑陶”被学术界、艺术界评价为“二十世纪最辉煌的艺术成果之一”。寓居台湾的著名书画家、寺西村人陈丹诚，其书画技艺源自陈氏家传，以中西画功底深厚，书画、篆刻独树一帜享誉海内外。

温承天地　泉蕴百川——温泉镇

温泉镇位于青岛即墨市东部，东濒黄海。山岭环绕，绵亘错落。温泉镇地理位置优越，东与省级田横岛旅游度假区相邻；南屏崂山，与青岛崂山仰口国家旅游度假区相邻，是青岛东部沿海旅游线的中继站。距青岛市区50公里，距青岛港40公里，离青岛流亭国际机场30公里，交通十分便利。随着跨海大桥通车、青龙高速完工以及轻轨线路延伸到即墨，温泉镇将成为北连烟台、南接青岛的重要交通节点。

温泉镇历史悠久，是名副其实的千年古镇。温泉镇的皋虞村，原是一座古城。西汉初，胶东康王的儿子刘建被封为皋虞侯，修筑都城，后来改为皋虞县。隋朝时，并入即墨县，今古城已不存，遗址尚可辨。这里是西汉谏官王吉、王崇父子的出生和归宿地，其家族墓群位于皋虞西北，自北向南顺势低缓，三面环山，南朝大海。王吉，字子阳，是汉宣帝时的博士谏大夫，以敢于忠言进谏，陈述不同意见而闻名。成语“王阳在位，贡公弹冠”中的“王阳”即指王吉。王吉墓群按前七后八、左五右六定位伯仲，棋布于庙崮山之阳。王吉自汉宣帝黄龙元年（前49）葬此之后，其子丞相王俊、孙子司空王崇等数世后人均葬于此，其后裔至东汉时迁居临沂。整个墓群墓葬26座，占地面积约50万平方米，今只有一座墓冢保存尚完整，其余均被开掘过。从暴露的墓葬形制看，为砖石结构，墓室用特制大砖砌成，砖的侧面压铸花边，中刻“大吉”字样，字两边饰五铢钱纹，墓底用方砖铺就，下铺木炭以防潮湿。石壁上刻精致的凤鸟图案。墓室有正房、厢房、天井等建筑，规模宏阔，结构完整，墓室为券顶长方体砖石结构，东西长5米，南北宽3米，深2米；西南立有雕刻龙珠凤凰图案的石门，方砖铺地，底下垫有木炭。这里曾出土过铜钱、铜勺、铜盆、铜钟、铁盂和陶罐等。墓前旧有王公庙一座，1946年拆除。

温泉镇的海水温泉资源丰富，温泉地热水是国内唯一的海水温泉，是疗养和保健的理想之水。温泉镇地处夏庄—灵山卫断裂带上，此地多温泉，地热资源十分丰富，水温最高可达93摄氏度，蒸腾如汤。温泉原名汤泉，俗称汤上，汉代时已相当著名，曾被封为温水侯国。东汉科学家张衡、明代名医李时珍均有治病记载。据科学化验，温泉水中富含30多种微量元素。由于温硫含量低，水质清澈，氯化钠含量接近于自然海水，用温泉沐浴，对皮肤病，风湿性、类风湿性、外伤性、肥大性关节炎，椎间盘突出，腰肌劳损，肩周炎，妇科病及各种皮肤病有着显著疗效，被誉为医疗矿泉，健康人沐浴，则能收到滋润皮肤、舒筋活络、祛风防病的保健作用。“只今惟有温泉水，呜咽声中感慨多。”工作之余，感受原汤沐浴之乐趣，洗尽人世烦嚣，给心灵放个假，接受自然抚慰，不失为一种智慧。另外地热水沉淀形成的黑泥，含有多种矿物质，迥异于国内其他多数温泉，进行泥疗具有极佳的治疗效果。它的神奇疗效早在汉时即为世人所知，有“有疾疠兮，温泉泊兮”之说。

温泉镇旅游资源丰富而独特。所辖区域内有大小山头48座，其中四舍山海拔326米，是即墨境内最高山峰，有“即墨东岳”之称。钱崮山以其丰茂的生态林木、独特的风景、瑰异烂漫的历史神话传说而闻名遐迩，享有“生态森林公园”美誉。辖区海岸线长18公里，蜿蜒回环，形成3处港湾，东南端海滩绵延10余里，舒阔平坦，沙质细腻，适合海水洗浴，被称为“黄金海岸”，依托“山、林、泉、海、滩”的自然资源优势，凸现“海水温泉”特色品牌，成为青岛旅游的一朵奇葩。

温泉仿佛是上苍赐予其灵性与灵气，可以洗涤人间污垢，亦可净化人心积淀的岁月尘埃。这里环境优美，空气清新，气候宜人，地下矿热水丰富，有8处国家、省市疗养院及休闲中心、度假村，为青岛著名的疗养度假胜地，形成了规模宏大、环境优雅、设备和功能齐全的旅游度假娱乐区，是青岛市八大旅游度假区之一。麒麟山庄的洗浴中心是目前国内最大的室内海水温泉洗浴中心；天泰滑雪场是我国北方最南端的滑雪场，已成为青岛地区冬季旅游的最大亮点；温泉公园、海水浴场成为温泉休闲旅游的新亮点。

温承天地，泉蕴百川；圣水温泉，肥沃净土。天人合一的和谐景致，足以让即墨人和来自天南海北的游人沉醉。温泉镇将借助“蓝色之风”，实现“蓝色崛起”，打造个性鲜明、独具魅力、充满活力的集海洋经济、生态和人文居住于一体的高端综合服务区，成为推动青岛市蓝色硅谷核心区建设的重要平台。

山情海韵　千年古琅琊

“琅琊”两字最早出现于山名，“琅”字指像珠子的美石，“琊”字指似玉的骨。琅琊山位于胶南市区西南26公里，由于这个地方港口优良，早在齐桓公的时候就是齐国有名的港口，为“齐东境上邑”琅琊邑治所。战国时期越王勾践在此建立琅琊县，后为越国都。秦代为琅琊郡、县治所。汉代为琅琊县治所。隋代为丰泉县、琅琊县治所。唐、宋、金、元，境域属诸城县。明代在此设立兵寨，称夏河寨备御千户所，隶属灵山卫。清雍正十二年（1734），裁撤灵山卫，镇域归诸城。1945年属藏马县琅琊区，1984年改琅琊乡，1986年乡改镇。

琅琊镇位于青岛市黄岛区西南沿海，背依青山，前临古港，东南面均濒黄海，北依藏南镇和张家楼镇，西临泊里镇，依山傍海，环境优美，植被保护良好，境内地势北高南低，北部为山地、丘陵，库山、黄道山、牛蹄山自西向东形成一天然屏障，向南延伸出四条丘陵带，中部为平原，南部为滨海平原和低地，东南海滨有琅琊台。海中有斋堂岛、鸭岛两岛，境内有皂户河和夏河两条河流。胶州湾位于境内东南部，湾内港阔水深，风平浪静，海水终年不冻，为天然优良港湾。

琅琊古城位于琅琊镇驻地，东濒黄海，西通内陆。春秋时期，已是齐国大邑和海港及军事重镇，齐桓公、齐景公尝游此，数月不归。公元前485年，吴国从海路攻齐，在琅琊海面发动了中国历史上第一次大规模海战。《吴越春秋》记载，越王勾践二十五年(前472)徙都琅琊。《中国历史地图集》标注春秋时期琅琊曾为越国都。《括地志》记："密州诸城东南百七十里有琅琊台，越王勾践观台也。台西北十里有琅琊故城(今夏河城)。"《诸城县志》载，秦琅琊郡治，汉琅琊县治，隋丰泉县治，皆于此。明初，此地为兵寨，称夏河寨备御千户所，隶属灵山卫。近年曾出土秦砖、釉陶器、"千秋万岁"瓦当、黑陶器、古币等文物。

琅琊故城占地约数十万平方米，西汉后期因地震等原因逐渐湮没。明初，在遗址处建夏河寨备御千户所，今已倾圮，仅余部分城墙和护城河遗迹。古城东部有东皂户商代文化遗址，曾出土大量商代遗物。西北有村名"甸王家"，当地有"先有甸王家，后有琅琊台"之说，是琅琊台周围仅存的先秦村邑。

琅琊台位于胶南市区西南30公里处，三面环海，西面接陆，海拔183.4米。其东南为斋堂岛（相传为秦始皇登台时斋戒之所），北为龙湾，西南为沐官岛（传说秦始皇的从官曾在此沐浴），西北为琅琊城故址，东北望大珠山和灵山岛。台顶平敞，周长150余米，台基面积5.88平方公里，南坡稍缓，北坡陡立。

琅琊台一名最早见于《山海经·海内东经》："琅琊台在渤海间，琅琊之东。"《史记·秦始皇本纪》载："盖海畔有山，形如台，在琅琊，故曰琅琊台。"公元前472年，越王勾践灭吴后，北上称霸，由会稽徙都琅琊，起观台，以望东海。秦始皇统一中国后，于始皇二十八年(前

219）、始皇二十九年（前218）、始皇三十七年（前210）三巡其地，迁民3万户于琅琊台下；大兴土木，修筑琅琊台，以观海望日；于台下修成“阔三四丈”的御路三条；刻石立碑，颂秦功业；祭祀“四时主”；在琅琊台两度遣徐福等方士携童男童女入海求仙。秦二世元年（前209），秦二世登琅琊台，刻诏书于始皇所立石旁。汉武帝亦曾多次涉履琅琊。

西汉末年，琅琊台建筑毁于地震。后李白、白居易、李商隐、熊曜、苏轼、颜悦道、王无竞、丁耀亢、刘翼明、高凤翰、李澄中等文人学士，皆曾登临其地，留有《登琅琊台观日赋》（熊曜）、《书琅琊篆后》（苏轼）、《琅琊为秦碑布告游人诗》（刘翼明）、《太古园集》（王无竞）、《艮斋笔记》（李澄中）等诗文。明万历二十六年（1598），诸城知县颜悦道重修琅琊台，在台上建海神庙、礼日亭，并立碑石，刻记他登琅琊台的奇遇。万历四十一年（1613），为颜悦道建生祠于台上。

琅琊台自然风光秀丽，古台观日、海市蜃楼为琅琊台胜景，唐开元进士熊曜、清诸城文人李澄中分别在其《登琅琊台观日赋》《艮斋笔记》中有记载，当地人亦有此说。近年来，琅琊投巨资修建和修复了徐福殿、云梯、御路、琅琊刻石、始皇群雕、望越楼、琅琊刻石亭、亭子兰炮台、青岛琅琊文化陈列馆等名胜古迹和旅游景观，还树立了“徐福东渡启航处”和“古造船遗址”等纪念性标志。

琅琊刻石位于琅琊台顶西部，为秦琅琊刻石的复制品。刻石通高4.8米，上宽0.76米，下宽2米，东、南、西三面环刻，分秦始皇《颂诗》和二世《诏书》两部分，共计447字。始皇二十八年（前219），秦始皇筑就琅琊台后，在台顶立石刻，颂秦功业。秦二世元年（前209），秦二世巡至琅琊台，在始皇所立刻石旁刻其诏书和大臣从者名。历经风雨剥蚀，至宋神宗熙宁九年（1076），苏轼作《书琅琊篆后》，记其登琅琊台所见：“今颂诗亡矣，其从臣姓名仅有存者，而二世诏书具在。”清顺治年间，诸城知县于琅琊刻石南面刻“长天一色”四字，著名而隐其姓。清乾隆二十八年(1763)，诸城知县宫懋让见刻石裂，熔铁束之。道光年间，铁束散，刻石碎，后诸城知县毛澄筑亭覆之。光绪二十六年(1900)一次大雷雨过后，碑石散失。1921—1922年，诸城视学王培祜先后两次登琅琊台搜寻，将散碎碑石凑合。残石高129厘米，宽67.5厘米，厚37厘米；现存碑文13行，86字，李斯书，是秦刻石存字最多者，中国现存最古刻石之一，堪称国宝。

东皂户商代文化遗址位于琅琊镇东皂户村东南角，中心为一高埠子，当地群众称为“金堌墩”。东西长170米，南北宽110米，文化层厚1.1米。地面暴露大量陶片、蚌片，曾出土石铲、石斧、石凿、石镰、灰陶罐、铜镞、铜削等文物。遗址保护良好，1977年公布为省级重点文物保护单位。

亭子兰炮台位于琅琊台前的琅琊港北岸，建于清代雍正年间。它是今胶南市境内三个古炮台之一，是古代重要的海防军事设施。古人在这里设炮台，足见琅琊台在古代军事地理位置上的重要性。

西海岸经济发展明珠——灵山卫镇

灵山卫位于胶南市区以东15公里处，北依小珠山，南濒黄海，与灵山岛隔海相望。民国《增修胶志·艺文》载："灵山卫距胶州之南九十里，左右皆崇山，其南一望无际者，海也。有山涌出其间，俨若翠屏天开者，灵山也。卫因山而名。"

与沿海各卫所一样，设立灵山卫主要是为了防御倭寇。《卫志·舆图》载："设卫所以防海也。近代自元以来，海氛不靖，倭寇杀掠尤惨。有明深鉴于此，故沿海设立卫、所，防御甚严。"灵山卫的设置，对加强山东东部海防，防御倭寇，发挥了重要作用。清乾隆《诸城县志·大事记》载："明洪武六年（1373）甲寅夏六月，倭寇胶州，靖海侯吴祯率沿海各卫兵捕获，俘送京师。"

据《灵山卫志·舆地志·沿革》载："灵山卫建于明洪武五年（1372），裁于大清雍正十三年（1735）（十二年十二月裁，十三年春文始到卫）。"卫城先为土城，后几经扩建，颇具规模，且城池整齐。城中分东、西、南、北四街，建有卫署、学宫、经历司、仓廒等。城东有演武场，建有将台、厅堂。城外还有社稷坛、风坛、云坛、雷坛、雨坛、先农坛、城隍庙、玄帝庙、三官庙、三司庙、马神庙、观音阁、福寿寺、朝阳寺等坛、庙、阁、寺，有文林坊、柱史坊等坊表，有通济桥、长平桥、迎鹤桥、小石桥等桥梁建筑。

灵山卫依山面海，地势险要。《卫志•形胜》载：“西北众山环抱，东南大海旋绕，灵岛屏列于前，长城（齐长城）带围于后。左二崂，右大珠，山盘路曲，无异鸟道羊肠；控淮口，逼莺游，洪激水深可比龙门、积石。通江淮之运道，舻舳直接幽燕；联吴越之战艘，片帆可达化外。虽仅海上孤城，实为边疆要地。”《卫志•形胜•按》：“登莱濒海要地有三，而胶为最；胶之险不在于胶，而在于胶之唐岛口（在卫南五里）。（唐岛口）岸陡水深，不俟潮汛，舟至即可抵岸。”南宋高宗绍兴三十一年（1161），浙西副总管李宝败金舟师，降其众三千余人，斩其帅完颜郑家即在此地。

卫的建制在当时是相当于州府级的军事机构。按照当时的话说是“上马管军、下马管民”，其地位非常重要，品级也很高，灵山卫指挥使为正三品职级。灵山卫不仅各种军事职能齐备，而且民事管理职能也很完善，具备军屯、民屯制度。灵山卫共有军屯三十三个。《卫志•兵防志》云：“烽烟告警，则民可为兵；外侮不作，则兵即为民。国无虚糜之饷，野无不耕之夫。”这个寓兵于农的办法，在当时不仅巩固了国防，而且增加了收入。灵山卫的仓廒就是为了储藏屯田收获的军粮而设置的。

灵山卫的建立，不仅保障了山东东南沿海的安全，而且对繁荣本地经济也起到了一定作用。《卫志•建置志》载：“洪武以前，灵山一人迹不到之区耳，荆棘充塞，树木丛杂，豺狼之所居，狐狸之所嗥，渔夫樵子时或出没其间，不过一二深山野人耳。乃忽焉而立为营垒，忽焉而建为城池，阛阓相望，市井嚣繁，俨然一都会矣。”

清代倭患平定，卫、所作用逐渐消失，开始缩减卫、所建制。《卫志·兵防志》载：“国朝，世袭指挥官职裁革，改设卫守备一员。雍正十二年（1734）裁卫守备改设千总，属胶州协。城守马兵八名，步兵五十四名。”后又改设灵山巡检司。至此，灵山卫已等同于一般村镇了。此后，灵山卫城墙逐渐倒塌，今已全部拆除。沿海墩台城堡，有的仅留残迹。

灵山卫建有城隍庙。城隍，起源于古代的水（隍）庸（城）的祭祀，为《周宫》八神之一，属于道教之神庙。“城”原指挖土筑的高墙，“隍”原指没有水的护城壕。城隍是自然神，凡有城池者，就建有城隍庙。古人造城是为了保护城内百姓的安全，所以修了高大的城墙、城楼、城门以及壕城、护城河，于是城和隍被神化为城市的保护神，城隍庙是中国古代每个城市必有的神庙。

今日的灵山卫是灵山卫街道办事处驻地，当地的政治、经济、文化中心。昔日的城池虽不可见，而新型城镇正在崛起，成为黄岛区经济发展重镇。

说到灵山卫，不得不提及灵山岛。该岛位于胶南市区东南黄海中，距大陆线最近点10.5海里，一名水灵山岛。民国《增修胶志·疆域·山川》载：“灵山岛，《卫志》：在卫城正南海中……嵌露刻秀，俨如画屏，屹立于巨浸之上。草色山光，翠然夺目，林木茂密，不生毒虫。《类书》引《名胜志》云：‘未雨而云，先日而曙，若有灵焉。’故名灵山，岛以山而名。”岛南高北低，南多陡坡，北多断崖，东西两面多梯田。岛上山峰多系尖顶，主峰歪头顶海拔513.6米，耸峙南部；次峰望海楼海拔470.6米，雄踞中部；象鼻子山海拔287.9米，屹立北部。三山相连，构成全岛脊背。到南端有地势险要的老虎嘴、马腚山、平顶山，垭脖子以北为小灵山。该岛沟壑纵横，山石嶙峋，削壁如削，小块土地分布于缓坡处。

灵山岛为胶州湾和山东东南海域的重要屏障，历来为军事要地。解放战争期间，灵山岛于1947年3月第一次解放，9月再被国民党军队占领。1949年1月第二次解放，为胶南县灵山岛区，后改设乡、镇。2005年，设立灵山卫街道办事处。

灵山岛向以风光旖旎被列为古胶州八景之一，被喻为世外桃源。清乾隆《胶州志•八景》云："其色四季常青，葱翠欲滴，时与波光相乱。上有居民数十家，鸡犬桑麻，若在世外，览者拟之方壶、员峤、武陵源，犹未足喻其胜。"《胶州志》载，明永乐三年（1405），"云南人"迁入岛上，居住至今。始来岛者王氏之子，在其祖坟上植的"拔母"树，形若翠伞，杆似鹤颈，皮如鲸鳞，枝同龙爪，至今尚存。岛上居民以鱼为生，从事渔业捕捞、海水养殖，主产鲅鱼、鲐鱼、小黄鱼、海参、鲍鱼等。

美丽传说尽在古镇院上

这里流传着北齐靖林寺的动人故事，这里拥有令人陶醉的乡村美景。这里就是“全国环境优美镇”院上镇。院上镇位于莱西市西南部，西隔小沽河与平度市古岘镇相望，东、北分别与沽河街道、武备镇相邻，南隔大沽河与店埠镇相望。

都说毗邻莱西的莱阳是一个老县，但不管怎样“老”，还没有院上镇的靖林寺历史悠久，民间曾流传“先有院上殿，后有莱阳县”之说，这“院上殿”就是指“靖林寺”。据《莱西文史资料》《院上镇志》等史料记载，靖林寺建于北齐天保年间，距今1400多年。究竟为何取名为靖林寺，到现在已经没有人能说得清楚。或许是因为京城有文翰林，河南有武少林，而这寺的名字是取文武皆靖的意思，也未可知。不过有关靖林寺美丽动人的故事，民间却流传着许多。信手拈来几个，明朝永乐大帝率军扫北，听说院上白蟒河水好喝，浇过的庄稼打出的粮食做的面食好吃，于是，在一天路过院上时，便下令靖林寺管大军的午饭，吃饭时，只见永乐几十万士兵从南门进来，吃饱饭后，从北门走出，一帮挨一帮，一茬接一茬，奇怪的是，锅里始终有吃不完的饭和菜，原来这是靖林寺方丈听说要管永乐几十万士兵吃饭，怕应付不了，耽误大事，特请菩萨下凡帮忙。

相传，一年秋天，南方有一高僧云游路过靖林寺，见寺内香火旺盛，便对靖林寺方丈说："贵寺底气足，人气旺，灵气现，三年内能收到万名和尚住庙。"靖林寺方丈听了非常高兴。果不出南方高僧所言，第二天，便有一姓万的和尚慕名而来请求住下。靖林寺方丈对南方高僧由衷佩服，连连称赞。以后的日子，再无一人问津，靖林寺方丈百思不得其解。一晃三年过去了，又是一个秋高气爽的日子，南方高僧又云游来到了靖林寺，靖林寺方丈满腹疑惑地问南方高僧："上次您来时说我寺庙三年内能收万名和尚住庙，为什么三年来只收了一个？"南方高僧眉头紧锁，掐指细算说："这三年您是否收了一个姓万的和尚？""是啊！" 靖林寺方丈回答道。"这就对了，一人顶了一万人……"南方高僧细细说道。由此，"以一抵万"便传开了。

据传，靖林寺遭受过三次毁灭性的火灾，结果都是今天烧，明天建，重建时运用的木材等建筑材料全是寺内一老和尚运用奇门遁甲地遁法运送的。但无论如何，靖林寺最终还是被毁灭了。传说，靖林寺毁灭源于小和尚错过递剑时机。

一次，靖林寺被大火烧了个精光，老和尚便运用奇门遁甲地遁法从南方运送木材重建靖林寺，可木材迟迟运不到工地，影响了工程进度。老和尚纳闷，就带一小和尚想探个究竟，便沿途察看，当查到大沽河江庄段时，见一深潭，老和尚先定睛一看，再掐指细算，说："不好，这有一怪物将木料截住。"并叮咛小和尚说："我先下去看一看，你不要离开，等我将手伸上来，你就马上将剑递给我。"小和尚一一答应。

于是老和尚纵身跳入水中，小和尚在岸边手握利剑静静地等候老和尚伸出的手。大约过了4个时辰，仍不见老和尚伸出的手。这时，小和尚想大便，便到离深潭不远处一草丛中解手，但两眼仍紧紧地盯着水面。突然，水面伸出一只手来，小和尚立即提着裤子，手拿利剑，向深潭跑去，急急忙忙将剑递了过去。恰好此时，水中怪物追了过来将剑接了过去，一剑将老和尚刺死，鲜血立即染红了深潭。小和尚又着急地等了半天，仍不见老和尚踪影，知道大事不好，便落荒而逃，靖林寺也因此而停建。若干年后，靖林寺便毁灭了。前些年，大沽河江庄桥处仍能挖出杉木杆子来，据说就是当年水怪截下的靖林寺老和尚运送的木材。

古靖林寺位于境内院上村，历史上，靖林寺几经修缮，于清朝废圮。现仅存一只石雕赑屃，长3米，高2米，重约3吨，雕刻于北齐年间，形象生动。相传北齐时，院上村某农民起早捡粪，遇见大群乌龟路过此地，疑惑间砍了一锨，正中一只乌龟后腿，那只乌龟因腿残留在此地化为赑屃。后院上村民把这只大赑屃视为吉祥之物、镇村之宝，移入村西院上湖中，寓意让其回归自然，如今已为院上镇一处风景。

院上镇还存有唐代书法家颜真卿的《裴将军诗》石刻。此石刻为三块石板，尺寸相同，均为大理石质料，长64厘米，宽33厘米，厚12厘米。两面凿磨平滑，镌刻的文字甚为清晰。首行刻“裴将军”三字，末尾刻有颜真卿名款，中间刻着五言《裴将军诗》。“裴将军”即是善于舞剑的裴旻。唐文宗将李白的诗、张旭的草书、裴旻的剑舞御封为“三绝”，世人称裴旻为“剑圣”。颜氏或有意在书法中表现武术的律动，时而激越、时而静止、将书法与武术的节奏结合起来。书法布局严谨，字体结构奇特，每行二、三、四字不等，变化奇突，“剑舞”“一射”“不敢”“归去”等字，笔势连贯，浑然一体。正如明人王世贞所评：“书兼正行体，拙古处几若篆籀，而笔势雄强健逸，有一掣万钧之力。”诚如斯言。

花园头村现存明朝大鼓一只，为明朝万历年间花园头村进士王用谟购置。鼓高0.6米，腰围2.5米，装在木制架子上，鼓身四周有4个大铁环作为提系。大鼓保存完好，一直用于村里的文化娱乐活动。该村中有一株古槐，栽植于明洪熙元年（1425），距今已有近600年历史，树态挺拔苍劲，树冠南北长12米，东西长10米。树干胸围2.85米，干高6.5米，整体高度15米。花园头村民把此树作为吉祥之树，加以保护，虽历经近600载，它依旧生长旺盛，树叶繁茂，被青岛市列为重点文物加以保护。

山坳里的千年仙境——善疃村

“亭榭楼阁繁花锦，疑是都城入眼来”，这是如今的善疃给人的印象。善疃隶属烟台市福山区回里镇，背靠延绵不绝的峆岵山山脉，与佛教圣地峆岵寺相连，善水河自村西北向东南穿村而过。烟青一级路、胶济铁路、烟青威荣城际快线经过村南，东距烟台市区30公里。

据传，北宋年间，单姓来此建村，取名单疃。后于姓迁入，因故全家被抄。元朝至顺三年(1332)，姜姓从莱阳迁居在于姓南的涝地园里，名姜家涝渡，因涝洼水多，移居于姓原址，为避祸，在于姓坟地侧面挖南北向水沟，意为“流恶变善”，故名善疃。现存姜家祠堂一处。

独特的自然地理环境，造就了峆岵山山脉千古奇观“峆岵烟云”，善疃被罩其中，缥缥缈缈，犹如仙境；巍峨峻拔、形似“塔”的西峰“塔顶”与气势雄伟、“双狮戏斗”的东峰狮子山，遥相呼应；山下冈峦多姿，南、北山岗深广而平坦；耸入云端的棒槌石、栩栩如生的灵芝石、鳄鱼石、龟石、官帽石、双人石、虎头石等奇石罗列；野狼洞、老雕窝、人凿贯通山岭的山洞，神奇莫测；林木葱郁，鸟语花香，灵芝、何首乌等上千种名贵中药材随处可采；甘洌泉水，汩汩溢出，汇聚成河，流入善疃水库。山光水色、绝妙无比的峆岵山山脉，承载着唐王李世民东征在此驻扎军队时留下的“饮马湾”“无钩苓”“唐王喝倒半口井”和“香水庵”“红樗庵”“蚂蚱庵”等脍炙人口的民间故事和传说。

善山善水善疃人，千年演义善文化。如今的善疃村修建了蜿蜒山水间的水泥道路、垂钓台、休闲阁、酒店、摄影基地等基础设施，培育了两千多亩获国家绿色食品认证的著名的“乐善”牌雪苹果、大樱桃，世人在欣赏奇峰峻岭的同时，还可以参加水果采摘活动，享受“采菊东篱下，悠然见南山”的乐趣。

九龙池的故乡——玉林店镇

在牟平的“驴友”群中广泛流传着一句话“问道昆嵛山，戏水九龙池”。这九龙池深隐在玉林店镇境内的昆嵛山脉中，池水源于山涧泉水，清洌甘甜，终年长流不息，瀑布之长之大在山东省罕见，被称为“齐鲁第一瀑”。

玉林店镇位于牟平区东南部，昆嵛山西麓，距牟平城区14公里。北与文化街道、大窑街道相邻，东与昆嵛镇和文登市接壤，南与水道镇及乳山市交界，西与高陵镇毗邻。境内交通方便，牟（平）白（沙滩）、楚（岘）泊（而）线公路纵贯南北，文（登）三（山岛）线公路横穿东西。

玉林店镇最早的居民聚落是玉林店和占昌口两村。据传，宋时俞、林两姓人由江苏泰州迁此，合伙开一客店，得名“俞林店”，后逐渐演变为玉林店。1984年设玉林店乡，1992年撤乡设镇。

在镇驻地东苍山西麓，有长约一百多米的悬崖峭壁，石壁自上而下，梯列着九个天然的圆形深池，这就是牟平十景之一——九龙池。九龙池直径约四至七米，深一至两米，九座石池尾摆东北，腰姿九曲，昂首面壁，呈巨龙扶摇直上之势，自然天成。据民国《牟平县志》记载：“九坎天成，其巨者渊深莫测，土人以为有龙居焉，因呼为九龙池。”关于九龙池的来历充满神话色彩，传说上古时期大禹疏三江、导四海，制服水患。但东海龙王九子不以为然，时常推波助澜，搅动洪水，使庄田淹没，百姓流离。大禹无奈便奏明玉帝，将九龙贬到昆嵛山百米悬崖下思过。但九龙遭贬后，数月不雨，江河干涸，山焦石裂，民不聊生。玉帝就派南极仙翁宣旨，赦免九龙，命其戴罪立功。南极仙翁宣旨完毕，将拐杖上的宝葫芦摘下，向石壁扔去，一声巨响，九条巨龙破壁而出，在百米石壁上留下九个深坎，坎内股股清泉喷泻而出，如撒珠喷雪，飞流直下，像一条七彩斑斓、扶摇直上的巨龙，顿时祥云满天，甘霖普降，万物复苏。还有一种说法与张三丰有关。传说有一天张三丰游至九龙池，一口气在小摊上吃了九碗凉粉，因为没钱付就把竹篓里的鳝鱼（张三丰捉的孽龙）拿了九条给摊主，让摊主用小铁锅盖住，不能见到光，等第二天在锅上敲个小孔，孔里就会冒水。谁知道，张三丰刚离开小摊，摊主一不小心就把放鳝鱼的盆给踢翻了，九条鳝鱼遇光化龙，顿时天上乌云密布。幸好张三丰还在，化了一座山镇压住了九条龙。九条龙被压在山下吐水，便汇成了一个池子。压住九条龙的山叫作奇黎山。另一个神话大意是，从前天上有九条孽龙挣脱了羁绊，闹得河海暴决，洪水泛滥，天帝大怒，将其驱锁于苍山。可是，孽龙狂性难驯，吼奔不已，鳞张爪厉，扒石成七窍；被惹怒了的河神也在此怒蹠双阙，与其鏖战。这七窍双阙，后来即传为九龙池的来历。

九龙池水，清澈甘洌，四季不断：春则细流潺潺，清洌见底；夏日飞瀑奔泻，撒珠喷雪；秋天碧波荡漾，粼光闪闪；冬天冰笋倒挂，含银吐玉。九龙池四周，山幽谷静，松青柞翠。九龙池水溢满后向下逐级飞流，终年不息。后人谓之“九龙飞瀑”，为牟平十景之一，今为昆嵛山国家森林公园著名景点。凡到过“九龙池”的人，都把能攀到第几池，作为检验自己登攀能力的标尺。一至四池在岩坡上，五至九池在崩崖对峙的石缝中，一般游人只能攀登到第六池。年轻力壮并有一定攀登技巧者才能达到第九池。第四池是直径最大的石池，池边平而光滑，石硼上有一行清晰可见的驴蹄印。相传张果老曾倒骑毛驴路过此地。

旧时文人墨客多到此题诗留墨，抒发情怀。早年池旁峭壁曾刻有金代李太守题九龙池诗等，现已漫灭失考。清代诗人赵子镶曾写道："狂性难驯吼且奔，玉匣擘破飞流泻。鳞张爪厉相搏战，怒流沸涌如鱿穴。"明清以降，把"龙池喷雪"列为牟平十景之一。九龙池北山下建有九龙庙、戏楼各一座，始建于明朝，重修于清朝光绪六年（1880），为旧时天旱祈雨、祭祀还愿所设。与九龙池遥相对应，十分壮观。九龙池是胶东半岛著名的风景名胜，前来旅游观光的中外游客络绎不绝。现为烟台市市级重点文物保护单位。

玉林店镇小屯圈村至今保存着一项奇异的"活李死吴"习俗。全村160户人家，李姓150户，他们在世时姓李，去世后都改姓吴。在离村不远的山脚下，是李姓墓地，墓碑上无一例外地写着吴姓，而立碑的子孙则都是李姓。这一家俗已持续了几百年。据村内李姓老人讲，他们是吴三桂的后代。明朝末年，山海关总兵吴三桂降清后，联合清军反明有功，被封为平西王。三藩之乱平息后，因吴三桂造反，犯有满门抄斩之罪，子孙便隐姓埋名四处流亡，其中一支逃到牟平。据当地老人讲，逃到牟平的这一支，姥姥家姓李，遂改为李姓。至于他们怎样躲过劫难，已无人能说得清楚。

如今的玉林店镇，锣鼓喧天，秧歌火辣，歌儿豪迈，竹板欢快。乡土艺术家乐器技法娴熟，不输专业人员；竹板舞形式活泼，简单易学，备受群众喜爱；健身舞表演队规模大、曲目多，连跳一个小时不重样，形成一片"山水欢歌"的欢乐海洋。新文化扮靓了新农村，农民文化节正在此精彩上演！

卢峰霁雪　古镇大窑

古县牟平有“东卢西桂，南蛟北崔”四大名山，其中卢山最高，雄伟奇峻，风光秀美，雪后银装素裹，“城中望之，飞青舞碧，如披画图”，被誉为“卢峰霁雪”，是牟平十景之一。

当你到卢山观景觅奇，亲近自然，你就来到了大窑境内。大窑位于牟平城区东部，西与宁海、文化街道以沁水河为界，东至孟良口子、福仙口子与姜格庄街道、龙泉镇毗邻，南与玉林店镇相连，北濒黄海。

宋初，有初姓人在此烧窑，得名初家窑。明初，王姓人由云南迁来，初姓迁走，后户数增多，成为大村，更名大窑。1984年，设大窑乡。1992年撤乡设镇，2010年撤大窑镇设大窑街道。

街道驻地北3公里处，有省级重点文物保护单位蛤堆顶遗址。遗址位于蛤堆后村正南的台地上，略呈长方形，北边与蛤堆后村民居相连，总面积约18万平方米。遗址东部、北部略高，文化层厚1—3米，内含大量的陶片、石器和贝壳、兽骨、红烧土块等；采集的遗物主要是石器、陶器和骨器。石器有石斧、石锤、石磨、磨棒等；陶器有鼎、支座、觚形杯等；骨器有骨锥、骨针、骨笄等。根据出土的文物标本分析，遗址的文化面貌可划分为邱家庄一期和紫荆山一期两个阶段。经各级文物考古部门考察鉴定属于新石器时代，距今约7000年左右。是研究胶东半岛史前文化和环渤海环境考古的重要史料来源之一。该遗址1962年被发现，1977年被列为山东省第一批重点文物保护单位。

街道依山傍海，盛产鱼、虾、贝类海产品，人工养殖遍布沿海滩涂。农作物有小麦、玉米、地瓜、花生等，并兼有果业，西里山的甜杏很有名气，逢春的十里杏花漫山遍野，十分壮观。李家庄的大樱桃远近闻名，十分抢手。

卢山系昆嵛山余脉，形似笔架，原名笔架山，又称卢其山。卢山三峰并立，中峰最高，雄伟奇峻，风光秀美，与古城牟平东西相望。环顾四周，云雾浓重，日光暗淡。北望荣烟公路横穿旷野，远处大海隐约可见。东南望去，山峦层叠，青山如黛，泰礴顶缥缈可见。又观山体南侧是断壁悬崖，山势陡峭，异常险峻，颇有华山气势。山体西侧青石连绵成片，雪后银装素裹，分外妖娆，“城中望之，飞青舞碧，如批图画”，被誉为“卢峰霁雪”，《宁海州志》将其列为牟平十景之一。明清以来，这里多建寺庙，香火不断，以卢山院、山神庙为最。另有望仙台、孟良口、福仙口、官道、升仙台、虫神娘娘庙、九栋庙、官人阁等人文胜景。

卢山天梯，高约50米，在两块岩石的夹缝中，坡度在80度左右，有旧时人工开凿的台阶，当时是为了人们上山到龙王庙祈福求雨而开凿的，当地一个80岁的老太太说，前几年因为干旱，她曾经登顶求过雨，且很灵验，一辈子她只登过那一次，再没有上去过。

胶东“延安”——观水镇

观水镇以历史悠久、山清水秀闻名遐迩，伴随着近年来名声大振的“观水”牌苹果的畅销，更加享誉四方。

观水镇位于牟平区西南部的嵛山脚下、观阳河畔，西与栖霞市桃村镇毗邻，北与福山区回里镇、莱山区院格庄街道接壤，南与乳山市交界，东与王格庄镇、高陵镇相连。

北宋时，有傅姓人来此建村。因村东北有观阳山，站在山顶，整个观阳河一览无余，故得名观水。观水镇以驻地观水村得名。清雍正年间归莱阳县管辖，民国时期分属牟平县和栖霞县。新中国成立后，观水区大部分划归牟平县蜡垛区、崮山区。1984年改设观水镇。2001年埠西头乡并入观水镇。

镇驻地西3公里有观阳故城遗址，占地2万平方米，为烟台市市级文物保护单位。周边有东半城、西半城、后半城3个村。传说近代学者于清泮考其为观阳县故城。民国《牟平县志》载：“观阳，汉县，历代废置不常，唐后始不复置”，“隋朝筑城甫半而国变，工程未竟，故名半城”。

遗址呈矩形，纵长横窄，总面积40万平方米。出土的文物有灰陶豆、灰陶罐、子母口砖、筒瓦、铁犁、刀币、五铢钱、陶印等。经市县文化部门多次调查，发现了城垣基址，有文化堆积。从暴露的文化层看，上为汉代层，下为战国层。遗址保存较好。1976年被列为县级文物保护单位。该遗址的发现为胶东地区古代城址研究提供了新的资料。

在观水镇矫家长治村西，铁岭山脚下缓坡上，有总面积2.38万平方米的矫家遗址。1982年夏，文物普查时发现，出土石器有石锛、石刀、石凿，陶器有鼎足、鼎片、鬶把手、器底等，以夹沙、夹云母、夹滑石的红陶为主，多为手制。时代晚于蛤堆顶遗址，距今5500年。遗址北端东断崖暴露3个灰坑，上宽下窄。两个平底，一个圆底。坑内土质松软，均为灰土，内含陶片、红烧土块、碳粒等，中部路东耕地下见有文化层，内含陶片、红烧土块。整个遗址没有遭到破坏，被定为县级文物保护单位。

观水镇地处胶东腹地，战略地位非常突出，1942年，胶东军区成立不久，许世友、林浩率八路军胶东军区司令部进驻观水镇埠西头村一带，这里便成为胶东抗日作战的指挥中心，也是胶东政治文化中心、军工物资基地和培养军地干部的摇篮，被誉为“胶东延安”。在这片热土上，抗日军民用生命和热血谱写了惊天地泣鬼神的壮丽篇章，为胶东抗日战争和解放战争的最后胜利做出了永垂史册的历史贡献。如今，原八路军胶东军区机关、兵工厂、服装厂、医院等30多处遗址，大多保存完好。从观水镇这片土地上，就走出了李文卿、林浩、姜林东、李道之、于浩等共和国将军。

观水镇山多地广，是名副其实的果业大镇。全镇有果园10万亩，年产量35万吨，是烟台优质红富士苹果的主要生产基地。2000年在北京国际农业博览会上参展的观水镇红富士、嘎啦苹果双双获得金奖。2006年11月被中国果品流通协会授予“中国优质苹果基地镇”称号，“观水”牌苹果被评为“中华名果”，2007年被中国果品流通协会授予“中国苹果第一镇”的荣誉称号。观水镇生产的红富士苹果以个大、色艳、味美、果面光洁、耐储存而誉满海内外。

如今，历经千年风雨的古镇观水，重新焕发出勃勃生机和活力。依靠享誉中外的“观水”牌苹果和“胶东延安”两张响当当的名片，前来“休闲游”和“红色游”的宾客川流不息，络绎不绝，成为古镇观水的又一道靓丽风景线。

挺城遗址在古城——中古城村

在莱阳有一个美丽的传说，在很久以前，莱阳城南有一座古城，名叫挺城。此城方圆数里，盛极一时，随着时间的推移、人世的变迁，这挺城不知为何慢慢从这大地上消失了，只剩得逶迤的城墙墙基，埋于古陌荒野之中。在以后的岁月中，这里变成了一片无边无际的草场。每到夏天，水草最丰美的时候，站在古城墙的废墟上，于暮色苍茫中，会依稀看见有一牧童，横架牧笛，骑在牛背上，牛一边吃草，他一边吹笛子，让人看了，仿佛听得有一股清流从那笛眼里流出来，飘过那茫茫绿茵，委委婉婉，悠悠扬扬，传向四方，使人听了无不心旷神怡，荡气回肠，久久不愿离去。这就是莱阳八景之一，叫“挺城牧笛”。

古时的挺城如今叫古城，分为东古城、中古城和西古城三村。

古城，据传建村于隋朝，因地处“挺城遗址”得名古城，挺城遗址位于中古城村南，五龙南路两侧，东西长，南北短，总面积七万余平方米，为西汉古挺城。据《莱阳县志》记载，“挺城，在县南七里古城村南。汉置，北齐废，遗址尚存”，“北齐天保七年（556）入昌阳。隋开皇十六年（596）废挺入卢乡，唐并入昌阳”。明、清挺城已是故墟荒垒，杂草丛生，成为放牧牛羊的场地。《莱阳县志》中“挺城牧笛”注有“故墟荒垒，悉为牛羊之场，牧童斜骑牛背，手抚短笛，而呜咽之声，时断于夕阳苍霭间，闻者宁不动兴亡之感乎！”当地民间都说古城遗址是一个巨大宝藏，城下一头金牛至今还没有现世。

清光绪年间，挺城故墟出土一“汉洗”，铜质，形圆若钵，三足，高一寸六分，口径四寸，重十余两。内镌双龙，双龙间有“天凤元年”四字。外为麟凤鱼龙，惟龙凤可辨。底为双鱼，鱼间为“富贵长宜子孙”六字，字作小篆，殊古朴。又有铜皿一具，外大篆“重一两十四铢”六字。后当地人也常于此发现古文物。1981年由专家设点探测，于遗址地下1米许，发现大量饰凹弦纹、绳纹之青灰陶片、勾连纹之圆形瓦当和几何纹砖。此外，还有少量罐、豆等陶器与戈、镞、五铢钱等铜器，皆为西汉遗物。1954年修五龙路和2003年莱阳九中北校建校时，在古城遗址周边出土了大量古钱币，多数为“半两”，均散落民间。该地遗物含量较为丰富，原有护城河，南、北、西三侧久已被夷为平地，唯有东侧仍有流水沟留存至今，遗址城墙现已无痕迹。

古城，地势平坦，南临火车站，北近市区，交通方便，经济繁荣。昔日挺城遗址，而今人民安居乐业，街道错落有致，楼房鳞次栉比，一片繁荣景象。

寻胜七子有连峰　山峦起伏羊郡镇

莱阳老“八大景”之一——七子连峰，位于莱阳城东南40公里的羊郡镇境内，这里群山绵延，峰峦起伏，山涧波谷，苍翠葱郁，绿树野花，飘着阵阵清香，是一个令人神往的地方。

羊郡镇隶属于莱阳市，地处莱阳市最南端，东与海阳市行村镇为邻，南濒黄海与即墨市隔海相望，西与穴坊、高格庄镇相连，北与大夼镇接壤。

羊郡镇因驻地得名，明初建村，根据山南为阳，海北为郡，取名阳郡，后以村北山上的岩石似群卧羊，改名羊郡。又因此处赶上大集，故又称羊郡集。该镇明中叶至清属凤山乡。民国年间历属莱阳县滨海乡、土峰乡、海隅乡等，新中国成立后设区、乡、人民公社，1984年建镇。

羊郡镇是一个千年古镇，据传曹魏司马懿置戍于该镇里岛，称高丽戍，因岛上多生海蛎子而得名。《莱阳县志》载：“县东南羊郡镇，距城九十里，其南有故城遗址，俗呼为高丽城。城南为半岛，《登州志》作蠡岛，俗作‘里岛’。”岛南端旧有龙王庙。旧时羊郡为海上交通重镇，故设海防于此。

香岛位于五龙河入海口700米处，被誉为“龙口衔珠”。面积0.5平方千米，海拔15.99米，形状浑圆，如同浮龟。落潮时，可徒步上岛。岛上有泉水一眼，四季流水不断，渔民多在此取水饮用。据《莱阳县志》载：“早年岛上多生马樱（即芙蓉）、苦楝子、刺槐、山梨等树木，又有杂草花卉数十种，丰茸葱茂。春夏秋百花竞芳，清香扑鼻，取名香花岛，简称香岛。”旧时岛上曾建有天后圣母庙，庙宇宏大，香火旺盛，有僧修道于此。今岛周围盐田阡陌，东临万亩虾场，南依即墨白马、荆条诸山，西与金口隔海相望。潮声风动，碧水接天，鸥鸟群飞，渔歌唱晚，一番海国景象。

娘娘山位于莱阳南部，如一架巨大的屏风矗立在海边，这里七峰相连，俗称“七子连峰”。昔被列为“莱阳八景”之一。境内群山绵延，峰峦起伏，山涧坡谷，苍翠葱郁，绿树野花，阵阵清香。康熙《莱阳县志》记其胜曰：“县南有七子山，大峰居中，七峰旁列，若其子然。值天宇晴霁，凭高眺望，但见孤屿穿云，群峰削玉，宛然天开一幅图画也！”其旁七峰相连，次第为傍，伯仲其间，恰似母子相依，脉脉含情，发人遐思，并有许多脍炙人口的民间故事和传说。

传说这七峰是天后娘娘的七个儿子。过去在娘娘山天后娘娘庙的西北角，就有一座小庙叫“七子庙”，里面供养着周围七座山的山神，香火还挺旺盛。有意思的是，每位山神都代表一个古代的名人：黄山山神是金甲神君淮阴侯韩信，鹰子山神是银甲神君岳武穆岳飞，现龙山神是盛水神君管仲管夷吾，三驾山神是三驾神君赵城伯造父，九顶山神是扶安神君公输般鲁班，方山山神是琅琊神君有巢氏，帽山山神是冠玉神君仲卫侯子路。至于山神们是怎么和这些名人挂上钩的，不得而知。过去，人们供奉这些神灵，是各取所需，把七个山神对号入座，当成自己行业的祖师爷来膜拜。据说，韩信骑着神虎，手拿金笔和元宝，是读书人的神；岳飞骑着神鸟，手拿银枪和银元宝，是习武人的神；管仲骑着神蛇，手拿铜算盘和水瓢，是买卖人的神；造父骑着神马，手拿铁鞭子，是赶车人的神；鲁班骑着神羊，手拿斧子，是木匠的神；有巢氏骑着神猪，手拿瓦刀，是泥瓦匠的神；子路骑着神牛，戴着峨冠，手持金簪，是裁缝的神。

七子的母亲是天后圣母，唐时在七子山主峰顶巅建有“天后圣母庙”，山也自然称为娘娘山。民国《莱阳县志•疆域》篇中则谓“黄山、方山、三驾山、现龙山、长岭、娘娘山、二起山、九顶山、群山巍起，为东南巨峰，称七子连峰者也，娘娘山乃在主峰”。山以人喻，自然与人文水乳交融。邑人清进士张瑞征诗赞曰：“芙蓉高削七峰寒，如断如绵伯仲看。地近海天秋色晚，无边苍翠滴悬岩。”清莱阳知县万邦维亦赋诗一首：“孤屿凌增自处尊，群峰昆地候晨昏。晚来翠色添霞锦，绝是斑衣乐老萱。”据说明末清初于七起义时，在此屯兵驻扎，古墙围子遗址，现今仍保存完整。

登上山顶，极目南眺，茫茫大海，水天一色。山北为平畴沃野，道路纵横。足下薄云缥缈，峭壁悬崖，犹如一座秀丽的屏风。娘娘山北面的羊郡林场，过去曾经有一座千年古寺——三驾寺，属莱阳名胜。三驾寺修于北魏，元皇庆二年（1313）和明宣德元年（1426）各重修一次。寺院群山环抱，松柏茂密，花草丛生。寺前流水潺潺，终年不息，寂静清幽，风景秀丽。寺有正殿，配东、西廊房，均塑泥神佛像。《莱阳县志》载，石像高八寸强，广九寸弱，作椭圆形。前雕佛龛，龛内佛一、侍者二，背镌文9行65字，字大4分，笔力遒劲，题“重修崇福寺碑记”，横题“三驾寺”，镌文为“武定二年，十月壬子朔，十三日甲子，光州长广郡挺县清信仕，佛弟子路文助兄弟三人，为亡父造像一钜，仰愿亡父直生西方，值闻佛法。又愿居家亦同此福，并及一切”。

山门外有银杏一株，三四人合抱，树中空，但枝叶茂密，于内坐四五人仍宽敞。景区峰峦起伏、山涧波谷、植被繁茂、山脉相连，七子连峰、老虎洞、龙爪子、马虎洞、樱桃涧、龙骨、石涧等自然景观浑然天成，山顶的平流雾更是一大自然奇特景观。

羊郡镇拥有黄海丁字湾海域，海岸线长15千米。浅海滩涂有盐田2万亩，建有万亩虾场，养殖对虾、大菱鲆、海参和贝类等海产品。境内五龙河带来大量天然饵料，对虾生长快，甲壳薄而透明，肉色明净，晶莹如玉，味道鲜美。所产鲤鱼四个鼻孔，个大体肥，金黄色，肉质鲜嫩，是莱阳著名特产。

莱胡参的主产地——胡城村

当你来到莱阳时，舒适的气候令你心旷神怡，迷人的风景令你流连忘返，可口的美食令你大快朵颐，但还有一样东西是你万万不能舍弃的，这就是莱阳名产——莱胡参。

胡城村的起源要从唐朝说起。唐代开国皇帝李渊有鲜卑族的血统，他的母亲是独孤氏，是鲜卑政权北魏的大将独孤信的女儿。而李世民的母亲窦皇后也是鲜卑贵族，唐太宗李世民的大将“胡敬德”（即尉迟敬德），本名尉迟恭，字敬德，是鲜卑族，作为李世民的开国将领曾经置戍于此。在中原人看来唐朝政权的统治者来自少数民族“胡地”，统称其为胡人，因取村名胡城。据康熙《莱阳县志》记载：“胡城在县南七十里，俗传唐时曾置戍于此，遗址尚存。”据民国《莱阳县志》载，“隋唐屡征高丽，水军取道东莱”，“唐将军胡敬德曾在佛崖建寨屯兵，故取名胡城”，这些史料表明唐代的胡城是胶东地区的军事重镇。

佛岩山墙址位于胡城村北1.5公里处，墙高约为2米，宽为0.8米，长约850米，是清代当地民众抗捻御兵所建，今残毁迹存，百姓称其遗址为

“围子”。清同治年间，捻军进军胶东，本地百姓在胡城旧址基础上修筑山寨，增修住屋、水井等生活设施，保卫了当地群众的生命财产安全。“围子”是莱阳古代重要的民间军事防御设施。莱阳素有“胡城的围子一条船，濯村的围子老母猪圈，铜墙铁壁三架院，生铁打的老凤山”的民间谚语。当年的佛崖兵寨西高东低，刁斗、旗杆林立，很像是一艘大船在水中准备扬帆远航。民国《莱阳县志》云：“三四百年前，海船逆水，可行至胡城。”崖下河床宽阔，水深流急，无舟楫难以渡河。如果河内备有航船，遇有战事，既可东出旱路，又可乘船南下入海，为天然置成要地。

胡城村具有胶东古村的特色，村庄的建筑风格是典型的胶东民居，是传统的富裕村庄。有“金湾头、银冢子，胡城是个钱筒子”之说。胡城临近五龙河及胡城灌区，水利灌溉方便，土质肥沃。村西为大片细软的冲积沙滩，是“莱胡参”的主产地，已有500余年的栽培历史。出产的沙参因产量高，品质优，疗效佳，驰名中外。具有润喉清肺、养胃生津、止咳祛痰、滋补强身功能，属莱阳特产之一。

民康物阜——沙河镇

沙河镇位于莱州市西南部，东临夏邱镇，南与平度市长乐镇、灰埠镇接壤，西靠土山镇，北与虎头崖镇毗邻。据考古调查，境内早在商周时期就有人类活动，秦汉时期人烟鼎盛。明洪武二年（1369），李、张、曲三姓分别由四川、掖县城迁此立村，因沙河流经村北而得名沙河。因镇政府驻沙河村而得名沙河镇。

西汉时沙河镇属当利县地；东汉，属当利后国地。南北朝时北齐为掖县地。清末为掖县沙河区。1956年为掖县沙河镇，2000年，路旺、珍珠两镇并入沙河镇至今。

沙河历史源远流长。当你打开历史画卷，一幅幅栩栩如生的画面映入你的眼帘：

先人们沿河而居，围捕狩猎，种桑养蚕，抽丝织绸；当利故城遗址讲述着汉武帝年间的当利城繁花似锦，栾大墓昭示着“不死药”神仙方术其实只是一个骗局，汉武大帝追求永生的童真梦在遭遇一次次戏弄后，如泡沫般破灭，骗局制造者栾大被“腰斩于市”；走在沙河街上，“初建于金大定七年重修于明万历六年”的“龙翔观”，以及“三山不显，三湾不见”的出处，让人领略到沙河镇街的悠久历史；苍劲矗立的莱州市重点保护古树——黑弹树，诉说着600年前，从四川宝兴一带移民莱州的艰辛跋涉；现残存的古建筑及具有市场特色的街道，演绎着明、清沙河大集的繁荣景观；踏上民主革命先驱——邱丕振的故土，可以聆听革命先烈和孙中山先生并驾齐驱、振兴中华的呐喊，可以看到1939年9月18日八路军山东人民抗日游击队第五支队改编的会址。

黑羊山村东南约200米山前台地上有黑羊山商周遗址。遗址南北长约300米，东西长约400米，面积约12万平方米。发现商周时期大型环壕一条，灰坑、窖穴230余个，房址5座，墓葬50余座，宋代砖室墓一座。出土大量陶器、石器、骨角器及卜骨等。陶器多为泥质或夹砂的绳纹灰陶，次为夹砂红陶。器型有鬲、豆、罐、盆、圈足盆、碗等，骨器有镞、簪等，角器有锥、钩等，石器有双孔或单孔石刀、镰、锯、球、纺轮等。

当利故城遗址位于路旺侯家村西约100米处。《掖县全志》载：“当利城，城西南三十六里，汉县。”《郊祀志》云：汉武帝以卫长公主下嫁于栾大，更女名曰“当利公主”。当利故城周长约2公里，有东西城壕，周围是平原。现残存一南北长约175米，东西宽约84米，北高约1米，向南缓平的台形高地。地表暴露大量带纹饰的汉代砖、瓦、瓦当、陶片及烧土、灰坑等。出土的铜器有印、兽、兽形饰、铜镜碎片及五铢、货泉、货布、大布黄千货币等，铁器有釜、铁券、匕首、镢、铲等，陶器有瓮、壶、盒、扁壶、豆等残件，有菱格纹、兽纹饰砖及文字、鸟兽、云纹饰瓦当等。故城南有一大冢，传为“栾大墓”。

栾大墓位于南王家村南，南濒大沙河，西北临汉当利故城。1957年调查，墓为一方形土冢，长宽各约61米，高约13米。今残留土冢直径约

8米，高约6米。墓地表暴露有带纹饰的汉砖，泥质灰陶豆柄、豆盘、豆座，器物口沿等，与当利故城遗物相似。《史记》载，栾大，胶东宫人，言多方略，而敢为大言。武帝以为栾大能通神仙，获得宠信，拜五利将军，以二千户封为乐通候，赐甲第，僮仆千人，又将卫长公主妻之，因其封地当利县城更名为当利公主。栾大见帝数月，佩六印，贵振天下。后武帝发觉栾大的方术大多不验，栾大并不能通神，十分愤怒，于汉元鼎五年（前112）将其腰斩于市。

黑弹树位于佛台子村东农田中，至今已有600多年历史，原产地为四川省宝兴县。树高9米，冠径14米，胸径1.6米，古树春华秋实，果实墨黑色，坚硬如弹丸。

沙河镇深厚的文化底蕴，涌现出许多历史传奇人物和著名实业家，铸就了沙河镏金聚银的经济中心地位。据《莱州市志》载，20世纪初，沙河每集成交黄金一般在150两以上，其行情左右上海、天津、北京等市场黄金价格的涨落；19世纪中叶，鲁省辫商云集沙河，坐庄收购草辫。据《山东草辫调查记》载：清末，经沙河运至青岛、烟台，而输往英、美、日等国草辫价值折合的白银，1904年约150万两，1905年约340万两，1906年约430万两，1910年约1300万两……是我国鸦片战争后首开出口创汇的行业之一。1915年“沙河白”“沙河黄”“沙河锯条”“莱州花”四大草辫名产获巴拿马博览会特别奖后，极大地提高了沙河在全国乃至国际上的经贸重镇地位。随之，沙河拥有辫庄兼营钱庄多达六十余家，其金银流通量，“一分钟进出一个‘小宝’”。

清光绪十三年（1887）三月在沙河首设沙河电报局，为三等甲级；清光绪二十五年（1899），开办沙河邮政局；清宣统二年（1910），沙河成立商会后，电灯公司、客运汽车站等新生事物随即而生，给这座千年古镇旱码头增添了新的生机。

沙河商人甲天下：东莱银行的创始人刘子善，全国著名帽庄“盛锡福”创始人刘锡三，青岛商会会长宋雨亭，海尔集团首席执行官张瑞敏都是沙河镇人。大中和、同聚、恒祥、会昶、天祥恒、八大家、德裕昌等著名商家店铺在大江南北均设有分号，生意兴隆。

沙河拥有独具特色的炒烩杠子头伙食。是国家级非物质文化遗产——莱州草帽辫的发源地。具有300年历史的沙河独有的“扑蝴蝶”秧歌，是古代汉族劳动人民在生活中发现并创作的直接反映劳动人民生活、思想、情感的艺术表现形式，具有浓郁的民族特色，与人们的精神生活密切相关。

源远流长的晏婴故里——平里店镇

胶东半岛美丽的莱州湾畔，是古代贤臣晏婴的故里，人们为纪念政绩卓著的晏婴，曾在此修建一座长亭，后逐渐发展成村，取名平仲故里店。明末，演变为平里店。这里物华天宝，人杰地灵，低调而不张扬，胸襟宽广、内涵丰润，有着深厚的文化底蕴，是一个地地道道的文化古镇，这就是平里店镇。

平里店镇位于莱州市中部偏北，东南接驿道镇，南连程郭镇，西靠城港路街道，西北与三山岛街道毗邻，东北与朱桥镇接壤。

西汉时属东莱郡临朐县地，东汉临朐县并入掖县。清末宣统二年（1910），为掖县龙德区。民国时期为西障区。新中国建立后，改称平里店区。1984年，更名平里店镇，因镇驻地平里店村而得名。

平里店镇是晏婴故里。晏婴（？—前500），字平仲，春秋时齐国莱地夷维人（今莱州市平里店镇）。齐国大夫，春秋后期齐国的国相。晏婴是著名的政治家和外交家。他爱国忧民，敢于直谏，在诸侯和百姓中享有极高的声誉。

晏婴头脑机灵，能言善辩，善于辞令，使楚时曾舌战楚王，维护国家尊严。内辅国政，屡谏齐君，对外既富有灵活性，又坚持原则性，出使不受辱，捍卫了齐国的国格和尊严。司马迁非常推崇晏婴，将其比为管仲，晏婴是齐国上大夫晏弱之子，晏弱以生活节俭、谦恭下士著称。

一次晏婴出使到楚国去，楚国国王知道晏婴的个子很矮，就想捉弄他。楚王命人在城墙的大门旁边又开了个五尺来高的洞，请晏婴从那个小洞进去。晏婴知道楚王要戏弄他，严词拒绝。他说："到了狗国才走狗洞，我现在是出使楚国，不应该走狗门。"招待晏婴的官员听他这么一说，只好请晏婴从大门进去。晏婴进去以后，就拜见楚王。楚王故意问："是因为齐国再没有别人，才派你来的吗？"晏婴回答说："齐国的人多极了，仅都城就有上百条街道，人们把衣袖举起来，就可以遮住太阳；人们甩掉汗水就像下雨一样。"楚王接着问："既然如此，那么为什么派你出访呢？"晏婴不慌不忙地回答："我们齐国派使节出访很有讲究，对那些精明能干的人，就派遣他们出使那些道德高尚的国家；对那些愚蠢无能的使臣，就派他们出使那些不成器的国家。我是使臣中最愚蠢、最无能的人，所以就派我出使楚国来了。"晏婴的话使本打算要戏弄他的楚国君臣们面面相觑，半天说不出话来。

在这次出访之后，晏婴又有一次出使楚国。楚王想羞辱他，问计于官员。有一个官员建议说："当晏婴来的时候，请允许我捆绑一个人，从大王面前走过，大王就问：'绑着的是什么人？'士兵就回答说：'齐国人。'大王再问：'为什么要绑他？'士兵就说：'因为他偷了东西。'"楚王觉得这是一个羞辱晏婴的好主意，就按此布置妥当。晏婴来到楚国，楚王设宴招待他。喝酒正喝得高兴的时候，两名小官绑着一个人来见楚王。楚王问道："你们绑的是什么人，为什么绑他？"士兵回答说："是齐国人，因为他犯了盗窃罪。"楚王故意看着晏婴说："齐国人天生就喜欢盗窃吗？" 晏婴以柑橘打比方，"橘生淮南则为橘，生于淮北则为枳"，说明人在齐国好好劳动，一到楚国便做贼，也许是两国水土不同吧。晏婴的一番话使楚王搬起石头砸了自己的脚。楚王听了晏婴一番反驳，苦笑着承认说："圣人是不能同他开玩笑的，我反而自讨没趣了。"类似上面晏婴使楚的故事还有很多。晏婴凭自己的智慧，挫败了一些国家有辱齐国国格和晏婴人格的阴谋，他的名声也越来越大，成为春秋末期著名的外交家。

"晏婴使楚"的故事，我们每个人都耳熟能详，作为一个文化因子，那个其貌不扬，但应变机敏、不辱国命、光彩照人的外交大使形象，已经渗透进我们每一个中国人的文化血脉里。来到平里店，处处可以感受到他的风范，嗅触到他的气息，这是因为一直以来这里的人们，都认同、热爱着这个伟大的人物以及他流传下来的宝贵的精神财富。

相传秦始皇东巡时，路经今平里店石姜村西南，发现有凤凰落在沙丘上，便决定在沙丘北面建城，用沙土、石灰合打成高10米、宽10米，东西、南北各1公里的土城，并设有石人、石马、石羊、石狮等，这就是石姜古城。至今墙基仍清晰可见，遗有石人1个，石羊2个，石兽2个。雕工粗糙，除1石羊首部残缺外，余均完整。

吕村年画闻名于胶东半岛，以其精细的手工工艺、艳丽的墨彩和浓厚的乡土气息深受当地群众和中外客商青睐。2006年被列入烟台市第一批非物质文化遗产名录。吕村年画源自民间，已有200多年的历史。清咸丰年间，民间艺人张文兰开画屋教子孙绘制年画。其题材多是祭祖、消灾、赐福、贺官、庆寿、烟火接续等。内容为渔樵耕读、才子佳人、琴棋书画、福禄寿喜、自然风光、花鸟鱼虫、红男绿女、文武财神、菩萨门神等，包罗万象。吕村年画融版画、传统国画和民间壁画技法于一体，经过几代人的探索和潜心研磨，形成了今天勾里填色、水墨色彩交融的工笔年画风格，为百姓喜闻乐见，久传不衰。

平里店镇的小吃众多，古时贡品“麻渠大糖”，香甜酥脆，是大人孩子最爱的零食；郑家的香椿，口味独特，西障姜家、西障毛家的水萝卜脆又甜。一方水土养一方人，这些好吃的小吃特产，显示出平里店人豁达乐活的个性。

观风问俗——驿道镇

在莱州有个白云洞，山清水秀，风光旖旎，是各地驴友必到之地，有人写诗相赞：登州有个蓬莱阁，莱州有个白云洞。二者世间可齐名，均为旅游好佳境。到了白云洞，你就来到了千年古镇驿道镇。

驿道镇位于莱州市东部，莱州、招远、莱西三市交界处，东与东南邻招远市的道头镇和东庄乡；南部与郭家店镇相连；西部与程郭镇接壤；西北部与平里店镇毗邻；北部与朱桥镇为邻。因镇人民政府驻驿道而得名。

驿道自古为官方信使的通道，莱海路、朱诸路两条省道在镇驻地中心交汇点，北距威乌高速烟台至潍坊段驿道、朱桥出入口3公里，西距威乌高速烟台至潍坊段驿道、莱州出入口5公里，东距同三高速路莱州、莱阳出入口30公里，乘车到烟台、青岛、潍坊三市的港口和机场均1小时车程，距国家一类开放口岸莱州港、龙口港各30公里左右。

早在西汉高祖四年（前203）置县时，即属掖县；清末宣统二年（1910），为掖县仙化乡。新中国建立后，1956年为驿道区。1984年，更名驿道镇。2000年12月，三元镇并入驿道镇至今。

驿道镇旅游资源丰富，辖区内崮山、大沟山、天齐山等山峰林立、景色宜人；“秀女峰”“姑嫂塔”等自然景观和美丽传说令人神往；白云洞、韩信试剑石依山傍水、山清水秀、风景如画，让人流连忘返，是理想的避暑休闲胜地。

白云洞位于驿道镇驻地东25华里处有“郡之甲胜”之誉的苍石山西北麓，又称“活火洞”，由于洞口上方经常有白云缭绕而得名。据考，是洞中有温泉所致，温泉蒸气上升，遇冷变雾。尤其是冬天的清晨，云雾飘荡于洞口上方，与山水树木相辉映，确是人间仙境。加之洞口处有一甘洌的山泉，常年泉涌不断，饮之清肺益气，被人们称为“圣水”或“神水”。四乡八疃的善男信女们经常到此朝山拜洞，摄取“圣水”，说是饮后可医疗陈疾，防患健体，百病不侵。

驿道镇台上村与周官村南三华里有一座山，因山巅建有两座塔，右一座塑有小姑像，左一座塑有嫂子像，两塔合称姑嫂塔，人们称这山也叫姑嫂塔。两塔东西相傍而立，高约7米，塔门向东。塔顶如葫芦状，用花岗岩雕刻而成。塔身用大青砖砌成，塔基为青石条所奠。两塔前设有香炉，常年香火不断。塔西南方有一石龟，背驮石牌，铭记着建塔的目的，是为教育乡民姑嫂和睦相处而立。相传，姑嫂是河南人，因遭水灾逃荒到莱州，台上村的村民看她们可怜，又老实正派，便让她俩长期住下来。姑嫂俩早午晚出门讨饭，上午和下午便在碾房前给农妇哄小孩，教导的孩子可听话了，村民们很是高兴，把她们看成了自己的乡邻。更令人赞扬的是，姑嫂俩从没争吵拌嘴过，从来都是互敬互让，亲如姐妹。一旦哪一个有点伤疾，另一个尽其所能，照顾得无微不至。一直到老。姑嫂去世后，人们都很想念她们。尤其是那些老年人，经常在晚辈跟前说起她俩的事，意在教育他们和睦相处，礼让有道。后来台上村会首偶做一梦，梦见姑嫂已得道成仙，保佑当地百姓。会首确信无疑，于第二天便召集乡邻商讨此事。乡邻们听说姑嫂成仙托梦，无不欣喜，大家有钱的出钱，无钱的出力，在会首的带领下建起了一座“姑嫂庙”，据说不管多么顽皮的小孩到了姑嫂庙，便不哭不闹不惹事了，个个都成了乖孩子。农忙时节，有的农妇把孩子送到姑嫂庙请神灵看护，每到正月十五当地村民就去焚香敬神，燃放烟花，祈祷家人和睦平安。

在2002年修筑威乌高速公路时，发现了朱汉村汉代墓群。该墓群位于驿道镇朱汉村东北高地上，面积约30万平方米。地面可见大墓冢6个，周围散见花纹砖、瓦、陶片等遗物。共清理汉代墓葬280余座、俑坑9座，墓地东南发现商周遗址1处。出土文物近千件（套）。墓多中小型，多土坑竖穴墓和土坑砖椁墓，另有瓮棺。随葬品陶器有鼎、盒、壶、罐、盘、钫、樽、匜、勺、耳杯、熏炉、灯仓、马、俑等。铜器有镜、带钩、铃、钱币等。另有少量铁、石器。较典型的器物有陶鸮尊，曲颈龟座灯、马。俑坑出土数套成组合的车（木质已朽）、陶马、陶俑等，商周遗址发现灰坑2座、房址8个，出土陶片以素面、红色为多，可见器形有鬲、甗、簋、碗、罐等，石器有纺轮、磨石等。朱汉墓地是胶东地区目前发掘规模最大的汉代墓地。

在崮山脚下的韩家村北有一个小山坡，坡下是刀切似的红石壁，石壁前有一片百米见方的沙滩，自南而来的万岁河水流至石壁前便转向西去。石壁的上方有一条大道，是四乡八疃由山南到驿道赶大集的必经之路。路北山坡上，有两块巨大的红石，均有数吨重，高逾两米。两石一立，一躺，面如刀削。相传两石原是一体，秦始皇巡视莱地时路经此处，见后一时兴起，为在大臣武将们面前显示他的威猛和宝剑的锐利，大喊一声“开——”，挥剑砍向巨石，巨石迎刃而开。在群臣的喝彩声中，秦始皇悠然自得地说：“此为试剑石也。”后人便把这一劈为二的巨石称作试剑石了。也有人传，试剑石是韩信所劈。说韩信为母亲守灵时受崮山道士点化，并送他一柄桃木仙剑。韩信是在出仕前为一试仙剑之锋利而切开巨石的。木剑能开石，也是千古佳话。韩信在用木剑劈开巨石后，便在立着的一块巨石上挥剑而题“丹霞壁”，在躺下的巨石上一剑刻出一个“凤”字。此后，“丹霞壁一笔凤”便成为古莱州八大景观之一。只要万岁河有水，南来之水在石壁前一漩而去，壁前由漩而形成的水湾清澈见底，映朝阳于壁上，巨石与石上文字又映于水中，煞是壮观。尤其是在农历七、八月的傍晚，有彩霞飘风时，壁前湾中霞舞字蹈，实乃崮山一仙境。

优越的地理位置，丰富的自然资源，悠久的人文历史，旖旎的山水风光，赋予了驿道人民深厚的文化底蕴，养成了淳朴善良、热情豪爽、明礼诚信的驿道人品，吃苦耐劳、敢创敢干的创业精神和亲商惠商便商的整体意识。

如今的驿道镇是一个人文历史悠久，自然风光秀美，正在快速发展中的现代化新型城镇。

仙境桃源——村里集镇

蓬莱有一个村里集镇，如果说蓬莱是仙境，村里集镇就是仙境中的仙境。

村里集镇位于蓬莱市南部。东部、南部与栖霞市相邻，北部与大辛店镇、小门家镇相接，西部与龙口市相邻。

村里集旧称崮山。清代设崮山社，隶属于蓬莱县羚羊保。1958年，改设为村里集公社。1984年4月改设为村里集镇。以镇政府驻地得名。

古镇村里集，有众多的历史遗存和文化古迹。村里集镇驻地的南边，呈“品”字形分布着三个村落，村名前面都冠以“古城”二字，分别是古城李家、古城苗家和古城东。这三个村为何都被称为“古城”呢？原来在古城李家东北，古城苗家以北，古城东村西，在三个村之间的一片高台地上，建有南北长600米、东西宽500米的古城墙，为泥土夯制。经过千百年的风吹日晒，雪打雨淋，城墙大部已经破坏。现存北垣约100米，基宽10米，残高4米。城内出土的文物有陶罐、豆把、鬲足等。据考证，此古城为西周古城遗址。1977年被列为山东省重点文物保护单位。而位于柳格庄村西、空山脚下的西周古墓群，已经出土了陶器嫫、鬲足、罐等，铜器有编钟、鼎等，还有其他玉器。像柳格庄这样的西周墓群，在村里集镇还发现站马张家及辛旺集等三处，共有20多座古墓。

在村里集镇艾山脚下的大柱村东北，有一块高约3米、粗近2米的奇石，因为形、神酷似雄鹰，被当地人尊为“鹰石”。传说，当年唐王李世民东征高句丽至此，其妹妹因丈夫战死沙场，伤心不已，在艾山皇姑庵出家。唐王多次劝其回家未果，遂把心爱的狩猎御用神鹰留了下来，保护妹妹的安全。神鹰非常忠诚地守侯在皇姑庵东北方向，防备高句丽的敌人，直至化身为石。如今，当地人已把它视为吉祥、平安的象征，曾有很多人想花高价把它买走，但都被村民们拒绝了。

崮山庙前方山地的南面，有两处三米见方的小山洞。洞中是被石柱隔开的几个房间。布局合理、分合有序，当初肯定是有人刻意开凿的。后来听说，崮山庙的僧人门善医百病，时常有女眷前来求医问药。寺庙本是清心寡欲之地，不宜容留妇女。但悲天悯人、普度众生却又是佛家的本分。那时正好寺的周围有许多乡绅捐赠的庙地，于是僧人便决定在庙地处挖几眼小山洞，来解决女眷的住宿问题。他们开好了洞窟，整修一新后，便专作收治女眷的病房了。天长地久之后，这些住过无数妇女的山洞房间，便因其无量的功德而被百姓称为“观音堂”了。

抗日战争时期，村里集是胶东抗日根据地、革命老区。这里诞生了八路军第三军第二路（简称“三军二路”），艾山的北麓，“八路兵器厂”的遗址还保存完好。县政府、抗日中学、渤海报社等都在此驻扎过。

村里集镇以盛产果品闻名于世，该镇生产苹果、梨、大樱桃、葡萄、板栗、核桃、桃子、李子等优质果品，被誉为“中国北方果品第一镇”。

村里集之南，是绵延起伏的艾崮山脉，构筑起美丽的绿色屏障。

艾崮山流传着许多唐二主征东的传说，山上像东西校场、插旗顶、饮马湾、一剑泉、靴子石、唐王庙、皇姑庵、公主坟等，每一个景致都有一段关于唐王李世民的传说故事。而位于南崮的龙兴寺遗址，曾经有金代兴建的寺庙。寺庙南北四进，气势宏伟。扁担石、老虎洞、棋盘石、晒书岩、龙墩、寿墩、石臼等古迹，双月潭、水帘洞等景观都引人入胜，令人叹为观止。

村里集被誉为蓬莱南花园，一年四季，景色变换，美不胜收。

村里集之美，美在绿油油的山，艾山巍然，群峰拱照。莽莽苍苍的胶东屋脊艾山，奇松怪石，断崖峭壁。国家级森林公园艾山海拔814米，艾山林场面积达到5250亩，这里名木佳卉，目不暇接，栖息着各种珍禽鸟类。山间林海，薄雾缭绕，如梦如幻；南崮北崮，离天一步；树木葱茏，群峰叠翠，怪石嶙峋，是大自然赐予的天然氧吧。

村里集之美，美在清凌凌的水。黄水河源自艾山深处，汩汩流向大海，是蓬莱第一大河。她如一条白练，纵贯村里集南北，像一幅流动的画卷。昼夜喷薄的温石汤温泉，晶莹清澈，是来自大地深处的玉液，是沐浴疗养的极妙场所。东方红水库和石门水库，像艾崮山脉灵动的眸子，清澈而深邃。华东骑士葡萄酒庄就坐落在美丽的石门水库西侧。更有那大大小小的流泉飞瀑，把艾崮山脉浸润得玲珑剔透。

村里集之美，美在青山绿水间。这里春来花似海，秋至果飘香。春天的村里集是花的海洋，且不说艾山上开满姹紫嫣红的杜鹃和数不清的野花，单那连绵起伏、五彩缤纷的苹果花、梨花、桃花、杏花、李子花，漫山遍野，沟壑间，山腰上，一树树，一片片，一坡坡，一岭岭，翻一座山，过一道岭，你怎么也走不出花的尽头；如浓墨，似重彩，争奇斗妍，装点人间；花丛中，蜂舞蝶闹，鸟语花香；人行其间，如游仙境。到了秋天，果香四溢，层林尽染；黄了一坡，红了一岭。南官山村星星点点的农家乐旅游点，吸引着四面八方的客人。远山如黛，近水似练。

所有这些优美景致，与闻名天下的“人间仙境”蓬莱阁，一南一北，形成一道亮丽的风景线，与沿海形成山海呼应、南北互动的旅游生态谷和绿色长廊正成为人们休闲、旅游、度假的好去处。

牟氏庄园所在地——古镇都村

古镇都，位于栖霞城北五华里处，文水河之北，凤彩顶之南，村东是城区最繁华的霞光路，村西是北通烟台南至莱阳的迎宾路，烟台的母亲河——白洋河与迎宾路并行北去汇入烟台。

古镇都原是蓬莱所辖的阳疃镇所在地，建于唐中宗神龙三年（707），距今已有一千三百多年的历史。清乾隆《栖霞县志》载："唐为蓬莱之阳疃镇。"《登州府志》载："阳疃镇，唐时置。"金天会九年（1131）伪齐刘豫析蓬莱之阳疃镇及莱阳北境一部分置栖霞县，在此设都司衙门。金栖邑令李惠诗文曰："潇洒栖霞县，区分十五都。"阜昌五年（1134），即建县后三年，县城南移，这里便成了一个村落。元末明初，战乱纷起，民不聊生，阳疃镇的历史文化湮灭于历史尘烟中。后来，林氏和衣氏相继迁来居住。人们只知这里曾有过一个古镇，设过都，为纪念这段历史，遂取名"古镇都"。

这里是一处绝佳的风水宝地，享有"中国北方民间小故宫"美誉的牟氏庄园即坐落于此。古镇都闻名天下，源于清朝时一个大地主——牟墨林，他创建的“牟氏庄园”（又名牟二黑子地主庄园）是中国北方保存最完整、规模最大的地主庄园。牟氏祖籍湖北公安县，始祖牟敬祖于明初出仕栖霞，择定古镇都村居住。其后裔仰仗其势，广敛钱财，至清末民初，牟氏家族进入鼎盛时期，土地达6万亩，山峦12万亩，年收入粮食330多万公斤，一度成为富甲胶东、名扬齐鲁的大地主。牟氏庄园始建于清雍正年间，经过历代修建，直到1935年才形成至今规模。整个庄园面南背北，共分三组，包括六个院，占地两万平方米，建有万堂楼厢480多间，耗费白银达42万两。纵观重重四合院相叠，横看条条通道相间，层次清晰，主次分明。院内立体建筑多属二层楼房，房舍多是雕梁画栋、明柱花窗、浮雕图案，栩栩如生。庄园建筑鳞次栉比，富有特色，色彩斑斓的“虎皮墙”，用形状各异、色泽不同的河卵石垒砌而成，“制钱莲花图”“莲生贵子”等图案，精美绝伦，令人叹为观止。“三大怪”建筑更是耐人寻味，引人入胜。“烟囱立在山墙外”便是其中一怪，它看似一个小小楼阁，凌空耸立，别具特色。

俯视整个庄园，布局为三组六院，各组一至三院不等，均呈四合院结构，房舍多是雕梁画栋，明柱花窗，气势恢弘，蔚为壮观。“日新堂”“西忠来”“东忠来”并排三院南北纵贯。各院四至六进相间，皆以中门相贯，侧有甬道相通。主宅仪门居中，配以左右两厢。整个庄园四合院重重叠叠，井然有序，房舍疏密有致，鳞次栉比，浑然一体，做工精良，造型朴实，既呈现出我国北方传统民居建筑的典型特色，又展示了牟氏家族的豪华。

牟氏庄园建筑工艺细腻精湛，明柱花窗，集南北建筑之大成，以其恢宏的规模、深沉的内涵，被专家学者誉为“传统建筑之瑰宝”“百年庄园之活化石”“六百年旺气之所在”。1988年被国务院公布为全国重点文物保护单位。牟氏庄园充分利用自身优越的民俗文化、农耕文化资源禀赋，实现传统文化与现代旅游业的有机结合，2012年喜获“山东最佳文化旅游景区”称号。它吸取了中国北方民族建筑艺术风格的优秀建筑成果，具有极高的艺术价值和丰富的历史文化内涵。如果说，《红楼梦》里的大观园是明末清初社会的一个缩影的话，那么，牟氏庄园则是清朝晚期封建社会的一个缩影，系统地展现了封建地主阶级产生、发展及其灭亡的过程，是一部反映封建地主阶级生活的“实物百科全书”。

2008年，电视剧《牟氏庄园》开播，起伏跌宕的剧情、浓浓的胶东地方风情和厚重大气的北方庄园特色，深深地吸引着广大观众。袁立饰演的当家人姜振帼人物光彩夺目，为庄园增添了无尽的魅力，吸引着国内外游客纷至沓来，令“牟氏庄园”与“古镇都”一并闻名于天下。

古镇都有文字记载的历史已是1300余年，实际上这里很早就有人类居住了。1976年春，村民郑仁芝在村北整地时捡到一件石刀，考古专家李元章听说后立即深入调查，发现这里是一处新石器时代遗址，1978年古镇都遗址被公布为县级重点文物保护单位。遗址南端被牟氏庄园所压，西距白洋河500米，东北紧靠凤彩顶，东西宽155米，南北长165米，总面积25600平方米。出土了一大批大汶口文化时期和龙山文化时期的石器、陶器、骨器以及房址和墓葬。并认定在牟氏庄园的地底下，还有大量的文化遗存。可以想象，那时凤彩顶上麋鹿成群，文水河里游鱼穿梭，岭间河畔活跃着一批身围兽皮、手持弓箭的人，他们或许是这片土地上最早居住的人。

慕容氏避难之所——慕家店村

慕家店村，位于栖霞市观里镇政府驻地西北，东南邻小方山，西与官道镇接壤，村西的漩河由北南去蜿蜒汇入莱阳。据《慕侁墓志》与《慕氏谱书》考证，慕家店村建于五代十国后周广顺三年（953）左右，距今约1060余年。宋代，慕姓由山东蓬莱县迁此建村，取名归仁里（属莱阳莱山乡），后更名为慕家寨。后因这里为毕郭通栖霞城的大道，杨树泊村衣文行、衣晓光父子二人在慕家寨的大道旁开个小店，故易名慕家店。

慕家店村东北一百米处，原是慕氏祖茔地，面积两千多平方米，规模宏伟壮观，建有神道、石坊、华表、翁仲、貜马等宋元时期文物。墓地、文物毁于1958年，地表被夷为粮田，冢丘封土被推平，深部墓室未动。1980年春季，村民慕万胜挖地基时，发现两座古墓。1982年，又发现一座古墓。栖霞文化馆派文物干部李元章清理该墓时，出土墓志一盒，志盖竖刻阴文“宋故朝奉大夫墓志”，记载：“墓主慕侁故于宋政和四年（1114）。”慕侁曾祖慕篆于济北逃难徙此隐居，改“慕容”姓为“慕”姓。据清道光二十八年（1848）《重修栖霞慕氏族谱》记载：“吾慕氏之来栖霞九百余年……自先世避五季之乱，徙居方山西慕家店，至宋熙宁而宗盖公始显又二百余年，信公墓在村东数十武，祖茔南偏，今丰碑屹然，石坊、华表、翁仲、玃马俱存。”据墓志和谱书记载，慕家店村东确系宋代慕氏墓地无疑。该墓不但出土了众多的瓷器、铜器等，而且还为研究当地地名的历史变迁提供了极富价值的资料。

慕氏在宋元时期是名门望族，以儒为业，门有禄仕者多，县尉以上官员十多人，其中正五品二人，宋代朝奉大夫慕伉、元代奉议大夫慕信；从五品一人，宋代朝散大夫慕宗益；知县二人，宋代慕宗尧、慕宗元。

栖霞市境内及蓬莱、龙口、莱阳、招远等慕氏，全是慕家店慕代后裔。慕氏祠堂位于村南，始建于宋代，明代重修。坐北朝南，正房三间，面阔7.8米，进深5米，高5米，砖石结构，五檀屋架，硬山实脊，屋顶饰龙吻六兽，室内有壁画。

慕家店村，历代以种地为生，农作物有小麦、玉米、花生、地瓜、大豆、谷子和杂粮等。改革开放后，以苹果、大梨、桃为主要经济收入，村民们逐步过上了小康生活。

依山傍海　沧桑古址——不夜村

荣成市最早有文字记载的村——不夜村，位于伟德山北麓，市区驻地的西北角，属埠柳镇。村子依山傍海，风景秀美。

不夜古村原坐落于古城遗址北，故世代村民习称村前遗址为“南城”。由于不夜村逐渐向南迁建，所以古城遗址现今大致被压在新迁建的不夜村下及以南地区。村民俗称今村中南北大街以东为“东城泊”，以西为“西城泊”。旧村整体南移，原旧村南街已变成北街，南街旧址尚存“烧锅胡同”等历史旧痕，古村旧址已变成良田。

不夜村为不夜古城旧址。不夜城原为古邑名，历史悠久，《齐地记》《太平寰宇记》诸书都认为始建于春秋时期，是古莱子国所筑的城邑。境内不断出土西周时期的青铜器，虽然考古工作根据这些器物的形制，对殷周时期莱子国的统治范围是否达到这里尚有异议，但对当时这里已出现较大城邑却无分歧。西汉时期，东莱郡不夜县于此设治。王莽改“不夜”为“夙夜”。东汉初年，裁不夜县并入昌阳县。此后，这里成为普通村落。据清道光《荣成县志》所记，至清后期，不夜古城“遗址尚可识”。

不夜村是近代学者孙葆田故里。孙葆田（1840—1911），字佩南，清同治十三年（1874）进士。因生平三事而享誉后世。一是不畏强权。孙葆田任合肥知县时。有合肥县县民因欠李鸿章侄子李经楞的田租，被其唆使侍从殴打致死。孙葆田闻后大怒，立即赶到现场验尸。当时，围观的人成千上万，都担心县令为豪强胁迫而验尸不公。为了保证检查准确，孙葆田喝令仵作说："敢欺罔者论如律。"遂依法验得系殴伤致命，最终将凶手绳之以法。民众无不拍手称快，皆谓"包龙图复出"。至今在安徽合肥一带，流传着"包公虽清，不如老孙"这句民谣。二是重视教育。孙葆田"引疾"回乡后，山东巡抚张曜聘他为济南泺源书院主讲。孙葆田以"敦本务实，毋空谈经书"为教育宗旨。1891年（光绪辛卯）乡试，泺源书院一炮打响，多人考中举人，"咸以为教泽所致也"，孙葆田从此名震齐鲁，"一时学者奉为大师"。三是著作等身。孙葆田在老友柯劭忞的协助下编成《孟志编略》六卷。孙葆田的古文主要收集在《校经室文集》内，清宣统年间的《山东通志》和民国时期山东各市地县志多取材于此。孙葆田最大的学术贡献是总编了《山东通志》。《山东通志》长达200卷，约600万字。该志卷帙浩繁，体例完备，它的刊印受到当时学术界的高度关注和极高评价，被认为是历代《山东通志》的集大成者，对研究山东地方史有着极其重要的参考价值。

滨海明珠　千年古镇——宋村镇

宋村镇位于文登市区西南处，依山傍海、交通便利、环境优美。千百年来，人们在此繁衍生息，创造了悠久的历史、灿烂的文化和丰富的物质文明，似一颗璀璨的明珠，镶嵌在黄海之滨。

据石羊村北侧西汉古墓群和昌阳古城遗址出土的器物证明，约两千至四千年前就有人类在此居住。春秋时属齐地昌阳城，昌阳古城位于宋村境内。史料记载，齐贵族田和迁康王，居东海滨，人称“康王城”。西汉时设昌阳县，为县治。《汉书·地理志》载，东莱郡辖县十七，内有昌阳，并云“昌阳有盐官，莽曰夙敬亭”。《威海市地名志》载，昌阳县，古县名，在今文登市南境。设治于宋村镇城东村西。因位丁昌山、昌水之阳，故名昌阳。光绪《文登县志》载，昌阳古城在昌山（回龙山）南。城后是台上村，东门外是城东村，西为宋村集，东西长700米，南北宽约500米，呈长方形，四周筑有城墙，范围在宋村、城东村、石羊诸村之间，现地表已无痕迹，仅地下保存有夯土城墙基础，在城址内外曾发现房基、窑址、陶井等遗迹，出土过汉代砖瓦、柱础石、石臼、铜车饰、陶罐、五铢钱等文物，其中玳瑁簪在山东省是首次发现。1950年前后，土城墙残迹高处尚存4～5尺，耕作时常可拾到刀币、五铢钱等物。1959年人民公社整地改土时，城墙基被彻底清除。但石羊村至今还保留着2000年前的两只石羊，并由此而得名。北部的回龙山系传说中的李龙文化的发源地，是“李龙王”的故乡。回龙山主山体有600余亩，海拔116米，以回龙山为龙头，向西绵延5公里，山色苍茫，云气郁织，宛如一条长龙，盘踞在山峦之间，安静地守护着怀中的村庄，有仙灵之气。清代《文登县志》以及清代文学家袁枚的《子不语》等记载：回龙山早在汉代就有龙的传说，明代建有李龙王、李龙母的宫观庙宇。及至清代，回龙山庙会“香火之盛，甲于东方”，清道光皇帝曾赐予李龙王“溥惠佑民”的封号以彰其德，并将其列入了国家祀典。特别是在山东人“闯关东”的移民大潮中，李龙王的神话传说更得到了广泛传播和不断丰富发展，成为海内外山东人共同的图腾。2007年“李龙文化”入选国家级非物质文化遗产名录。自2008年以来，已成功举办五届回龙山会，每届山会人数都达十万之众，盛况空前。

姚玑墓位于宋村镇西北臧格庄村东南。该墓为御葬，石刻较多，墓前赑屃碑座上矗立着2米多高的墓碑，两旁雕刻石狮子、石翁仲、石狗各一对。光绪《文登县志•碑文》载有《千户姚玑公碑铭》全文。姚玑，元代忠显校尉管军总把千户事，为大唐“四大贤相”之一姚崇第五代裔孙，现宋村镇臧格庄、姚山头、紫金山等村姚氏3000多人，威海市1.1万多姚姓人，多是姚玑之后。

清江苏巡抚徐士林之墓位于宋村镇郭家店村西。墓为御葬，石刻较多，4匹高大的青石马，身上配有马鞍，另有石狮子、石翁仲、石狗等，均精雕细刻，栩栩如生。

徐士林原籍泽头镇徐家村，而坟墓在宋村镇郭家店，民间有多种说法。一说是徐士林病故前告诉属下，死后埋在自己家乡南面的爬山前店子村西。可是部下只记得店子村，棺椁在石岛港下船后，沿大路走到郭家店子村时，打听这个村叫什么名字，人们说这个村叫郭家店子村，他们误以为就是徐大人所说的店子村，就在此埋葬。第二种说法是徐大人做官之前，在郭家店子村教书。一天，忽闻西邻妇女在家哭嚎，即问学生"邻女因何事而哭"。学生答："因其丈夫闯关东多年无音讯，门中人商量要将她卖掉，她伤心至极，悲愤而哭。"第二天，徐士林取出银两和一封书信，派学生送到西邻家中。敲门时，有人问干什么。学生答："她家男人有家书送来。"门中人听说后便不敢再把这位妇女卖掉。凑巧几天后，出外的男人突然归来。夫妻见面，女人问："你刚捎来书信银两，人怎么就回来了?"男人听后一时摸不着头脑，夫妻共同打听书信来由，才知是教书的徐先生救了一命。为了感谢救命之恩，夫妻二人送去钱财礼品，均被徐士林谢绝。最后，徐士林说："这样吧，你家在村西的那小片荒地，就给我做个茔地吧。"夫妻俩立即同意。所以，徐士林死后就葬在这里。

宋村镇地势平坦，土地肥沃，自古为粮食主产区，且拥有3600亩滩涂，18公里海岸线，出产的"姚米""桑蛎"为宋村两大名海产品。"姚米"是一种白色鹰爪虾，因产于宋村镇姚山头村，被誉为"姚米"。它生长在母猪河下游与黄海交汇处的海域里。春秋时节，鹰爪虾个大体肥，呈桃红色，鲜艳美丽，是捕捞的最好季节。虾捕上后，不再见水，用浓度为10%的盐水保鲜、保肥，若盐水超过15%，姚米则颜色黄暗，味苦而艮。据志书记载，姚米因其制作方法独特，味道鲜美可口，自明朝开始向皇帝进贡，数量为每年8斤，到清光绪二十五年（1899）增至每年200斤，因此，"姚米"也称"贡米"。

“桑蛎”是一种牡蛎，产于桑岛（今西海庄）村南，岛上有桑林，人们采蛎或白天或黑夜，以桑林为目标不迷方向，因而称之为桑蛎。在高岛山下港汊至双不洼这一带海底有石头，牡蛎就生活在上面，受潮水的冲击上下滚动，所以又称滚蛎。《废铎呓》载：“文登南鄙有海口曰桑岛，牡蛎之美，甲于一郡，顾其殖不繁，得之亦艰，岁晚各闲渔人始乘桴，以长杆钩到剖壳生肉。”清乾隆六年（1741），文登候选知县、拔贡刘储鲲《桑岛烧蛎》诗中写道：“蛎房乘潮来，岔涌桑墨岛。门生把酒瓶，奚奴背干草。不用溉釜鬲，连壳付火燎。啖之清心脾，天然味更好。西施舌尖嫩，江瑶柱根老。其余众虾菜，一笔都堪扫。”由此可见，当时桑蛎味道之美已广为人知。由于长年捕捞，有的地方历史遗留的蛎壳厚达30厘米。现在高岛蛎江和大桥下，尚有牡蛎生长，为人们提供源源不断的餐桌美食。

“南大门”上的温泉明珠——温泉镇

在威海的最南端，有一座美丽的小镇，名叫温泉，凡从南边入城之人，都必须路经此“门”，因此，小镇亦成了威海的“南大门”。

风雨百年，门依然还是那道门，然而，门内的风景却随着物换星移而早已沧海桑田。在多年来出入大“门”的那些客人的记忆底片上，威海最南边的这道“第一眼风景”已从往昔的黑白灰更迭为如今的红黄蓝，就连进门的方式也从曾经的步行土路蜕变为现代四通八达的高速交通网络。

温泉，这个距威海机场20千米，离威海新港7千米，邻威海火车站和汽车站5千米的威海最重要的交通枢纽，正在威荣、石烟、青威公路的交汇点上熠熠闪光。

如今，站在焕然一新的温泉立交桥上，你可尽情饱览这座美丽小镇的风情万种，品读她曾经的历史，欣赏她现代的荣耀。

山水中收获“快乐周末”

智者乐水，仁者乐山，但不管你是智者还是仁者，来到温泉，你都会乐不思蜀。

泡洗温泉，登顶青山，静心木林，嬉戏农场、采摘果蔬，在温泉，你可以找到任何你觉得最浪漫的休闲方式。

每年一开春，生活在城市中的人，就喜欢驱车来到四面群山环抱的“南大门”，正棋山、笔架山、虎山、佛爷顶山、冰石山、老婆纂山披着绿色的衣衫一溜排开，你想登哪座就登哪座，投身于这绿色的世界中，游客们贪婪地呼吸着久违的新鲜空气，看清泉汩涌，听涧流潺潺，心也跟着柔软明净起来。

在五峰环绕的正棋山中央，有一峰名为玉皇顶，在顶峰上一块方平如桌的巨石，如一张浑然天成的天然棋枰，喜欢下棋的棋友带上棋子，约上棋友，在绿林深处仿仙人一样对弈著棋。或者干脆什么都不做，只为来这有威海八大景之称的“自来碑”“白鹅石”前，踏着“仙人迹”、钻钻“朝阳洞”，感受这尚且温热的纯天然的古迹。

现代的城市规划正在改变着她们的未来，或许，当我们几年后再次故地重游，今天的一切也走入了明天的历史。

下了山，走进数百亩辽阔的开心农场，带上锄头，戴上草帽，耕耘起自己领养的菜地。累了，在农场的露天茶座泡上一壶铁观音，或坐在百米的葡萄长廊中，将钓竿高高抛入鱼塘。饿了，从园中采摘些新鲜绿色的蔬菜，烹一桌醇香的美食，在种植健康的生态农业观光园中过一天地道的农家生活。

大海可避暑　温泉过暖冬

来温泉，最不可错过的就是让小镇名扬四海的温泉汤。其实，早在多年前，镇上有一处温泉汤泉，泉水常年温热，镇上的人们劳作一天后，都喜欢跳进这天然的温泉汤泉内，洗尽浮垢。据说，此处民风淳补，自古形成男女按单、双日分在露天洗浴的习俗，当时的泉水，清若镜，甘如醴，饮此则疲者忘倦，四体舒畅，心旷神怡。

随着岁月的迁移，这片曾经荡漾着欢声笑语的温泉汤，变成了高档奢华的疗养会所，越来越多的游人来到威海只为在这温泉汤中泡一泡，洗去旅途中的疲惫。

为了让这天赐的温泉资源惠泽更多的游人，温泉汤周边5平方千米的温泉地带将在5至8年后，来一次华丽变脸。现在这里低矮的平房、凌乱的草垛将在历史的洪流中灰飞烟灭，城市与村庄的界限越来越模糊，一个风情万种的温泉风情小镇将在这里问世。来威海的游人不仅有大海和蓝天可以避暑，而且还有“温泉”的山和水，可以温暖“过冬”。

这里仿若著名的丽江古城，游客下了飞机，可以选择入驻五星级度假酒店，也可以住进有贴身管家的温泉别墅，白天穿行于仿古商业街、温泉主题公园和温泉博物馆，晚上带上妈妈去天汤水疗和老年度假中心，享受一个最纯粹的假日夜晚。

如果你想常年守住这生生不息的温泉，小镇已经华美蜕变的高档现代化小区，温泉康城、莱茵小镇、南苑泉都、温泉明珠，都将是你理想的“家园”，将家安在这里，天天泡在富含各种矿物质的温泉水中，都市的烦恼与尘嚣都被湮灭在这世外桃源般的温泉小镇里。

去“南大门”品读历史

城市规划正在快速改变着小镇的妆容，在这些村落成为“历史”之前，带孩子去一趟“南大门”吧，去山野间的马夼村摘摘小国光、吃吃樱桃，去东崮村和双寺夼村打一杆冬枣。让孩子在这些果树前定格一些记忆，聆听一些曾经在这些村落里上演过的历史与传说。这些几天几夜都说不完的历史故事，为温泉小镇注入了人文底蕴。

温泉镇以温泉汤得名，宋代置温水镇。清光绪《文登县志》载：“四面寒水而此处独温。水流不滞，浮垢尽去，清若镜甘如醴。凡汤皆有磺气，饮之辄作恶，唯此汤可饮。农夫力作困惫，饮此则疲者忘倦，四体舒畅，心旷神怡。”旧时人们在河中就泉挖池，露天沐浴。

相传八仙过海回天宫时，众仙路过正棋山时想要洗澡。铁拐李用宝葫芦接满河水烧热，然后又倒进河中，只见河水照流，热水不走。数年之后，八仙洗澡的那条小河河床被冲宽，人称“五渚河”。有人发现河床沙滩上，冬不积雪，热气腾腾，认为这是一块“火龙地”。有好奇者挥掀下挖，三尺深下，即窜出滚烫的热水来，这就是后来的“温泉汤”。

打造千年银杏福地——万户村

万户村位于威海市大孤山镇北部，老黄山南坡，冯乳公路西侧。东临南口，西接士子于家，南靠邹家，北毗下刘家。

据《乳山市志》记载，秦始皇三十七年(前210)，姜姓由夹河下游公鸡岛迁通天岭，后移此地定居，初名山庄。南宋初年更名鲁宋里。元朝初年，村民姜房授宁海州刺史，后又加授胶、潍、莒、密、宁海等州总管万户。元中统年间，村人为纪念姜房更名万户。明隆庆元年(1567)，又有姜姓从山南头迁入。

村东南生长着一棵千年以上树龄的银杏树，高26米，树干胸围8米多，树冠覆盖2亩地，被乳山市列为重点保护树木之一，是万户村明显的地理标志。曾任中央军委副主席、国防部部长的迟浩田上将为此树题字："沧海桑田千年树，人杰地灵万户村。"

元朝时期，有名人姜房，字汉臣，累迁至昭武大将军，元帅左监军，宁海州刺史兼管胶、潍、莒、密、宁海等处总管万户。现存其元帅左监军铜印章，印长方，面高匠尺寸许，方钮，长二寸九分，宽二寸七分，篆文曰“元帅左监军印”六字。该印现存于乳山市文化馆，被定为国家三级文物。姜房长子姜思明，袭封昭毅大将军，元帅右监军，宁海州管民长官兼胶、潍、莒、密、宁海等处总管万户，天水郡开国侯。其次子姜思聪，袭昭毅大将军，元帅左监军，宁海州刺史兼知军事，天水郡开国侯。

村东南原有姜氏祠堂。姜房墓位于村南，墓葬顶部呈圆形，高出地面3米，墓室长2.5米，宽、深各1.5米，四壁为砖砌。墓前10米处有拱门，高约1.7米。墓前两侧立4个石人。墓葬西侧约20米处立有石碑，略述姜房生前经历。

万户村着力彰显“沧海桑田千年树、人杰地灵万户村”的文化底蕴，全力打造文明新村，突出银杏主题，建设文明生态之地。万户村内历经岁月沧桑依然遒劲挺拔的千年银杏树，成为历史的见证和悠久文化的象征，每年都会吸引大量的游人慕名前来拍照留念、祈福许愿。

看涛起涛落　品古镇涛雒

日照海边一个有着涛起涛落和日落风生的小镇，那里有淳朴美丽的风物和自然氤氲的雾气，那里的海浪会用热情的双手拍打海岸欢迎你，那里的海鸟会用动人的啼叫陪伴你，这就是海边古镇——涛雒镇。

涛雒镇位居日照、岚山两个国家一类开放港口中间，全镇海岸线长16.5公里。是一个水产业、农业、工业、旅游、商贸、盐业齐全的中心镇。

西汉元狩三年（前120），涛雒即为海曲盐产重地，元设涛雒场司令，明、清设涛雒场盐课大使，民国初改称知事。1947年划归涛雒区，1985年改为涛雒镇，以镇政府驻地村得名。涛雒立村始于西汉，因隔河与南店相对，曾名北店，后以濒海，潮汐涨退，流水洛洛改为涛洛，洛通雒，亦名涛雒。《辞源》“涛”条下：大浪。雒，洛字古作雒，洛洛是水流下貌。涛雒濒海，古时涨潮波涛汹涌，海水直逼村前，船可入内，潮退则流水洛洛。“涛雒”，二字正合此貌。

涛雒的发迹，也经历了一个从“盐”至“运”、再到“商”的过程。

因历代王朝都严厉控盐，明清实行严格的“民制官督商运商销”制，“官盐”与“私盐”差价太大，贩私盐是暴利。这一方面诱使当地灶户铤而走险贩私盐；另一方面，腰缠万贯的盐商在涛雒街头来来往往，住店、雇工、吃喝……时间一长，潜移默化，这对一方经济结构及当地人为人处事观的影响不可低估。清康熙二十二年（1683），海运渐开，从涛雒口到栈子新口（即旧张洛口）“估客（商人）云集、货船萃焉”，各路商贾纷纷而来立字号、开当铺，使涛雒逐渐发展成日照南部的商业重镇。清乾隆五十年（1785），被龚自珍称为“海内最富”的山西客商把触角伸到涛雒，盖了三幢二层三十六间原汁原汤山西风味的木板楼房，开起了当铺。清道光十四年（1834），山西客商张元资又在涛雒十字街口西北拐角操起同一行当，号“德元”。

清咸丰年间，当地人丁开轩立“广记”商号，主要收购土特产品，成为涛雒最大的商号兼地主。与此同时，清咸丰六年（1856）开张的“裕源”商号的名牌产品“裕源”京冬菜，畅销北京、上海及东南亚各地。清同治、光绪年间，又兴起“协记”“同生”“益昌”等商号，外运土特产品，进口布、米、面、糖等日用百货。

民国初年，涛雒已发展到轮船行、银行、土特产业、百货和中、西医药业等店铺12家。这其中以“恒记”为最大，拥有资金60万银元。1920年，丁廉泉开办了日照县第一家私营银行——“汇昌银号”，在临沂县城和巨峰镇西门里下设“汇通银号”和“汇丰银号”，票券号头分别是“汇昌银号”和“汇通银号”，票券面额一元，背面印有丁廉泉的半身像。除在临沂发行外，“汇昌”专设一人用大洋、铜板到临沂兑换“府票”回日照流通。1930年前后，涛雒商业发展达到鼎盛，名声之大，盖过县城。最兴隆的有十大商家，仅号称“四大记”的“广记”“协记”“永记”“恒记”的资本总额即达210多万银元，垄断了整个鲁南苏北的土特品购销。

涛雒名吃众多，羊肉面条久负盛名，是日照的传统风味面食之一。涛雒羊肉面馆，最著名的有高家和黄家面锅。清朝末年，涛雒商贾云集，贸易繁荣，高、黄两家办起了饭馆，创出了“羊肉面条”的名吃。涛雒羊肉面面色白、弹力大、麦皮薄如纸透明发亮。肉汤清澈透底，汤肉分明，清香扑鼻，俗话说：“吃了涛雒羊肉面，甭再围着天下转。”

涛雒镇风景优美，沿海有千亩防护林，万亩天然贝类生长区，有青山、碧海、蓝天、金沙滩，自然风光与人文景观相互映衬，令人向往。

位于涛雒镇南的天台山是东方太阳崇拜和太阳文化的发源地。据考证，天台山中有汤谷，是东夷人祖先羲和祭祀太阳神的圣地，是东方太阳崇拜和太阳文化的发源地，也是东夷人祭祀先祖的圣地。

天台山因《山海经》中的记载而得名。《山海经》记载：“大荒之中有山曰天台（高）山，海水入焉。东南海之外，泔水之间，有羲和之国，有女子曰羲和，帝俊之妻，生十日，方浴日于甘渊。”

天台山主峰海拔258米，面临大海，是观东海日出的最佳位置。风景区环绕在群山之中，山峦起伏，郁郁葱葱，山下河流交错，稻田纵横。天台山上有羲和部落遗址、太阳神石、太阳神陵遗址、女巫墓、祭祀羲和与女娲的老母庙和老母洞、老祖像、大羿陵和嫦娥墓、女娲补天台与神鳌、天然东方神龙、魁星阁遗址与独占鳌头石刻、忘忧谷、秦始皇赐名的望仙涧、东方朔记载的东方玉鸡等众多遗迹与传说。天台山作为著名的历史文化圣地，曾经吸引无数历史人物和文人墨客到此驻足。天台山主峰南侧留有姜太公避纣时的太公台和太公崖。秦始皇东巡琅琊时曾三次到天台山祭祖求仙，并将汤谷南侧的山谷赐名为望仙涧。大荒居士应东海居士之邀前来天台山汤谷做客，酒后雅兴大发，曾挥毫写下“汤谷汤汤汤汤汤谷东海外羲和祀日石为神”的上联，东海居士随声和之写出下联。可惜下联失落，至今无人能补。天台山主峰北侧的东方神龙总长约100米，其头20米，身65米，尾15米。龙头上有泉二，深不过半米，径不足五尺，但即使大旱之季，泉水也常年不涸，世人异之。寿星彭祖游历天台山饮此泉水后留下“登斯山断七情身已是三界之外，饮此水净六欲心不在五行之中”的对联，横批是“再来一瓢”，并赐名神龙泉。龙头上两泉形似龙眼，一只圆睁，一只微闭，引无数文人墨客为之动情。昔有东方文殊写道：“睁一只眼看破红尘乃知烦恼自从心中出四大皆空万事需随缘，闭一只眼参透禅机方能平常之心对世界三省其身六根得清净。”而南郭先生则曰：“睁一只眼看斗转星移绿水青山风花雪月世上无限美好事，闭一只眼听松涛海浪莺歌燕舞男唱女和人间多少天籁音。”

刘勰故里——三庄镇

三庄镇地处日照市东港区西部，南接岚山区黄墩镇，北靠五莲，西面是莒县，境内自然风光怡人，层峦叠嶂，山清水秀，人文底蕴丰厚。自古就是商贾云集之地，素有“旱陆码头”之称。域内交通便捷，自然、人文景观丰富，有200多个山头逶迤相连，其中与莒县、五莲交界处的峤子山海拔657米，是东港区最高峰。境内有大小河流10余条，清澈见底、波光粼粼，尤其是三庄河两岸绿树成荫、生机盎然，将三庄大地装扮得分外秀美。

三庄镇元代设巡检司，清代属观兰乡，民国时为三庄区。1958年设三庄乡，1984年设三庄区，1986年撤区设镇至今。历史上，三庄曾先后易名为“雕龙里”“刘三公庄”，后简称为“三庄”。

三庄镇是南北朝著名文学理论批评家、《文心雕龙》的作者——刘勰的故里。据《山东通志·古迹》载：“刘(勰)故里在城西八十里刘三公庄”，万历《沂州志》、乾隆《沂州府志》中也都有确切记载。刘勰，字彦和，梁武帝时先后任奉朝请、东宫通事舍人。刘勰虽任多种官职，但其名不以官显，却以文彰，一部《文心雕龙》奠定了他在中国文学批评史上的地位，后人尊为“刘三公”。据嘉靖《青州府志》载：“刘三公庄县西八十里，梁东宫通事舍人刘勰故里。”清光绪《日照县志·山水》中载，李崮寨山南为“晨鸡山”，传为刘三公鸡鸣读书处。清代学者丁恺憎《望奎楼》遗稿有关“雕龙里”载：“县西七十里有刘三公里，即其故里也，亦名‘雕龙里’。”

1984年，在三庄以东1500米处的西王家寨砖瓦厂，发现了遗失多年的刘三公故里碑。碑高103厘米，宽53厘米，厚14厘米。碑文为：“公讳勰，字彦和，著有文心雕龙行世，梁通事舍人刘三公故里。立碑时间为乾隆三十二年（1767），石碑因年代久远，字迹不清，立碑人自称后学，并署有名姓。

三庄镇旅游资源丰富，龙门崮风景区位于镇驻地西北的上卜落崮村西，开发面积2000亩，是一个集登山健身、水上娱乐、休闲度假、餐饮会议于一体的山岳生态旅游景区，有“鲁南海滨第一崮”之称。

山不在高，有仙则名。龙门崮神话传说和民间典故颇多。据说刘勰年少时因家中贫困，常到龙门崮鸡鸣寺中读书，在文心洞静心炼文，后写成文学批评巨著《文心雕龙》。龙门崮山顶处一悬崖峭壁，其顶端有三块耸立的巨石，形似石门，有一神秘圆洞，就是久负盛名的“龙门”。相传，在很久以前，适逢农历二月初二，这天上午突然电闪雷鸣，石破天惊，龙门崮悬崖峭壁的三石门徐徐而开，一条巨龙从中腾空而起，这便是东海龙王鳌广，后来便有了“二月二，龙抬头”的说法。此情景恰巧被山脚处一牧羊人发现，牧羊人被龙王点击成石，而永远与山相伴。

龙门崮的名字来源于“凤凰落垛不落崮”的民间传说。相传很久以前，有一天，村子里的人发现从天空飞来几只凤凰，凤凰在崮上空转来转去就是没能找到落脚的地方，最后凤凰只好落在了崮周围的两座小山上休息。村子里的人感到纳闷，崮的上面平整，为什么凤凰非要落到别的小山上去呢？后来，所有从这儿经过的凤凰都没有落在崮顶上。于是，村民求教于在山里修道的一位智者。智者讲了一个故事：传说有一年，玉皇大帝设宴为王母娘娘祝寿，邀请四海龙王及诸神参加，东海龙王因海界与北海龙王挑起事端，在寿宴上大打出手，玉帝大为恼火，于是将东海龙王贬罚至龙门崮下湖中思过99天。民间流传“天山一天，人间十年”。思过期间，东海龙王思念妻儿家人，每天到崮顶眺望东海，龙王到崮顶必经的一处山门后人称其为“龙门”。此后村民都知晓了智者讲的故事：“此崮龙门上，崮为门梁框。龙凤虽呈祥，凤不压龙王”。“凤凰落垛不落崮”的传说就流传下来。

此外，龙门崮风景区还有李半仙墓、五姑洞、竖旗山、磙石崖庙、孙悟空学艺、神茶等传说、遗迹50多个。

五姑洞山位于三庄镇东北部，海拔391米，山势险峻，峰顶有一古井，名“龙泉”，遇旱不涸，井西有五姑洞。相传李睦妹等五位尼姑曾在此修炼，骑竹竿穿山越洞，终成正果。

三庄镇是革命老区，范家楼村是抗战时期日照县西部抗日根据地的中心，中共日照县委、滨海军区六团都曾在这里驻扎，享有“第二延安”之称。已成为市区红色文化旅游的胜地。

目前，全镇生态环境不断改善，龙门崮、太阳山、五姑洞、范家楼八路军办事处旧址等景点基础设施建设日益完善，“山水名镇”“天然氧吧”品牌全面打响，生态旅游产业带动作用逐步显现。景区沿线规划建设苹果、板栗、甜柿林300多亩，在丰富了旅游产品市场的同时，增加了农民收入。

历史重镇　日照粮仓——碑廓镇

日照市最南端的乡镇是素有“日照粮仓”“蔬菜之乡”等美誉的碑廓镇。

碑廓镇位于岚山区西部。东有千年古城安东卫，南靠江苏的连云港市，西邻临沂莒南，坪岚铁路、342省道横穿镇域中部。

碑廓镇汉代属徐州琅琊郡，三国两晋属青徐东莞郡，南北朝属莒地梁乡，隋唐五代属莒地，宋元明清皆属日照县。1931年设建碑廓区，1947年划日照县，1985年改为碑廓镇，2004年至今为岚山区碑廓镇。

据考证，碑廓之名，始于汉代。相传，西汉末年，元帝皇后王政君的侄子王莽篡汉称帝，而皇族刘秀以恢复汉家制度为号召，起兵春陵（今湖北省宁远县西北）讨伐王莽，其一支军队路过碑廓时，粮草断绝，军心混乱，当地有一员外姓马，闻知大军是汉家皇族刘秀的大军，遂慷慨解囊，资助粮草，使大军有了充足给养。刘秀军队临走时马老员外又让次子马武追随刘秀当兵，为恢复汉室助一臂之力。

马武自幼习武，身体素质好，十八般兵器都使得纯熟，战场上屡立战功，特别是在讨伐王莽和镇压铜马等起义军的战役中立下了汗马功劳。刘秀当了皇帝后，汉室中兴，马武被委任为侍中、骑都尉等职，封马老员外为扬虚侯。马武死后刘秀的儿子汉明帝刘庄念其有功，又有先皇所封，遂赏赐了大量随葬品，并送回原籍安葬，马武墓内有棺、有椁，墓前立有龙头碑，并覆有碑亭，神道内有翁仲、石狗、石羊、石马等。因碑上有亭，俗称碑阁，以此得名为碑阁，后逐渐演化为碑廓。清光绪时修纂的县志称为状元林。这些石刻文物至新中国成立后尚保存完整。1956年，修岚兖公路，因公路经过此地，石碑成为修路的障碍，遂被推倒充当桥石垫在公路南侧，以后公路拓宽被埋在了路下，其位置约在碑廓人民商场东北角。

镇内古迹有圣公庙、香塔寺、绣针河、山东军事工作会议会址、山东政治工作会议会址、罗荣桓旧居、明清建筑一条街。《三字经》“昔仲尼，师项橐”的项橐就出生在圣公山，项橐是鲁国一位神童，虽然只有七岁，孔子依然把他当作老师一般请教，后世尊项橐为圣公。明清时出过多名举人、贡生等。名吃有小锅饼、大饼，韩家的面条，郑家的水饺，郭家的豆腐脑，葛家的豆腐卷，姜家的“朝天锅”羊肉汤等，其他有熬子煎豆腐、炉包等。

碑廓北面有闻名于世的圣公山庙，因纪念孔子的师傅项橐而得名，山下有仿古建筑“七和寺”一处，另有风光秀丽的景点、名胜五十余处。

绣针河在碑廓境内蜿蜒二十余公里，于安东卫街道入海，绣针河北岸有唐代遗址“香塔寺”一处，关于绣针河的来历和香塔寺的建造，民间有着美丽动人的传说。

据《莒志》载，绣针河旧名白羊河。《山东通志》中称石河。河水在阳光照耀下银光四射，似无数绣花针，故名绣针河。另说，相传战国时代，孙膑学艺于甲子山，因厌倦隐居生活离开甲子山，一天在河边遇一老妇磨一根铁棒，说是要磨成绣花针，孙膑听后深受感动，于是重又回山刻苦学艺，终成一代军事家。

香塔寺始建于汉朝，遗址位于田家寨村西。1975年，市文化馆会同有关考古工作人员在香塔寺旧址考查，确认香塔寺旧址的砖属于汉代遗物。香塔寺原有建筑99间，现存3间。香塔寺在隋朝时就已建成。隋朝有长安人随师习武，为逃难出家至此，号称“仁安”。据《文部正卷》第4页载：“炀帝乙丑，此寺道长长安人，法号‘仁安’也，善民口尽，倡求四海为家，则派郑安而息别，徒子运碑文，所取道号”；第21页载：“宝权位进，五台山人，名杜子，其父撞朝落榜。杜童年，其父救仁安之命”；《文部正卷》第25页记：“杜子之子杜有才，考京都司马文书兼任当地田城寨主，行居庙东南伍拾处址，爷俩见寺庙已旧，商讨如何中修建香塔寺”；第205页记载：“唐贞观二十三年，黄海征调五百众五台僧佐道两名，付唐官府审准，征用二十季（以前土地计量单位）。续修庙百余间，设‘中金堂’‘新仁堂’‘仁礼堂’。”人们在香塔寺原有的基础上加以扩建，此时寺院规模宏伟，形势浩大，据说里外三层共99间，前层礼部厅，行人拜佛进香必须经此厅，礼毕方可入寺，二层为武部厅，供僧人演武之用，院中建塔一座，高约数丈，塔的东西两边各有石鼎一个，重约千斤。两厢宽大，是演武场所，后厅中排列着各种神像数十尊，庙前有碑数十幢，地下并建有工事。后来香塔寺和尚有犯上作乱的行为，被朝廷发现派人用耙把和尚耙死了。

碑廓有着光荣的革命历史，抗日战争时期，这里是滨海根据地和游击区，罗荣桓、陈光、谷牧、肖华、朱瑞等首长曾在这里工作、战斗、生活过。1944年7月罗荣桓在这里主持召开“山东军区军事工作会议”，总结对敌军事斗争的经验，会址保持完好，现已开辟为纪念馆，展出当年会议的参与人员的实物及照片。

碑廓农历的每月四九逢集，集市物品丰富，集日高峰期赶集的可达三四万人。有二月二十九日和十月二十九日春秋两季山会。碑廓镇自古至今是商业重镇，清末民初时这里有东油坊、西油坊，有山西人开的当铺，当地人开的杂货铺、钱庄、饭馆、面馆、旅社、坊子、中西药铺等，手工业有染房、冶炼、粉坊等。清末明初时，碑廓街里有名的商贸铺号达一百余家，长年从事加工制造商业贸易和社会服务活动。

尧王之城——高兴镇

历史悠久的日照市高兴镇是远古尧王文化所在地，这里青山绿水、四季分明，民风淳朴、遗存丰富，文化底蕴深厚，名胜古迹众多。东邻日照开发区奎山街道，南与日照海洋城接壤，西与巨峰镇毗邻，北依日照市区。北部山峦翠岭东西绵长，果茶林木繁盛；山下河流纵横交错，川原稻谷溢野。村落围绕镇中心依势星罗棋布，传统格局和风貌特色鲜明保存完好，具有重要的文化价值。

高兴镇名字由来已久，在宋代乡属进贤村。元代皇庆元年（1312），县教谕薛谦在《高兴埠龙王庙碑记》中记道："日照县治之西南三十余里乡属进贤村，名高兴王祠，于是宁在焉，营建之初前金大定之五年也……"据传原祠有御制碑一座，上记高兴和尚建祠，祠香火旺盛，后规模扩大成为庙群。高兴功德无量，108岁圆寂，弟子怀念，乡人追思，把进贤村更名为高兴乡，乡域名一直延续至今。

位于高兴镇的尧王城遗址是国家一级文化遗址保护单位。尧王城遗址发现于1934年。遗址东西长约630米，南北长约825米，总面积约为52万平方米，文化堆积约2米～3.5米，最深处可达6米，目前已发现铺有基石的城垣。文化层堆积以龙山文化层为主，兼有大汶口、岳石、商、周、汉等时代。尧王城遗址是一处由大汶口文化过渡到龙山文化时期的文化遗址。遗址比两城遗址大得多，是一个相当大的“原始城市”，可能是尧王古国的都城。

该遗址发掘发现的土台式、土坯式建筑形成和建设奠基，是全国龙山文化时期首次发现。考古专家认为，距今4000多年前的原始社会，造房不仅规划布局十分考究，而且房屋建造具有突出特色、风格和技术，这对研究我国建筑形式、技术的继承与发展，研究建筑史提供了宝贵的资料。

1992年至1993年中国社科院考古研究所在对该遗址的发掘中，发现炭化水稻的颗粒，这是当时唯一发现龙山文化时期人工栽培水稻的实物证据。该遗址还发现了若干方向不一长约1.6米、宽约0.8米、深约1米的长方体粮囤。

遗址出土的遗物有陶器、石器、玉器等。陶器有泥质和夹砂黑陶、灰陶、红陶、白陶等。陶器的主要器类有鼎、罐、盘、杯、盆、器盖、纺轮、镞、网坠等。陶器多饰有弦纹、附加堆纹、乳钉纹、划纹等，并普遍采用快轮轮制而成。陶器中以火候高、陶质硬、陶胎薄，有黑亮光泽的蛋壳陶最为精致。彩陶的发现，填补了日照市及鲁东南沿海龙山文化陶器的空白。特别是在龙山文化大口尊陶片上发现的陶文极为重要，这是继莒县陵阳河遗址发现大汶口文化陶文和邹城丁公发现龙山文化陶文之后的又一重大发现，对研究我国文字起源提供了极为宝贵的实物资料。

自金代高兴和尚建王祠扩建庙宇，举行庙会衍生寺集，应运产生了说书艺人的书场，并成为鲁苏书会所在地。每逢庙会或集日，周围四五十里的群众，蜂拥前往高兴，各地说书艺人也利用这个机会，蓄力献技艺。说书人来自各地，曲艺调牌和曲目话本种类繁多。有河北、天津、济南、北京、邳州、淮北、临沂等十几个省市地区的，也有本乡本土的。曲艺种类大致有河南坠子、京韵大鼓、洪泽湖渔鼓、山东柳琴茂腔、江南之弦、东昌府快书、历下竹板、数来宝、天津相声、凤阳梅花大鼓、日照评书、口技十几种。艺人们像打擂台一样，竞相亮相，施展才艺。

镇北五峰翠岭相连。九泉山上有望海寺与建于唐代、有三层木结构的望海楼。在望海楼上可以观海上日出，领略“前开唐中，弥望广潒”的意境。前人游此留下许多脍炙人口的诗词歌赋。白云山坳有白云寺，内有清代同治年间淮军将领刘铭传镇压捻军的碑记，上有南朝历经宋、齐、梁三朝“山中宰相”陶弘景《昭问以诗作答》诗句，有旌表彰显功名德行的旗杆山，有大清皇制敕文碑刻。

向阳山下向阳村是工农作家王安友的故居，他曾根据家乡抗日战争和解放战争时期发生的故事，创作《李二嫂改嫁》、长篇小说《战斗在沂蒙山》《海上渔家》和一些儿童作品。

镇驻地南范家村，有1904年癸卯学制的高兴乡高等小学学堂旧址。1932年郑天九和牟春亭多次在这里召开秘密会议，发动日照共产党暴动。让一大批学生分别进入国民党57军111师由谷牧领导的667团、668团地下宣传队。

跨入新世纪，高兴镇努力借助历史文化资源发展文化强镇，实现文化复兴。市级非物质文化遗产有“飞狮夺球”“编蓑衣”“民间歌谣”“木版年画”“高兴花棍”等5项。其中“飞狮夺球”是高兴镇冯家庄村杨淑学老人的一门绝活，它的表演性质与提线木偶有相似之处，形式上却与之有很大不同。它是将两只狮子用绳子悬在一个横杆上，舞者一只手控制一只狮子，通过手中的线控制狮子做一些蹲、翻、跳等动作。狮子的嘴巴中有一个钩子，节目的最后会钩住球，将绣球分开，同时里面的条幅就会展开。20世纪40年代，老人的父亲从当时在此村行医的江湖郎中手里学得此艺，其父又将此艺传与他手。之后，杨淑学老人又在细心研究揣摩的基础上对道具、动作加以改进创新，终于形成今日之节目内容。“飞狮夺球”在山东省乃至全国都是独创，已成为日照市非物质文化遗产中的瑰宝。

文明蕴汇巨峰　绿茶飘香古镇

来到日照，爱茶的朋友一定会想到日照绿茶。青山沃野间，穿行在绿油油的茶园，放眼望去，青的是山，绿的是茶，白的是墙，彩的是画，美的是心情。这就是绿茶飘香的古镇，素有“南茶北引第一镇”之美誉的巨峰镇。

巨峰镇位于日照市岚山区中部，隋代殷姓族人在此建村，取名殷家村，明洪武四年(1371)，以其三面环山、群峰壁立，改名为巨峰。嘉靖十三年(1534)青州兵备道康天爵为杜绝盐商私贩，在此设立营寨，置兵镇守，名“巨峰寨”。清康熙十一年（1672）改称巨峰，清末改称巨峰社。1912年改称巨峰区，1985年改称巨峰镇。2000年，大坡乡合并到巨峰镇。

梁姓曾为巨峰望族，最早于元朝末年迁居此地。据光绪《日照县志》载：梁氏一世祖梁黑醜，率青壮加入明军，随汤和南征北战，屡建奇功。后又参与防倭，屯军巨峰，战时出征，平时回营，三分军事，七分耕种。梁黑醜因战功卓著，被朱元璋封为千户总。其七世孙梁儒，在平倭战斗中屡立战功，被嘉靖皇帝封为锦衣卫“忠武”（从六品），卒于进京赴任途中。朝廷赐予“沿海保障”大匾，其子孙将匾悬于大门额300余年，至清咸丰十一年（1861）被战火焚烧。十五世孙梁统传，被清乾隆皇帝封为武德郎（四品），十八世孙梁蔼清被光绪帝封为儒林郎（从六品）。所以日照民间素有“丁、牟、秦、安、李，别忘巨峰梁”之说。

近代倒袁斗争中，声名远扬的日照“五天”，即薄天飞、丁天鹤、李天座、梁天起、姚天转五人，巨峰就占了两位，即薄天飞、梁天起。

巨峰镇西部有座山名“南北山”，又名“德靖山”。此山南北走向，山顶分南主峰和北主峰，犹如一条巨龙。相传，附近刘家东山和石场村的先祖是海曲某世祖从安东卫迁过来的，到了这座山，恍如来到不知有汉的世外桃源，于是叫这座如屏障的大山为“得静山”。后人因为这座山是罕见的南北走向，又称之为“南北山”。德靖山巨岩如屏，极为险峻；西北部的北垛山林秀泉清，云雾缭绕，“青山万重如城廓，绿树千丛护法王”；北部群山曾有“小蓬莱”之称，留有朝元观、朝阳洞两处遗址。每逢节假日，前来观光、休闲的游客络绎不绝。山上有个仙人洞，据传战国时期著名的军事家孙膑和庞涓曾在此学艺。该山南麓有世界著名物理学家丁肇中的祖先丁珩的墓地，附近有个丁家林村。丁珩，字荆璞，生于明代末年。他“痛念先荫凋零，一意向儒业，倾赀延名宿，督之就塾执经”，极其重视家族的教育，倡导族人读书。其后，丁氏补弟子员者有之，中秀才者有之，家声渐振，门户始昌。丁珩的长子丁允元就是日照丁氏家族第一个进士。丁氏家族自此开始步入仕途。《日照县志》载：“丁珩不以子贵受封而自倨，自谦一如寒素时。”丁珩谢世后葬于德靖山南麓，并雇佣佃户看林，形成了现在的丁家林村。旧时丁家林主墓前有3株桧柏，中间一株大，两边两株小。两边两株枝干长得像人的胳膊，搀扶着中间一株的两个侧干，俗称“媳妇架婆婆”。惜此树于“文革”期间被伐。

在丁家林村东侧相邻的大土山村，今存有一处古墓群，相传为周商时代所建，当地人俗称“北城子”，北城子占地约有300亩。

巨峰镇南部的幽尔崮，相传是孔子的“师傅”项橐的出生地。山上曾建有寺庙一座，年代失考。庙内原有银杏树2株，每株都有一搂多粗。山上有奇异的“猫头石”形状恰似猫头，栩栩如生。有台子石，看似摇摇欲坠，却难以推倒。1945年春，日军将银杏树砍伐焚烧，寺庙在“文革”期间被毁。现在仅残存寺庙院落，当地俗称“庙天井”。

巨峰镇北的东西山脉主峰叫“老牛顶”，山势陡峭，历来为军事重地。1945年春，日军盘踞在此，现尚有日军当时开挖的山洞。老牛顶往西是野鸡寺山，山顶原有庙宇，年代失考。庙内主佛像是铁铸的，俗称“铁佛爷爷”。山下西侧，山石自然形成石人、石靴、石鼓、道士帽子等奇石景观。惜“文革”期间全遭破坏。现仅存山顶周围的古老围墙。

老牛顶向东是朝元山，有朝元观遗址。遗址位于朝元山南麓，为宋代所建。朝元观经历代重修，民国年间尚有山门3间，内供“老母”塑像（也称老母殿）。大殿5间，内供元始天尊塑像。殿前有东西配殿各3间。东为三官殿，西为牛王殿。殿两侧有客房3间，伙房1大间。观周围砌有乱石院墙，占地面积约有3亩有余。原西南角有古银杏一株，树下有枯井一眼。山门外有黑龙潭，潭上有升仙桥。观后有一山洞，称黄山洞。朝元观“山峦环抱，树木幽深”。历代名流多有登临赋诗之举。民间有句俗语：“进了日照县，先看朝元观”。抗战期间中共日照县委、日照县民主政府曾在这里召开会议。1945年春，日军在老牛顶安据点时，县政府根据上级指示忍痛将观焚毁。现尚留宽0.9米、厚0.3米、长2.2米的原升仙桥石桥。

该镇相家楼村有一处古墓，俗称“相家大林”。据考，相林，金元时人，先后被封为“武德将军”“宣武将军”，为海曲县尹。“相林墓”前石人、石狮、石犬等，在“文革”期间受到破坏，目前尚有部分留存。

中国文字发源地——陵阳镇

山东莒县有一条拥有悠久历史的长河——陵阳河，这里出土的象形文字被中国考古界专家公认为汉字雏形，将汉字历史上推到五千年以前，是大汶口文化的重要发祥地之一。在悠久的陵阳河边有一座美丽的城镇——陵阳镇。陵阳镇位于莒县县城东南，西与城阳街道隔沭河而望，东与龙山镇接壤，南与长岭镇、寨里河镇相邻，北以店子集镇相连。

“陵阳”之名，最早见于明代嘉靖《青州府志•乡社》，其中有“陵阳店”和“陵阳社”，陵阳店是明代莒州十三店之一，说明陵阳在明代就已经是莒州境内的商业重地。当地自古以来就流传着“七洙流，八葛湖，十二陵阳，一杭头”的民谣。陵阳，顾名思义，陵墓之阳。“陵阳”这个名字包含着阴、阳平衡的含义。古人研究周易八卦，其中有阴阳平衡的讲究，阴阳平衡则吉，阴阳不平衡则凶。陵墓为阴。因此，“陵阳”这个地名从阴阳八卦上讲是非常吉利的。今陵阳镇驻地东北约2公里处有两座古墓，东西并列，相距约500米，当地俗称大王坟、小王坟。陵阳之名即因处在这两座古墓之阳（古文中山南水北曰阳）而得名。大王坟即汉代刘章之墓，墓高60米，占地约21000平方米。刘章是汉高祖刘邦庶长子齐悼惠王肥的次子。吕后称制，封为朱虚侯，以吕禄女妻之。吕后崩，吕禄、产欲作乱，章知其谋，先告其兄齐王襄，后与太尉周勃、丞相陈平等共诛诸吕，功尤大。文帝元年(前179)，益封章二千户，二年，封城阳王，都莒。后岁余，章薨，即葬于此。在大王坟西500米处，对峙建有“小王坟”，墓高52米，占地约9600平方米，相传是莒子墓，即莒国第一代国君兹舆期之墓。四周远处，遍布许多汉代小墓，墓群称官家林。此处可谓是人杰地灵的风水宝地。

陵阳历史底蕴丰厚，文化悠久，境内寺庙繁多，碑碣石刻林立，有名胜古迹20余处。1960年在陵阳河遗址出土的国内罕见的酿酒器具和大口尊的图像文字，被中国考古界专家公认为汉字雏形，将汉字历史上推到5000年以前。此后相继在境内大朱家村、杭头等大汶口文化遗址中又出土了这种“图像文字”20余个单字，引起海内外考古、历史、古文字、美术界、天文界极大的关注，学者们大都确认这是迄今为止所见中国最早的文字，是现代文字的祖型、雏形和源头，说明陵阳先民已率先展望到文明之曙光，开始步入人类文明的门槛。境内另发现墓葬45座，出土随葬品2800余件，其中有弥足珍贵的大口陶尊、陶质牛角形号、壶、盆、高领罐等28套酿酒器具和225件饮酒具等大汶口文化遗存，同时也不乏龙山文化的墓葬和岳石文化的遗存。这对我国文字的起源、酿酒技术的发明与发展、针灸医术的发展与应用、军事首领的出现具有重大意义，充分说明了陵阳是东夷民族部落方国的发祥地，是大汶口文化的中心，彰显着在悠久历史长河中陵阳先民繁衍生息所留下的闪光足迹。

1960年春旱，莒县连续46天无雨。到了夏季，暴雨骤降，山洪暴发，陵阳河遗址局部遭受暴雨。河崖里冲出三个“大炮弹”来，三个器物都呈筒形，下部尖，高52厘米，口径30厘米，壁厚3厘米，形似炮弹。三个“炮弹”在出国和在京展览期间，引起了重大关注。众多教授及古文字学家纷纷撰文，诠释“炮弹”上的图画，随后，以器物形状和其上刻画的图画，分别称这三件文物为“锛”“斧”和“日月山”。释“日月山”图案为“旦”字，“斧为钺”“锛为金”，被证明是比甲骨文更早的文字，按照文字是文明史开始的一个重要标志这一说法，中国文明史被足足上推了千余年。也是在这之后，乱叫了近20年的“炮弹”有了正式的名字——“大口尊”。后来，“日云山”（“日月山”后被更多专家认定为日云山）被《中国历史》课本采用，并确定为原始文字。标志着莒县无可争辩地成为中国文字发源地。

为了验证“日云山”这一景观，秋分时节，莒文化研究院三名工作人员来到莒县陵阳镇东南方的寺崮山脚下，观看日出。早5点16分，寺崮山山峰出现几缕灰黑色云彩，逐渐变成一抹红霞。6点整，太阳在耀眼的光芒中终于露出半边金身。6点6分，太阳越来越高，一缕缕彩云环绕周围，太阳光线变得柔和，不再刺眼。6点44分，画面中，上边是一轮红日，中间云气蒸腾，下边是寺崮山五个山峰，就像大口尊上刻画的图画一样。至此，5000年前莒地秋分日出景象“日云山”再现。

经专家考证，在5000年前，鲁东南有个强大的莒氏部落，陵阳河是莒部落的核心地带，莒部落是东夷部落代表，有辉煌的古代文明。每至春分、秋分，莒部落举行祭祀仪式，将刻有“日云山”的大口尊置于祭台崇拜祭祀日出，同时昭告百姓，进行播种和收割。

陵阳镇旧有两座寺庙。一座是大寺村的十王庙，建于明代，十王殿的亨寨判官，被蒲松龄写进了《聊斋志异》。一座是石子山上的玉皇庙，前后两处，建筑面积250平方米，门前有一松树，名探海松，传说与浮来山的古银杏为一人所栽，1947年庙毁树伐。庙后有节孝碑八座，庙东有道士林一处。

境内名山众多。仙鹤山位于镇南2.5公里处，高约百米，传说仙鹤在此驻足，故得名，上有“魁星阁”。旧时举子多来拜访，以求功名。龙子山，因形状像龙，四角各有一处温泉，冬不结冰，大旱不涸而得名。四姑山位于镇东4公里处，山有4峰，故名。山上有先民观察气象的天文台遗迹。传上古春分、秋分时节，先民们祭太阳神，在今大寺村东祭台上，早上观日，看到太阳从三峰中升起，于是发明了图像文字“日”“月”“山”，同时期形成了早期的节气概念，用节气引领农业生产。这就是至今还在使用的春分、秋分的形成。

探寻东夷文化之光——城阳镇

城阳之地，钟灵毓秀，人杰地灵，历代人才辈出，彪炳于史册者屡见。他们“或功施社稷，或泽及生民”，都创出了一番为后人所景仰的光辉业绩。

莒县城阳镇地处莒中平原，在莒城及其周围。北与阎庄镇、招贤镇相邻，南与刘家官庄镇接壤。东隔沭河、袁公河与陵阳、店子集、峤山镇相望，西濒柳青河与浮来山镇为界。

莒地自古“介齐鲁之间，北枕大岘，东襟溟渤，南据沂赣之上，西接龟蒙之左鄙”，为鲁东南要冲之地。城阳在莒腹地，地处莒城之周，自然形成对莒城的拱卫之势，其位置更显重要。辖区内206国道纵贯南北，胶新铁路横穿东西。东去71公里为欧亚大陆桥头堡日照港，南去10公里为日东高速公路，公路之省道、县道从此过或从此始，交通十分方便。

城阳历史悠久，新石器时期即有东夷先民在此繁衍生息。商代地属姑幕国，周代为莒国都城，秦属琅琊郡莒县，汉为城阳国都，后汉属琅琊国。魏晋后属莒县，金以后属莒州。1944年属滨海专区莒县，1950年改隶沂水专区莒县，1953年隶临沂专区莒县，1992年改属日照市莒县。2001年始成现在的规模。

春秋战国时，城阳人两救齐国，一为齐小白避难，成就齐国霸业，“毋忘在莒”从古至今已成为长鸣的警钟；一为拒乐毅围城，使齐襄王恢复齐国，并出了史册长誉的太史敫之女君王后。

祖居莒城之郊的南朝著名文学理论批评家刘勰为后人留下了不朽名著《文心雕龙》。元代邹惟新，官至亚中大夫，太常礼仪院同佥。明代进士陈勖，在监察御史位上政绩卓著升任江西布政使司左参议。抗倭英雄孙镗，载于《明史》忠义传。明末庠生杜李、百户何琚与知州景淑范共同英勇抗清，壮烈献身。

“或学问渊博，或天姿高迈”，卓有文学成就的有元代名画家赵原，明代女诗人夏云英、纪映淮，清代的陈山詹、钱士魁，民国年间的伦攸叙、于疆辰、周兴南等，均为后人留下了精英之作和脍炙人口的诗篇。

城阳镇境是东夷文化的发祥地之一，是莒文化的代表和象征。沧桑巨变，朝代更替，存留下了大量的文化遗存。有大汶口文化、龙山文化、岳石文化遗址，有莒国故城遗址和古城内的多处文化遗址。有春秋时柳青河墓群，有汉代马庄墓群，有60多处历代庙宇遗址，还有海内外闻名的元代邹家庄子状元林。古城内八景和城阳外八景的沭水拖蓝、书院夜诵、西湖烟雨等，更为人们所熟知。

城阳有源远流长的寺庙文化，昔有谚云：“泰山神多，莒州庙全。”民国初年，莒县有庙360多座，其中城阳境内60余处。

文庙，始建于隋代，后毁于金代，元明清多次重修，至乾隆五十七年（1792），“规模大备”。1914年更名为“孔子庙”。元、明、清、民国初年，此庙都由官方举行祭典。定期为每年农历二、八月丁日。1929年，取消官方祭典。后来文庙改为莒县博物馆，收藏、展出地方文物。

宝愿寺是古莒县众多坛、观、寺、庙中的佼佼者。占地约10000平方米。因其历史悠久，规模宏大，当地人称为“大寺”。《重修莒志》载：“隋大业初岁，高僧昙观剃度于此。”又载：“其三门石柱上，有唐尉迟敬德监修”等。1980年在宝愿寺旧址出土“四面刻经碑”一方，佛座一块，均为石灰岩质。“四面刻经碑”即四面刻有经文，纪年为“大隋开皇十六年岁次甲申三月十日”。佛座呈八面形，每面刻一龛，每个龛内刻有坐于莲花座上的伎乐天。考其雕刻风格与技法，应是隋唐遗物无疑。

昔日宝愿寺坐北朝南，门前有汉刘章手植槐，北靠金龙河，东有永丰仓，西临城隍庙。因其历代修葺扩建，故该寺为崇垣重门，殿冲霄汉，门接星斗，巨阁巍巍，牙檐高啄，翼以两庑。殿内诸神如生，院中碑石林立，翠柏参天，盛暑凉气袭人。三桥九曲，回旋诸殿，僧徒百余，香火不断。

宝愿寺历经两千余载沧桑世变，几经兴衰。至明成化元年（1465）主僧知和致力营建，三年（1467）铸铜佛千尊，皆栩栩如生。越十余载而建千佛阁，阁上千佛饰之以金；阁下罗汉五百皆妙手彩绘。二十一年（1485）铸大悲观音一尊，高丈五，重2000斤。嘉靖八年（1529），州人徐子铭倡修宝愿寺，知州刘鲸率先捐资，僧人宗明，八方谋缘，筹资万缗，经年余功成，方达寺之最大规模。《重修莒志》载：“沙门之胜概，吾莒之伟观，无逾如此。”崇祯十年（1637），知州葛遇朝创建法云阁，寺之壮伟更胜昔时。从僧舍面积与寺遗二十印大锅推断，此时，居寺僧侣不下百余人。昔因壬午之难（崇祯十五年清兵屠莒），半为焦土，僧众亡徙……康熙七年（1668）六月十七日大地震，古殿皆圮，满目怆然，宝愿寺唯剩高阁。康熙十六年（1677），知州张文范重修，限于财力，未复旧观，僧侣仅存十余人。咸丰、同治间战乱，乡民入寺避乱，古树被伐。光绪十九年（1893），知州张承燮依千佛阁残址改建正殿三楹，大门左右铸铁象二尊，高丈五，重万斤，建厅两座供之，人称“铁法神”。1929年，佛殿改建学校，所存铜佛三尊及大悲观音移于漏厄湖畔观音堂。中学院内遗有嘉靖铸钟一具，悬于钟楼。此钟重5000斤。日寇侵莒时司令部即设在宝愿寺，所存铜钟、铜佛均被劫走，“铁法神”也被毁于军需。一座古刹名寺就此消失了。

城阳镇文化事业比较发达。清末民初就有不少村庄办起京剧戏班。新中国成立后，大部分村庄办起了形式多样的文艺宣传队，其中以南关街、西陈家楼等宣传队最为有名。书画艺术在城阳的文化事业中占重要地位。城阳的商贸业历史悠久。由于地处鲁东南交通的交汇处，成为各种商品的集散地和转运地。到清光绪年间，外商到莒城设厂开店，更带动了商贸业的发展。

从官衙治所到商贸重地——大菓街村

莒县大菓街，位于莒城浮来中路南，东与东大街一街相连，西靠青年路，南至护城河。该街历来是繁华地段，也是商家客户云集之地。

明代地属西南隅和解元坊。清代地属西南隅社、解元坊社。在民国前的历史记载中，从没有大菓街之名。明代到清初，现大菓街区域内多为官衙所在地。据清雍正《莒州志》中的“州治图”载，这一带有兵备道、布政司分司、按察分司、守御千户所、府馆等官衙。还有武庙、先贤堂、二贤祠等庙宇。只有少数居民杂居其中。到雍正年间，除守御千户所外，其他衙门裁撤。

清中期，千户所裁撤。这一带已无官衙存在。乾隆年间，东西大街成为商贾云集之地。据嘉庆《莒州志》中“州治图”记载，在这一带仅有魁星阁、二贤祠和普济堂三处公共建筑。清末民初时，此街成为莒城最繁华的商业街。同时居民渐多，逐渐形成居民区。据《重修莒志》“莒县县城图”所记，现城里的浮来中路，即人们习惯所称的大菓街，当时包括东门大街、菓街、文庙前街、中学街、关岳庙街。从菓街顶到现新华书店这段仅200米的街叫菓街。这是历史上菓街地名之首见。因当时此地为瓜果集散之地而得名。

抗日战争前，大菓街之名已非常响亮，几乎成为繁华商业街的代名词。同时，菓街顶也成为人们所熟知的地名。从其知名度推断，菓街之名在清代中后期即应被人们熟知。确切时间已无从查考。新中国成立后，其他街名消失，而菓街之名独存，并且成为莒城东西大街的唯一称谓，并被人们逐渐加上了个“大”字。现虽已改称浮来中路，但人们仍称大菓街。1935年前后，现大菓街区域内，有鱼市街、皮货街、旧影壁街、老槐树街、南城墙根底街。此时，已成为人户众多的居民区和商业区。官府指定隅长，负责这一带的民事事务。

新中国成立后，人民政府将大菓街之南，南城濠之北，西城濠之东，南门大街之西居民区定名为民主村，此为这一带成为行政村之始。1958年成立红旗公社，改称大菓街生产队。1981年改称大菓街。大菓街成为行政村的名称，并成为莒城四街之一。

升仙桥在莒城西南隅朝元宫前，是一座普通石桥，长不过五尺，宽不过三尺，高约三尺，架于老槐树底南街的东西水沟上。据说，因永寿真人张仙公，在此羽化升仙而得名。张仙公，原籍日照，出生于名门贵胄，祖上历世积德行善。兄弟五人，公居四，自幼天资出众，聪慧好学，十岁即知慕道，立志终身不娶，入修真观修道。十四岁进莒城朝元宫，其师为其取名“志在”，号“永真”。他潜心修行，后得道成仙。一日忽见白鹤绕庭，祥云缭绕，张仙来到桥上，羽化升仙而去。后道家传人在桥旁建永寿真人祠，所以张仙公也被称为永寿真人。由于张仙公在此桥升仙，所以，该桥成为莒城名胜景观之一。

南北大路　军事要冲——街头镇

街头镇位于山东省五莲县城南部，区位优越，交通便捷。街头镇历史悠久，具有四千多年的历史。前、后街头两村于明朝初年建村，因据交通要道，贸易较发达，得名街头。镇驻地设在后街头村而得名街头镇。

街头镇原为日照县辖，1947年建立五莲县，为五莲县街头区。1958年撤区并乡，全区设街头、坊子、迟家庄三个乡。1984年，三乡合并成立街头镇。2000年，原街头镇、杜家沟乡、王世疃乡合并为街头镇。

街头镇历史悠久，文化遗址丰厚，很早就有先民在此居住，并创造了灿烂的文明。东城仙大汶口文化遗址位于东、西城仙两村之间，面积7.5万平方米，文化层深1米～2米。曾出土夹沙灰陶大口尊，侈口折沿，四壁厚2厘米～3厘米，重15千克，外饰粗绳纹。此外有黑陶罐，漏孔残豆柄，以及残缺的石刀、石凿等。

战国时期古兵营牌孤城遗址位于该镇迟家庄西北处。因坐落在牌孤山下而得名。遗址东西长270余米，南北宽260余米，面积7500平方米。东面城墙残基平均高3米，东南角最高处5米，底宽6.5米，顶宽3米，系由沙土分层夯筑而成，至今夯层十分明显。西侧与南侧城外有护城河，城北牌孤山前有古道相通。城东北约500米处有一“百将口”，传说当年齐国在此曾折损百员战将。20世纪50年代初陆续出土陶片、残瓦、铜制剑、戈、簇等及八方刻有“左桁正木”的铜印等文物，现内城保存较完整。该城背靠九仙山、五莲山、马耳山，在齐长城以南约12公里。东有柳树店、响水崖一线的古“南北大路”，西有五莲、高泽、枳沟一线的南北通道，可随时调动兵力，据守要冲之地。

镇内李崮寨原名尼姑寨。明朝时，有尼姑在此建庵而得名。相继又有和尚进山筑寺，香火绵绵。后有李姓道士来此修炼，尼姑寨由此更名为李固寨，进而衍化为李崮寨。如今这里林壑幽美，林木茂盛，景色宜人，被誉为“齐鲁第一大峡谷”。

驼儿山位于镇境中北部，主峰海拔386米，其后有一小峰与之相连，状如老翁负儿，故名驼儿山（《齐乘》称为石驼山）。前人多有咏山诗作。清光绪《日照县志·文苑志》载有日照知县丁守建的《过驼儿山》：

慈父娇儿两意欢，

朝朝襁负列岗峦。

天公绘出劬劳象，

常遗人间孝子看。

当代书法家厉复友也曾写诗怀念自己的家乡驼儿山，诗云：

红日依山尽，

夜幕将欲临。

遥遥千里近，

殷殷思乡心。

山南部有一无字碑，旧传为秦王碑。传说当年秦始皇来山东巡视，路经这里，正赶上这地方发大水，驼儿山西的洪水被山拦住，成了一片汪洋。秦始皇挥起神鞭，朝山前一道梁子狠狠抽去，结果抽出现在的石门口子。洪水泻下后，淹在水中的北、中、南三个西峪都露了出来。这一鞭抽出两座山，一座是驼儿山，另一座是路南的石人山，山上有石老头、石老嬷，还有石狗、石蛤蟆等怪石。人们为了报答秦始皇，把那块天然的石碑称为秦王无字碑，并在山上建起了秦王寺，塑上秦王像，供人世世代代供奉。驼儿山顶有巨石兀立高耸，十分引人注目，顶部方而平，石高达一二十米，宽十几米，靠“阁台子”的一面似一刀切成，光滑如砥，传说这是供秦始皇磨剑之用的磨剑石，也称望海石。它面朝东方，似翘首远望东海。

相传，驼儿山的石头与其他地方不同。常在雷雨天气炸山滚石。有一年山上滚下一块万斤巨石，朝着山下的寺庙砸去。有人发现后高声喊到：“打了寺，打了寺！”提请寺内防范。听到喊声，从寺内急忙走出一住持和尚，朝那块石头跪下，口中念念有词：“阿弥陀佛，打我和尚别打寺”，这石头到了他跟前，立即停住不动了。从此这和尚庙便叫起打了寺。和尚以身护寺的事迹，感动了方圆数百里的百姓，人们纷纷捐资，扩建了庙宇，请来了佛爷、龙王和十八罗汉塑像，使打了寺成了规模宏大的名寺。遗憾的是，寺庙毁于战乱，只剩遗址。那块滚下的石头已被开采利用，无处找寻。

境内坊子村曾是清末日照反洋教斗争策源地。1903年，坊子村人厉应九曾率领当地农民据守驼儿山与官军对抗。甲午战争后，德国传教士在后街头等地建立教堂，组织教会，霸占民田，掠夺民财，当地人民深受其害。光绪二十四年（1898）十一月九日，厉应九率2000余人，包围后街头教堂，抓住德国传教士薛田资及教徒多人，游街示众后，押上了驼儿山，酿成了著名的“日照教案”。后官兵攻山，厉应九率义军迎敌，终因武器低劣，寡不敌众，最终兵败。厉应九突围后，流亡烟台、东北等地。数年后回乡病逝。

高泽湖畔话古镇

在潍河上游有一座墙夼水库，如果你问这水库属于哪个县，当地人的回答让你好生奇怪，他说这水库是诸城的水，五莲的地。墙夼水库灌区在诸城境内，主要库区位于五莲县高泽镇，人们称之为高泽湖，水质清纯，碧波荡漾，湖中翠岛点缀，有许多动人的传说。位于湖畔的高泽镇承载着历史穿越时光展现在人们面前。

高泽镇位于日照市五莲县城北郊，地处日照、潍坊两市交界。东与许孟镇交界，北与诸城市枳沟镇接壤，西与于里镇相邻，南与洪凝街道毗邻。

明初，张王两姓从江苏省迁此沿河立村。因地沃积水取名膏泽，俗称涝支，后简化为高泽。1943年前属日照、莒县、诸城三县分辖。1943年解放后为日北县高泽区，1944年划归诸城县。1984年改为高泽乡。2001年与原七宝山镇合并为高泽镇。

汉代昆山县故城遗址，在县城北、高泽镇南、高泽湖上游。清光绪《日照县志》载："汉元帝封城阳荒子光为昆山侯。"今县城北6公里处有昆山，昆山西3.5公里有故城址。据考，此址在今西楼村东南，占地面积2.5平方公里，文化层深2米～3米，已出土汉代砖、瓦、三棱箭头、铜钱等文物。1958年又发现一条东北西南走向的石道和大方砖砌成的屋基。城西有庙宇，城东昆山西有王墓岭，相传为汉荒王墓。此地曾发现石狮、石羊等。1979年，该遗址被列为县级重点文物保护单位。

紫麓崮，又名柴罗府、豺鹿府、柴鹿府、柴鹿固、柴庐崮、柴麓崮、柴络府。一地八名堪称一奇。柴麓崮原名“柴山”，在山前有旧石碑记载：“……潍水（淮河）悠悠，柴山苍苍……”此地位于山东半岛东南部五莲县高泽镇（原七宝山镇）东逊峰村境内。此山名称就颇让外界费解，一山八名，各有不同。而当地老百姓称呼此山多为“chai luo fu”音译为“柴络府”，百度地图将此地标注为“柴路府”。五莲县当地村、乡、县旅游文化部门对此山称谓：柴麓崮。叫法多种以何为准呢？目前最有力的史学资料为1942年的民国《重修莒北东山庙》碑记载：“莒北四区（管帅）逊峰庄之东，有山名柴麓崮，有岱宗神女元君碧霞祠……”此山每年农历三月初三都会有大型民俗活动，类似于“庙会”，但无商品贸易。方圆百里内百姓纷纷聚到此地上山“进香”“许愿”“求子”“栓媳妇”“升学”“求平安”“求仕途”等等，上山许愿的人络绎不绝，香火兴旺。

春秋战国时期，齐国为防御鲁、楚的进攻，在南部边境建筑了绵延千里的军事屏障——齐国长城。在五莲县境内可见长城遗址主要有9段，高泽镇境内有3段，分别是东云门至潘村段、西黄柏沟至邱村段、院上村至水西河子水库段。

高泽名人辈出。王尽美祖籍高泽镇后张仙村，系张仙王氏始祖良臣之十六代孙。他是中共“一大”代表、山东党组织最早的组织者和领导者，在党的创建和早期革命活动中，做出了卓越贡献。

高泽镇民俗风情丰富，尤其是迎新春闹元宵期间，形成了富有特色的抬灯官、王大娘、跑旱船四大杂耍形式。

抬灯官的节目，多在迎新春、闹元宵时杂于高跷、旱船、龙灯行列中。灯官既是高跷队中的滑稽小丑，又是高高在上的总指挥，他塑造的是与民同乐、朴实可爱的小官形象。灯官面涂小丑脸谱，身穿县官袍服，头戴丑角乌纱，帽子顶部装有精制的小灯笼。其配角是扮作壮汉的两名抬夫，抬夫共抬一根颤动的腊杆或竹杆，杆的两端装有美观的彩灯；灯官伏于杆上，时骑、时坐、时蹲，在高跷、旱船行进中指挥队形变换；在街头场地演出时，灯官在杆上作精巧表演——或蹲、或站、或倒鼎……滑稽诙谐，可笑可爱；其唱词多是讽时笑世的数板，或是地方小调。此角色非经专门训练者不能充当。1945年前后，莒县城关、夏庄、招贤、峤山等地尚见，后因传人老化，渐绝。当今吕剧《龙凤面》中的四老爷、《逼婚记》中的历城县令等角色的抬轿舞姿，皆吸取了“抬灯官”不少精华。

“刘二姐赶会”中的刘二姐是昔时莒地高跷队中最显眼的角色，她是正派大方、倔强、勇敢、健壮的典型。其腕挎竹篮，篮盖彩巾，脚踩高跷，作赶会状大方庄重行进；其侧、其后有数“无赖”（举鸟笼者等）行轻狂、挑逗之态；刘二姐应势反击——或鄙视，或不睬，或怒目而视，或呸之以痰，高潮时，从篮中掏出装有灰粉之类的纸包，抛击群丑，使其“狼狈不堪”，塑造了一个正派、刚强、邪不敢犯的良好形象。此节目至民国十年（1921）前后，同乐会与驻莒旧军，扮杂耍时，为惹人发笑，竟将这正派村姑扮成招风惹草的野丫头，用低级下流的行动勾引、挑逗纨绔群丑。因此，1957年以后，此节目被当做毒草淘汰。

“王大娘”是莒地高跷队中不可缺少的反面角色，此人物是民间熟知的泼妇形象，以她的举止动作来揭露、讽刺民间此类村婆。在高跷随歌舞行进时，王大娘以其泼荡之姿逗人发笑，引人联想。在街头驻足演唱时，多以此角色演唱《锔大缸》中的王大娘，或《王婆子骂鸡》中的王婆。

跑旱船在旱船上扎船篷，下护船围，并系有彩绸、扎花，船身长约4米。表演角色通常有三个人物造型，即：船娘子、老艄公和傻大婆（亦称老卜子）。新中国成立前，船娘子由漂亮男子扮演，新中国成立后多由女性扮演。跑旱船时，船娘子进入船篷内，船身用绳子拴在船娘子的裤带上，外观船娘子好像坐在船楼内，实则船身由船娘子支撑。艄公手持桨板，伴随打击音乐做出收缆、划桨等舞蹈动作。船娘子在船楼内，在艄公的引导下不断变换行船方向和行船速度。行船往往在一阵“急风急浪”之后，船速减慢，似乎在平静的“水面上”自由自在地漂流。此时，船娘子随着音乐唱起优美动听的民间小调，称为旱船的另一角色——傻大婆，手摇芭蕉扇，一会尾随船后急追，一会跑到船头开路，一会又与船娘子并肩说些挑逗的话。傻大婆类似戏剧中的丑角，她的一举一动，一说一唱，都十分滑稽可笑。

有的旱船队，当旱船跑过几个圆场后，便出现热烈的水族舞蹈场面。俊男俏女身着用竹、布扎制的鱼、鳖、虾、蟹的道具，做着形象逼真的各种水族舞蹈动作，热闹非常。

乐莫乐兮新相知，富美和谐的新高泽期待与您相识相知，共谋美好未来。

第三辑

寻觅·古都遗珠

千年古镇 沣水掠影

淄博张店东南有镇曰沣水，域中昌城，“商诸侯逢伯始封于此”，也曾为战国时燕国大将乐毅的封地，历史沧桑中，已度过了2000多年。二月杨柳风暖，聊发逸兴，我驾车前往沣水镇，想一览这千年古镇的风采。

沿昌国路东行，过立交桥约五公里，就进入了沣水镇地界。我从市竞技学校东侧向南一拐，向昌城村驶去。

这里刚刚完成了新农村建设，一排排楼房整齐地排列着，门卫、花坛、凉亭等建筑齐全，村民们忙忙碌碌，与你照面后就匆匆离去，只有三五个老年人聚集在村里的亭中，打牌、下棋娱乐，让人感觉仿佛进入了一个城市里的社区。知来意后，一个大爷告诉我，乐毅封地确实在昌城村，村南有遗址，还有省重点文物保护的标志牌。他还热情地领着我出村子的南门，指点遗址给我看。望着这段古老的城墙，思绪倏忽回到了二千多年前，旌旗猎猎，战马咆哮，乐毅率领五国兵马讨伐齐国，连下七十二座城池，以赫赫战功，被燕昭王封为昌国君，驻守昌国城，并巡视齐地。乐毅轻徭薄赋，法度严明，人民安居乐业，后来，他还以不卑不亢的态度，入情入理的说辞，写就《乐毅报燕王书》，成为文章范例，其儒将风范也成为千古美谈。如今这里欣欣向荣、繁荣昌盛，若地下有知，这位著名的军事家一定会含笑九泉。

昌国故城，又名昌城。位于沣水镇刘家村南，西临沣水（又名猪龙河），东依涝淄河。今昌城村坐落在遗址中部。故城遗址只西北角稍缺，四周各近1.5公里。有东、西、南、北4座城门及东北、东南、西北、西南4个角门。城垣已平，其西北角一段已改为路基，高出地表。经钻探，文化层厚1米左右，地表多汉代遗迹。2006年被定为省级重点文物保护单位。

昌国故城相传是商代诸侯逄伯的封地，元代于钦编纂的《齐乘》记载："般阳郡东北四十里有逄陵故城，商诸侯逄伯始封于此。"战国时燕将乐毅伐齐胜后，被封为昌国君，即此。自汉至北魏，皆于此置昌国县，至隋而昌国之名不见于史。清代《淄川县志》记载了清人高肇翰《昌国城怀古》诗二首。

其一：

茅屋萧萧只数楹，村名仍是古城名。

缫车声里人闲聚，指点山河说乐生。

其二：

十二山河已破残，古城渺渺却安全。

若还龙轴人多智，未必将军惜弹冠。

这说明到封建社会后期，昌国城一带已经十分萧条，早已失去了昔日的风光。只是在辛勤的劳作之余，乡民们面对着残破的城垣，还会想起当年叱咤风云的乐毅将军。

至少在金代，昌国城的地位开始被西北方五里之外的张店所取代。

《金史•地理志》记载，当时张店与东边的金岭、南边的颜神，并称淄川三大重镇。1976年，北京大学历史系教授侯仁之到昌国城遗址作了详细考察，认为“从昌国到张店，不仅在时间上是先后相继的，而且在水道上也是上下相通的。沿流溯源，确有明显的脉络可寻”，因此把淄博这个组群式城市的政治、经济、文化中心张店，称为“现代的昌国”。凝聚着乐毅将军荣辱的昌国城，在历经20多个世纪的风雨后，逐步演化为一个现代城市的中心区；而滋育了昌国一方沃土的猪龙河，却蜕变为一条浊气熏天的污水沟。这一切，是当时乐毅将军始料未及的。

听大爷说，附近的炒米山风景优美，是城里人必去的休闲观光胜地。我遵照介绍返回到昌国路，继续东行，到湖罗路南行2公里，再往东穿过炒米村往上走3公里，慕名来到了炒米山主峰焦山。“草色遥看近却无”，松树林立，槐林苍苍，杏花初绽，“时有幽花一树明”。沿小路走300多米，就登上了山顶。俯瞰沣水大地，东南群山环绕，西北一马平川，涝淄河和猪龙河像两条玉带，从东南往西北，穿越沣水大地，奔向远方。

我沿路下山，偶遇村民，与之一路攀谈。据他讲，炒米山不仅风景优美，矿藏也非常丰富，盛产石灰石、铝矿石、煤、上水石等等，山东铝厂坐落在镇西南，齐鲁石化的乙烯公司则坐落在沣水东部，沣水镇，早已成为了名闻遐迩的建材、化工、煤炭生产基地。村民热情洋溢地边介绍边评述。山下的炒米村里，有几栋明清时期的纯石头房屋，值得一观。我还听说唐王李世民曾经扬鞭跃马的古桥，也在镇里的北沣村，于是急忙赶了过去。

从湖罗路往南3公里，西拐不远，就来到了沣水古桥处，桥下水已无，几座桥墩和两个霸下依旧在，桥东为学校，朗朗读书声不绝于耳。

据当地村民介绍，该桥叫洋水大桥，曾经南通淄博，北达桓益，是古代行军要道。唐王东征，路经此地，当时桥有三孔，桥身短，水量大，不便于将士通行，后又建桥两孔，就是现在的五孔大桥。旧时洋水汤汤，碧波荡漾。上善若水，也许大唐三百多年的大度风韵，也受了这里的风水感染吧，我在心里揣摩着。

桥东不远有集市，人未散，上水石是洋水万年水孕特色，我买了几块，准备带回家慢慢欣赏，更算是不虚此行了吧。

沿城东路北行5公里，又回到昌国路上，我的千年古镇洋水行结束了，然却有些恋恋不舍。天飘起了蒙蒙细雨，“沾衣欲湿杏花雨”，在这迷人的春天里，期待记载了千古兴衰事的洋水镇，将迎来一个诗意的明天！

今风细雨话古镇——高城镇

早就听说高青县滚龙桥、扳倒井，恰好春风丽日，我们一行人驱车前往，踏青寻踪。车一路疾驶，但见窗外绿意葱茏，一派浓郁的乡野气息。渐近目的地，心也跟着踊跃起来，那该是一处怎样的胜景啊。

不远处便是北关村。远看去，一座雄伟气派的古桥矗立村头，横亘在护城河旧河道上。桥虽历经了重新修葺，但古风犹存。青石堆砌桥体，青石雕栏，几尊石刻瑞兽兀立桥头，昂然挺拔，千年一瞥，让人陡升敬意。遥想战火烽烟的年代，宋太祖赵匡胤，指点江山，挥斥方遒，怎奈至此滚落马下，滚龙桥由此得名。宋王体恤下情，见军士口渴难耐，拔剑一挥，只见青锋闪处，立地泉涌，扳倒井盛名得以千古流芳。斜看去，滚龙桥东面便是扳倒井了，井上有亭翼然，周围绿树古柏环绕。虽历经千年，井下仍汩汩泉涌。我们流连其间，遐思八荒，竟也有了些化身物外，空自穿越的情愫。

见有外人，热情的村民凑了上来，七嘴八舌之间，我们便对这方热土有了更多的了解和认识。大家不揣浅陋，听那村民娓娓道来。

高城三关现今看来，人烟市肆，村落聚居，其实古今面貌大有不同。高苑古城历史文化源远流长，这里地处古代的“四渎”之一的济水岸边，北依黄河，南面小清河，济水古道如今仍依稀可辨。良好的自然环境，适宜人居。早在商代这里就是诸侯封地。西周时期，毗邻营丘，是齐文化的重要发源地。瞍瞒古国曾在这里建都，齐桓公时被辟为王侯苑囿，其中虫鱼鸟兽毕备，齐之有高苑犹汉之有上林也，一度与楚国的云梦泽齐名。自东汉时期高苑县名正式出现，历朝历代高苑城一直是县府驻地。

三千年的历史，两千年的古代县城，为高城留下了丰富的历史文化遗产，从闻明遐迩的高苑八景、古济水河道遗址，到滚龙桥、扳倒井、灰菜柱子、摩天岭，境内遍布名胜古迹。地灵人杰，春秋名士鲁仲连义不帝秦，光照千古。汉初田横与五百壮士，高风亮节，感天动地。宋太祖赵匡胤文治武功，广为传颂。及至近代，著名国画家乍起典，作家邵永胜，又为这片古老的土地增添了新的光彩。古往今来，人文蔚起，行见瘠土化为乐郊。

随着村民的指点，我们漫步城内。古城历经风云剥蚀，众多古迹业已泯灭不可见，但是村民谈论起来，自豪之情溢于言表。高苑古城，城高土厚，四面护城河环绕，四座城门巍然屹立，东门宾阳，西门望秋，南门顾清，北门拱辰，上面分别高悬匾额，上书：出震灵台、翟城掩映、观文成化、望海思贤。城内庙坊遍布，祠堂林立，铺舍繁盛，公署毕备，现在仍有大量古代遗存散落村人家中。

狄城遗址即位于高城镇西关村西北部，呈长方形，属汉代城址。据载，西周时，周成王东征，灭蒲姑等五十余国，封姜太公为齐王。后浙江武康县封禺山一带的防风氏之后漆姓侵入，建瞍瞒国，又名长狄，国都狄邑，秦至隋曾为郡县治所。狄城遗址东西1030米，南北680米。民国初尚存城墙遗迹，20世纪50年代仅呈一溜土冈。文化层普遍埋藏在地下2米深左右处。1973年，县文物部门曾在此采集到陶罐口沿，绳纹陶片等物。1990年，被确定为市级重点文物保护单位。

高城镇还是齐王田氏后裔田横的故乡。田横因受汉王刘邦攻击，率徒属500余人遁入海岛（今属即墨）。刘邦派使者赦其罪，想招降他，田横曰："吾曾烹陛下之使郦食其，今闻其弟郦商为汉将，恐有不便，不敢奉诏，请为庶人，守岛终生。"刘邦复诏曰："田横若来，大者封王，小者封侯；若不来，举兵诛之。"八月，田横与二门客随使者到洛阳。行至河南偃师西（今赫田寨），田横对门客曰："横与汉王俱曾南面称孤，今汉王为天子，而横为亡虏，其耻已甚；且我烹人之兄，与其弟并肩事主，纵彼畏天子之诏，不敢动我，但我却有愧于心；且陛下召见，不过欲见我容颜，今斩吾头，去洛阳三十里，面容未能败，犹可观也。"遂自刎。刘邦闻之，甚为感慨，以王者礼葬。岛上五百人闻之，皆自杀以殉横。后人为纪念田横，在偃师筑墓树碑；把海岛称为田横岛，并修墓建祠；蓬莱有田横山、田横寨；原高苑县亦修有田横墓。田横及五百义士宁死不屈的精神，不断受到后人的赞扬，尤其是战乱之时或民族危亡的关头，更成为激励人们坚决抵抗的榜样。明郑成功在《复台》诗中云："田横尚有三千客，茹苦间关不忍离"；龚自珍在《咏史》诗中写道："田横五百人安在？难道归来尽列侯"；徐悲鸿费时两年绘出《田横五百壮士图》巨画。

村民渐渐散去，我们驻足马驹湾前，放眼一片汪洋，不免心旌荡漾，顿时生发良多历史兴替的感慨。古风可追，今人存志，如今，村舍四邻，安居乐业，勤劳敦厚的村民正迈步奔向小康。乡人才俊，农忙劳作之余，习书画，工雕刻，编蒲柳，做诗话，远近闻名，工艺产品行销海内外。深厚的人文底蕴，悠久的历史文明，积淀孕育了千年高苑的辉煌，近者欣悦，远者争来。

遍览形胜，即将离开，心情由初来时的喜悦、兴奋变得平静、踏实、满足。孔子初仕齐国，自叹生不逢时，曾作《狄水歌》，聊以抒怀，歌曰：“狄水衍兮风扬波，舟楫颠倒更相加，归来归来胡为斯？”而我们追古抚今，更平添几分豪迈气概。

车渐行渐远，踽踽回望，古老的历史吟唱过多少期盼，悠远的故事传颂过多少向往，这方热土必将生长出金色的诗篇，为新高城铺就七彩画卷。

一代文豪的故里——蒲家庄村

说起蒲家庄，可能有许多人不知道，或许问哪个蒲家庄？但一说蒲松龄这个写鬼写妖的人，可以说是妇孺皆知的。何况现如今网络、媒体、通信又是如此普及。我以为蒲家庄的名字是因了蒲松龄先生而故名。经拜谒和访查，其实不然。

蒲家庄位于淄川区城东七里许的洪山镇。该村于宋代建村，初名“三槐村”，以村内有三株大槐树而名。明初又因村东沟底有一泉井，水满常溢，又故改名“满井庄”。明中期始以姓氏更名蒲家庄，沿袭至今。

村内建筑多为传统典型北方农家四合院民居，青砖门楼，灰瓦房，但基本上都有不同程度的毁坏，保存完好的不多。现建筑群保持原有民俗风格的典型建筑，属典型明清风格北方农家建筑。这里是世界短篇小说之王蒲松龄出生的地方。

如今在喧闹城市的近郊，一座有着千年历史的古村落依旧保留着它的历史与痕迹。走进蒲家庄，小巷中的一排排老宅，散发着厚重的历史气息，而青砖黛瓦中，隐藏着淡定。村中央，一座显眼的明清特色的四合院吸引了我的目光。四合院的大门木雕工艺精湛。拾阶而上，大门两边又有两座庭院，叩开院门，“吱吱”的声音在空中回荡。

在古村落中，您会常见到在巷中晒太阳闲聊的老人，老人眼神之淡然，令人惊叹。他会向您介绍，现在大多数村民都在数百年的老房子中居住。清晨，村落中会传来锅碗瓢盆的声音。冬天无事，妇女们从家中搬出板凳，围坐在院子中唠家常。一旁的男人抽着烟、打着牌。在这里，村民们坚守着一份宁静。

蒲家庄是典型的北方传统式古村庄，虽然有部分新建筑穿插其间，但整体上仍保持着古朴的明清古村风貌，即其主格调仍然是古村风貌，村庄内仍然存留的古城墙和古城门、传统民居和老房子、被历史捂光的石板路和伫立街头的老槐树以及十字形框架的街巷结构等，构成了一幅历经沧桑的历史画面。

蒲家庄村周原有土围墙，并建有围墙四门，北门名“景徽”，南门“葵阳”，西门“平康”，东门“仙乡”，村内街道以贯通“平康”“仙乡”两门的东西街为主道，与南北主街道交叉，形成十字街主干道；村内有小巷十五条，形成了该村的街道脉络，其中东西主街为青石板路，南北主街由一米宽的石灰板铺成，其他小巷多为泥土路面；东西街上有三棵古槐，辉映出古村的历史韵味。

蒲家庄因为清代文学家蒲松龄出生于此而闻名。在蒲松龄生前，《聊斋志异》就已引起周边人的兴趣，人们竞相传阅。《聊斋志异》刊行后，很快风靡天下。在其后一个时期里，仿效之作丛出，造成了志怪传奇小说的再度繁荣。20世纪以来，不仅《聊斋志异》仍为人爱读，而且其中许多篇章不断被改编为戏曲、电影、电视剧，影响深远。《聊斋志异》很早就走向了世界，现已有日、英、法、德、俄、越南、捷克、罗马尼亚、波兰、西班牙等近20余种语言的译本，流传于世界各地。

新中国成立后，国家拨专款修复了蒲氏故居，现被列为国家级文物保护单位，设立了“蒲松龄纪念馆”；近几年，蒲家庄又于村东蒲氏茔墓辟建了“聊斋城”，相继建成狐仙园、聊斋宫、柳泉山庄等景点，致力于聊斋文化的挖掘、研究，并成为邑内重要的旅游之地。

如今，村民依托蒲松龄及其“聊斋文化节”，打造聊斋文化品牌，大搞旅游业，经济发展迅速，人民生活水平越来越高。

人文景秀的千年古聚落——藏梓村

从淄川城驱车沿张博公路北行，经立交桥再北行，过孟机村北至十里铺村东行3公里余，便到了人文景秀的千年古聚落——藏梓村了。

据史料记载，该村建于宋末，原村名紫草窝，以村东梓橦山紫草丛生而名，后又以山上多梓橦树改称藏梓窝，今统称藏梓，隶属淄川。

位于藏梓村的梓橦山上有景点鬼谷洞、孝子王樵祠等，为了开发淄川旅游文化，突出人文旅游和生态旅游特色，当地政府根据史料记载又相继修建了梓橦湖、蟠龙门、鬼谷泉、鬼谷洞、步云桥、八棱碑，以及荣登世界吉尼斯纪录的“鬼谷子”三卷二十三篇刻瓷长壁等景观。

梓潼山可供观赏的景点颇多。梓橦山最有名的景致，当数“鬼谷洞”。相传春秋战国时期，纵横家师祖鬼谷子王诩曾隐居在此山一洞内，有徒弟苏秦、张仪、庞涓、孙膑辈五百余人。因此，后人称此洞为“鬼谷洞”。“鬼谷洞”又称后洞。据当地民间传说，从前在梓橦山脚下的村里，有一王姓富户，有女极美。桃月踏青之时，见旷地一青谷，已垂穗结籽。此女非常惊讶，忙回头招伴，再回头时，此谷已粒黄成熟（此即流传至今的良种谷——“回头黄”）。此女更加好奇了，随手掐下谷穗，搓出金色米粒，掩口咽下，一缕清香入腹，遂孕。无夫而孕，乃是家丑，女之父母于是将此女藏在黉山后洞中（亦后称的“鬼谷洞”），十个月之后，此女诞下一可爱男婴，因食谷而孕，故给婴儿取名“鬼谷子”。小鬼谷子渐长，极是聪颖，其母悉心教读。其读书一目十行，过目成诵。后游天下，交贤士，再蛰居洞中，博览群书，修身养性，专纵横捭阖之术。等到他学业大成，便聚徒讲学，苏秦、张仪、庞涓、孙膑都是鬼谷子的学生，后两者是战国著名的军事学家，如此之鬼谷洞，堪称华夏九州“第一军事学院”了。

穿过鬼谷洞，来到孝子祠，我们会感受到北宋孝子王樵以忠孝流芳千古的遗韵。史载，宋时有邑人名为王樵，曾居梓橦山下洞中，习文论剑，博览群书，宋咸平中（1000年前后），契丹人屡次渡黄河南侵。一次，契丹人游骑北来，王樵全家被掠，其父母被虏，王樵只身入契丹探访，但几年不果，失望而归。王樵回到梓潼山后洞中，“刻木招魂以葬”，又“立祠画像，事之如生，服丧六年，哀动行路。”王樵不仅是孝行楷模，也怀有强烈的爱国热情。王樵生活的年代，正值契丹南侵之际，宋朝百姓屡遭兵燹，苦不堪言。王樵自号“赘世翁”，常以论兵剑为事，常思奋不顾身，以殉国家之急，忧国忧民，最终抑郁而终。王樵一生，虽不为朝廷所用，但其孝行却备受朝廷的推崇。地方志上载入其事迹，其神主也入乡贤祠，树为孝行楷模，备受后世推重。

藏梓村不仅人文历史厚重，自然景色也美不胜收。藏梓村山上植有松、梓、柿、槐等树木，青翠苍郁，环境优越，所产柿子甜美可口，别有风味。如今藏梓村突出仿古特色，在旧村址上规划建设仿古式建筑，与风景区相得益彰，形成了具有浓郁文化氛围的旅游度假村。

多情山水喜拂面　池上新景入画来

在淄博市博山区东南部的苍茫群山之中，有一个正在崛起的新型生态城镇。在这里，青色的淄河水从群山之中潺潺流过，两岸青山蜿蜒逶迤。水流回畅、山似碧玉，这美如幻境般的山水，饱含着中国诗画的意境，呈现出一幅安静祥和的生态画卷。这里，就是淄博市博山区池上镇。

池上镇位于淄河上游，与淄川区峨庄乡、沂源县三岔乡、临朐县五井镇交界，是省、市特级水源资源保护地，由1995年池上乡与李家乡合并而成。

池上镇历史悠久。相传池上镇东池村西北有古代孝女颜文姜取水的“八卦池”，因而得名为“池上”。战国时期，因其地草木丰茂，曾是齐国有名的养马场，该镇赵庄村北曾发现过战国青铜器和汉墓群。汉代隶属泰山郡青州颜文姜八卦池府。唐代属山东东路淄川县颜神店。元代划归益都路益都县颜神镇，明朝至清初隶属益都颜神之孝妇乡。另外，遗存的福山义军抗日旧址、圣水寺、文昌阁等一个个散发着浓郁文化气息的历史遗迹，也展示着池上镇厚重的历史底蕴；这片古老的土地，同时也有着光荣的革命传统。1939年3月，这里成立了中共山东分局博(山)莱(芜)蒙(阴)三县边区联防办事处，这是1938年后中国共产党在鲁中山区上述三县组织抗日最早的基层政权和指挥机构；1942年，这里还发生过抗击敌人的雁门寨激战，我人民子弟兵以一个班的兵力击退了敌军三个营的进攻。青山巍巍、淄水潺潺，可歌可泣的英雄故事，在池上大地经久流传，激励着一代又一代池上人民奋勇争先、拼搏有为，为建设富饶、生态、和谐的美丽池上而不懈努力。让池上镇成了一方充满生机与活力的热土，书写着人与环境相融共生的优美诗篇。

池上镇多山，辖区内岭峦起伏，地势东南高西北低。鲁山、黑峪坪山、至公坪等山峰林立，海拔大都在700米左右，其中以鲁山最高，海拔1108.3米，是淄博市最高山峰，也是博山与沂源的界山。以淄河为界，南部均为沙石山，北部均为青石山。

大山给予了池上丰富的物产，也赋予了池上旖旎迷人的自然风光。徜徉在池上镇的青山碧水之中，放眼望去，青山苍翠、溪流交织，山、水、林、泉、石融为一体，交相辉映。复杂多样的地形地貌，使得池上镇旅游资源十分丰富，山东省第四高峰、国家AAAA级景区鲁山国家森林公园，市级森林公园——志公坪森林公园等坐落在辖区境内，全镇森林覆盖率达72%。

志公坪，原名黄花山，山中有很多奇珍异草和名贵药材。民间流传有放牛娃吃人参升仙的故事，黄花山志公庙即为纪念他而建。此处有古柏树五株，称志公坪。到2008年，附近建设了摩崖石刻文化园、人工湖、饮虎泉和奇石长廊等旅游景点。

观音寺坐落于珂摩山下池上镇韩庄村东面。山形酷似一尊象首，站在山脚下观望，象的鼻、耳、额逼真。观音寺建于唐代，后宋、清几经修复。有大雄宝殿、观音阁等十几座殿宇。院内千年银杏树和古桧柏，北宋元符二年（1099）建九级石墓塔尚存。寺门向西，不远处有一山门，里面为禅房。传寺内有99头牛、99窝蜂、99个和尚。

福山，原名“复山”，又名“凤凰山”，坐落在池上镇杨家村。清同治元年（1862），淄川农民起义领袖刘德培曾在此屯兵，劫富济贫。山下的池卜、杨家、北崖等十数个村庄，成为义军根据地，历时四年。

双龙泉，位于池上镇北崖村东，东西涝洼泉。传明嘉靖年间，北崖村东涝洼地上有2只白羊在食草。正午时分，天色突变，雷声大作，大雨如注，白羊化为2条白龙升入云天。天晴后，便有两股清泉分别从东西涝洼地边中喷涌而出，取名“双龙泉”，也叫东西涝洼泉。现在仍以每月600吨的流量喷吐。水中含人体必须的锶、锌、硒等20余种微量元素。

圣水寺，坐落在鲁山国家森林公园东侧，淄河源头，群山环绕的池上镇花林村。据碑文记载，圣水寺始建于唐末，明万历十四年（1586）重修。占地50亩，由大殿、东西厢房和钟鼓楼组成。寺院四周群山环抱，悬崖峭壁，山重叠嶂，瀑布倒挂，风景优美。主要有朝阳洞、石抱柏、仙人、鸽子楼、三山庵、对门石、明石崖、青炉石、南天门、封母庵、宝花古刹等景点。与鲁山森林公园和志公坪景区连为一体。

立足得天独厚的资源优势，近年来，池上镇不断整合旅游资源，逐步形成了以农业观光、人文景观和生态旅游为主导的旅游大格局，形成了以志公坪景区为龙头，以桃花溪山水为主线，以“二区三廊”（三郝峪10里特色餐饮长廊、三小峰10里生态观光长廊、七峪花林10里水面旅游长廊）为特色，以农业观光、人文景观和生态旅游为主导，以民俗游、采摘游、农家生活体验游为主要内涵的农家乐休闲旅游格局。

淄博市唯一的高山越野基地——甘泉坪高山越野基地已投入使用。万亩板栗示范园、桃园、茶园、黄烟等十大特色园区兼具观光、采摘等多项功能。全镇形成了4处“农家乐”旅游基地，直接参与“农家乐”农户500多户，形成了以旅游、餐饮、观光、休闲为一体的高效旅游产业模式。

“和谐之风喜拂面，池上新景入画来。”群山巍峨，给予了池上宽厚、博大的胸怀；淄水潺潺，赋予了池上灵动、秀美的诗意。多情的池上山水，宛如一幅意蕴无穷的山水画卷，向人们展示着她如诗的婉约、如画的飘逸、如歌的酣畅。和着改革的强音，伴着时代的鼓点，池上展现在人们眼前的，不仅是一年四季秀丽灵逸的迷人风姿，更是一幅“小康、生态、文明、卫生、民主、和谐”的幸福画卷。美丽的池上镇正承接着发展的辉煌，以无比的豪迈与自信迈向和谐社会，迈向全面小康，迈向繁花似锦的未来！

水光山色画图中——源泉镇

山东博山到处流传着一句民谚：金郭庄、银源泉。其寓意显然是指淄河岸边的郭庄、源泉一带水茂土肥，物阜粮丰，这是大自然对源泉人的恩赐。其实，大自然为源泉造就的独特的地质景观，更是取之不竭，用之不尽的无价财富。

源泉，因其得天独厚的自然条件，悠久深沉的人物历史，成为当今一处不可多得的旅游胜地。

从山城博山东行三十五华里，便进入了源泉自然风景区。

高耸入云，绵延起伏的岳阳山，以其坦荡宽阔的胸怀，热情迎接远来的游客。

岳阳山，沉淀历史。

2300年前，为防御鲁、楚而建的齐长城，蜿蜒横卧其上。500年前唐赛儿起义的旧址俨然而在。

岳阳山，钟灵毓秀。

沿博源公路东行不远，即可见突兀葱郁的二郎山主峰。

临河而立，傲然凌空的二郎山，精妙绝伦的建筑格局，红墙灰瓦的和谐色彩，显得此山有几分灵气，又有几分仙气。

尤其是位于山峰东侧绝壁之上的马师傅庙，有关“马师傅”为民疗疾，多行善事的传说，令后人感叹不已，敬佩之至。贤达文人遂留下“鹤去云留”“洗心退藏”等摩崖石刻赞誉之辞。

登二郎山顶，环视四面峰岳，确有一览众山小之感。

名震中外、海拔618米的马鞍山，曾演出过一场中华民族的优秀儿女英勇抗击日寇侵略，惊天地而泣鬼神的壮剧。

形似群鹿奔驰、万头攒动的鹿角山，山峰林立，犬牙嵯峨，这等独特山形，可称为山势奇观。

位于源泉风景区东南隅被称为淄博第一高峰的鲁山，似碧屏般壁立于此。这里林木繁茂，百鸟鸣啭，山石怪异，飞瀑流泉。湿度、温度与江西庐山相似。风景、环境可谓达到极致。

与鲁山斜面遥遥相对，源泉镇政府驻地正西方向，似屏障般巍峨连绵的群山，即名之为长寿、福禄二山了。源泉人实在好福气，世世代代生活于“长寿”“福禄”的怀抱之中，怎不子孙繁荣，各业兴旺呢！

当夕阳回照，金光万道之时，你登临二郎山顶，朝夕望去，好大的一座卧佛！惟妙惟肖，祥和安然，形神俱备。这“夕照佛影”的景观，确乃大自然为源泉景区造就的风光绝笔！

游罢二郎山，直奔泉河头。

步行可，乘索道更有一番情趣。凌空而飞，似腾云驾雾，飘飘欲仙，阅尽金银山公园的奇花异草，飞禽走兽，遍览天然游泳池鹰飞鱼跃，“到中流击水，浪遏飞舟”的千姿百态，这时你的感觉，定会惬意无比，余味无穷！

眨眼之间，泉河头已在眼前。

好美的一个去处！

全国著名园林学家、同济大学教授陈从周先生游览过泉河景点之后，曾万分感慨：泉河山高、谷深、滩浅、林茂、石怪、泉清、洞古，它集绍兴东湖与沈园之胜景于一身，是千里鲁中的一颗明珠！

泉河，这个地处淄博市博山区源泉风景区的小山村，在中国悠长的历史和广阔的大地上是名不见经传的，但它的确是一度辉煌过。淹没是历史的视觉错位，兴盛亦是历史的必然。泉河以其丰富的自然资源和厚实的人文景观，为它被列为源泉风景区的主要景点奠定了基础。泉河，泉河，以泉命名，以水闻名。

上、下龙湾泉，则是泉河村命名的根源了。

且不讲龙湾泉那一串串动人的神话故事，单看那一汪碧绿澄清、常年不竭的水，那种静态的美，纯洁的美，也足以令人迷醉。

况且，不管冬夏春秋，龙湾泉的水温保持在十四至十六摄氏度，这种水温极易适合虹鳟鱼的生长。近年来，泉河村人利用地利之便，大面积开发虹鳟鱼养殖，泉河虹鳟鱼大酒店则对这“鱼中之尊”的烹调制作有独到的功夫，一桌虹鳟鱼宴的色香味形，不知倾倒过多少中外游客。

因此，到泉河景区赏景品鱼，正成为一种时尚和享受。

源泉的山，是峻、是峭、是险、是灵。

岳阳山、马鞍山、鹿角山、三泰山、二郎山、驼山、青龙山……

层峦叠嶂，连绵起伏，嵯峨雄浑，陡峭壮观。

山山都有它的特点，山山都有它的故事。诸山中尤以青龙山最美。

这座横卧于泉河村东，海拔不足400米的小山，却以它的灵气、秀气而在诸山中卓尔不凡，引人入胜。

一座座掩映于苍松古柏丛中白墙黑瓦、雕梁画栋的组群式建筑，把半个青山打扮得深沉古奥，灵动威严。

观音菩萨、白衣大士、经石大夫、龙王爷爷、玉皇大帝……天上人间神祇仙家，都看中了这块宝地，到此处定居或小憩。连那个不守安分的毛猴子孙大圣，也屈居于后，在离登山口不远处的悬崖下，辟出一角，扎下立足之地。如果再追溯讲述那龙王幻化人形，到人家取药为龙子治病的神话故事，就更加活灵活现，深刻感人，且极富人情味。

青龙山是一座圣山、仙山。登青龙山，会吸到一种自然之气——开元之气的熏陶，使人清醒感悟。

故而，自古当地一些文人骚客，或有志之士，诸如在封建社会科举考试中考取进士第一名的邀兔崖村人郑光博，明末清初曾任刑部尚书兼兵部尚书、诰授资政大夫的夏庄村人任浚，清康熙年间曾任右春坊右赞善的现实主义诗人赵执信，近代知名的民主革命家、早期同盟会会员蒋洗凡……都曾到泉河游山玩水，吟诗作赋而兴致忘情，留下吟咏青龙山的名篇佳作。

蒋洗凡的一首咏青龙山的诗就写得大气磅礴，又美丽动人：

一山飞峙大江东，疑是蛟龙游太空。

滚滚源泉流不尽，水光山色画图中。

游泉河风景，不登青龙山，就像游桂林不泛舟漓江，登泰山不攀望日石，逛北京不攀登长城一样遗憾。

登青龙山，确实能进入一种新的意境，获得一种全新的感受。

蜿蜒曲折宽不盈三尺的石径，拾阶而上，过龙王庙，经三官殿，环顾左右的青龙洞、玉皇阁、观音殿之后，登上八柱亭，这便是青龙山观赏景观的最佳去处了。

此处，四周林木森森，凉风习习，百鸟鸣啭，泉水淙淙，游人至此，无不顿觉汗消劲生，精神抖擞，给人的感觉正如凉亭石柱上所镌刻的联语那样：炎天无暑气，清夜有泉声。往来无俗客，隐居成上仙。

坐在凉亭的石凳上，凭栏俯瞰山下，像玲珑剔透的盆景式的泉河村全景尽收眼底。

一条大河（淄河）奔腾澎湃由西南方向滚滚而来，绕村一周，留下一湾碧水后，奔腾向东北流去。

泉河村的祖先们，建村于此，可谓慧眼识地。依山临河，既无灭顶之虞，又收渔水之利。

冬季，泉河人因水就势，利用浅滩，养殖蒜苗，每年可获利百万元。

夏秋春三季，筑堤拦水，放鸭养鱼，微风过处，清澈涟漪，或垂钓水旁，或荡舟其间，或乘凉棚下，或啜茗岸边。其情也悠悠，意也悠悠。

泉河，这方山水，这方土地，这般风光，称之为“小桂林”，应当说不虚此名。

至此，你对游青龙山，领略泉河的风光之美，大概可以说已经进入一种境界了吧。

泉河，这块有着古战场历史的文明而古老的土地，古青州通往泰安的必经之路，确曾有过辉煌灿烂的时期。历史的积淀，造就了她厚实而丰富的文化底蕴，这是天时、地利，更是人和的契机。

与青龙山隔河相望，那座在地图上并不标注的山包，因其形似双峰骆驼，故当地人称其为“驼山”。

“山不在高，有仙则名”，驼山上没有仙，连座小庙也没有，可周围村庄的老百姓对驼山却有着十分的敬意。因为驼山虽不算高，却极为陡峭，几乎是四面悬崖绝壁，只有一条小路可通山顶，可谓“一夫当关，万夫莫开”。战乱年代，人们为躲避兵患匪乱，不得不在驼山上筑石为墙，挖池蓄水，一有匪警，即扶老携幼，进入围子，屯封寨门，握大刀长矛，滚木擂石，贼人怎敢靠近半步。驼山的围子，对当地老百姓有救命之恩，所以至今驼山上的围子保存完好。

脚踏常熟川，仰望马鞍山，山东第一洞——开元溶洞，就抬脚可即了。

天下溶洞，不尽相同，但是开元溶洞的奇妙壮观，足以和广西桂林的芦笛岩媲美。它不仅有20万年前地下水的无穷力量铸造成的自然景观，更有人类文明时代以来，尤其是隋、唐、宋代钟乳石刻等珍贵文化遗存。全国著名岩溶专家赵俊芬游览开元洞后欣然题下“山东第一洞”五个大字。

源泉风景区，实在太美了！

它美得欣远和谐，文化底蕴深厚。它的美，还蕴藏着无穷的潜力，还有待开发，有待完善。

源泉，明天会更加更好，更加灿烂，更加醉人。

踏歌山水间　行走域城镇

在鲁中山区的北部边缘，镶嵌着一颗璀璨的明珠，这就是被誉为淄博市后花园的博山区域城镇。这里群山环抱、山峰竞秀，林泉茂密，构成一幅精美的山水画卷；深厚的历史渊源，淳朴的民间习俗，都为域城镇打上了深深的文化烙印。

域城镇位于博山区的西部，连绵的群山形成了绿色的长廊。辖区内公路网络密集，国道、省道、园区道路纵横交错，205国道和博莱、滨博高速贯穿境内，与京沪、京福、济青高速公路南连北接，是鲁中地区重要的交通枢纽。

穿行于群山之中，不禁被清新的空气所陶醉。博山地处齐鲁交界之处，且不说齐长城从境内蜿蜒穿过，仅说那禹王山、夹谷台、孟良寨，就有说不尽的历史话题。在群山之中，禹王山、夹谷台高高矗立，遥遥相望。禹王山是当年大禹治水的遗迹，偶尔在相传大禹锁船的石环旁捡到的几颗贝壳，真切地诉说着沧海桑田的变迁。初春时分，禹王山被一片银白素裹，那是漫山遍野的槐花开了，春风飘着清香，轻抚着你的脸颊。与那银白相映的是娇艳欲滴的樱桃，禹王山下的樱桃在鲁中一带久负盛名，清香甘甜。难怪著名的五音戏泰斗邓洪山以一个“鲜樱桃”的艺名红透大江南北。在这里，老人们至今还在讲述着大禹治水的传说。30里之外的夹谷台，传说是齐鲁会盟的故地。当年51岁的孔子为了齐鲁的和谈曾登临此山，一个“和”字留下千年绝唱和不朽的圣迹。两千年后的康熙二十二年（1683），著名的短篇小说家蒲松龄沿着圣人当年的足迹，膜拜此山，留下了诗文《夹谷行》：“夹谷之台，其高不可端；苍苍冥冥，近接北斗栏干。扪萝登去，有鸟道一线，下临万丈，使人毛骨森以寒。猱走始能得上，到天门，胫欲酸。视台上数十余亩，其平如掌，万骑能安。俯首一南望，见群峰参差笋立，俱就儿孙行。台以东，台以西，台以北，看至青天尽处，但有苍茫。台上坐久，石姑姑修修，千尺拱首相向，似道温凉。乃歌曰：‘国家行觞，峨冠登堂。伏戎罢去，归我汶阳。可惜群婢来，千载为之哀伤！’”

至今，清康熙年间的石刻，历尽沧桑的“古夹谷”三个字还悬刻在高高的石崖上。夹谷台的山形为三层台式，悬崖之间及底层崖根处，分布着大量山洞，有夹谷洞、朝阳洞、心洞、大瓮洞、阁老洞、大鬼洞、小鬼洞、石窗户等30余洞，洞深15米至80米不等，最深洞为心洞80米。整个夹谷台可以说是洞群的世界。如此多的山洞，在当地流传一个传说：一个仙女到此，听说夹谷台有100个洞，景色幽美，是个居住的好地方，于是想数一下山洞再决定住下来，谁知数了81遍，都是99个，心想这个传说骗人，其实是她的衣带遮住了一个洞，于是她生气跺脚，直往泰山飞去。因为她跺脚，夹谷台便不再升高。夹谷台虽然没有升高，但仍然遮盖不了山的神韵。离夹谷台不远的夹山，独产着一种叫十八层的山石。先不说这层层的山石间夹藏着无数的古老化石，就那五彩的石头就彰显着灵动之气，稍加雕琢，一块充满灵气的淄砚就呈现在你的眼前，足以让历代的文人墨客视为珍藏。明余怀《砚林》载：“宋熙宁中，尚淄石砚，神宗亲择共尤佳者，赐司马温公。”淄石在北宋时就有韫玉、金星、青金、墨玉等名称，而淄砚的石料多出自夹山。

十八层的山石厚薄相宜，自然是建筑房屋的上好材料，山里人不负大自然的恩惠，把整个域城的民居建得别具特色。在依山傍水之间，古朴的石房错落有致。走进房前，层层石板砌成的房屋不加雕饰，不用泥灰，尽显朴实本色。随眼望去，便是一幅幅精美的风景画，以此成为美术家和摄影家的创作基地。山好、水好，盛产出一种极具风味的美食，这就是夹山的香椿芽。夹山的香椿芽红叶紫杆，俗称红芽子，收获季节，惹得远近的食客，堵满了宽阔的乡道。

初秋，域城的山被渐渐地染成了五彩之色，群山好似披上五彩花衣。在禹王山和夹谷台之间，山山相连，九龙盘踞，称为九龙峪。在峪深处，有一个叫和尚房的地方，和尚房有一个观红叶的好去处，叫柿子岩。相传清吏部左侍郎孙之獬衣锦还乡后，假出家之名建石庙，隐居于此，后称和尚房。清代著名学者孙廷铨在《南征纪略》中描述该地：“入山西折北行，溪穷崖合，中更开布，有柿林千树，高下扶疏。虽四面林泉殊态，而高深同在一岩”。在和尚房村东口，有一处古建筑遗址，俗称石王殿，此处尚存有明代万历年间重修的石碑。在殿前尚存五株侧柏，树龄均在300年以上，为“淄博市古树名木”。

博山区是中国鲁菜的发源地之一，域城便是滋生这一饮食文化的一片沃土。历史上蕉庄、伊家楼两村名厨辈出，成为博山家常菜的渊源，素有“吃了博山饭，围着天下转”的美誉。

一方水土养一方人。在域城这块土地上，还造就出了中国直接税的创办人高秉坊等名人志士；创造出全国农业战线上的一面红旗珠宝峪，全国商业战线的一面红旗岳峪门市部等先进事迹和英模人物。

今天，域城镇在加快经济建设的同时，加大生态化建设，以“山重而多奇，水丰而秀丽”为主要特色。以都市农业为依托，大力发展生态农业，重点发展生态观赏、休闲采摘、体验旅游型农业；依托生态优势，遵循“尊重自然、保护生态、以人为本、科学开发”的规划理念，将生态功能、经济功能、社会文化功能和美学价值相融合，建设六大功能的姚家峪生态旅游度假区已具规模，一个聚生态、文化为一体的新域城正展现在你的面前。

海岱之间一都会——齐都镇

提到齐都，人们自然会想起“春秋五霸之首，战国七雄之一”的那个泱泱大国齐国的国都——临淄。不错，齐都镇辖地就是古齐都临淄城及其周边地域，位于临淄区中部偏东、区政府驻地东北7千米处，东隔淄河与皇城镇、齐陵街道相望，北与敬仲镇接壤，西与凤凰镇相邻，南与稷下街道毗连。

齐都镇之称源于此地曾是周代齐国的都城。前1045年，姜太公封齐建国，都治营丘。六世胡公姜静，为避淄水以东的纪国侵扰，迁都薄姑（今属博兴县）。周厉王十九年（前859），七世献公姜山率营丘人杀其兄姜静，返都营丘。因营丘紧临淄水，故改名临淄。至公元前221年秦灭齐统一六国，这里作为齐国都城长达812年。秦代，设齐郡，置临淄县，此处为郡治、县治。秦汉之间，先后有8人在此立都，称齐王，历时248年。西汉时期，为齐王国王都、齐郡郡治、临淄县治。王莽新朝时期，为济南郡郡治、齐陵县治。东汉、三国、西晋时期，为齐王国王都、青州州治、齐郡郡治、临淄县治。东晋、十六国、南北朝时期，为齐郡郡治。自隋唐至

1974年10月，此处一直为临淄县治。自1958年起，临淄县在此设城关镇。1984年改称齐都镇至今。

齐都镇政府驻地就在齐国故城遗址上。临淄齐国故城遗址，是中国先秦时期规模最大的都城遗址之一，总面积达15.5平方千米。自周至汉，作为“三齐故都，两汉王城”，一直是全中国最大、最富庶的工商业都市之一，是最重要的冶金、纺织、制车、制陶、漆器制作、铸镜、手工业科技中心以及海盐贸易、丝绸贸易的核心区域。春秋时期的临淄已有人口四万余户，被誉为“海岱之间一都会”；战国时期“临淄之中七万户……临淄之途，车毂击，人肩摩，连衽成帷，举袂成幕，挥汗成雨”，是举世公认的“第一大都市”；直至西汉末年，依然保持“齐临淄十万户，市租千金，人众殷富，巨于长安”的辉煌。试想，十万户，按户均5口人计算，那就是50万之众，在没有高楼大厦的古代，这50万人口的城市，将是多大的规模，何等的气势？

1961年，国务院将临淄齐国故城公布为全国第一批重点文物保护单位。1994年，国务院因其鲜明而独特的价值，公布临淄区为“国家历史文化名城”； 2005年，该城遗址被国家文物局确定为“十一五”期间全国重点保护的100处大遗址之一，并被列入首批确定的36处重点引导项目名单中；2006年，“临淄齐国故都与齐王陵”入选《中国世界文化遗产预备名单》。

齐都镇物华天宝，人杰地灵。作为千年齐国故都，这里历史悠久、文化灿烂、遗址密布、文物繁盛。在这里，捧起一把泥土，就是捧起一段历史；捡起一片瓦砾，就是捡起一个故事。姜太公、齐桓公、齐威王、齐宣王以及韩信、曹植等国君王侯曾在此叱咤风云称霸诸侯；管仲、晏婴、孙武、田穰苴、孙膑、田单等文臣武将曾在此施展过雄才大略；淳于髡、鲁仲连、田骈、慎到等稷下名士曾在此发表过独到见解；孟姜、钟离春、田稷母、缇萦等齐国名女贤孝远播；江革、左思、李伯鱼、赵师民、贾同、王辟之、韩介、谢宾王等乡贤达人名垂青史。这些历史人物灿若群星，历经时光的洗炼而更加璀璨夺目。近代以来，在反对和推翻封建帝制的斗争中，中国同盟会会员贾振琨英勇献身。抗日战争爆发后，临淄抗日先驱李人凤在西关小学创建了临淄青年学生抗日志愿军训团，从而拉开了临淄的抗日战争序幕。据文物部门介绍，齐都镇域内现有国家级重点文物保护单位2处，省级1处，市级9处，区级3处。另外，还有国家级非物质文化遗产项目2项，省级6项，市级9项。每每谈及这些，齐都人都颇感骄傲和自豪。

依托丰厚的历史文化资源，齐都镇的旅游业非常发达，目前开放的景点有齐国历史博物馆、殉马馆、石刻馆、桓公台、城垣遗址、晏婴墓、稷下学宫遗址、孔子闻韶处、遄台、三士冢等，集中向游人展示着古齐国的繁华强盛和齐文化的博大精深。

齐都镇还是世界足球运动起源地。据《战国策•齐策》载：赵相苏秦为合纵抗秦出使齐国时，曾对齐宣王说："临淄甚富而实，其民无不吹竽、鼓瑟、击筑、弹琴、斗鸡、走犬、六博、蹋鞠者……"《史记•苏秦列传》也有类似的记载。由此可知，距今二千三百年前，蹴鞠（蹋鞠）就在齐国都城临淄广泛开展，已经有了相当成熟的赛制、规模和群众基础，已初步形成一种运动项目，这就是世界足球运动的起源。2004年，国际足联主席布拉特在亚洲杯开幕式上郑重宣布："足球，起源于中国一个叫临淄的城市。"2005年，国际足联向淄博临淄颁发了足球起源地认定证书。2006年，临淄蹴鞠申报国家级非物质文化遗产成功。

近代，齐都镇的花边制作工艺久负盛名，堪称一绝。花边亦名抽纱，又名兰杆，系传统手工艺品。1887年，德国传教士将意大利的棒槌花边工艺传入临淄，改进了当地原有的梭子花边的式样和工艺。1905年，田家庄商人姚宾才创办了“益成”花边庄，并于1930年引入花边大套生产工艺，定名为“青州府花边大套”。多年来，临淄花边大套以其玲珑剔透，美观大方，质地典雅驰名世界。

近年来，齐都镇走出了一条环境立镇、产业强镇、一体发展的镇域经济发展之路，全镇经济和社会各项事业得到迅猛发展。尤其是特色、生态、现代农业初具规模，建立了石佛堂绿色无公害和国家村露天蔬菜生产基地，打响了齐都蔬菜的品牌。

因墓而建的村庄——窝托村

窝托村位于临淄区政府驻地西6千米、胶济铁路东风站以南500米处，初名窝铺庄。原意是战国时齐之赘婿淳于髡葬于此，为淳于髡筑墓者所住窝铺。墓竣工后有人留此定居，故取名“窝铺村”，后逐渐改成窝托村。

窝托冢在村南，北距民宅仅24米。墓冢封土高32米，南北200米，东西250米，占地面积5万余平方米。因墓葬高大，当地群众称之为“窝托冢”“驸马冢”“相公冢”，相传是战国时期稷下先生淳于髡之墓。

淳于髡，齐国大夫，生活于齐威王时代，因犯罪而受过髡刑(剃光头发的刑罚)，故名淳于髡。淳于髡学识渊博，能言善辩，善于运用隐语进谏。时齐威王嗜酒成癖，常通宵长饮，疏于朝政，国家危殆，文武百官倍感不安，却无人直言进谏。一日，齐威王邀淳于髡宫中饮酒，淳于髡对齐威王说：“启禀大王，有人议论，这酒宴是庶民的血汗骨肉变的，不知有无道理。”齐威王说：“现境内安宁，国富民强，喝点酒算什么？”淳于髡说：“古人云，酒极则乱，乐极则悲，万事尽然。朝内政卿大夫，各国诸侯若效仿陛下，嗜酒成风，误国事，违民意，酒干肴尽，必赋徭加重。

夷民负重难忍，怨声载道，怒不事主，背向而行，遇诸侯并侵，齐国又将如何？”齐威王听后点头称是。

成语“一鸣惊人”也是淳于髡以隐语规劝齐威王的故事。某日，淳于髡对齐威王说：“城中有大鸟，落在大王庭院里，三年不飞不鸣，这是什么鸟？”威王答曰：“此鸟不飞则已，一飞冲天；不鸣则已，一鸣惊人”。于是威王幡然醒悟，整顿朝纲，赏罚分明，发兵御敌，诸侯惊恐，纷纷归还侵占的齐国土地。

1978年秋，省考古研究所与市博物馆对窝托冢进行勘探和发掘。经发掘清理，仅陪葬坑就出土各类文物12100余件。其中矩形铜镜、鎏金花纹银盘、金铜戈 、铁甲、鎏金熏炉等，是难得的稀世珍品。如此巨量的文物出土，是山东省重要考古发现。从窝托冢出土遗物的形制、纹饰、组合、铭文方面观察，具有西汉初期的特点，有的尚保留战国晚期的遗风，所以把随葬器物坑的年代推定为西汉初年。专家据此认为窝托冢不是淳于髡墓，应是汉齐王墓。

据记载，汉高祖六年（前201），刘邦分封长子刘肥为齐王，都临淄。汉齐王国在西汉初年国力强盛，地位显赫，常以天子之礼称制。窝托冢封土高大，葬物丰富，且随葬器物中有秦朝宫廷的遗物，因此，经初步判定，这座墓极有可能是刘肥之墓。

2010年，出土于窝托村南汉齐王墓的“银豆”，作为山东省唯一一件文物参展上海世博会。“银豆”即银盒，为西汉时期从波斯传入的器皿。浅腹，平底下接铜制高圈足，盖弧形，顶有三个铜制兽形钮，盒体呈豆型，造型别致、做工精巧，为难得的稀世珍品。

燕子又回王谢堂前——新城镇

新城镇位于桓台县西部，地处桓台、邹平两县交界处。春秋时期，新城一带是齐国的苑囿。齐桓公爱好游猎，常从临淄来此游观射猎，并建高台戏马。新城镇隶属高苑地，后为武强、长山二县地。元太祖九年（1214），山东东路兵马副元帅邑人张贵，组织流民绕台掘土筑城，名“新城”。元太祖二十二年（1227）始割长山县东部、高苑南部、临淄县西部建新城县。1914年，易名畊水县；4月，因境内古有齐桓公戏马台而改为桓台县。1950年4月县城迁至索镇，1958年成立桓城公社，1982更名为新城公社，1984年改为新城镇。

新城是一座古老的城镇。这块古老的土地，历史悠久，文化灿烂，人杰地灵，物华天丰。明清时期即有沈、王、徐、耿、伊、傅诸大家族。明清两朝295年的时间内，新城王氏家族从王重光到王渔洋共出进士31名，举人46名，贡生113名，诸生896名，其中有传世作品的50多人，以王象乾、王象晋、王象春、王士禄、王渔阳最为杰出，可谓簪缨不绝、科甲蝉联。其家族被称为江北青箱，海内望族。

新城镇文物古迹众多，文化底蕴丰厚。其中忠勤祠、王渔阳故居、四世宫保牌坊、耿家大院、米脂祠、王渔阳祠、齐桓公戏马台、徐夜故居、清音堂、北极庙、渔阳墓等，展现了新城古老的文化底蕴。同时众多的新城文人名士留下了许多传世佳作和历史遗存，丰富了新城的文化内涵，使新城这座古老的城镇，更加辉煌灿烂、魅力无限。

忠勤祠又名王家祠堂，位于新立村。初建于明万历十六年（1588），为省级文物保护单位。1983年重修时拓为王士祯纪念馆。祠院南北88米，东西43米，占地3784平方米。院内有正堂楹，中间3间出厦。堂内有合抱圆木柱8根，顶部栋梁上饰有彩绘，内壁墙上镶嵌石碣85块。碑文系历代书法名家钟繇、王羲之、王献之、欧阳询、柳公权、虞世南的字刻成，真、草、隶、篆诸体俱备。堂内有王重光碑刻彩绘像。后堂3间，称为“司马祠”，原为明末兵部尚书王象乾的祠堂。王士祯生平展室有诗文著述、手稿、印章及康熙帝御赐信古斋、带经堂复制件等。正堂前东、西厢房各3楹，堂前有双人合抱的古桧两株，左右对称，高约20余米。院东南隅有四面碑1幢，上刻建祠时祭者姓名。祠东50米处为原“碑廊院”存石碑9幢。

四世宫保坊位于镇南村，是为纪念明代兵部尚书王象乾及其父、祖父、曾祖父所立。石匾额“四世宫保”四字传为明书法家董其昌书。此牌坊系砖石结构，宫殿体式。拱门洞两侧有石狮8个。拱门、楹柱上面雕有飞禽走兽、山水花卉。砖砌圆柱顶部4个浮雕人物，栩栩如生。牌坊顶部飞檐斗拱，瓦当严整，四角杵头兽面，唇吻耸起，都悬吊着风铃铁马。整个牌坊集古代建筑、雕刻、书法艺术于一体，为国家级重点文物保护单位。

新城原有牌坊72座，主要有中山北街牌坊、中山南街牌坊、中山东街牌坊、中山西街牌坊及鹏程牌坊、四世宫保牌坊、父子尚书牌坊、贞节牌坊等，现仅存四世宫保砖坊1座，其他都毁于战乱和“文革”。

耿家大院是明朝父子进士耿鸣世、耿庭柏故居。在明清两朝，耿氏家族出进士7名。清朝后期至民国时期，耿家成为新城最有实力的家族，其工厂、店铺遍布济南、张店等地，耿家大院成为新城最大的院落。今仅存清末民初风格四套院落，建筑60间。耿鸣世，新城人，明隆庆二年（1568）进士。历任邢台知县，刑部、礼部主事，广西、山西道监察使巡按等职。其子耿庭柏，万历二十年（1592）进士，历任山阴县令、光山县令、刑部职方司职事、吏部考功司主事、浙江巡抚督察右佥都御史。俗有“新城王半朝，不如耿家一根毛”之说。新城有王氏“四世宫保”牌坊，耿家有“三世宫保”牌坊。

王渔洋故居位于城南村，有明清及民国建筑108间，是全国不可多得的北方古建筑群。该故居是在原西城别墅的基础上由王渔洋增葺修建。王渔洋去世后，西城别墅发生火灾。至晚清，被盐商冯冠儒所买，加以改造和扩建。

漫步在王渔阳故居，看着古色古香的一排排房屋，错落有致的亭台楼榭，仿佛能看到这位文坛大家当年春日赏花，夏日听雨，冬日观雪的闲适生活和文人意境。徜徉在古朴典雅、结构独特、工艺精湛、雄伟壮观的“华夏第一砖坊”——四世宫保坊旁，我们真正领略了建筑之乡精湛高超的建筑技艺。听着老人们讲起七十二牌坊的故事，王氏家族和耿氏家族辉煌的家族史，仿佛能看到这座桓台老县城牌坊林立，建筑别致，成群的文人墨客“挥斥方遒，指点江山，激扬文字”的繁华之景。同时又为古城历经风云剥蚀，众多古迹业已泯灭不可见而感到惋惜。

站在这片古老的土地上，感受着古老的文化底蕴。夕阳西下，看着家家户户燃起的袅袅炊烟，不免心旌荡漾，顿时生发良多历史兴替的感慨。古风可追，今人存志，如今，村舍四邻，安居乐业，勤劳敦厚的村民正迈步奔向幸福新生活。新城镇这座有七百多年历史的古县城，历经兵祸，几经废兴，是怎样的文化底蕴支撑着这座古城又焕发今日的新颜；冬去春来，那王谢堂前的燕子又是怎样记得回来的路。深厚的人文底蕴，悠久的历史文明，积淀孕育了千年新城的辉煌，近者欣悦，远者争来。

古城开发工作正在有条不紊地进行，2008年新城镇成为“中国历史文化名镇”，成为山东省第一家国家级历史文化名镇。借此东风，新城做好了古城恢复的详细规划。相信不久的将来，一个有着浓厚文化底蕴的新城古镇会以崭新的姿态呈现在世人面前，让那王谢堂前的燕子找到回家的路。

千年古镇话东里

北依凤凰崮，南傍沂河水，孕育着一个千年古镇——东里镇。

位于文山之阳，沂河之滨的古镇——东里，历史悠久，殷商时期即有村落。在这方古老而神奇的土地上，孕育了灿烂辉煌的历史文明。东里镇历史悠久，西汉时期是东安郡郡治，抗战时期是国民党山东省临时政府驻地。

东里东安古城遗址位于东里镇东安村，属周至秦汉时期古遗址。位处山前平原台地，文化堆积厚1.5米，面积2800平方米。采集遗物有陶器、磨制石器、铜器、砖、瓦当等。东安村还为汉东安故城遗址。故城始建于西汉景帝二年（前155），为东安县治所，东汉末年改为东安郡治，隋大业十年（614）废。故城面积约40万平方米。东部有护城河，北、中部地面暴露有殿宇和城墙残迹，未经发掘，城区布局和建筑分布不详。在北部老城顶位置的地面，散布大量的花纹砖、瓦及带有“万岁”“长乐未央”等字样的半瓦当。采集遗物有石斧、刀、陶盆、壶、铜镜、剑、簇及铁印等。经考古研究确认属于大汶口文化遗址。从该遗址中发现并清理的6种

20多件青铜器，经鉴定属于商代中晚期。

东安墓群属商至汉代墓葬，位于东安村北，长150米、宽70米的土丘上。地面散布各种花纹的墓砖，多处有古墓暴露，出土大量的陶器、铜器及汉画像石等。已发掘、清理一座商代墓葬，出土铜铙、弓形器、车具、戈、簇等30多件。

莒鲁会盟地位于今镇境院峪村北。春秋初年，莒（今胶州境）、鲁两国因争郓地不睦，经纪国出面调停，于公元前715年在浮来山（隋代称松山，今称保安崮）会盟，释怨结好。故《左传·隐公八年》载："九月辛卯，公及莒人盟于浮来，以成纪好也。"

圣寿寺位于院峪村北保安崮（松山）山麓，为佛教寺庙，建于五代后梁乾化年间，当地称西寺。由西寺沿山路向上有闵仲祠和闵子书院。始建稍早于圣寿寺，明代曾重修。圣寿寺历经数朝重修，清代时规模最大，曾有文庙、大雄宝殿、罗汉堂、三官庙、神堂厨社等众多建筑。民国后庙渐废，僧渐少，现仅存文庙和大雄宝殿各3间，其余大片古建筑已成断壁残垣。此处古建筑群内，尚存有明清两朝地方官员及文人名士咏记闵子书院、闵仲祠和浮来山的诗文多篇。

隋唐摩崖造像位于该镇唐山（古称塔山）南侧悬崖上。造像分布在长80米、高20米的崖壁上，共有8龛503尊雕像。其中高浮雕497尊，阴刻1尊，单独组5尊。造像前有一组高100厘米，披坚执锐，叉腰怒目，足踏鬼魅的独立雕像。每尊高浮雕像高约40厘米，多盘膝坐姿，神情姿态各异。此处摩崖造像的数量、规模、文物价值等全省罕见。

唐山，巨石突兀，峭壁高耸，林深树茂，甘泉流溢，素有鲁中花果山之称。位于荆山之南坳里的唐山寺，三面环山，层峦叠嶂。唐山植被丰富，一年四季风景迷人，更有双龙峡处约一万平方米的野生芦苇。景区内有隋唐摩崖石刻、中华龙图腾、龙王庙、千年母子银杏树、至元古碑等众多景色。

唐山寺，曾是一座蜚声四方的千年古刹。始建于隋唐时期，占地1730平方米，主体建筑包括大雄宝殿、观音阁、六个偏殿、接待中心、九龙壁等，佛殿采用石柱雕梁加小青瓦，圣像采用石雕彩面。观音阁内供奉22尊熔炼水晶圣像，乃世界之最。

东里，山清水秀，福地洞天，英才俊杰，层出不穷。在这片美丽的土地上，养育了明崇祯元年（1628）戊辰科进士——江孔燧，全国优秀教师、山东省人民教师、山东省优秀共产党员——李振华，中国优秀企业家——朱新礼三位文化艺术名人。江孔燧生于东里镇沂河岸边的东里村，18岁中秀才，39岁中举人，明崇祯元年（1628）戊辰科进士。先后任南京吏部司事、南京户部陕西司主事、户部广东司员外郎、户部江西司郎中、四川重庆府知府、山西分守冀南道副吏、湖广扶夷兵备道参政、河南按察使，后因兵乱辞官回乡隐居，清顺治四年(1647)卒，终年71岁。

东里，交通发达，出行便捷。境内交通便利，距青莱高速公路10公里，韩莱公路贯通全境，镇驻地距县城35公里，自山西吕梁为起点至山东日照港的晋中南铁路“出海大通道”，横穿镇南。

东里，气候独特，物产富饶。独特的地理位置，独特的地形地貌，独特的生产方式，造就了独具地方特色的物产。东里地处沂河沂源段下游，山区丘陵地貌，自然小气候独特，适宜生产、生长绿色、有机果蔬及畜牧产品，东里镇土特产久负盛名、闻名遐迩，主要有“沂蒙山蝎”、花椒、槐花蜜、柿饼、花生、苹果等。沂蒙黑山羊是沂蒙山人民几百年来精心饲养、培育而成的地方优良品种，东里即培育、饲养沂蒙黑山羊的正宗原产地。东里的乡间，丘陵逶迤，青草依依，泉水潺潺，每天的日出时分，勤劳的牧羊人，将群羊放牧青山，啃青山绿草，饮山涧溪水，让羊儿散漫而自在地生长。独特的环境及牧养方式，使沂蒙黑山羊体质矫健，肉质上乘，以此为主原料，炖制而成的“大锅全羊”营养丰富，味道鲜美，是好客的东里人招待贵宾的首选佳肴。东里大饼入选山东省物质文化遗产，是东里人用传统而独特的制作工艺制成的，味道十分可口。

东里镇是“全国环境优美乡镇”、省级“文明镇”、省级“旅游强乡镇”。现在的东里人正致力于将东里古镇倾力打造成山水、生态、宜居的新城，以赋予千年古镇鲜明的时代色彩。

纪国古都——纪台镇

纪台镇地处弥河东岸，寿光市最南部，是寿光的南大门。纪国故城坐落于纪台镇政府驻地纪台村，1977年被省政府列为“省级重点文物保护单位”。

故城系古纪国的故都。自齐灭纪国后至东汉，历代都曾在这里筑城、置县。纪国，姜姓，侯爵，始封于何年何月，无可考稽。但依据实物和文献史料考证，其分封甚早，不会晚于周懿王时。《史记•齐世家》云：“哀公时，纪侯谮之周，周烹哀公而立其弟静，是为胡公。”

纪国，从西周到春秋初期是相当重要的诸侯国之一，它与周始终关系密切，同邻邦交往频繁。平王东迁后，公元前722年，纪曾征讨夷国，可见其国力之强盛。学者根据《春秋》《汉书》《方舆纪要》《昌乐县志》等典籍的记载推断，春秋时期，纪国的疆域西部大体距离齐国的临淄一二十里，东至安丘，南至临朐东南，总体上疆域范围还是比较大的。纪国因为毗邻强大的齐国，为了生存，纪国采取了与周王室、鲁国通婚联姻的方式，联合周王室、鲁国还有莒国等国对抗齐国。公元前721年，纪侯与鲁桓公会，冬天又去朝鲁，以谋抵御齐国。公元前699年，因宋、郑两国的矛盾，纪、鲁、郑三国和齐、宋、燕发生了一次战争。公元前695年，鲁桓公会齐桓公和纪侯，盟于黄，试图调停齐纪矛盾，实际归于失败。“烹齐哀公于鼎”，是纪侯弹劾之故，从此，齐纪结世仇。公元前693年，齐襄公吞并纪国郱（今山东临朐东北一带）、鄑（今山东昌邑北部一带）、郚（今山东安丘一带）三地。周庄王七年（前690），齐襄公出兵伐纪，纪侯见大势已去，无可挽回，弃国而去，纪国灭亡。纪国从封到灭，长达300年左右。

纪台，是最早的故城遗迹。“纪台”高20余米，顶部直径10余米。城垣遗迹绵延如堤，系土筑，夯迹依稀可辨。故城内及附近出土文物有铜制纪侯钟、纪侯簋、纪侯壶、纪侯鬲、镂空铜熏炉、铜鼎、三足盘、“宜子孙”玉璧以及陶豆、罐、“树木双兽”半瓦当、“长乐未央”“千秋万岁”圆瓦当和饰青龙、白虎空心砖等。这些文物分别收藏于上海、寿光、青州等地博物馆。

纪侯簋为西周中期纪国器物，现藏上海博物馆。通高19.4厘米，口径17.7厘米，重4.15公斤。敛口翻唇，圆肩深腹，圈足低矮，且外侈，肩两侧有一对兽首衔环耳，盖上有圈状捉手。盖沿及器肩饰回顾式垂冠夔龙纹，腹饰瓦纹。盖、器同铭，各14字：“纪侯作姜萦簋，子子孙孙其永宝用。”

纪侯壶为西周晚期纪国青铜盛水器，现藏于烟台市博物馆。高34.5厘米，口径6.6厘米，圈足径11厘米。小直口，长溜肩。平底，绞索状圈足。口沿下、近底部各设两耳，四耳均作兽头形。全身纹饰六层，从上到下第一层三角纹内填龙纹，第二、四、六层波曲纹，第三、五层兽体卷曲纹。圈足则饰绹纹。器底外铸铭文三行十三字：“已侯作铸壶，使小臣以汲，永宝用。”

纪侯鬲为春秋时期纪国青铜食器。高10.8厘米，口径14.1厘米，腹深6.5厘米，口沿斜向外侈，腹微鼓，裆部较平，三足下端平齐，与足对应的腹部各有一个小扉棱。口沿铸有铭文：“纪侯作羞鬲，子子孙孙永宝用之。”

纪台历史上文化繁盛，本地出身及与当地关系密切的即有西汉宰相公孙弘、西汉谋士东方朔、明末清初才子安致远等。纪台现存文化古迹亦相当繁盛，有东方朔祠、安致远才子碑、古纪国点将台、纪国古城墙等。

公孙弘，西汉淄川国（郡治在今寿光市纪台镇）薛人。出身贫寒，家世不显，史书称他曾“牧豕海上”“少时为狱吏”，年四十岁时才开始研读《春秋公羊传》。公孙弘大器晚成，几经曲折，终于得到汉武帝赏识，在元朔年间他七十六岁时，一跃而为丞相，至八十岁卒于丞相位。

东方朔，字曼倩，生于汉文帝后元三年（前161），大约卒于汉武帝征和初年（前93）左右，是寿光市古代八大文化名人之一，其出生地虽不在寿光，但《寿光县志•冢墓志》多有所记，历代享有盛誉，其庙祀冢墓在纪台镇东方村西北隅。

安致远，明末清初著名学者，文学家，字静子，一名“如磐”，别号“拙石老人”，山东省寿光市纪台镇安家庄人，谥“文介”。安致远是寿光市古代八大文化名人最晚的一个。“自山以东，大江南北，无不知有静子者”，其流风遗韵，辉耀千古。康熙三十七年（1698），主持编纂《寿光县志》。安致远在生前为自己撰写了碑文，去世后所立墓碑称为“寿圹碑”，亦被人称为才子碑，现立于安家村东一高岭上。才子碑高2.5米，宽过1米，厚0.23米。虽然墓已不在，但碑矗然独存。正面碑眉刻有“纪国遗农”4字，阴面刻有安致远自撰的《生圹铭》，字迹甚小，因历经三百年风雨，模糊不清。正面碑辞，除碑眉、题目、说明及落款外，正文每句4字，共有250句，全文恰有1000字，可见作者精心策划，匠心独运。此碑已被列为省级文物保护文物。安致远生前自撰的“寿圹碑”被誉为不可多得的“才子碑”，思想内容和艺术形式都达到了完美境界。凡来纪国故城游览者，均以先睹“才子碑”为快。

观斟灌故址　述风雨沧桑

洛城街道东斟灌村，距寿光市区25公里。相传今日的东斟灌村曾是4000余年前，夏朝大禹王分封的12个诸侯国之中的斟灌氏封地，即古斟灌国。

据传，大约公元前2180年，大禹拟传位于皋陶，皋陶早亡，传位给益，益没有威信，人心向启，大禹的儿子启杀了益执政，将禅让制改为世袭制，开启了家天下的奴隶社会。但启的儿子太康，只知玩乐，不理政事，被有穷氏后羿赶走，立了他的弟弟仲康为帝。仲康的儿子相即位时，由后羿代政。相帝即位27年，寒族的寒浞用内媚外贿的手段篡夺了后羿的政权，杀了帝相，篡了夏位。直至相的儿子少康长成，老臣伯靡才从鬲（今德州）兴兵，集合二斟（斟灌、斟鄩）的老百姓打败了寒浞，又向东打败了寒浞的儿子浇，夺回了夏政权。

少康二十年（前2060），少康帝怀念斟灌的贡献，想恢复斟灌国，但斟灌国还是渐渐消亡了，究其原因，众说纷纭。“斟灌国消亡大抵还是因为，寒浞灭斟灌国时手段残忍，使得斟灌王没了后代。”61岁的东斟灌村村民李子成告诉世人，这也是大多史料上对斟灌的记载只记载到少康复国的原因。从此往后的一大段时间，斟灌在历史上都是一片空白，直到明朝一户李姓人家迁入，“斟灌”才又慢慢进入人们的视线。

昔日的繁盛古城如今只剩一座百余米的残垣孤独地矗立着，确实让人不胜唏嘘。斟灌古城四面有土城墙，城内分东城、西城、城里3个区。汉唐时加修土城，明代时还有完整的城墙，四角各有一个敌楼，城墙根宽八丈，城上可并跑四辆马车。今斟灌村附近村庄名称多与斟灌古城相关。如斟灌村往南是城里村和城南村，西斟灌村西南和西北有南城西村和北城西村。据这些村名能确定斟灌城的大致方位。斟灌古城墙“文革”前还在，今村内老人还能准确说出其位置，俗称“圩子墙”。由于村民建房取土，现圩子墙已无，只有城南村还能隐约看见宽阔的墙基。据老人们说，建城墙的土是从临淄拉来的。

相传大禹治水13年，胜利在望时，在近海处修了一座观海台，作为视察黄河入海的检阅台。大禹和皋陶、益、后稷及各位大臣，都曾登台观看。后台基上建造了大禹王庙，汉唐时均有重修。庙的底座是一座高台，周围砌石，上建正殿3间，有前廊。唐武则天前来参拜大禹王时，在殿前左侧植一株槐，右侧植一株柏，殿后台下植一棵枣，当地民间有“三义松”“一棵槐”“乐陵小枣催后台”的谚语。旧时，大禹庙有庙产十几亩，历代有道士看管，早晚钟磬之声不绝于耳。春秋时期，齐桓公下令在禹王庙南面建一座东岳庙，占地35亩，四面环道，有正殿3间、山门、厢院、钟楼等，香火旺盛，历代帝王也常来参拜。

锦绣之乡多名士——谭坊镇

谭坊镇位于青州市东部，与昌乐县、寿光市、临朐县三县市为邻，是辐射周边地区重要的农资、商贸、物流以及重要的价格生成中心。

谭坊镇历史悠久，文化底蕴深厚。古文化可追溯到两千年前西汉时期，是青州市发掘古文化较早的城镇之一，弥河沿岸的几个村庄萧家、马家等先后出土了一大批重要文物。1982年出土的汉代马王爷墓中“宜子孙玉璧”，为研究汉王室历史提供了依据。2006年发掘的香山汉墓，出土彩陶俑二千余件，为研究汉代文化提供了重要资料。

香山汉墓汉俑陪葬坑位于谭坊镇大赵村西北香山之阴。2006年省文化厅成立考古队，对香山汉墓汉俑陪葬坑进行抢救性发掘。经发掘考证，整个陪葬坑陪葬品分成两层，坑南部三层。从陪葬品的位置分布来看，南部上面一个箱内大部分为陶器，另有少量的马、羊俑等。北部西侧箱内第一层大部分为牛、马、猪、狗、立俑、骑俑等；东部箱内第一层有马、陶器等。陪葬品种类丰富，分布密集，粗略估计约有近千件。陶器有鼎、盒、壶、盘、耳杯、钫、案等。俑类有人立俑、骑俑、马、牛、猪、狗等。大部分随葬品表面都施有红、白、黑、褐色等彩绘，色彩鲜艳，纹饰清晰。

经对墓葬形制及其周围调查勘探显示，香山汉墓是一座甲字形大型土坑竖穴墓。从出土遗物和墓葬形制分析，香山汉墓是属于西汉前期。香山汉俑陪葬坑出土的大批遗物，含兵马仪仗俑、牺牲俑、成套礼器等。各宗遗物同处一坑，器类丰富、数量大、形制特殊，为研究汉代大型墓葬提供了重要的资料，为汉代考古的重要发现。

20世纪60年代，村民在村西北耕地时翻出部分陶瓦片，县博物馆收集了部分陶盆、罐等碎片，后有北京2名考古专家到萧家村西北收集了大量陶片，初步认定此处是商代末期古村落遗址，东西400米，南北600米，依丘陵而居，后被省文物部门确定为省级文物保护单位。1977年，在遗址中心竖立萧家村遗址碑。

汉代古冢位于马家冢子村东。冢高20米，东西、南北各约80米。村民在取土垒墙、盖房过程中，发现土中有又厚又宽的青砖，就纷纷到土丘附近挖土抠砖。1982年，有人觉得这很像古代贵族墓，当即汇报了县文物部门，经抢救性发掘，发现古冢用土全从别处运来，墓室建筑设计严密，墓室通道宽约1.5米，发掘出土了大批陶器和大量各种颜色的玉片。其中出土的宜子孙玉璧，经考证为东汉时期器物，被列为国家一级文物。

谭坊镇人杰地灵，名人辈出，文化底蕴丰厚。宋朝宰相王曾、元朝将军董进均、明朝状元赵秉忠、侍郎冀镧，成为该镇的“四大名人”。

王曾，字孝先，宋青州府郑母村人。北宋仁宗时名相。王曾才思敏捷，善长诗文。咸平五年（1002），王曾中廷试第一名，成为状元，因为他此前在乡试、会试中亦为第一名，因而成为“连中三元”之人。以将作监丞通判济州。累官吏部侍郎，两拜参知政事。曾规谏真宗造天书、修宫殿之事。宋仁宗即位后，拜中书侍郎、同中书门下平章事，以计智逐丁谓，朝廷倚以为重。后罢知青州。景祐元年（1034），召入为枢密使，次年再次拜相，封沂国公。因与吕夷简不和，一同被罢免，王曾出判郓州。宝元元年（1038）卒于郓州，年六十一，赠侍中，谥文正。有《王文正公笔录》。葬于郑母东南月牙岭下。王曾一生不仅政绩卓著，而且著作颇丰，诗文斐然。

董进，据《董氏族谱》载：始祖董进于金贞祐二年（1214）由即墨石桥村随同祖母徙于岭前堰（今青州市谭坊镇龙泉沿村）。进为元代将军，其子因封万户侯，赐地十亩以为茔，进墓地系御葬，有雕碑、石人、石马、石羊。“文革”中平坟被毁。

赵秉忠，晚明状元、政治家，官至礼部尚书，明代青州府益都县郑母村人。万历二十六年（1598）应殿试得中“第一甲第一名”。其状元卷是我国现存明代殿试卷孤本真迹，被定为国家一级文物。1983年，赵秉忠的第13代孙赵焕彬将状元卷捐献给国家。中国科举制度实行近1300年，有据可考的文武状元770余人，但能让后人目睹状元答卷风采的，只有赵秉忠这一份。所以读者来到青州，一定要到青州博物馆，一睹状元卷的风采。

冀锎，字孔夫，号康川，明青州府郑母村人。嘉靖二十三年（1544）进士，官至兵部右侍郎（三品），卒后赐工部尚书。赐谥号并谕祭葬，他一生政绩可嘉，后祀于青州府乡贤祠。

谭坊镇传统风味小吃很多，其中郑母面、郑母烧饼、夹河驴肉尤为突出，被评为潍坊名吃。

郑母面，传统名吃，已有上百年历史。以精细白面为主，佐以米面、豆面，以手工擀制而成。作料考究，做工精细，享誉周边县市。据地方志载，有“程家的烧饼，常家的面”的说法。郑母烧饼做工精细，工艺特殊，口味薄、酥、香、甜俱佳，是烧饼家族中的佼佼者。

夹河驴肉，产于谭坊镇夹河村，是一种有着500年历史的地方山东名吃。“夹河牌”驴肉，精选健壮之驴，取其精肉，利用传统工艺，再辅以祖传秘方，经大锅炖煮而成。成品具有肉香馥郁，肉烂不柴，肉色鲜亮，口味醇香之特点。尤其是驴皮是制作阿胶的唯一原料，具有补血之功效，是老少咸宜、强身健体的最佳食品。

昔日状元之乡，如今是山东省中心镇、山东省无公害瓜菜基地、全国农产品加工业示范基地，“瓜菜之乡，林果名镇，状元故里”的美名越传越远。

舜帝故里——诸冯村

诸城开发区诸冯村东濒潍河，北依历山（又称犁山），距胶新铁路和济青高速公路1公里，向南正对和平街北段，距市区6公里。据传此地是上古先贤虞舜的出生地。有了江河湖泊，便有了生命的繁衍，便有了人类文明的创造和传承。由诸城城区沿潍河风景区河西路北行十多华里，就会看见一座沿河而建的不大的庙宇，这就是位于舜王街道诸冯村的“舜帝庙”。庙宇的老建筑已在1975年的洪水中被冲毁。

虞舜，姓姚，名重华。据《史记》记载，尧让位于舜，践帝位39年。孟子说：“舜生于诸冯，迁于负夏，卒于鸣条，东夷人也。”（见《孟子·离娄下》）现代历史学家郭沫若和范文澜经过考证后也一致认为，舜的出生地就是山东诸城。宋代大文豪苏轼任密州（今山东诸城）知州时，曾作诗“西望穆陵关，东望琅琊台。南望九仙山，北望空尘埃。相将呼虞舜，遂欲归蓬莱。”可见，这位文豪也认为虞舜是诸城人。

舜，为中国历史上的先贤，是尧王之后的古帝王，部落联盟首领。因为当时的国号为“虞”，故称“虞舜”。虞舜待继母以孝，待弟以仁，儒家视其为理想的代表人物，是“仁孝”的代表。相传虞舜执政期间，风调雨顺，天下太平，五谷丰登，成为儒家理想社会的黄金时代。

诸冯村中原有舜井，村西北处有一丘陵，称为历山，“舜耕于历山”即指此处。“尔乐乐，我乐乐，尔我同乐乐”（《乐乐歌》歌词），这是至今流传在诸冯一带的民间歌谣，据说此歌为舜所作。

舜所处的年代正是龙山文化的鼎盛时期。从诸冯发掘出土的黑陶蛋壳杯、黑陶豆、盆型鼎、双耳杯、陶尊、黑陶高柄杯等典型的龙山文化器物都显示，今诸冯一带当时的文化发展阶段与舜的生存年代是吻合的。1985年，诸冯村被诸城市政府确定为历史文化名村。如今的舜帝故里，潍河碧水荡漾，鹤雁起舞，两岸风摆杨柳，琴瑟传音，犹如舜帝穿破时空的遥祝：家乡一切安好！

古城子寻古

诸城市区东南部的岭上，有一个不起眼的村庄，它就是诸城市密州街道古城子村所在地，也是东武故城的所在地。

本地老住户李氏，原籍甘肃陇西，北宋已在此居住。其族谱记载，来时村名即称“古城”，这显然是因村庄坐落在古城遗址上而得名。从前，这里一度改名为“墨水村”，村西南原有座关帝庙，清道光年间重修时，在大门里的影壁上，镶嵌着一块石碑，上面就镌刻着“诸邑城东墨水村”。据说，这是人们嫌原村名太俗，诸城土话“城”字又与“穷”同音，村人们被“穷神”折腾得太苦了，想改一下贫困状况，便以村后的墨水河作村名。取这个名也是为了图个文雅和吉利。旧时说识字为“喝墨水”，村人们期望这里多出有文化的人，尽快脱贫致富。可是，名字虽好，就是叫不出去，人们仍然称这村为古城子，可见这“古城”的文化魅力。

北宋大文学家苏轼在他的《后杞菊赋》叙文中有“日与通守刘君廷式循古城废圃，求杞菊食之”句，其中“古城”即为此地。本村清代秀才李学昌，曾作《古城村感述十四韵》，述及村西北有已荒废的“杞菊园”，即东坡求杞菊处，这里曾出土铜箭头、铁蒺藜、大齐武平年碑、汉“千秋万岁”瓦当等古文物，并有古井、瓦筒泉、大石桥、石坊等古迹遗存，村头的“将台”“旧时堆列如垒”。新中国成立后发掘出的南城墙根基，夯土层分明，夯窝清晰可辨；关帝庙后残存的城垣角楼，曾为孩童们登高玩耍的好场所；村西出土的鹅眼钱范、铜残渣，说明当年曾设制钱厂。古城的范围，《水经注》称“城周三十里”，明万历《诸城县志》则记“城址周约五六里”。

古城到底有多古？古城历经“周、秦之间”和两汉，至今有两千多年。清乾隆《诸城县志》认为：“其为县著于汉而实肇于周、秦之间。”据有关文字记载，汉高祖六年（前201）封大将郭蒙为东武侯，吕后七年（前181）置东武县，元封五年（前106）琅琊郡移治东武，境内各县皆属琅琊郡，章帝时，琅琊孝王得封国即在此，东汉建初五年（80），东武县城迁至岭下的扶淇河东岸才结束了该地设城的历史。

东武古城的得名还有一个十分神奇的传说，《齐道里记》称：“东武县本有东武山，忽因三日昼昏，山移在会稽山阴，县今犹有东武里。”《东周列国志》也讲，越王勾践于会稽立城时，忽然城中涌出一山，周围数里，其象如龟，有人认得此山，乃琅琊东武山，越王大喜，乃名其山曰怪山，亦曰飞来山，亦曰龟山。看来这岭地的原称就是东武山。

从前，古城子缺水，连饮水都成问题，更谈不上引水灌田，这也许就是古城西迁的自然因素吧。如今，古城子社区居民近千户，新社区建设项目的完成，打造了一个环境优雅、现代时尚的商业街区。古城在沉寂数千年后，再一次迸发出它独有的魅力。

古韵气息——井沟镇

井沟镇位于山东省高密市西部，东临旅游名城青岛，西依世界风筝之都潍坊。镇西北部现存高密最古老的城堡遗址——始建于战国时期的城阴城，以及韩信坝、点将台、龙且墓、张良沟、饮马壕等古战场遗址，距今已有2000多年的历史。两汉时期城阴城数次成为王国和侯国的国都，魏晋南北朝时期为郡县治所，及至北齐毁于战火。曾出土陶壶、罐、刀币等大量文物，为研究本地区汉代经济社会情况，提供了可靠依据。

城阴城古城址位于山东省高密市井沟镇田庄村东约1公里处，它的北面是刘家庄，东面是薛老家庄，南面是后营，西面是前后田庄。城址西2.5公里是潍河，与诸城市接壤，北面不远为峡山水库。整个城址正处在潍河中游。城阴城两面环水，两面为小平原。这里地势平坦，土质肥沃，宜于耕种，有利于古代先民的生产和生活。

据考证，城阴城是一座方城，西南东北的长度均约为2公里，周长约8公里。现在其遗址上分布着名为“城后”的十几个小村庄。

城阴城始建时间已无史料可考，但应不晚于公元前600年的战国时代。城阴城是高密的前称，有文字可考的是战国时期。公元前284年，乐毅打败齐国后，其子孙为避秦祸“亡之齐高密”，可见城阴城在战国时已经叫做高密。秦朝时在此正式设置高密县，西汉文帝十六年（前164）置夷安县。

公元前205年，韩信率30万灭赵后的得胜大军东下攻齐。项羽手下猛将龙且率20万精兵迎战，韩信用沙袋筑坝堵潍河水淹楚军取得大胜，龙且被杀，葬于城西南龙且冢（位于王家辛庄东1里处），其余死难楚军合葬于金宝山下（位于城东南金宝山村，此处曾出土数千人的合葬墓）。

两汉时，是城阴城最为辉煌的时期，公元前164年西汉设胶西国，治所城阴城，胶西王传至刘端，其为人残暴凶狠，屡次触犯天子法令，汉武帝怒而削其大半封地，封齐孝王子刘定为稻夷侯，治稻城，属琅琊郡。公元前108年刘端死后，废胶西国改高密郡。古稻城在城阴城西南2公里（即今潍坊市峡山区郑公街道城子村南），长2.5公里，宽0.75公里，面积1.875平方公里。《齐乘》云：“稻城，高密西南潍水堰侧……即稻城遗址，春秋称琅琊之稻。”《齐地记》：“高密郡有古断水处，因造鱼梁，岁收意数，故号曰万疋梁。”意思是说刘定于此灌田种稻养鱼，又于城子北设立大、小圈（即今天的大圈村、小圈村）发展养殖业，每年收入粮万担、钱上亿。公元前114年，刘都阳（稻夷侯刘定之子）袭稻侯，之后再无历史记载，稻城毁于何时也不得而知。

城阴城周围的汉代遗址很多，且出土的文化遗物与城址相同。与它隔河相望的有汉代的城阳城。这座古城遗址，因多年耕作，遭受严重破坏。到新中国成立之初，地面上的建筑只有四周的城墙残垣继续存在，护城河还依稀可见。其他建筑破坏殆尽。

2000年，城阴城遗址被潍坊市人民政府列为第二批县级文物保护单位。井沟镇政府加强了对遗址的保护措施，投资400万元，建设了遗址防护墙和彩绘艺术墙，建成1700米长的景区路，配套建设了景观公园，完成绿化8900平方米，建成了凉亭、人工湖、潍水黄牛、路牌等景观。

井沟镇内还有红岭寺遗址，至今砖瓦遍地，关于红岭寺有“刘墉传旨耙和尚”的故事。相传，红岭寺虽然不大，但修建得十分讲究，特别是老和尚的卧室修建得富丽堂皇。在卧室正北墙壁上，悬挂着一幅中堂字画，字画的后面藏有暗室，直通地下暗道。寺里的和尚利用暗室和地下暗道，淫乱不轨，经常暗中拦劫过往年轻女人。附近百姓虽然听说红岭寺的和尚有不轨行为，但无人证实，奈何不得。南高戈庄有一位姓周的武举人，与红岭寺的老和尚相处甚好，一日，他前去拜访老和尚，老和尚不在，因为周武举是贵客，所以小和尚破例将周武举请到老和尚的卧室等候。周武举闲来无聊，竟无意发现了字画后面的秘密。老和尚察觉后，宴请周武举，试图在“鸿门宴”上杀害周武举以绝后患。周武举早有防备，让同样武功高强的妻子伏在屋顶上，暗中保护周武举。最后周武举夫妻打败了红岭寺众僧。刘墉将此事禀报给乾隆请求严惩淫僧，乾隆不以为意，说了句“区区小事，不足挂齿，罢了”。刘墉听了，当即道：“谢主隆恩。”刘墉下朝，向来人传下口谕：“耙了。”不几天后，红岭寺的和尚被当地百姓全埋在九亩地里，只露着个头，然后套上牲口，拉着耙，全部耙死。九亩地耙了和尚之后，刘墉向乾隆奏道：“和尚耙了。”乾隆道：“怎么罢了？”刘墉道：“用耙耙了。”乾隆大惊，自悔道：“我说罢了，是算了的意思，谁知道真的耙了。耙了就耙了吧。”自从九亩地耙了和尚，红岭寺也被老百姓砸掉了。

井沟镇人文气息浓郁，剪纸、茂腔、雕刻等艺术形式在数百年前就远近闻名，是世界非物质文化遗产——剪纸、茂腔的发祥地，养育了国家非物质文化遗产传承人范祚信。范祚信，井沟镇河南村人，中国民间剪纸协会会员。他出生在艺术家庭，其母的剪纸造诣在周围十里八疃很有名气，范祚信从小就深受母亲的艺术影响和熏陶，7岁就开始剪纸。1982年，范祚信被高密市文化馆聘为剪纸教员，上千幅作品为中国美术馆收藏，1996年2月被联合国教科文组织授予“一级民间工艺美术家”称号。至今其作品已遍布世界各地，剪纸品种的增多，吸引了国内外的游人纷纷订购。

刘连仁，中国山东省高密市井沟镇草泊村人，16岁承担起家庭生活重担，长期在外地当长工。1944年9月回家秋收，被日伪军强掳至日本北海道明治矿业强制劳动，因不堪虐待，而逃往深山13年，成为“野人”。后来以“志气、骨气、勇气”为精神，为劳工讨公理、还尊严、要人权，伴随着他的后半生，成为中国受害劳工的一面旗帜，世界著名反法西斯斗士。2000年9月2日，刘连仁在故乡病逝，享年87岁。

穿越时空的潍水明珠——朱子村

蜿蜒流长、风光旖旎的潍河孕育了灿烂的潍水文化。坐落在潍河中部西岸、黄公山和盖公山之间的朱子村，自然条件优越，地理环境独特，是安丘市著名的历史文化名村。浓厚的传奇色彩，使该村自古以来被贤士文人所向往，且孕育了不少文人武士，被誉为潍水中部的一颗璀璨明珠。

据史书记载，战国时兵家黄石公，在下邳把《太公兵法》传授给张良后，便北上漫游，觅理想之地栖身，来到该村后即隐居此处，殁后葬在村后山上，以后该村故名“黄公山”。后又在此山建“黄公祠”。历代名人学士，多到此凭吊，有的在祠内题词留念。清代著名教育家、上书房总师傅、官至一品的窦光鼐，曾亲临此山拜祭黄公，并在黄公祠内壁上题写了乾隆帝作的《劝世歌》：“看士农工商，终日忙忙，人生碌碌，竞短争长，阿房宫冷，铜雀台荒，都做了邯郸梦一场。”

战国后期大贤、黄老之道的集大成者胶西盖公，晚年也隐居此处，并在村南山上“作茅舍授徒”，热心传授黄老之道。齐、楚、燕、韩、赵、魏等国不少有识之士，都奔赴南山，聆听盖公的教诲，学习黄老之道，南山一时成为各国研学黄老之道的中心。不少士人，学以致用。如齐相国曹参，他遵照其师盖公“贵清静而民自定”等教诲治齐，齐果大治。盖公谢世后，其弟子将其葬在该山之巅，以后该山改名为盖公山。北宋大文学家苏轼任密州知州时，曾专程来游览盖公山，拜谒盖公冢，并在盖公冢前建盖公堂。

汉代，由于该村长期奉行孝文化，加之出现了一位明扬全国的孝子毋丘长，因而都尊称该村为“孝行村”。该村之所以叫朱子，是与朱熹有关。宋代庆元年间朱熹因遭奸臣迫害被削职追查，辗转逃至该村躲藏避难，虽已近七十高龄，但仍不辍传业、授道，在该村法林院继续讲学，受到村民的保护和尊敬。之后，为怀念朱熹，特将村名由孝行乡改为朱藏庄。朱熹因被尊称为朱子，清代初期，该村在法林院内朱熹讲学的地方，特建造了“朱子祠”，并把朱藏庄改为“朱子村”，以示对先贤的缅怀和崇敬。

朱子村后，有明镐冢。该冢与黄公冢、盖公冢，方位成品字形，史称“三冢鼎立”。

小章竹马的故乡——围子镇

围子镇属昌邑市，位于潍河（古称潍水，是韩信“潍水之战”的发生地）东畔、胶莱河西岸，206国道与221省道在辖区交汇，位处“蓝黄”经济发展区前沿。

据《中国地名大辞典》记载：密乡为“春秋莒密邑，汉置密乡县，为侯国……故城在今昌邑东南十五里。”即位于现在围子辖区古城里村，此地是春秋时纪国与莒国缔结盟约所在地。《春秋左传》载：“鲁隐公二年（前721）十月，纪子帛、莒子盟于密。”密乡故城是围子街道最重要的古迹之一，故城遗址东西南北各500米。新中国成立后群众用土将四周原有城墙残基取平，但遗迹尚存。西墙北端，开挖了1条宽20余米、深2米的南北大沟，暴露出许多砖瓦陶片和一口古代水井，井壁有陶圈垒成，现已淤平。密乡故城遗址出土的卷云纹瓦当、“齐法化”刀币、铜戈、铜镞等，有很高的科学研究价值和考古价值。

由围子镇沿221省道南行约5公里，至西小章村，有一独有的家族仪式性表演活动——跑竹马，因出自西小章村，故称“小章竹马”。跑竹马有悠久的历史，最早起源于古代的儿童游戏，早在东汉时期的《小儿诗》中，就有“嫩竹乘为马，新蒲折做鞭”的描述。唐代李白也有“郎骑竹马来，绕床弄青梅”的诗句。到了宋代，跑竹马逐渐成为一种民间艺术形式。据小章竹马传人马镇华介绍，小章竹马是由其二世祖马亮在元朝末期以其祖父马合征伐缅甸一事为背景，从元朝行军作战的“四门阵”“五花阵”“双钩连环阵”“二龙戏珠阵”“十门变化阵”“八卦连环阵”和马氏家传武术演化而来，是集出征列阵、戏剧表演、民间舞蹈和武术演练于一体的民间竹马戏。据了解，小章竹马不单纯是一种民间舞蹈表演，还是一个祈福仪式。始创于元代，时任元朝正三品都督元帅府元帅的马亮当家时，家里人丁单薄，他便请了高人给他参谋，并让他的行军幕僚按照行军阵法和自家拳法，以模仿元朝末期朝廷为各地镇守元帅赠送美女的行军过程为内容，整合成了一套新的跑竹马表演形式，驱邪镇妖，保佑全家平安，人丁兴旺。从此小章竹马作为马氏家族内部的祈福仪式传承下来。

发生在年节期间的小章竹马表演活动，既是该村马氏家族的祭祖仪式之一，同时也是该家族年节生活的重要组成部分，具有一定的集体狂欢特质。

竹马表演对于西小章人的当下生活依然具有重要意义，所以在年节活动之中能够稳固地占有一席之地，显示出文化传承的坚韧性。首先，竹马表演增强了村落内部家族之间的凝聚力，成为他们年节聚会的一种方式；其次，小章竹马表演是当地马氏家族跨村落的联系纽带，西小章村与宋庄的马氏家族由此形成拜年与回拜的礼仪关系。村落与跨村落的集体欢娱，使得这一带马氏家族的年节活动丰富活跃。

年节中的小章竹马表演，在集体性的狂欢活动中，引导活动者通过对个人精神世界的张扬，实现对琐屑现实的超越。在小章竹马的演者与观者那里，有对于同一个祖先的缅怀，小章竹马唤醒了他们这种带有一定宗教性质的宗族归属感。以此为旗帜，每个人可以将自己在日常生活状态下压抑已久的情感尽情的释放。

如今，小章竹马已三次应邀出席潍坊国际风筝会开幕式，受到众多专家、国际友人及广大观众的赞誉。小章竹马也于2006年申报为潍坊市级非物质文化遗产名录，2009年进入山东省非物质文化遗产名录，现在昌邑市已准备将小章竹马艺术申报“国家级非物质文化遗产名录”。

由围子沿昌平路东行约5公里有古河村，该村盛产毛笔。古河毛笔自清道光年间始产，已有200年历史。古河毛笔的制作工艺十分复杂，一支毛笔不大，但制作起来却有若干道程序，从选料、加工制作到装潢包装都很细致考究。

由围子沿221省道南行约4公里有王珂村，是历史名人宋占魁的故乡。宋占魁，原名兆法，字捷臣，又字冠杰，号梅村。他出身贫寒，幼时全家以卖粉、劈柴为生，身材魁梧，力大超群，光绪八年（1882）考中武举。光绪十二年（1886），封御前头等侍卫，赐名“占魁”， 光绪十九年（1893）任山西平阳府参府正堂。光绪二十一年（1895）改任太原总兵。有亲手书写的“清、平、如、意、虎、豹、龙、寿”等8个字及盖有状元印章的8联条幅流传后世。

走出历史厚重的围子，展现在我们面前的是一派欣欣向荣的现代多元化经济发展的气息。围子是昌邑特产“斜子萝卜”的产地，据《孙氏宗谱》记载，斜子青萝卜培育历史悠久，到现在已经历了四百三十多年。明朝隆庆三年（1569），潍河溃决，斜子村孙氏第五代人孙谦、孙让的房子家产被毁掉冲光。为此，兄弟二人于初秋在村东一高地上种了一部分青萝卜。萝卜碧绿，叶缨葱郁，根块脆甜，秋季收获以后，用以度过了灾年荒月。从那以后，连年种植，种植户逐年增多。20世纪60年代，我国经历三年困难时期，斜子萝卜又帮助人们度过了灾荒之年。当时，流传着这样的顺口溜："斜子萝卜是块宝，带上几个上青岛。理了发，洗了澡，回来车票用不了。"如今，"斜子萝卜"被赋予丰富的文化意蕴，被当作一种吉祥的礼物，送城乡，赠宾朋，祝人寿，贺年丰，祈望"四季常青"，年年丰饶。

状元故里——朱位村

临朐东城街道办事处朱位村，相传五帝时尧之子丹朱曾游历于此，故取名朱位。据《临朐续志》载，马氏“邑望族，系出扶风，宋末，马近官青州教授，遂家临朐，占籍城南十五里朱位”。村内有一条源于牛山西麓的溪流——鱼合水（亦称墨沙河、玉带河），自村东南处入村，河流在村中拐九道弯后，向西北汇入弥河。鱼合水将村一分为二，河南岸为上崖，外称小朱位，河北岸为下崖，外称大朱位。村内的马姓占总人口98%。村内有古建、古树等景观，清澈的小溪穿流经过村庄，倒映着红砖红瓦的民居。该村为明宣德二年（1427）状元马愉的故里。

状元马愉，字性和，号澹轩，明永乐十八年（1420）以《礼经》中省魁。宣德二年（1427）廷试进士第一，是明朝江北第一位状元，累官至礼部右侍郎（正三品）兼翰林院侍讲学士。入阁参预机务，端重缄默，门无私谒。论事务宽厚。卒，钦赐御葬，赠翰林学士、礼部尚书、资善大夫，谥襄敏。赠官兼职自愉始。有《澹轩文集》。

因状元马愉之故，自明英宗始，朱位即“自成一社，不设里正”，称为朱位零，享有减税赋之待遇。

马愉墓在村西南1公里处，封土高2.5米，直径5米。翁仲残缺不全，石碑、墓土完好。石碑为清光绪五年（1879）整修，铭文完好，字迹清晰。原林地占地100余亩，园内苍松翠柏。20世纪50年代末树木悉遭杀伐。60年代墓上碑石、石人、石马、石兽及状元三代10余帧画像俱遭毁坏。现状元墓为新世纪初，依原貌增旧制修复而成。状元墓列入市级文物保护单位。

状元祠由正厅、庭院、配房及大门组成庭院式结构。祠堂正厅3间，属砖石土木结构；厅四角立柱，靠山梁，前面立柱出厦，厦前沿饰有画板；厅正面有两扇窗格大门，门两侧为整间大格固定窗；厅隆脊挑檐，檩椽瓦板，上覆青瓦；屋脊及四檐饰有禽兽饰物。祠堂大门上楹有 “状元祠”之匾，“文化大革命”期间被砸；现有新匾系2002年山东省原副省长马连礼手书。庭院内四月雪树1株，株杆需两人合抱，已历数百年风雨沧桑，老杆新枝精神尽显。

明嘉靖进士迟凤翔题写的“状元基业”门楼和“澹轩书阁”二层小楼，系砖石结构，原为状元马愉藏书之地。阁不甚宏敞，砖壁。今小院清幽，松竹犹存也。

“后大门”建筑群建于清乾隆末年，大门台阶10余层，台阶两侧各有数米的坡滑石，大门隆脊挑檐，饰有禽兽等兽头。大门砧石长114厘米、宽66厘米、高40厘米，门高222厘米，门宽近200厘米。进大门，有一庭院，迎面一巨大影壁，东西各有角门。进西角门，影壁后甬路两侧有四套院落（东边两院为土木结构），两座二层楼（其中一座为土木结构），三座正厅，并配有东西南出厦厢房，系左右对称、前后9道门缝对齐的古典式建筑群。

古国郚部　乐器之都——郚部镇

一提到郚部，人们就会觉得这是一个充满魅力、独特和神奇的名字。这带有“耳朵”的郚部二字，据考原字典中最早并无此字，是后来特为此地名而编纂上的。这个地名就是昌乐县历史上素有“南郚北都”之称，现被山东省政府确定为省级重镇的郚部镇。郚部镇位于昌乐县南部，是昌乐母亲河白浪河的发源地，西北有昌乐最高山峰车罗顶。郚部镇是昌乐县最大的乡镇社区之一，自古就是历史名镇，是全国闻名的“乐器之乡”“无籽西瓜之乡”和“笤帚之乡”，在齐鲁文化的发展历史上曾发挥过重要作用。

郚部，《春秋》《说文解字》《康熙字典》等均对其进行过解释，《现代汉语词典》注解：“地名，在山东省昌乐县。”郚部作为地名，据考来源于周朝初期鲁国的两个下邑：郚国和部国，至今已有三千多年的历史。据史籍记载，郚部是古部国的都城，郚部国名始于周武王十三年（前1121），周公旦长子伯禽封阜称鲁国时，郚部国即已存在。《四部备要•玉篇》载：“郚部国，鲁国下邑。在朱虚县东南。”《昌乐县续志•古迹志》中亦载："今城南七十里郚部街相传即古部城。地理风俗记，朱虚东四十里，有古部城亭。朱虚在今临朐境昌乐西与接壤。由纪迁部，郚部其故城欤。"

在漫长的历史长河中，郚部在商周时期历经了莱夷部落的历史进程，一直为莱夷国国都，是整个胶东半岛的经济文化中心。早于伯禽封阜鲁国，太公封地营丘。自孔子杏坛讲学，收授三千门徒，开启了教书育人的先河。郚部地处齐鲁边缘地带，时为部国都城、鲁国下邑，浓厚的文化教育气息一直浸润着郚部大地。春秋时期，孔子的得意门生公冶长就在部国开办书院讲学，学风蔚然盛行。郚部文学艺术繁荣，郚部最早的郚部文化名流是东汉末代名士管宁和邴原，在科举取士年代涌现了刘恒、刘濚符、秦勷、秦登云、秦登龙、于良弼等古圣先贤。曾任浙江东阳县令的刘濚符卸任归来后至东武设帐教授，著有《四书制义》。刘树卸任湖北宣恩县知县后主营陵书院讲习，著有《松月庐制义》。明朝鸿胪寺天坛主祭赞礼秦勷著有《桧阳讲义》四卷，主修《密县县志》等。

历经沧桑的郚部镇，历史文化悠久，古文化遗址众多。据文物普查，镇西李家庄村发现有大汶口文化遗址和商代遗址，遗址发现墓葬、灰坑、红烧土、陶片等遗迹遗物；北张村曾发现龙山文化遗址，采集到工艺水平先进的黑陶鼎足、罐口沿等遗物；时马村曾发现春秋时期聚落遗址，发现墓葬、灰坑、陶片等遗迹遗物。遗址均被公布为县级重点文物保护单位。

真观寺位于镇西南4公里的金山。据清朝道光十二年（1832）碑记记载，金山真观寺的修建者为马元禄。顺治八年（1651），马元禄自崂山碧霞洞来到金山，"因见山势明秀，遂募化四方，创成修建"。时真观寺占地面积1260平方米，由南楼、北楼、北大殿、王龙观、道舍、膳房等建筑组成。院落呈方形，建筑皆为砖石结构、两山起脊、黑瓦覆顶。其中北楼

5间，下层为“王母殿”，中间塑王母娘娘神像，左右塑9尊侍女像，两侧壁上绘神话故事；上层刻木质玉皇坐像，左右各一侍童，东西两壁绘有八仙故事。南楼3间，下层是“芦姑殿”，木刻彩绘芦姑盘坐在莲花座上，四周墙壁绘有花卉图案；上层为关帝殿，木刻关帝正中端坐，周仓、关平持刀侍立左右，两侧壁上绘三国故事彩画。院两侧为东西厢房，东门外是王龙观，内塑持鞭武将王龙像；院后山顶有大殿3间，塑霹雳神像一尊。真观寺四周松波涛涛，风景壮观。“文革”后仅遗王龙观残墙基石及清代募主题名碑和县道会司真观记事碑。目前，一些珍贵文物得到了保护，部分神庙如玉皇楼、王母殿得以修复。每逢农历三月三日和九月九日是这里的香火会，届时，香客游人络绎不绝，或祈风调雨顺，或求福康安宁，或求神灵赐药，以期获得心灵的慰藉。庙会香火旺盛，闻名百里。

从潍坊市区出发，驱车一个多小时就可到达郚部。屹立在路边的火红色吉他雕塑时刻提醒着来客，这里因乐器而盛。

走在镇上，不时能听到阵阵悠扬乐声。如果不是好客的村民介绍“这是在试乐器”，你很难相信，大批的时尚乐器电吉他、电贝斯会产生在这个不起眼的小镇上。郚部乐器产业发端于20世纪70年代中期，当时由青岛知青创办了一个社办乐器厂，生产二胡、笛子等民族乐器。80年代末期，韩国客户权海龟与当时的镇乐器厂合资成立了缪斯乐器公司，生产木吉他和电吉他。后来镇里又创办了一家百灵乐器厂，这两家企业成了郚部乐器产业的“孵化器”。现在郚部七成以上的乐器企业厂长、经理，都是从这个企业走出来的技术、营销骨干。2007年，郚部镇被评为首批“山东省特色产业镇”，2008年被评为“山东省电声乐器产业基地”，2009年被评为“中国电声乐器产业基地”。

现今的郚部镇，作为齐鲁文化典型传承发展的重要区域，由于千百年来深厚的历史积淀，加之它独特的区位优势和鲜明的文化特色，已为这里的经济和社会事业发展打下了坚实基础，厚重的烟灰色作为镇区建筑的主色调，体现了鄌郚古镇风貌；以中国红为元素的重要节点建筑和三组冲击力十足的变形吉他、音符雕塑，体现了音乐的律动和当地乐器产业特色。作为全市首批重点改造提升的60个小城镇之一的鄌郚镇，通过对镇区进行高标准的城市规划和景观设计，处处凸显了乐器产业特色。一个充满活力、充满梦想、令人惊叹的魅力之城正款款向我们走来……

战国制盐古地——史口镇

史口镇是黄河三角洲上的一个千年古镇，位于东营区西部。东接胜园街道，西与龙居镇相连，南与牛庄镇接壤，北与垦利县郝家镇毗邻。

史口镇历史悠久。据出土文物考证，早在4000年前，已有人类聚居。殷为薄姑国领地。周为齐地。战国时期，人们在此“伐薪煮海水为盐”，盐业生产已有一定规模。秦属齐郡，西汉时，镇境东部属广饶县，西部属湿沃县。东汉时属博昌县。三国时，属魏国齐郡。西晋、南北朝时，镇境东部属广饶县，西部属湿沃县。隋、唐、宋三朝、金熙宗天眷元年（1138）及元、明、清三代，境域东部属乐安县，西部属博昌县、博兴县。唐太宗贞观年间，史口因古刹“福昌寺”得名“福昌镇”。宋徽宗大观年间，“福昌镇”更名为“博昌镇”。元太祖元年至至正二十八年，史口村北有一条赵家河设有港口，货船行商繁荣，史姓在此经营食品、茶馆等店铺为业，来往客商送名“史家口”。明洪武、永乐年间，大批移民自山西洪洞、直隶枣强迁移至此，构成境内居民主体。从此，这片土地人烟渐多。据史料记载，洪武、永乐年间，该地商业兴盛，街市繁荣。境内有集市七处，五日一集皆不重日，人们每天都能吃到新鲜的食品和蔬菜。民国年间，为广饶、博兴、蒲台三县交界处。新中国成立后改设史口乡、史口镇。

战国时期，齐国煮盐业发达。山东的海盐与四川的井盐、山西的池盐并驾齐驱。齐桓公继位后，任用管仲辅佐政务，管仲充分利用齐国海盐资源充分的优势，开创了“官山海”，即盐铁的官营制度，大力促进了齐国煮盐业的发展。《管子•轻重甲》从侧面描述了当时齐国煮盐业的生产时间、地点、产量、销路、收入等情况。“孟春既至，农事且起，北海之众，无得聚庸而煮盐”，在每年阴历十月到次年正月的农闲时节，齐王下令老百姓砍柴伐薪，煮海水为盐，在农忙季节里，不得大批雇佣农民从事食盐生产。“十月始正，至于正月，成盐三万六千钟。”每年的海盐产量为“三万六千钟”，远销梁、赵、卫、宋等地，“得成金万一千余斤”。可见海盐生产在齐国的经济中占有非常重要的地位。

齐国的盐矿开发和管理代表了春秋战国时期我国盐矿资源开发的最高水平。司马迁在《管晏列传》中高度赞扬了管仲，他说：“管仲，世所谓贤臣”，“吾读管氏《牧民》《山高》《乘马》《轻重》《九府》及《晏子春秋》，详哉其言之也”。他还说“管仲既任政相齐，以区区之齐在海滨，通货积财，富国强兵，与俗同好恶”。表明司马迁十分推崇管仲的思想和事业，管仲“微山海之业”，实行盐铁官营，为数千年来矿产资源归国家所有、矿产首先归国家开采打下了思想基础。

2006年，史口镇刘二村境内发掘出商周遗址一处，出土了大量古钱币、陶罐等文物。2016年，史口镇刘四村境内发现一处疑似古墓。目测为双合葬墓，大小约3.5米×4米，内壁雕有花纹，中有神道，内有散落骨骼，未见棺椁，未见陪葬物品，四壁材质为糯米石灰三合土，质地坚。据村民推测为距今逾300年古墓，正待考古部门鉴定其历史价值。

史口镇史口村北积水塘边有一口金代大铁钟，高1.88米，钟口直径1.19米，钟壁平均厚度0.07米，重约1500公斤。钟顶端双交龙钮，肩上贝叶纹饰，肩下锦云纹，腹饰穗格纹饰。钟口呈曲形八角，钟口沿饰有“八卦”图案。钟肩下部有铭文，因年代久远，腐蚀过甚，只有“积智佛”和“千秋”5字可辨认。据《博兴县志》记载和有关专家考证，确认系金代所造，约在金太宗天会十年（1132）至贞元四年（1156）之间，距今已有800余年历史，是比较罕见的佛道一体的产物。

悠久的历史涤就绚丽多彩的民间文化。刘营村刘汝溪（艺名刘小三），是广北近代著名京戏艺人，是首任广饶县京剧团团长，1947年他创办并担任团长的刘营村业余京剧团，还编演过服务当地斗争形势而新创作的新戏剧，如《小仓山》《乐山举义》《黄巢起义》等。

山东琴书，又称“小曲子”，2006年被列入首批国家级非物质文化遗产名录。山东琴书中尤以“东路”琴书的影响力最大，流行于胶东各地，以商业兴、关云霞夫妇及其创始的“商派”最具代表性，唱腔优美动听，富于变化。

商业兴出生于史口镇，他自幼继承其叔父的琴书表演技艺，对琴书的唱腔及演唱方法不断加以改造革新，使琴书逐步形成以优美动听、富于变化的腔调来述演故事及表现人物特色的曲艺艺术，在广饶、博兴及胶东一带的琴书艺人中产生广泛影响。商业兴的琴书成为与茹兴礼为代表的“南路琴书”、邓九如为代表的“北路琴书”风格迥异的琴书新流派，它曲调优美、语言风趣、通俗易懂、板式灵活多变，因此有清、脆、美之称誉，是目前山东琴书在全国较有影响、流布流传最广的一路琴书。人称“东路琴书”，亦称“商派琴书”。

史口的风味小吃有肴鸡、羊肉汤、水煎包等。史口五香肴鸡已经有百余年历史，最初从烟台传入，后经不断改进、创新，逐渐形成色鲜形美、醇香可口、具有独特风味的当地名吃。史口五香肴鸡制作工序复杂考究，经过宰、褪、扒、盘四道工序加工后，再进行煮、烧。外形完整美观、色泽金黄透红、肉质松软、风味独特，其色、香、味、烂被称为“四绝”，成为远近闻名的特色名吃。

凤凰古城——利津镇

利津镇地处利津县南部，东与垦利县胜坨镇、董集镇隔黄河相望，南、西两面与凤凰城街道相邻，西北与明集乡交界，北与盐窝镇接壤。因是县政府驻地，以县之专名——利津而得名。

利津镇历史悠久。早在周秦时代县境西南部是古陆地，属齐国。汉代属千乘郡漯沃县、蓼城县地。隋代建永利镇，属蒲台县。唐代为千乘郡湿沃县地，后改属棣州渤海县地。宋代，初属棣州渤海县，后改属滨州渤海县。金代明昌三年（1193）升镇为县，因邑有东津码头，故称为“利津”，属山东东路滨州刺史郡。元明时属山东济南府滨州。清代、民国时期属山东武定府。清康熙十二年（1673）《利津县新志》对永利镇有如下记载：“隋废县地置永利镇，唐仍为湿沃地，寻置渤海县，属棣州（即今武定），永利镇隶焉，宋因之，改属滨州，金明昌三年改渤海县永利镇为利津县，仍属滨州……”新中国成立后更名为城关镇、城关区。1983年，更名为利津镇，2010年，更名为利津街道。境内景区主要有2A级景区利津黄河生态公园，景点主要有东津生态园、翠园湖、铁门关、枫栖林公园等。

永利镇是利津县的前身。永利镇位于大清河（今黄河）东岸，北通渤海，具有襟河负海的战略位置。自汉代黄河由千乘入海后，这片地域日益扩展。这里既有沃野良田，又有盐运漕运，在唐宋两朝，永利镇成为大清河下游的繁华镇店。由镇升县后，曾筑土城，后因地势低洼，迁于大清河西岸高地，即今之旧县城。县城迁址年代早已失考，概况有旧志可循，清康熙十二年（1673），《利津县新志》载："利津旧城在大清河东岸，遗址见存。"清代利津诗人张铨在《永门竹枝词》中写道："古城七里镇河东，一片荒烟蔓草中。苦为明昌寻故迹，观澜镇海想遗风。新城斜枕济河西，石坝莓苔没旧题。毕竟甘棠遗爱远，有人争颂蒋公堤。"词的前半阙所说古城即永利镇旧址，后半阕所说新城即今旧县城。

利津城古称凤凰城。关于凤凰城名称的由来，有多种民间传说。据有关资料记载，利津古城北靠高家村，南接官庄村，西拥侯王村，东依滔滔黄河；城内以大隅首为中心，东西南北辐射四条大街，分别命名为进贤街、太平街、慕义街、永安街；环城青砖高墙峻挺，城墙上建有四门，分列东西南北，东曰观澜门、西曰朝京门、南曰迎薰门、北曰镇海门。其东、南、西三门各有一条官道向外延伸，而西门的官道却是一分为三向远方延伸而去。

因利津古城的整体轮廓恰似一只凤凰，头朝东、尾向西，西出城门的三股道，犹如凤凰尾巴上的三根长翎。所以，旧时利津城又称凤凰城。古有贤人曾说：利津城是头枕天河水，脚踏进京路，两翼有高官，尾后有王侯，占尽了风水。境内古人留下的"李神仙洞"，更增添了利津城的神秘色彩。"利津内控黄河，外锁海运要津"，逐渐形成水陆码头和商贸重镇，史称"小天津"。

利津镇历代名人辈出，明清时期李登仙（俗称李神仙）家族兴旺一时，先后出过李振声、李广生、李愉、李嘉言、李华、李文桂、李佐贤等七代乡贤。李佐贤是清代颇有影响力的古钱币学家、书画鉴赏家、金石学家、收藏家、诗人。因在古钱币方面的研究成果蜚声中外，其《古泉汇》集泉学著作之大成，收录古钱拓本6000余种，钱范75个，对春秋战国时繁多的刀币、布币，首次加以考校分类，著录农民军及地方割据势力的钱币，在古钱学研究中堪称创举，被中外古钱币专家视为经典。

山东快书是发源于鲁中一带农村的说唱艺术形式，具有一百多年的历史，2006年被列入首批国家级非物质文化遗产名录。山东快书杨派创始人杨立德就是利津镇人。

杨立德的表演质朴、豪放、刚柔相济、平中出奇。在演唱垛字句时气势宏伟、口若悬河。赶板、夺字颇具功夫，叙述故事中的情节给人以身临其境的感觉，在贯口运用上，十、八句的联唱一气呵成，抑扬顿挫给人以美感，板槽极稳、板式变化灵活。演唱讲究分寸，不论语言、动作、表情都注意点到为止，不瘟不火、含蓄而有余味。唱快书讲究有弹性：一清楚；二有力、有口劲，像出膛的子弹那样；三美感、柔和、动听。注意吐词的功力、善说“俏口”“贯口”，强调轻松幽默，不强调使用过多的动作。20世纪40年代初期进入书场以后自觉地改“浑口”（语言粗俗）为“净口”（语言文雅）崭露头角，逐渐享名。杨立德的山东快书艺术在全国曲艺界有很高声誉，被称为“杨派”与高元钧“高派”齐名。

天生芦苇荡，开发即富源。历史上黄河河口段多次决口改道，留下大量潭坑、洼地和大片新淤地。俗话说，有“黄”就有“淤”，有淤就有苇。新淤地上芦苇依河傍渠沿故道，一片接一片，一连上百里，蔽日盖地，连绵不断，有“第二森林”之称。利津的芦苇由于黄河水的滋润，具有顽强的繁殖习性，四处为家，无隙不发。农家宅基周围的旱苇，能长到大拇指粗，一人多高。秋天一到，苇农们割下的苇子堆积成山，这时苇场就成了苇市场。芦苇全身是宝，茎含纤维素与木质相仿，用于造纸，五吨芦苇可代替十立方米木材。苇浆废液中，还可以提取数量可观的饲料、酵母。用于纺织，一亩芦苇产出的粘胶纤维，可抵五亩棉田。打薄葺屋，制帘挡风，织床铺炕，编篓包装等，都大有用场。经精细工艺洗刮的芦苇，按照自然色、自然节对成图案花纹，编制苇帘，作为著名的山东手工艺品，深受国内外客商的欢迎。

品谈古今　神韵犹在——大王镇

广饶县大王镇位于共和国最年轻的土地——黄河三角洲南部，是国家战略黄蓝经济区优先发展区域之一。东与寿光市台头镇、化龙镇接壤，南与青州市何官镇、高柳镇及淄博市临淄区皇城镇交界，西与李鹊镇、广饶街道隔淄河相望，北与稻庄镇相邻。西北距县城10千米。大王镇是红色之乡，建立了全国最早的一批农村党支部——中共刘集支部和延集支部，流传和保存了全国第一版《共产党宣言》中文译本，哺育了邓天一、李耘生、李玉堂、丁莱夫、张太恒等诸多仁人志士；这里是齐笔之乡，古齐毛笔的原产地，早在2000多年前就有了“齐国笔乡”的美称。

大王镇历史悠久，以驻地大王桥村而名，战国时期即有村落。明、清时期，大王镇为乐安县乐义乡。1984年设大王镇。境内今存齐国大将吕丘亮和秦汉谋士李佐车的墓冢，三国时期曹魏政权也曾屯垦于此。这里地处古沧（州）潍（县）官道，明洪武初年，李、顾、颜、唐诸姓徙居于此。因该地东阳河上有汉代所建单孔石桥一座，其高大为阳河众桥之冠，故名“大王桥”。村依桥名为“大王桥村”。相传楚汉争战之际，汉将韩信听李佐车之计，灭赵、收燕、伐齐。汉军占据齐地后，临水屯兵，见此水九曲蜿蜒，河床高抬，号为“阳河”。为便兵民通行，李佐车由南而北，修桥三座。南边一桥，以刘邦汉王之号，尊为“大王桥”；其余两桥，以韩信、李佐车二人之姓，谓之“韩桥”“李桥”。后人沿河而居，以桥为村名，沿用至今。大王桥、韩桥、李桥三村，经历代繁衍为大村落，绵延十多里。“大王”一名，也衍为镇名。

大王镇境内有钜定故城遗址，位于大王镇北，因濒临古钜淀（古代“淀”“定”通用）湖而得名。钜定城为春秋齐国城邑。汉武帝征和四年（前89）三月，“上耕于钜定”，以鼓励耕战。东汉应劭注《汉书·武帝纪》曰：“齐国县也”。钜定湖原称青丘泺。相传齐景公“有马千驷，田于青丘”后，将青丘泺更名钜定湖，又在其湖西立钜定邑。明清时期，将钜定湖更名为清水泊。

大王镇的文人志士众多，有着深厚的文化底蕴和光荣的革命传统，从古到今，这里走出过许多仁人志士。旧时民间顺口溜：“北有李家桥，南有大王桥，李家桥的狮子数不清，大王桥的将军真威风。”含义是李家桥出文官，大王桥出武将。大王镇历史上诞生哺育了一大批文人名士，如明万历三十八年（1610）进士李中行，清代名士李焕章、宋其端等。

明朝天下初定，经历了常年战乱的山东人丁稀少，朱元璋将山西居民征迁山东。一户李家六人从山西来到了淄河岸边，其中一人来到了乐安县李桥村立足，也就是现在的广饶县大王镇李桥村。世代繁衍，开枝散叶，成为当地一个著名的书香门第。到了明万历二年(1574)李家第八代中一个男婴诞生。他名为李中行，就是这个普通的男婴，开启了李桥李氏明清两代的文人世家。读过李中行的作品，一股清明精练的文风跃然于纸上。据其后世族人介绍，李中行的尚文传统和文风也直接影响到了他的后人，李家从此之后也开始了一种文人“达则兼济天下”“文章报国”的时代，查阅李氏家谱，从明中期李中行开始，至清光绪年间，李桥李家先后诞生了3名进士、4位举人、太学生若干、秀才更是不计其数。“一门三进士”更使得李桥李家在当地成为名门望族。李焕章是李中行的次子，明万历四十一年（1613）生。他痛心于明亡，遂弃举子业，专肆力于诗词文赋，“立志坚忍，即天荒地老不复萌仕宦意”。隐入青州法庆寺内读书，时人将李焕章与寿光的安致远、诸诚的李澄中、安丘的张贞合称“青州四大家”。清康熙十八年（1679），面对朝廷征召，赋《志不二朝》诗一首以明志：“志不二朝惟织斋，皇家爵禄视如灰。白头到死披长发，甘做大明老秀才。”气节卓著，与顾炎武相善。清康熙三十年（1691）辞世。著有《龙湾集》《无学堂集》《老树村集》等，参编过《山东通志》《青州府志》等，凡百余万言。《四库全书提要》存其书目，并评价其文“跌宕排戛，气机颇壮，而汪洋奔放，一泻无余”。

在近现代革命史上，大王籍的著名将领不乏其人。例如，孙中山先生的侍卫长邓天乙、国民党著名军界“三李”中的李延年、李玉堂。据统计，大王镇有黄埔、保定军校生46人，其中授将衔的13人。解放军的将军名单中，大王镇籍的也有多名，如上将张太恒、少将丁莱夫等。

大王镇大力发展红色旅游业，已建成国家AAA级旅游景区——红色刘集旅游景区。这里诞生了山东省乃至全国最早的农村党支部之一，传播、使用和保存了我国首版中文译本《共产党宣言》。目前，已建成有《共产党宣言》纪念馆、中共刘集支部旧址纪念馆、民俗文化展厅、观光地道、东方花卉刘集基地、黄河口甲鱼养殖基地、延集支部纪念馆、张太恒上将纪念馆等多个特色旅游景点，已纳入黄河三角洲精品旅游线路。

大王镇地方特色民间艺术有霸王鞭、高跷等。《枣木杠子乱弹》被列入省级非物质文化遗产名录。齐笔被列入市级非物质文化遗产名录。

华夏发祥地，人文之渊薮。诞生于齐国故地的齐笔，历史源远流长，制作工艺精湛，位居笔艺之首。在记录和传播中华四千年灿烂文化中，担当了巨擘、扛鼎之殊勋。

齐笔的滥觞可推溯至新石器时期，后经蒙恬改制而成。早在王羲之、颜真卿、张择端、郑板桥、蒲松龄等文化群星的辉耀下，名满神州。它饱蘸着中国人文精神，泼洒下数千年华夏文化发展演进的绚烂画卷。在漫长的历史变迁中，其工艺薪火传承，已臻炉火纯青之境，遂为当今天下推重之笔林珍品。

2000年来，一代又一代的制笔工匠用他们的智慧和勤勉，铸造了齐笔的辉煌。2000多年后的今天，齐毛笔不仅依旧传承着博大精深的孔孟文明，渲染着淳厚朴实的文化氛围，同时也作为一种民间工艺，养育着一方水土。它将作为一份重要的文化遗产被永远地传承下去。

汉相倪宽故里——倪家村

倪家村位于广饶县中西部，县道张石路以西，东隔广博沟与孟家村、西王林相望，北接预备河，东南距县城9.5公里。西与博兴县梨园村相连。早在西汉时期倪姓就在此立村，故名倪家村，距今已有2000多年历史。

汉相倪宽就出生在这里。据史料记载：倪宽（前169—前103），字仲文，出生于青州府千乘郡千乘县（今广饶县）。倪宽幼时聪明好学，但因家境贫寒上不起学，靠给学生做饭和打短工维持耕读生活，每当下地干活的时候，他就先把经书挂在锄把上，休息时就认真诵读，细心研究。这就是至今为世人广为传颂的历史典故“带经而锄”的故事。元鼎四年（前113），倪宽迁升为“左内史”之职，在郑国渠上修筑了六条渠道，史称“六辅渠”，又制定和颁布了“水令”，很快使关中地区出现了农业丰收、经济繁荣的局面。元封元年（前110），汉武帝封倪宽为御史大夫，位列三公，跟从武帝东巡泰山，倪宽主司封禅大典仪式，树立了泰山至今的威名。元封六年（前105），汉武帝诏令倪宽主持修改历法事宜。倪宽制定出了新历法，即汉朝的《太初历》。倪宽做御史大夫八年，卒于位上，于太初二年（前103）十二月病逝，享年66岁。按照倪宽的遗愿，经汉武大帝刘彻御批，由京城长安回原籍千乘（今广饶县）安葬。倪宽墓位于广饶县城以西2.5公里，田王村向南500米处，占地15.16亩，与欧阳八博士墓相望。1977年，被公布为山东省重点文物保护单位。原墓地有庙宇礼堂，古树参天，景色幽静，被列为县内八景之一，有“倪冢秋烟”之誉。

倪宽是中国历史上一位卓越的人物，是山东特别是广饶人的自豪和骄傲。他擅文辞，体恤百姓，兴修水利，修订历法，为我国儒家思想、农业科技以及历法的发展做出了不可磨灭的贡献。他的一生著作颇多，史书记载的有《倪宽》九篇，《倪宽赋》二篇，《封禅颂》等，均已遗失。后世赞美倪宽的《倪宽赞》，至今珍藏于台湾故宫博物院。汉相倪宽一代学者，功泽后世，光耀千秋。

乐安城故地——花官镇

花官镇是广饶县历史名镇，它位于广饶县中部偏北，南隔小清河与乐安街道相望，北连陈官乡，东临丁庄镇，西靠博兴县闫坊乡。南距县城15公里，省道河辛公路贯穿南北。

花官镇历史悠久，人类活动的历史至少可以追溯到3500年以前。这里在商朝时为蒲古国土，周属齐国乐安，春秋属齐郡；西汉为巨定、琅槐之境，亦曾为千乘郡、齐郡之辖区；汉武帝时隶属广饶侯国；东汉时期，境内为乐安国（郡）属地。三国时为乐安郡千乘县都统。晋属广饶。南北朝属乐安郡治所，千乘县所辖。隋唐至北宋仍属千乘。金熙宗天眷初年改属乐安县。元代因之。明太祖洪武九年（1376）置中书省，设承宣布政使司，仍属青州府乐安县。1984年改花官乡，2010年设花官镇。

早在1956年全国首次文物普查时，发现该镇草桥村有一座古城遗址，当时定为“草桥遗址”，当地群众谓之“城壕”。1991年，国家文物局、中国社会科学院考古研究所等48个科研单位的诸多专家，对草桥遗址进行了钻探、发掘考古调查研究。并对照历史文献记载、考证出该遗址是先秦齐国乐安故城遗址。著名历史学家、考古学家张政烺先生欣然命笔书曰：“齐乐安故城重放异彩——为广饶草桥遗址题”，著名历史地理学家谭其骧亦题词：“孙子兵法十三篇作者——春秋齐乐安孙武故里”。通过勘察考证，该城建造分早、晚两期。早期建城是在龙山文化、商周文化遗迹上建造起来的。因受地震与黄河决溢之灾，致使这座早期齐国乐安城在汉初毁败湮淤。洪水退后，人们又在此城基础上重新修复筑城，即晚期城址。据考证，早期筑城不晚于春秋末期，晚期筑城时间在汉代，迄于后魏。事实充分证明：草桥遗址是春秋时代齐国乐安故城遗址，也就是齐国伐莒名将孙书食采的地方，他的孙子——杰出的军事家孙武故里也在这里。孙姓祖望在乐安，均指此地也。

自镇政府南去3公里即是乐安故城遗址，草桥村就建在这一遗址上。遗址上最为醒目的是横跨济水之上的“朝宗桥”，此桥原为三孔砖桥，明成化年间重修易为石桥，此桥为登、莱、燕、蓟通津的必经之路。这里便成为水、路交汇点，朝宗桥两边店铺林立、商贾云集、火爆异常、朝宗桥为文人墨客及当地百姓游览赏月的圣地。明清时期“朝宗月色”被列为“乐安八景”之一。

镇政府驻西南4公里处便是大桓村，村边有一人工土筑高台，那便是闻名华夏的“桓公台”。史书上称其为“柏寝台”。是以柏木为寝室治于台上而得名。是齐侯的离宫别墅和会盟诸侯的地方。此台最晚建于齐桓公十年，距今已有2700年的历史。历史上的柏寝台东西长180米，南北宽150米，高达10多米，面积27000平方米，台东有宽丈余的台道，入口处安有两扇铁门，台顶四周筑有城垛口，内有寝宫、庙宇，青砖绿瓦，雕梁画栋，台四周松柏苍翠，壮观得很。难怪齐景公坐柏寝叹曰：“堂堂！谁有此乎？”尔后，此台成为探古游览圣地，“齐霸盟台”亦即为明清时期

“乐安八景”之一。更让人们敬仰的是柏寝台下的大桓村的秦纮，他是明景泰年间的进士，历官都察院御史，历任河南巡抚、两广总督，晋升户部尚书，又总制三边军务。花官镇西北角的司田村，原称司马田村，是齐国将军、尊称为大司马的田穰苴的故里。司田东去2公里的张刘村便是元益都路总管府总管刘珍的出生地；镇政府东去3公里的东赵村，便是元金符武义将军、管军千户的赵庭玉故里。清咸丰乙卯科举人于葵午出生在紧依镇政府东北角的来家村。中举后任宁海州学正，亲自讲学，诸生悦服，卒于任所，百多名学生扶柩送归故里，成为当地美谈。

花官镇文化底蕴深厚，源远流长，民间文化活动历史悠久，形式多样。有京剧、吕剧、扽腔、西河大鼓等戏剧演出，也有高跷、龙灯、舞狮、秧歌、抬老四、甩等民间艺术表演形式。特别是吕剧在这里有深厚的群众基础。吕剧诞生有近百年的历史，它发源于广饶。在花官这一带，几十年前就被称作“吕剧窝子”。这里演戏的多，喜欢听戏的更多。田间地头、街头巷尾、随时随地你都能听到老百姓哼上几口吕剧。19世纪中叶以后，花官一带的艺人就以“哭迷子”“扽腔”等曲调演唱小曲。自20世纪60年代起到眼下，花官镇的庄户剧团依旧红红火火发展着，其中许多常年在外演出，他们的演出足迹遍布淄博及胶东地区。吕剧庄户剧团已发展成为文化产业，并成为当地名副其实的“文化品牌”。这些庄户剧团就是农村里的“文艺轻骑兵”。花官镇古道村的舞狮和来家村的扽腔戏已拟定为市级非物质文化遗产。

徜徉古村话草桥

草桥村位于广饶县境中部偏西，省河辛公路西侧，东连岳六村，南临济青引黄干渠和小清河。北接草刘村。古济水（小清河故道）自村中东西穿过，该村就坐落在春秋战国时期的齐国“乐安古城”遗址上，是伐莒名将孙书食采的地方，是兵圣孙武的故里。

草桥历史悠久，距今已有2500多年的历史。该村历史可追溯到商周时期，草桥遗址为春秋故城址，西汉为千乘郡治，三国时期为乐安郡千乘县城址。南北朝属乐安郡治。隋唐属千乘县城址。草桥村地处水陆交通要塞，是古代乐安北部名镇。草桥的古树、古店、古桥和有关村名的古老传说都带有许多神秘色彩。关于草桥的得名有两种说法，一是村中济水之上搭有草木桥而得名草桥，二是来源于一个传说，是关老爷赐的村名叫草桥村。

古村最吸引人们眼球的是村中那一棵硕大、奇崛的古槐树，它经历了近千年的风雨雷电的洗礼，铮铮然有一股沧桑的哲思内敛的豪气。这千年的古槐还有在它身旁近500年的盘龙枣树，如川流不息的济水，给了古村如诗一般的美丽内涵，如画一样的鲜活灵性。现在这古槐与盘龙枣树依然挺立于穿村而过的古济水河畔，依然枝叶繁茂开花结果。

草桥的街道，是南北走向的大街，路面平直宽阔，漫步于大街之上，古村数百米长街两旁土木结构麦草苫顶的草房尽收眼底。它们都是明清时期修建的民房，具有典型的鲁北特色。但与当地其他村庄不同的是，草桥古村将建筑结构、实用功能和民间工艺非常巧妙地结合起来，并用麦秸苫顶，比当地的平顶土房就高档了许多。

在草桥村中济水之上有一座三孔砖桥（后改建为石桥），它就是草桥村的代表建筑“朝宗桥”。《乐安县志》和《续修广饶县志》称：“朝宗桥地处城北草桥镇，跨济水上，旧系草桥，故以名镇。明成化间知县沈清重建，易以石，更名朝宗。崇祯六年，邑人李中行重修。”草桥镇明清时期为乐安（今广饶县）名镇，通往京城的官道从镇内穿过，镇内店铺林立，商贾云集，为水陆交汇处。朝宗桥为文人墨客及当地百姓游览赏月之处，明清时期“朝宗月色”被列为“乐安八景”之一。朝宗桥现为广饶县内唯一古桥梁，为研究鲁北桥梁、古驿道和漕运史提供了重要佐证。明代诗人对朝宗月色之景观写道：

长虹百尺跨东流，
明月长空避斗牛。
光满一轮清映水，
色同万里影涵秋。
谪仙尊里平吞却，
江子楼头独占否。
倚遍阑干浑不寐，
恍疑雪夜欲乘舟。

在草桥村最为开心的是，在客栈或桥头听人们讲草桥村的故事，如《成名于传奇的草桥》《老槐进北京》《金马驹的故事》《显城》《马光太拿响马》等。这些故事像草桥村一样，一代一代演传下来，都为这个古老的村庄增添了一些神秘而诱人的色彩。草桥村还有传统名吃“四喜丸子”。相传，明成化年间，朝宗桥北端有一家门面朝西的迎顺店，生意特别兴隆。一天傍晚，北京的一位要员路过此地，夜宿迎顺店，吩咐地保奉献当地名吃，掌柜便让厨师做了“四红”“四喜”等名菜。“四红”即红烧猪肉、红烧鲤鱼、红烧鸡和红烧兔肉。“四喜”即“四喜丸子”，寓“春夏秋冬，四季发财”之意。这位官员品尝“四喜丸子”后，赞不绝口。经他引荐，草桥“四喜丸子”进京后遂成国宴名菜。“四喜丸子”始于明朝中期，盛于清朝。近代该村名厨杨月东擅长做“四喜丸子”。之后杨左清、代士文等厨师继承此艺，“四喜丸子”在草桥得以流传，成为鲁北名吃之一。

传承古镇文脉　打造历史名镇——淄角镇

淄角镇地处惠民县南部西缘，东邻辛店乡，西与商河县原常庄乡、原展家乡接壤，南隔徒骇河与姜楼镇相望，北与皂户李乡、石庙镇为邻。是“国家优质蔬菜镇”“省级环境优美乡镇”“市级文明乡镇”。

淄角镇因齐桓公曾避难于此而得名。据说，春秋时期齐公子小白（桓公）为避淫乱无道的襄公之祸奔莒时而暂避于此，登上齐侯之位后，为纪念这段难忘的经历和这里的繁华而赐名淄角，意为国都临淄的一角。

隋唐时，淄角镇为佛教圣地，清凉寺、文昌阁等“七十二庙宇”建筑精美，拥有汉代白玉桥，唐朝的老古井。《金史》讹为“脂角”。明《嘉靖武定州志》明确记载为淄角镇。

自秦置厌次至清置淄角区近两千年间，境域内的政治、经济、文化不断发展，尤其隋唐时期的淄角曾一度成为佛教圣地。清凉寺、文昌阁等七十二庙宇建筑精美，香火特盛，有敢比泰岱、五台，胜过灵岩、武当之称，遂成为名扬齐鲁的政治、经济、文化和军事中心。后因诸多历史原因，镇内古建筑被拆扒殆尽，可惜后人已无幸瞻赏旧时景观。新中国成立后，淄角先后为区、乡。1984年建镇。

淄角文化源远流长，境内有灵碧自画像、汉代陶器香炉、文昌阁、小石桥遗址等文物古迹。

古代淄角镇东部曾有一片四殿二院组成的大型建筑群，四殿为金刚殿、天齐庙、清凉寺、元化阁四大殿堂，二院是四大殿堂相连形成的二大院落，它气势宏伟，造型优美，堪称古建筑一绝。据传，修建清凉寺时，整个淄角镇石料、木料，堆积如山，四方名匠聚集如云，呼号之声响彻云霄，令世人叹为观止。

文昌阁坐落于镇南，现大济路西侧，阁前有六行六十棵同样大的柏树组成的碧绿的柏林，遮天蔽日，柏树西头有一眼水井，井很小，只有小和尚用特制的小罐提水。井有暖炕，冬季炕上摆满花草，出柏林下台阶走小石桥，便是称土龙的黄土岗。

文昌阁三个庙门掩映在碧绿的柏林中，正门居中为二层楼的下层，上层是魁星阁，内塑花面魁星，左手执笔，右手捧升，从四面的圆窗即能看见。正门前后通行，两边各有朱红色便门，周围砌花女墙，整院面积足有三亩，建在拔起约七米的高台上，台周围狐洞成窟。院内东有焚钱楼、狐仙堂，西有讲道棚、佛堂，佛堂经地下室入文昌阁下层。

主建筑文昌阁坐北朝南，为两层圆塔，下层无门，上层由十四级白色石阶而上，周围有白色石栏环绕。阁的外园，内呈八角形。

文昌佛像右侧有一批似驴非马的走兽，名曰“马笛”。据说是骡子所生，为文昌坐骑。除门以外的七面墙上壁画成组，点缀得室内高雅清新。拾级而上，凭栏远眺，淄角镇景一览无余。

每逢农历二月二是文昌庙会，连续四天，这几天镇上居民都端着碗到文昌阁领饭，每人一碗素汤，两个馍馍。远近乞丐赶来吃舍糕。许愿的，还愿的，说书的，唱戏的，做买卖的，打把式卖艺的，抽签算卦的，看热闹逛庙会的，人山人海，热闹非凡。

庙会最大的特点是还愿的，糊纸马的。每逢庙会，纸马排满周围庙地，红的，黄的，白的，花的，活像真马，下午三点左右，院内焚钱楼放起信号，周围纸马一起点燃，一片火海，一片欢腾。

阁周围有四十亩庙地，租给当地人耕种，所得收入为本阁支付，地还专做庙会场所。

新中国成立前后，由于战乱，文昌阁被破坏，只剩有两块高土台，后来进行了简单的维修（文昌佛像楼阁及文昌阁高台上的凉亭），高台四周用青砖所包，上面设有门球场，是淄角镇一处旅游景点。

淄角镇流传着神和尚的传说。相传明建文年间，齐鲁大地久旱成灾，人们望着日渐枯萎的禾苗，心急如焚，四面八方的人们纷纷到淄角镇向清凉寺灵碧法师求助。

灵碧法师为明初高僧，名龙壁，广东省新会县龙家寨人。他博学多才，传曾高中两榜进士，补放扬州道台。因途经淄角曾受清凉寺僧救助，即到五台山出家受戒，号为灵碧。后到淄角清凉寺为主持。灵碧法师时为闻名遐迩的高僧，德高望重，被人们称为神和尚。为救灾民，他决定于六月十九日设坛祈雨。

祈雨这天，淄角镇万余民众，赤目裸臂排于祈雨坛场之中，每人手捧盛有火药的斗、升或碗，内插引香。近午时，灵碧法师身披袈裟，手擎玉钵登台，口诵经咒，施法祈雨。钟鼓三响，他和众人分别捧起盛有火药的容器，点燃引香，凝视苍天。时灵碧法师全神贯注，捧斗在胸，口中念念有词，如祈雨不成，就誓与众人葬于火崩之中。看着引香燃烧过半，人们心急如焚。忽见阴云涌起，暴雨骤至，引香全被雨水浇灭，人们在瓢泼大雨中欢呼雀跃。神和尚祈雨的故事从此便流传了下来。

淄角镇民间艺术丰富多彩，京剧、吕剧、河北梆子、东路梆子遍布全镇。每逢节日庆典，搭台演出，秧歌、龙灯、落子、高跷、芯子、狮子舞、旱船等民间艺术表演，争奇斗艳，异彩纷呈。

莲花灯是淄角镇的一大特色。自明代起，淄角镇就开始用高粱杆和纸张扎制灯笼，因其有独特的古典神韵和与生俱来的喜庆吉祥色彩被人们所喜爱，现在只有南京的夫子庙和山东的淄角镇两处有此莲花灯，而淄角镇的这种莲花灯又因其莲花瓣朝下，在工艺上又优于南京的莲花灯。所以说，这种莲花灯有较高的艺术价值，堪称民间艺术一绝。

莲花灯的制作技艺以及其发展有悠久的历史，经过一代代民间艺人的口传心授，传承至今。它古朴典雅，色彩鲜明，主要运用红、黄、绿三色，可以充分体现节日的喜庆以及人们对美好生活的向往。正因为莲花灯具有独特的古典神韵和喜庆色彩，能为人们带来吉祥幸福，所以几百年来一直受到欢迎，长盛不衰。

大商遗址——何坊乡

何坊乡地处惠民县东北部，东、北与阳信县接壤，西与孙武街道为邻，南与麻店镇、皂户李镇隔沙河相望。境内的沙河、幸福河灌溉着两岸的农田；开发区、新城区铺展着宏伟的蓝图；大济路、乐胡路、永莘路汇聚着八方的财富。

何坊不仅具备得天独厚的区位优势和自然禀赋，更拥有源远流长的历史文化，诞生了东方朔、展子虔等杰出人物，走过了战火硝烟的峥嵘岁月，创造了苇子灯笼等充满劳动人民智慧的文化遗产，形成了娘娘坟、苏家古槐等美丽动人的民间传说。下面就让我们沿着历史的长河顺流而下，去领略何坊这片热土不同寻常的足迹。

在何坊乡牛苗村西500米处有一处著名的古文化遗址——大商遗址。大商遗址面积近3万平方米，文化层厚约一米。该遗址于1973年进行了保护性挖掘，出土了大量黑陶和彩陶。这表明，在六千多年前的新石器时代这里就有先民刀耕火种、繁衍生息。近几年又采集到一件陶质鸟嘴形鼎足，为龙山文化时期的代表器物，为研究古人类活动和黄河下游的历史发展提供了珍贵的实物资料，被列为省级文物保护单位。

秦始皇统一六国后，在齐地置厌次县（今惠民县），何坊为厌次县所辖。这是关于何坊最早的文字记载。

《史记·滑稽列传》记载，汉武帝继位后，征集天下英才。一天，两名武士抬进来一“封”自荐信，据说写满了3000块竹简，武帝用了两个月才读完。写信的这个人就是著名文学家东方朔。

东方朔（前161—前93），字曼倩，平原厌次县人。少失父母，十二岁学书，十五岁学剑，十九岁学孙吴兵法。被汉武帝召为待诏公车，继待诏金马门，又被召为常侍郎，后升任太中大夫。他性格诙谐，言词敏捷，滑稽多智，常在武帝前谈笑取乐，他曾言政治得失，陈农战强国之计，但当时的皇帝始终把他当俳优看待，不以重用。东方朔的著述颇丰，有《答客难》《非有先生论》《责和氏璧》《皇太子谋》《屏风》等。班固在《汉书》中评价道：“东方赡辞，诙谐倡优，讥苑扦偃，正谏举邮，怀肉污殿，弛张沉浮。”

隋唐时期的展子虔（何坊乡展家村人）精于山水画，善绘大型壁画，是一位上继六朝传统，下开唐代画风的杰出画家。他擅画佛道、人物、鞍马、车舆、宫苑、楼阁、翎毛、历史故事，尤长于山水。人物描法细致，以色景染面部；画马入神，立马有足势，卧马则腹有腾骧起跃之势。写山水远近，有咫尺千里之势，被称为“唐画之祖”。唐代李嗣真评价他“天生纵任，亡所祖述”。《宣和画谱》称赞他：“写江山远近之势尤工，故咫尺有千里趣。”传世作品《游春图》是中国山水画中独具风格的画体，亦是中国存世最古老的山水画。北京故宫博物院藏有他的传世作品，他为灿烂的民族文化增添了光辉的篇章。

在何坊川流不息的历史长河中，还有一段红旗漫卷、战火硝烟的光辉岁月。那是1946年5月，中共渤海区委、渤海行署的主要领导机关迁驻何坊，以应付国民党反动派的内战阴谋。在这里，渤海区机关领导全区军民进行了政权建设、土地改革、剿匪平暴、反蒋治黄、恢复生产，粉碎了国民党军队的进攻，支援了全国解放战争。陈毅、粟裕、邓子恢、毛岸英等著名人物都曾在此留下足迹。

在何坊的版图上，村村落落都蕴藏着丰富的文化遗产和民间智慧。比较有名的有张大官的苇子灯笼、前娘娘坟的传说、苏家村的古槐和大李特色熏野兔。

春节、元宵节是中华民族最重要的传统节日，赏花灯、打灯笼、吃元宵是每年都要上演的传统剧目。春节前后，在当地的集市上就能看到数百只灯笼皮穿在麻绳里拴在一个长长的棍子上，形成一个灯笼环，由手艺人扛着叫卖。透明的玻璃纸透出了苇子篾规整的菱形图案，纸上用广告色画上花鸟的图案或者写个红红的“囍”字，再加上几笔抽象画作点缀，透出了欢乐和喜庆。两头再用桃红色的彩纸一包，和花草文字一映衬，好似一串串跳跃的火苗。

正月十五，按照传统的说法，不到15岁的孩子要打着灯笼围着树绕三圈，而且要把灯笼皮烧掉。据说孩子可以长命，日子才能红火。

在何坊镇张大官村家家户户会扎苇子灯笼。据村里的老人们讲，过去有“传男不传女”“宁舍十吊钱，不把手艺传”的祖训。后来过年的时候外甥来走亲戚就把这门手艺学去了，其他村也慢慢开始编灯笼了。

兵圣千年桑梓　秦邑厌次遗城——孙武镇

说起孙武镇，必定要先说孙武。孙武，字长卿，春秋时期齐国乐安（即今惠民）人，著名军事家、政治家，曾率领吴国军队大破楚国军队，占领了楚的国都郢城，几灭亡楚国；其著《孙子兵法》十三篇，为后世兵法家所推崇，被誉为“兵学圣典”，置于《武经七书》之首，被译为英文、法文、德文、日文，成为国际上最著名的兵学典范之书。孙武因而被后人尊称为孙子、孙武子、兵圣、百世兵家之师、东方兵学的鼻祖。

孙武镇因孙武桑梓而得名，是山东省首个以历史名人命名的乡镇。据考证，孙武应为今孙武镇孙武村人。孙武镇内孙氏后裔颇多，孙氏祠堂、孙子庙亦建有多处。该镇在境内先后建成了孙子故园、孙子博物馆、中国孙子兵法城、武圣园、孙武广场等。1955年称城关镇，1984年改称惠民镇，2006年更名孙武镇。

2200多年前，今天的惠民一带就进入了秦始皇的视野，他“以东南有天子气，乃东巡于此，次舍厌之。”秦始皇在此设置了厌次县，要把这股“天子气”压住。孙武镇是惠民县城驻地。自秦置厌次县至清置惠民县的近两千年间，境内经济、文化不断发展，尤其是在北宋崇宁元年（1102）

工部尚书牛保奉诏筑城以后，历为州、府、县衙驻地，古称武定府，是山东北部政治、经济、文化中心。其地北接京津，南偎齐鲁，有“燕齐门户”“神京锁钥”之称。

秦朝设县之后，厌次县城几经迁徙，北宋大中祥符八年（1015）归属棣州乐安郡所辖，棣州治所八方寺即为今孙武镇所在地。北宋时期，棣州是山东北部与辽国邻近的边疆重镇，战略位置险要，建设棣州城墙战略意义重大，工程之浩瀚，防守之坚固，史料多有记载：“周十二里，崇三仞有三尺，上阔丈余，基倍之。”这样的工程“九年克绩”，牛保为此殚精竭虑，竟致积劳成疾，病故于此。当地群众为牛保在城西20里择址建冢，以示纪念。后人有诗赞牛保曰：“边防战乱出东京，戍马筑城抗辽兵。烽火翻滚身夭亡，军屯立冢流芳名。”

古城墙呈矩形，东西南北四门各设瓮城和城门楼，宋时用三合土夯筑而成。城墙高10米，顶宽13米，底宽26米，周长6公里。城外护城河绕城一周，河宽30米，全长8.5公里，形成天然屏障。古城还包括吊桥、角楼、垛口等军事设施，现已荡然无存。历代统治者曾先后13次对其加固维修，到明代，城墙始用青砖包砌，筑城期间，由于就近取土约35万方，城内形成了大小不等的坑塘，俗称海子。现存有西边和北部的两段土城墙遗迹，还有城南的魁星阁。其中北边的一段保存较为完整，较宽，西城墙最长。城墙上明代的青城砖在时间的长河中消失殆尽，城墙也一度成为民兵的训练打靶场，与同伴在城墙上挖弹头是许多孩童的最爱。从侧面看，城墙成梯形，但有的地方陡如峭壁，形如三角，最窄的部分已经没有办法让人爬过，但巨大的根基让人依然可以想到当年城墙的宏伟气势。城墙上野草和酸枣遍布，来游玩的人在城墙上踩出了条条小径，不消几分钟就可以爬到城墙顶端。虽然历经几百年的风雨，城墙高度基本没有变化，仍然在十米左右，由于早年建筑取土的需要，有些地方被挖出了巨大的缺口和断裂，成段的部分幻化出种种形状，引得人们无限遐想。站在城墙上远眺，可以看到村落和片片良田，护城河在脚下波光粼粼。西城墙上北望，旅游景点孙子兵法城一览无余。现在以城墙为依托而建成的古城公园，成为游人的好去处。

随着国家对文物保护力度的逐步加大和旅游业的日渐升温，一度曾被世人遗弃的这处省内仅存、全国罕见的珍贵遗存，迅速受到国际、国内文物界、旅游界专家学者的空前重视。棣州古城于2003年被命名为山东省历史文化名城，宋代古城墙遗址也被列为全国重点文物保护单位。

古城地势险要，构筑固若金汤，历来是兵家必争之地，千余年来在此发生的大小战事不下30次。明洪武元年（1368）朝廷废除了厌次县，其地并入济南府所辖的棣州，而到了明永乐六年（1408），棣州又改为了乐安州。但“乐安”的美好愿望并没有让这方土地变成平安的乐土。明嘉靖《武定州志》记载：“宣德中，汉庶人凭其地谋不轨，圣驾亲平之。”这段记载就是历史上很有名的明朝宣德皇帝“圣驾亲征”乐安州平定内乱的那场战争。当年，受封在此的汉王朱高煦（明成祖朱棣之子、明宣宗朱瞻基的叔叔）因对宣德皇帝不满，便在乐安州纠集其他七个王子，欲以乐安州为基地，招兵买马，密谋发动政变，夺取皇位。当时，乐安籍官员李浚正探父病居住在家乡，得知这一情况后，马上秘密回京上告朝廷。宣德皇帝朱瞻基闻报勃然大怒，于宣德元年（1426）亲率10万大军兵临乐安城下，并在城北4000米处筑起高台（即今之筑跸台遗址）坐镇指挥。宣德皇帝命令军士发射类似大炮的神机铳，猛烈攻城，一时间，声震如雷，杀声冲天。在武力的高压之下，朱高煦众叛亲离，被迫投降。这场“叔侄大战”以宣德帝生擒汉王、胜利回京宣告结束，为纪念这次武力平定乐安州，遂改州名为武定州。“武定”之地名在山东延续时间长达近500年之久，可以说是山东历史上影响非常大的地名之一。

历史悠久、文化灿烂的孙武镇，自古就有“鲁北首邑、渤海雄封”之美誉。昔日惠民城，城高池阔，四门巍峨；府衙森严，街巷交错；店铺林立，商贾云集。古有官马大道，往来交通方便；曾有学官、考棚、文武科场等，举子精英荟萃；有兵圣、阁老、御史等诸多历史名人，闻名遐迩。历世以来，向为重地，成为当时鲁北地区重要的大都会。武定府城古迹之多，规模之大，加之周围的古城墙、护城河，令世人惊叹不已。可惜的是，因历经战火，加之年久失修，大部分已毁，现仅存古城墙残垣和魁星阁、护城河，以及英国教会建于清末的基督教堂建筑群。但悠久的历史、众多的历史遗迹，仍使惠民县城具有与众不同的文化内涵。

城北10公里有泰山行宫，又称泰山庙，位于省屯街西北隅。泰山行宫是明代建筑，原有前后两殿，现存前殿。此殿坐北朝南，东西长11.5米，南北深8米，总建筑面积92平方米，为传统建筑风格。此殿为硬山式砖木结构，青砖砌墙，黄绿琉璃瓦覆盖，五脊六兽齐全；东西两山墙外部上端用方瓷砖砌成，上有戏曲、人物、神话、山水等浮雕图案，画面布局严谨，人物神态各异，栩栩如生。行宫的四扇门庄重威严。两厢格窗，雕刻细腻，古朴大方；室内雕梁画栋，颇为壮观。该建筑为鲁北地区仅存的明代建筑珍品。

孙武镇“武定府酱菜”驰名全国。这里生产的酱菜色泽鲜艳、咸中带甜、甜中微咸、酱香味浓、清香可口，是山东地方传统名产之一。“武定府酱菜”的生产，已有三百多年的历史。早在明代，这里的酱菜作坊就很兴盛。至清朝。“仙泉居”“福元居”“元香斋”“大同”“天顺栈”等酱园成为远近驰名的店堂商号。马蹄烧饼也是非常有名的地方小吃。

千年海丰人文　历代故棣圣土——无棣镇

无棣镇位于无棣县境西南部，南靠阳信县界，西接德州市庆云县界，北连信阳乡。历史渊源流长，文化底蕴深厚，素有“千年海丰人文，历代故棣圣土”之美誉。

无棣镇于元至正十七年（1357）建镇，亦为无棣县治所。明清改为海丰镇。清宣统年间为无棣中区。1914年复为无棣镇。1956年为城关镇。1984年改为无棣镇。2010年，无棣镇划分为海丰、棣丰两个街道。

无棣县城东南关有一座大觉寺，建于唐贞观十三年（639），尉迟敬德监造。初名普照寺，唐开元年间，名开元寺，五代高僧恒超挂锡开元寺27年。明洪武初，更名大觉寺。前后大殿，青砖灰瓦，飞檐斗拱，雕琢彩绘，古朴玲珑。自唐建，历五代、宋元明清相继修葺，殿宇宏丽，松柏翠映，碑石林立，轻烟淡雾，暮鼓晨钟，经声佛号，是闻名遐迩的香火胜地。寺内安置释迦牟尼佛、阿弥陀佛、药师佛及十八罗汉等铜制佛像30尊，气势恢宏，惟妙惟肖。有天王殿、前殿、后殿、观音殿、伽蓝殿、祖师殿、海丰塔等著名建筑。红木框紫铜“功德榜”、青石麒麟、石雕“九龙壁”、菩提树、银杏树、樱花、海棠、太湖石点缀其间。2006年，被省政府定为省级重点文物保护单位。2009年，大觉寺景区被评定为国家AAA级旅游景区。

大觉寺院内有一座海丰塔，初名普照寺塔、舍利宝塔，高十三级，八角形密檐式砖石结构，塔基高约2米，早于西安大雁塔6年。第一级南北各设一券门，南门上方镌刻“文笔冲霄”四个大字，落款为“罗柱书”。整体建筑古朴轩昂，巍峨挺拔，蔚为壮观，可与西安大雁塔媲美。明初称大觉寺塔，无棣改海丰，又名海丰塔。明太宰杨巍在《海丰县重修宝塔记》里记载：“吾海丰无名山大川，幸有此塔直出云霄之外，亦可以为奇观矣！”旧为无棣县八大景之一，称“丛林塔影”。原塔1957年被拆除。1992年由全国著名建筑设计大师、乡贤张镈设计重建，塔为八角楼阁式，13级，高42米，位于旧塔以北50米处。塔身为框架式结构，外表砌大青砖，古朴典雅。中国佛教协会主席赵朴初题写“海丰塔”塔匾。中国书法家协会副主席李铎题写“海裕无双邑，丰余第一州”对联。2006年，被定为省级重点文物保护单位。海丰塔被誉为冀鲁三胜，有“沧州狮子、海丰塔、东光县的铁菩萨”之谚语。

城区海丰路南端西侧有吴式芬故居，旧称“尚书第”，俗称“吴宅”。原建筑布局为一宅两院式，呈东西长方形，建筑面积约7000平方米。南院，建于明正统年间，原为明户部尚书王佐府第。北院，清康熙三年（1664）建。门楼及三进大厅相继毁于清末民国初期，仅剩“双虞壶斋”保存尚好。“双虞壶斋”为单体屋宇式建筑，单檐主柱，跨步明廊。省古建筑专家认为，此斋采用江南套梁插柱的内部结构建筑法，在齐鲁古建筑中实属罕见。2006年，被定为省级重点文物保护单位。

明清县衙大堂位于旧城区十字大街东北角约100米处，保存完好。明洪武三年（1370）建。明嘉靖三十七年（1558）重修。县衙大堂系明清县治的主体建筑，起建于二轴砖基之上，坐北向南，硬山殿亭式单檐砖木结构。四梁八柱，青砖碧瓦，面阔8.1米，进深7米，方砖铺地，檐下平列彩绘风板，朱柱格棂透窗，红门翠扇，气势壮观。

无棣镇人杰地灵，历史上出过许多名人。

杨巍，字伯谦，号二山，又号梦山，明代海丰县尚义里(今杨三里村)人。14岁始读书，常借助灯光、雪色苦读。明嘉靖二十二年 (1543)中举后，寄居张仲桥北楞严寺僧舍潜心钻研，终于在明嘉靖二十六年 (1547)进士及第。明嘉靖四十五年(1566)，由于母亲年近九旬，他多次申请回归乡里。杨巍回故里后，移居桃花岭，辟小园，植花木，每逢佳节良辰，就请母亲乘车观赏，子孙罗拜敬酒，使老母欢欣称意。老母逝世后，明万历十年(1582)，杨巍第三次奉召入京，出任南京户部尚书。第二年晋京朝见皇帝，被授资政大夫衔。三个月之后改任北京工部尚书。杨巍90岁获神宗皇帝派员慰问，加授“柱国”衔。明万历三十六年 (1608)病逝，享年92岁，追赠少保。

吴式芬，字子苾，号诵孙，清代海丰县城里村(今城里村)人。吴式芬出身官宦家庭，少年随祖父吴之勷客居湖北黄州。吴式芬自幼聪敏好学，博览群书。清道光二年(1822)中举人，道光十五年(1835)会试，赐进士出身。因他优于文学、书法，入庶常馆学习，第二年授翰林院编修。清咸丰三年 (1853)皇帝召吴式芬进京。清咸丰五年 (1855)授内阁学士，兼礼部侍郎。不久患病回故里，第二年病逝，享年61岁。

吴式芬笃好金石文字。他每到一处，总要同爱好古文化的人交流；每遇名山大川必亲自探访；对各地的金石碑碣、汉砖唐镜，可得实物的，不惜重金购买，不能得实物的也要亲自临摹或制成拓片。他收集的金石遗物和拓片，仅周、秦、汉三朝的就有130多件。在收集古文物的同时，他编著《捃古录金文》3卷9册，考释商周至元代有铭文的青铜器物1329件，还研究孙星衍的《寰宇访碑录》，纠正《寰宇访碑录》中的错说，增添商、周、秦、汉以来的金文写成《捃古录》20卷，著录从周至元金石文18128件。

吴式芬在研究金石学的同时，还收集研究关中等地出土的“封泥”，与雄县陈介祺合编《封泥考略》10卷，收录秦汉官私封泥849枚，并逐枚考释。

吴式芬善鼓琴，爱作诗，笔锋洒脱，神韵似苏东坡。他一生著书甚多，除上述三部外，还有《金石汇目分编》《双虞壶斋八种日记》《印谱》《江西金石存候总目》和《陶嘉书屋诗赋》等10余部，著作大部分存于北京图书馆。

张秩山，名守叙，原中区(今无棣镇)城里村人。清道光年间为县学生员。酷爱绘画，与朝野名士广泛交游，以画扬名大江南北，画品多为外域争购。《历代画家集传补编》以为他画花草虫鱼，尊奉陈道复、华嵒的技法；最擅长画梅，能不断独创新意画的兰草可与金农、童钰相媲美。光绪年间慈禧曾宣调他的《墨水梧桐》晋京观赏，一时传为美谈。张秩山晚年隐居乡里，授徒作画，经他指教者亦多显名。乡人向他求画，创作愈益精工，笔雅色艳，深情远韵，含蓄隽永，多为文人墨客所珍藏，尤其是他的谦恭待人，礼贤下士，更为世人所称颂。1919年病逝，享年91岁。

追寻历史的足迹——信阳镇

因汉代名将韩信屯兵而闻名的信阳镇位于无棣县南部，依县城北邻而居，西与德州市庆云县接壤，省道大济路纵贯南北全境，205国道、黄大铁路傍境而过，距威乌高速公路入口处15公里，津汕高速公路入口处10公里，距黄骅港70公里，滨州港60公里，是一个地处冀鲁要津的滨海明珠。全镇环境优美，生态农业发达。

信阳镇旅游资源丰富。康熙十七年（1678）修编的《山东通志》载，无棣县信阳镇因境内有信阳古城遗址而得名，为历代军事、政治、交通重镇。西汉时为阳信县城所在地，也就是汉高祖五年（前202）建阳信县，为阳信县治，足见其地位昭著。信阳古城遗址被归为无棣旧八大景观之一，称之为“汉垒盘旋”。信阳古城周三公里有余，面积0.8平方公里，《山东通志》称“信城”，俗称“小鞍城”“歇鞍城”。该城由汉大将军韩信所筑，且位居萧米河（亦称小米河）之阳而得名。原城墙环车里、谢家、如意（俗称靴脸）三村，外形如靴。相传西汉时，韩信伐齐至此，鏖战中丢失战靴，士卒哗然。为雪丢靴之辱，韩信下令仿靴筑城，形如磬折而缺其西南。今遗址西南隅，城垣残迹尚余50余米，高处10余米，低处2米～3米，夯痕斑斑，依稀可见。曾出土战国“齐法化”刀币及秦汉时期铜剑、箭簇、陶器等文物。1987年，滨州地区文物普查组对遗址全面考查，测定该城约筑于战国后期至西汉初期。县城北15公里的郭来仪村西南尚存韩信马童墓，占地480平方米，封土高2.5米，传墓主为汉代韩信马童，现保存完整。

登临“汉垒盘旋”古遗址之上，遮眼西北，会见三里之遥一座庞大的土丘突兀在古朱龙河之阳的原野上。这座土丘就是志书上记载的“魏王豹古墓”，又名郭来仪古墓，当地镇民俗称的“台子坡”。据旧县志载，魏王豹与韩信于无棣信阳乡一带对阵，韩信在朱龙河（墓西约0.5公里）附近摆下“迷魂阵”，魏王豹进去后迷失方向，行至朱龙河一段的泥泞湾陷入泥水中，被韩信用箭射死。又说魏王豹和韩信为姑表兄弟，豹死后韩信念其姑表之情，令其士兵将豹埋葬并筑其封土，即为该墓。据史书记载，魏王豹，秦末人，战国时魏国贵族，陈胜起义时立其兄咎为魏王。秦将章邯攻魏，咎被迫自杀。他逃亡至楚，向楚怀王借兵数千人，攻下魏地二十余城，自立为魏王。项羽大封诸侯时，封豹为西魏王，继投刘邦，又叛归项羽。后韩信破魏掳豹至荥阳杀之。欲参观魏王豹古冢，你可由无棣县城乘车向北7公里至信阳镇驻地即达。如今该墓呈台状，占地2750平方米，高6米。每年的正月十四、十五、十六三天，这里都会有盛大的庙会，在这期间，常有镇民来此祭奠。

该镇境内有一棵枣树，树龄1300多年，位于李楼村东南，树高7.5米，干围2.9米，冠径6.4米。树干龟裂，虬枝交错，枝繁叶茂，硕果累累。据记载，唐元和八年（813），无棣发生大海啸，方圆百里水天泽国，唯有此树幸存下来。这棵老枣树虽在路边，但村里人从不折损其一枝一叶，他们已经把这棵老枣树尊为“寿树”，称其果为“寿果”，传说食用一颗可延寿三载。

保顺军古城遗址位于境内城角、花园村附近，为后周显德元年(954)建立的沧州保顺军(辖无棣县)治所。北宋治平元年(1064)，无棣县移治保顺军城。金泰和三年(1203)保顺军废，所辖保顺镇升格为县级镇。元至正十七年(1357)，无棣县另建新城，保顺军城遂废。

信阳人才辈出，著名者有李之仪与李之纯。

李之仪，字端叔，今信阳镇李通判村人。该村原名李家庄，因其官居通判，后人为纪念之，遂以官职易名。李之仪是北宋文坛名人。擅诗词，能著文，工尺牍。苏轼称其“人刀笔三昧”。其诗流畅清丽，其词清婉峭隽。他对词深有研究，曾说：“长短句于遣词中最为难工，自有一种风格，稍不如格，便觉龃龉。”他批评柳永“韵终不胜”、张先“才不足而情有余”，主张像晏殊、欧阳修那样“语尽而意不尽，意尽而情不尽。”他的词作确已达到这一境界。著名的《卜算子》：“我住长江头，君住长江尾。日日思君不见君，共饮长江水。此水几时休，此恨何时已。只愿君心似我心，定不负相思意。”有《姑溪居士文集》《姑溪词》等著作传世。

李之纯，字端伯，系李之仪堂兄。宋熙宁三年(1070)进士，擢度支判官，出为江西转运副使。不久提升成都路转运使。数年之后调回朝内，担任右司郎中，转太仆寺卿。宋元佑元年(1086)加龙图直学士衔，出知沧州。后晋升宝文阁待制，出知瀛州。不久以直学士衔知成都。还京后任户部尚书，迁御史中丞，改任工部尚书。绍圣年间受诬陷遭贬，出知单州。有奏议5卷，文集20卷。

魅力·在湖之滨——湖滨镇

沿803省道从博兴县城向东南行驶，便到达了我们的湖滨镇。湖滨镇地处博兴县中南部，东与店子镇相邻，东南与兴福镇相连，南与曹王镇接壤，西南与淄博市起凤镇搭界，西与锦秋街道毗连，北隔小清河与城东街道相望，别具一方特色。

湖滨镇因地处麻大湖之滨得名。殷商时期属蒲姑国，春秋战国属齐国博昌邑与乐安邑，秦汉属博昌县与延乡侯国。五代后唐始属博兴县。明清为博兴县贝丘乡。新中国成立后设立湖滨人民公社、湖滨区、湖滨乡。1994年撤乡设镇，2001年湖滨、寨郝两镇合并为湖滨镇。

湖滨镇有着悠久的文化历史，也有着很多美好的传说，那里有一个名播海内外的丈八佛村，有一个高约一丈八的丈八佛，护佑着村民们，也为村民们带来了物质和精神财富。

湖滨镇丈八佛村（原寨高村）有一座历史悠久、饱经沧桑的兴国寺，建于北魏永熙三年（534），自隋代以来重修多次。现有丈八佛大殿、大雄宝殿、东西厢房、山门等建筑群。丈八佛大殿左方有三通碑，分别是明成化元年（1465）、明万历年间、清道光六年（1826）重修兴国寺的碑刻。其中，清道光六年（1826）重修兴国寺碑上刻有传说中“丈八佛”的来历。兴国寺因“丈八佛”而名扬天下。“丈八佛”雕造于东魏天平元年（534），系青石、单体立体圆雕，通高7.1米，佛像高5.6米，比人们常说的一丈八尺高出0.2米。因古时以“一丈八”来形容雄伟、高大，故名“丈八佛”。佛像面方圆，微笑，丰面硕耳，法相庄严，身披“褒衣博带式”通肩袈裟，内着僧祇支，胸前打结，手施“无为”与“愿印”，赤足立于莲花座上。

传说很早以前的一个冬天，村里闹起了瘟疫，一半以上的人都死了。这时住在丈八佛村南头的一户人家，家里只剩下年迈的婆婆和儿媳妇。可是就在过年的时候，婆婆又因病躺在了炕上，毫无办法的儿媳妇不顾天寒地冻，跪在风雪交加的天井里，哭着祈求老天救救她的婆婆，救救村里人。跪到晚上，儿媳妇的腿就再也撑不住了，她艰难地爬到床上，一歪就睡着了。睡梦中一个白胡子老人要她夜里三更以后到村北那眼井的台子上去祷告，说只要心诚，便会得到帮助。第二天夜里过了二更，媳妇便告别婆婆向村北走去。刚出门，呼呼的北风便卷着一团团的雪铺头盖脸向她打来，但是她坚持着，深一脚浅一脚地来到了井台上，涕泪交流祈求老天保佑。就在她快要冻僵的时候，眼前的水井里一尊金人乘着金光冉冉上升，惊喜万分的儿媳妇也腾云驾雾一般跑回了村里。她向村民们述说了看到的神奇景象，人们都前往村北水井上看个究竟，便看到一格高大的石佛光脚立在莲花上，看样子一丈有八。人们纷纷跪地，捧井里的水喝，喝了井里的神水，村里的瘟疫便也不再蔓延了。人们牢牢地记住了丈八佛出世的日子，正月初八，每年的正月初八，这里的人们便会办庙会来给丈八佛过生日，也吸引了很多四面八方的游客，丈八佛也世世代代地护佑着这一方水土。

千年古槐位于麻大湖畔的湖滨镇湾头村。当地关于媒仙古槐的传说已有千余年的历史，成为幸福、吉祥、美好的象征。古槐干围4.85米，三人合抱。树干已枯空，树冠的一半枯死，另一半却生长着繁茂的枝叶，堪称生命的奇迹。这棵千年古槐被称“媒仙”，是因为它是董永与七仙女的“月下老人”。在家喻户晓的神话故事《天仙配》中，天宫仙女羡慕人间的美好生活和秀丽景色，结伴来到麻大湖游玩。七仙女听说当地人董永卖身葬父，深为感动，毅然下凡变为村姑，许婚董永并助织还债。老槐树为七仙女的诚心所感动并为其做媒证婚，董永与七仙女遂成百年之好。老槐树从此更加繁茂，且惠及同类，故有“山东不死槐”之说。

湖滨镇草柳编技艺历史悠久，据《博兴县志》记载，明代境内编织的防寒蒲鞋即畅销京城。民国时期，开始通过洋行、邮局出口国外。湖滨镇草柳编工艺具有历史悠久、编制人数多、品种全、生产数量大、销路广、收益高六大特点。湖滨镇从事草柳品编制的群众达2.1万人，年编制200万件，2007年荣获“中国民间草柳编艺术之乡”荣誉称号。

湖滨镇境内万亩湖面，盛产各种淡水鱼类、优质蒲苇、白莲藕、金丝鸭蛋等名特产。麻大湖位于博兴县城西南，博兴与桓台交界处，湖色迷人，物产丰富，素有“北国江南”之誉。麻大湖的毛蟹、黄鳝、金丝鸭蛋、白莲藕素负盛名，为其四大名产。当年北宋文学家苏东坡泛舟麻大湖，流连忘返，也写下了不朽的历史名句。乡村风情，如歌、如诗、如画，给人们独特的感受。

湖滨镇的渔业发达，所以就不得不提一下湖滨的美食红烧嘎呀和小鱼面子椒。红烧嘎呀先将嘎呀用油煎一下，用秦椒和辣椒爆炒后锅内加水，放入鸡精、酱油、黄酒、白糖，烧个三五分钟，汤浓汁稠时出锅即可享用了，肉质极其鲜美。而小鱼面子椒则是先将干辣椒炸至变色，放入葱姜蒜，再放入水和面粉和成黏粥，放入小鱼，煮熟了，这样一大碗热气腾腾、诱人的小鱼面子椒就做好了。

湖滨镇便是这样一个环境优美，有着丰富物产和特色的魅力文化强镇。湖滨镇成功承办了多次博兴小戏艺术暨董永文化旅游节，传承了董永孝文化和丈八佛文化，吸引着四方的游客，在全省乃至全国都享有很高的知名度和美誉度。

千年流韵古城镇

沾化县古城镇，自古以来就是钟灵毓秀、人杰地灵之地，明清时期人才辈出、科第连甲，“向称济北诗书之薮”。自沾化建县之初至新中国成立初期，一直为沾化县治所，历时900余年。作为沾化境域设立的第一个镇，至今已有1300余年历史，因而有“先有古城镇，后有沾化县”之说。古城镇地处鲁北平原，黄河北岸，渤海之滨，是一座底蕴深厚的文化古镇，一座古韵流芳的历史名城。在这里，传统文化，薪火相传；名胜古迹，引人入胜。历史与人文辉映，传统与现代交融。

据史书记载，唐垂拱四年（688）在今古城镇所在地设置招安镇，北宋庆历二年（1042）升招安镇为招安县，金明昌六年（1195）招安县更名为沾化县。至1957年，县治自古城镇迁至富国镇。此后，古城镇虽已不是一县治所，但千百年来形成的深厚的文化底蕴，丰富的人文内涵，早已深深融入了这片古老而文明的土地，赋予了古城人淳朴善良的民风和勤劳勇敢的品格。千年古城所承载的传统文化与精彩动人的历史故事，早已永载史册。

古城镇历史悠久，景观秀美，名胜古迹众多，有“聚仙台”“魁星楼”“文庙”“棂星门”和“文昌阁”等。南湖书院的“文峰台”，清代石牌坊“直谏坊”，都是名闻海内的历史古迹，那雄壮巍峨的气势，那端庄典雅的造型，那镌刻着苍劲委婉纹饰的精美石刻，仿佛向人们诉说着古城昔日的大气与辉煌。凝神聚意，你会聆听到古老岁月中的名人佳话、趣闻轶事。

曾经的古城，有过繁荣盛景。那时的商业街上，有饭店、茶楼、百货店、药店、当铺、钱庄等各色字号店铺30余家，可谓店铺林立，商贾云集。城区内教堂、医院、学校等一应俱全。繁华的街道上，人来人往，车水马龙。

千年古城，蕴含丰富的文化内涵，民间流传着许多美丽的传说与动人的神话故事，比如神秘老人为居民找出“姑子庵井”的传说，修建高大石牌坊时有奇人“授秘”架起大石梁的传说，被救神龟入海时造成永不干涸的海眼“裂子”的传说，几百年神奇老杨树被毁灭的故事等，故事情节曲折动人，内容寓意深刻，引人入胜，发人深思。还有许多诸如民间贸易“对瓦茬”习俗的由来等等，也非常有趣且具有教育意义。

“扬州八怪”之一郑板桥，曾于清乾隆七至十年（1742—1745）任范县县令。郑板桥名燮，字克柔，号理庵居士、板桥居士、板桥道人、橄榄轩人。晚年常以板桥老人、板桥老道人自署。郑板桥信奉孟子“穷则独善其身，达则兼善天下”的处世之道，为官立志上报朝廷，下安黎庶。在任期间，他傲视权贵，体恤民情，清正廉洁，刚正不阿，主张轻刑简政，鸣琴而治，不事扰民之举，留下千古佳话。后人为了纪念郑板桥，称他升堂理案的大堂为“板桥堂”。板桥堂位于古城镇旧县衙，即今镇政府院内。

渤海大鼓是沾化县独创、独有的曲艺形式。由古城镇洼李村民间艺人兰尊侠和大高镇何家村民间艺人魏尊昌等人创立、表演并传承。1950年8月，沾化县在古城成立民众鼓书院，兰尊侠、魏尊昌是两位主要演员，他们在长期的曲艺表演中，汲取了东路大鼓和西河大鼓的说唱技巧，创立了一种由大开板、慢板、流水板、快板、四板等板式构成的新的鼓书形式，因地域原属渤海老区且濒临渤海而定名为渤海大鼓，后逐渐完善定型。渤海大鼓有评有唱，唱腔婉转、优美而有力，刚柔相济，高潮迭起，气氛活跃，善于表现人物的心理活动和思想感情，容易引起听众共鸣，深受群众喜爱。

民间舞蹈《鸳鸯嫁老雕》是古城镇独特的民间歌舞，类似于秧歌剧，融歌舞、戏曲于一体，有完整的艺术形象和故事情节。全剧讲述的是鸳鸯丧夫，鹦哥做媒、众鸟劝嫁、老雕娶鸳鸯和鸳鸯用计报复老雕的故事，亦歌亦舞，有唱有逗，语言风趣、幽默，表演生动、活泼。古城镇沙洼村表演的《鸳鸯嫁老雕》多次在民间文艺会演中获奖。

古城镇地处齐鲁大地，传统文化受孔孟儒学影响深远，重文教、尚礼仪，“与邹鲁同风”。明清时期，文化教育蓬勃发展，群英登进，俊才辈出。曾出现“三杰竞爽”“四士同升”的科第盛事，一时间轰动朝野，誉满城乡，也给后人留下了千古佳话。“三杰竞爽”“四士同升”分别指的是明朝万历八年（1580）沾化籍考生丁懋逊、李芳、周班爵三人同科考中进士和万历四十一年（1613）沾化籍考生丁鸣陛、贾三策、徐牧、李鲁生四人同科考中进士之事。此后，清朝康熙九年（1670）秋试，再次出现了沾化籍考生阎爕、张晓、李南英三人同科考中进士的科举盛事，全县上下为之振奋、喝彩，桑梓父老倍感自豪、荣耀。不仅如此，登第后的士子们，为政者，砥志砺行，造福一方；治学者，著作宏富，成就斐然。明清时期古城镇的文化名人，还有兵部尚书丁汝夔；“父子二鼎甲”的“榜眼”苏兆登，“探花”苏敬蘅父子；一生矢志桑梓教育事业，培养出22名举人、9名进士的教育学者吴汝祯等。

民国以来，爱国先贤、仁人志士层出不穷。王见南村的王炳[illegible]，是早年追随孙中山踏上民主革命之路的同盟会员，他创办了鲁北第一所新型学堂；参与反对北洋军阀的山东独立斗争；出席南京临时参议院会议；出任国民党山东支部副支部长；两次出任黄河河务局局长，治理黄河功勋卓著。于河村的吴赤云，为早期同盟会员，曾任直鲁民军总指挥、滨县县长、民革山东省分会筹备委员会召集人，新中国成立后参与创建山东省中国国民党革命委员会工作。郝家沟村的徐之薰，为清末民初著名学者，通晓儒学、史学，精于医术之道，著书立说颇丰。还有山东省劳动模范张春香、董凤和，当代学者吴开晋、画家王本城等，都是沾化骄子，古城的荣光。

近年来，古城镇的一些名胜古迹得以修复或重建，文化古城建设方兴未艾，旅游事业蓬勃发展。千年古城，正焕发着新的活力，以更加靓丽的姿态展现在世人面前，以崭新的方式向络绎不绝的中外游客，讲述着古城镇曾经的骄傲与更加辉煌的未来。

多彩青阳　群仙会集

青阳镇历史悠久，从化庄遗址出土的黑陶发现这一带很早就有人类活动。五千年前进入新石器时代，属龙山文化的范畴。

青阳镇古为通登莱青官道重镇，唐代以前属章丘县辖地，醴泉寺唐碑刻有“大唐刘州县常白山醴泉寺志公之碑”。金元时期隶属邹平管辖。《章丘县志》唐宋疆域图中记载“醴泉寺自金割入邹平”。明初设有兵驿，有递铺。邹平分六乡，青阳属醴泉乡。清代邹平分八乡，青阳属范公乡。民国初年沿用清末旧制。1950年后，归醴泉区。1984年改为青阳乡。1994年撤乡设镇。

青阳镇地处半山地、半平原地区，位于鲁北平原和鲁中山区叠交地带、南枕泰沂山区、北濒九曲黄河。有“醴泉寺、雕窝峪、会仙山”三大风景旅游区，“无核甜柿”“青阳小米”“红芽香椿”等特色农产品美名远扬。

醴泉寺地处邹平县城西南的长白山腹地。始建于南北朝，相传为当时一位庄严法师所建，原名叫龙台寺，后因年久失修而废弃。唐朝唐中宗时，寺僧仁万重修寺院。醴泉寺唐碑刻有“大唐齐州章丘县长白上醴泉寺志公之碑。”相传寺院落成之日，寺东山坡有一甘泉涌现，唐中宗赐名醴泉，醴泉寺之名由此而来。“醴泉”是济南七十二名泉之一，是唯一皇帝赐名的泉。北宋著名的政治家、文学家范仲淹，少年时曾在醴泉寺苦读，后终成功名。寺南几千米远的山中，有范公读书洞遗迹。元大德年间，曾任工部尚书的青阳人贾驯，回乡重修了醴泉寺，并建立了范公祠，自此寺祠合一，佛、儒相映生辉。

唐以来，日本、朝鲜等国向中国多次派遣使团、僧人等到醴泉寺考察，醴泉寺曾设有新罗院供来华僧人居住。1930年，著名学者梁漱溟在此设邹平实验县第二乡学。1939年日军扫荡长白山，将醴泉寺焚毁，仅存断顶的唐碑和掉脑袋的赑屃驮碑各一块。2004年重建醴泉寺风景区。新建醴泉寺占地50亩，主建筑5400平方米。包括山门、天王殿、大雄宝殿、范公祠、新罗院、东西配殿等，为仿宋式建筑群。更有罕见的唐碑、众多佛教塑像和范仲淹像等，是鲁中一带规模最大的佛教文化游览胜地。

雕窝峪位于长白山西北部的黉堂山、黄花山、凤凰山之间，邹平县青阳镇西阿陀村南2.5公里处，深邃宽阔的山谷长达1.5公里。此峪是隋末王薄农民起义爆发地。隋大业七年（611）十月，齐郡邹平县人王薄，在长白山雕窝峪领导邹平、章丘一带农民起义。王薄是个铁匠，会打造刀枪。他自称“先知先觉”，号“知世郎”，作《无向辽东浪死歌》，号召人民同统治者反抗到底，得到百姓响应。不到一年，攻占了许多州县。隋大业九年（613），王薄起义军扩大到数万人。同年二月，与隋将张须陀转战于岱山（泰山）脚下。后率军北上渡河，与其他义军会合，队伍达10多万人。隋大业十三年（617）十月，王薄率部占据邹平、章丘、淄川、长山等10余县。唐武德二年（619），王薄率部降唐，被封为昌州总管。

2003年雕窝峪风景区进行了重修。修建石牌坊1座，宽9米，高8米，牌楼雕刻“雕窝峪”。恢复了城楼、寨门、义旗台等军事设施。城门为隋唐建筑，前后两块门匾分别为中国书法协会副主席欧阳中石和李铎所题。义旗台上镌刻王薄的著名诗歌《无向辽东浪死歌》。重塑了王薄塑像，像高6米，重30吨，用花岗石雕刻，持刀挥臂，衣巾飘飞。修复了道教建筑碧霞祠，主殿1座，设东西配殿，建筑面积600平方米，仿唐式建筑，清式彩绘，为景区建筑的亮点。山门至碧霞祠750米的山路，全用石头铺砌，沿路安装了十二生肖石雕。雕窝峪每年农历九月初九山会，吸引大量游客观光旅游。

会仙山是长白山迤北最高峰，海拔590米，山势挺峻秀拔，形若覆磁。据传群仙曾会集于此故名会仙山。峰顶“八仙台”“金母祠”遗址尚存。北有石船峪，南有盘壑峪，东有滴水崖。山巅南侧有洞悬于崖中，洞中有玄和佛像，也称“玄和洞”，堪称绝景。旧志记载，每逢清明节，山间夜晚常有仙灯出现，状如星光烛火，大若盘盂，飘缈空际，时近时远，乍开乍合，如人持烛炬行走，许时方没，故称“会仙神灯”。山上有日观台，晴朗的早晨，遥望东方日出，能隐约看到东海翻腾的波浪。峪底和峪北岭上有两座相距不远的古建筑，殿宇辉煌，俗称“上场”“下场”，此地草木茂密，紫茎芬芳，悬崖峭壁，景致幽僻，名曰：“小桃源”。旧时每年三月初三，上、下场有庙会活动，盛况颇大，届时搭台唱戏，各地善男信女前来进香赶会，不计其数。20世纪30年代，乡人曾重修殿宇，1939年遭日军焚毁，庙会遂止。1993年以来，农历三月初三日庙会恢复，每年都吸引各地游客达5万余人。

青阳镇山清水秀，光照充分，盛产小米，历史悠久。青阳小米粒粒圆润，金黄明亮，营养丰富，食用清香可口，含有人体所需的12种氨基酸和多种维生素，是滋补身体和馈赠佳品。青阳柿子种植区域位于邹平县西南部的长白山脚下。这里丘陵地形，光照充足，地下水源充沛，山坡土质厚而肥沃，有机质含量为10%以上，速效氮、磷、钾含量中等以上，是柿子的理想产地。现存近万棵柿树有500年历史，所产柿子肉质细腻，无核多汁，甘甜如蜜，含可溶性固体20%以上，具有较高的营养价值。用优质柿子制成的“青风泉”牌柿饼，营养丰富，含有丰富的钙、磷、铁、维生素A、B、C、E等营养物质，是老少皆宜的滋补佳品。

山水美景　甜椒之乡——九户镇

九户镇位于邹平县西北部，东至都路平村与孙镇接壤，西至丁家村与魏桥毗连，南至张德佐村、张重粮村，分别与明集镇、魏桥镇接壤。北与西北隔小清河分别同黑里寨、台子镇相望。

唐武德二年（619），邹平县治移于赵台城（今九户镇古王台村）。明清两代九户均属济南府齐东县。齐东原治所赵岩口（今台子）光绪年间被水淹，于光绪十九年(1893)冬将县治迁于九户镇。九户古称九扈，清、民国称九扈镇。九扈为九户之讹，以户名庄。民国初期到新中国成立初期，均属于齐东县。1956年，九户归入邹平县。1984年改为九户乡。1996年撤乡改镇至今。

相传汉初刘邦在九户镇境内古王台村村南与敌展开一场血战。大将布英不幸战死，刘邦为纪念他，为其修建一座大坟，让其儿子布宁守孝。布宁身为武将，喜爱武术，便在坟边修建一土台，在上面练武。久之，附近村民纷纷前来习武，慢慢聚成一个村庄，名“布王台”，后渐渐叫成了“古王台”。

当地流传着“先有甘泉寺，后有河沟庄”之说。相传宋初曾有僧侣来此传授佛教，修建了一座寺院，正房三间，紧靠两端房屋前各突出小配房一间，东、西、南三面有花园墙包围，南院墙修一大门。寺院坐北朝南，在寺院南靠路约10余米处，挖掘一口水井，井水清澈甘甜，赐名“甘泉”，后在寺院大门上方悬挂匾额一块，题字“甘泉寺”。

宋太祖赵匡胤平定天下后，在多年战乱中流离失所的人们从四面八方来甘泉寺附近垦荒种地，重建家园。先后有于、刘、钱、干等姓氏定居下来，渐成村落。因漯河故道位于村西，所以称名为西沟村。后元末明初大文学家张养浩四子张山迁居于此。随着张氏家族的繁衍壮大，今河沟村只剩下张氏居民。

九户镇人杰地灵，物产丰富。据《齐东县志》记载：“清光绪十九年冬，齐东知县康鸿达奉准迁城于九户镇。本县民业耕织，士尚廉耻，勤俭朴素，饶有古风，以之提倡新生活最为相宜。”

镇境地处黄河下游冲积平原，缓平坡地居多。土地以潮土为主，土壤肥沃。特色农业突出，食用菌、蔬菜、畜牧、西瓜四土产发展良好。九户镇是著名的“甜椒之乡”，“一代天骄”甜椒驰名。进入21世纪以来，古老的齐东故里——九户全镇经济和各项社会事业成绩斐然，相信九户镇的明天将会更美好！

古韵今辉　宜商宜游——魏桥镇

魏桥镇位于邹平县西北部，东与九户、明集相邻，西与码头镇相连，南与章丘接壤，北与台子镇毗连。

魏桥镇历史悠久，夏属青州，商隶营州，周归齐国，秦划齐郡梁邹县地。汉、三国、晋、南北朝时属济南郡朝阳县、东朝阳县。隋、唐、五代十国属齐郡临济县，宋代属邹平县齐东镇。元宪宗二年（1252）设齐东县后，明、清、民国至1958年，皆属齐东县管辖。1984年，由魏桥公社改为魏桥镇。

这是一片古老的土地，这是一片充满生机的沃土，这是一片承载着希望的田野。在这片古老的土地上，麻姑留下了神奇的传说，伏生留下了智慧的足迹；在这片充满生机的沃土上，崛起了雄居亚洲同行业第一的魏桥创业集团；在这片承载着希望的田野上，勤劳善良的魏桥人正用自己的聪明才智描绘着灿烂的明天。

伏生，战国末年齐国人（籍今邹平县魏桥镇冢子村），字子贱。伏生自幼刻苦好学，博览群书，为儒学博士。始皇三十二年（前215），秦始皇下令焚书坑儒，严禁私家收藏经书。伏生对秦始皇毁灭文化的政策极为愤慨，深恐珍贵典籍从此失传，冒着生命危险，将《尚书》百篇藏于家中夹壁墙内，然后背井离乡，四处流浪。刘邦灭秦建汉后，伏生回到故乡，找出所藏《尚书》，已经霉蚀虫蛀，只剩29篇。他仔细抄录整理后，召齐地子弟，前来就学。时汉文帝致力复兴儒学，闻伏生讲授《尚书》，即传旨召见。时伏生已90高龄，双目失明。汉文帝派太常使掌故晁错，亲来伏生故里学习《尚书》。晁错将《尚书》抄录回京都，使此书得以流传后世。伏生去世后，诏立汉征君伏生墓，位于今魏桥镇冢子村西。伏生墓基宽19米，长30米，高6米，墓旁有亭堂书院，唐槐古松，十分壮观，墓西有大片梧桐树林。1950年以前，墓地一直有人守护。每年农历四月十五，名门望族及文人学士多来祭奠。“文革”时期墓地遭到毁坏，今只剩下土冢。

从邹平县魏桥镇驻地往北走0.5公里，就来到了堂子村。堂子村又名麻姑堂，是一个风景优美、民风淳朴的小乡村。关于“麻姑堂”名字的由来，在当地还流传着一段美丽的传说。

话说当年唐太宗李世民统帅大军御驾亲征，大获全胜。在凯旋途中，大军行至齐郡朝阳县昌阳店（即现在的邹平县魏桥镇堂子村）时，草尽粮绝，人困马乏。先前派出运粮的“混世魔王”程咬金迟迟未来，军师徐茂公就命大将尉迟恭就地筹备粮草，以解燃眉之急。然而当时的昌阳店，连年天灾，早已是“赤日炎炎似火烧，野菜禾苗半枯焦”。当地乡民连隔夜粮都没有，更别说这十几万人马的口粮了。

就在大军饿得两眼昏花、前胸贴后背之时，突然大道上出现一位女子。但见她绿衣翠裙，左手挎只柳条篮，右手托一瓷瓶，见到尉迟恭，嫣然一笑，只道是来给皇上送吃的。尉迟恭见女子所挎栏里装满黄澄澄的小米干饭，就领着她进了军中大帐。可女子见到太宗非但不跪拜，反道：“皇侄，饿了吧？姑姑给你送饭来了，还不快快下位迎接。”尉迟恭还从未见过如此口出狂言之人，随即拔出青锋宝剑就朝女子劈去，可那女子淡定从容，一点儿也不躲闪，只道：“还是尉迟将军想得周到，我倒忘了带筷子。”只见她轻轻一伸手就接住了宝剑，宝剑顿时被一折为二，女子又顺手一捋，眼看着青锋宝剑变成了一双银筷。这时，绿衣女子又从篮内取出一只玉碗，拨了一碗米饭，递给太宗。此时的太宗早已饥肠辘辘，一碗米饭胜过往日的山珍海味，端起碗来就要进食。

尉迟恭见女子来历不明，怕饭里有毒，急忙劝阻太宗，并主动请缨为太宗试饭。“尉迟将军果然赤胆忠心，你尽管放开吃，保准管够。”尉迟恭心想：俺老黑平日一顿饭能吃一只羊，这点儿饭还不够塞牙缝呢！随即端起玉碗，吃了一口。谁知还没咽下，那碗饭又满了，再一口，又满了……不管吃了多少，碗中饭却一点儿也没见少，只弄得他满脸羞愧，忙将玉碗捧给太宗。太宗吃饱，传给军师，军师吃饱，又传给其他大将。绿衣女子令各军营把饭桶、水桶抬来，只见她往饭桶里扔进一粒米，饭满了，往水桶里倒进一滴水，水满了。就这样，不到一个时辰，十万人马就填饱了肚腹，人欢马叫之际，女子向太宗挥挥手，径直离去。

等绿衣女子走远，太宗才想起忘记问仙姑姓名，忙传旨尉迟将军去询问。尉迟恭跨“抱月乌骓马”追去，绿衣女子衣带当风，咫尺之距，乌骓马怎么也追赶不上。尉迟恭大声喊：“仙姑，且慢，请留下姓名！”“先父麻秋。”绿衣女回眸一笑，说完便踏着彩云去了。尉迟恭回军营回禀太宗：“仙女复姓先甫，双名马九。”军师徐茂公听后，略加思考，继而拍手大笑：“人家说她先父是麻秋，她是麻仙姑啊！”唐太宗立即率领文臣武将出中军大帐，望空遥拜。

从那以后，昌阳店就改名为麻姑堂了。自贞观年间以来，由于种种原因，麻姑庙遭到毁坏，早已名存实亡，如今只剩下三块孤零零的石碑和一口被封盖多年的枯井留在原地，但关于麻姑堂的传说却经过一代又一代人的口耳相传，流传至今。

第四辑

探幽·鲁南古风

不近胜境难作画　不入税郭岂有诗

这是一方美丽、富饶、古老的土地。它不仅自然景观优美，历史文化悠久，而且还是江北独具特色的轻纺基地，这里就是枣庄市市中区税郭镇。

税郭镇位于枣庄市最东部，地处临沂兰陵县、枣庄峄城区、市中区交界处，距枣庄市区15公里。 206国道东西穿境而过，交通十分便利，是枣庄市对外经济文化交流的门户。

“税郭”为谐音演变村名，原称“瑞郭”，源于西周鄫国时期，金大定十四年（1174）陈氏墓志铭载“邳州丞县第三乡瑞郭村”。明洪武年间尹氏碑文载“古鄫税郭”。村内有口古井深30余米，传说为夏朝杜康造酒所用。“杜康造酒刘伶醉”戏传民间。清康熙《峄县志》载：税郭为乡间大集。农历二、七日逢集延续至今，至少有300年历史。境内安城，宋代建村。传说宋初军副都军头呼必显曾在此屯兵积粮，预备安城，但因地理环境不利，而东移忻州。至今民间尚流传一首民谣：“往东往东再往东，这里安不住一座城，跑不开马来，拉不开弓。”故取名“安城”。光绪

《峄县志》称，税郭集属企彭乡税郭社。1918年开始改为税郭区，1984年改建税郭镇。

税郭镇美食以辣咸为主，特色菜有李二锅甲鱼汤、羊肉汤、牛肉汤、辣子鸡等，量多而味美价廉。当地最出名的酒是东苑农场酿制的鹿茸酒、鹿血酒、鹿鞭酒。城镇内随处可见小饭店、小酒馆，更有独具风味的菜煎饼、凉皮、米线、馄饨、土豆粉等，口味独特，价格实惠。

税郭镇不但山川秀美，物产丰富，更是人杰地灵。在这片古老而又丰饶的土地上，孕育了一代又一代先贤圣哲，仁人志士。税郭镇龙氏为峄县望族，据清代峄县“前邑令江东张若谷”《峄县龙氏族谱序》称：“峄之东北，镇曰税郭，龙氏聚族而居焉，由宋迄今盖数百年于斯矣。”其龙氏“为伯高之后，且代有伟人。或以德行著，或以文章照耀史册，班班可考也。”

明代龙游，字雨溪，自幼聪颖，最爱读书，且过目不忘，触类旁通。因博学多才，后一举得中举人，并被授予河北真定府通判，主管粮运及农田水利等事务。由于勤政为民，又被授予河北河间府、永平府通判。龙游初任通判，便遇上了饥荒，他上疏请赈，拯救苍生，万民称颂。后又发动乡民，大兴水利，疏通河道，整修水渠，使粮食产量翻番，一度“赋税无增，而民能乐之”。数年后，“转饷边城，劳能考最”，迁盐运使司盐运副使，掌握全国的盐运事务。龙游忠心耿耿，一如既往地为社稷奔波，为民造福，清淤河道，整肃漕运，惩治不法盐商，因政绩突出，屡受朝廷嘉奖。龙游后被敕封为奉训大夫。龙游任职28年，可谓历尽艰辛，功成名就遂欲辞官告归。尽管万历帝再三挽留，怎奈龙游去意甚坚，只好重加赏赐，准其告老还乡颐养天年。

龙游归里后，“拜祠展墓，迁茔于河北”。每日证书数篇，并“亲授子孙课业，遂不复仕。”其后裔龙维印，系当代著名画家。其国画作品，尤其是花鸟画，清闲秀逸，格调高雅，具有相当的艺术实绩及造诣。作品被天安门城楼、首都博物馆、钓鱼台国宾馆以及徐谓、李可染、刘开渠等名人纪念馆珍藏。

猪是中国最普通、最常见的家畜，龙是中华民族的图腾，猪龙合璧虽然罕见，但在六千多年前的红山文化中就可以看到，有“中华第一龙”之称的玉雕卷龙即是猪首龙身的奇妙造型。

枣庄地区流传一则“猪龙桥”的故事，就发生在税郭镇。说清朝时期山西的猪便宜，有个山西人买了一大群猪赶到山东卖，来到枣庄税郭镇，当时此地没人养猪，因此一下子就卖掉了。奇怪的是每天天一亮，山西人眼前又有一大群猪，卖了又有，如是者一连十天。这人发了财，认为是猪龙保佑，便在此修了一座猪龙桥。在这个传说里，猪龙成为对常人有神奇护佑作用的善神化身，可以看作是可爱的母亲神在民俗文化中的一次置换变形。

四蟹抢船是税郭镇的传统舞蹈，亦称“四蟹抢亲”“四蟹灯”，是一种耍灯游艺形式和民间舞蹈，也有高难度的杂技动作。至今已有700余年历史，据说失传70多年，只有一位80多岁老人能够记起，经过系统的挖掘与整理，这一传统民间技艺重获新生。

四蟹抢船讲的是渔家父女两人，早晨出海捕捞，因渔夫女儿天生丽质，“家住水乡，人称霸王。正路不走，横行四方”的“鱼、鳖、虾、蚌”四蟹爱上了这位姑娘，于是发生了一幕四蟹为抢占民女，展开一场幽默风趣的打斗，最终被渔家父女一网打尽的故事。

山水自然文化　古色生态永安

永安，一个吉祥、平安、富裕、久远的字眼，平安是福，永安是家，国泰永安。永安，有着悠久历史和灿烂的文化底蕴，早在7000年前先祖就在此生息繁衍，造就了永安这块神奇的宝地。永安，有阡陌纵横的乡村，亦有车水马龙的繁华城区，境内南山北湖，素有“金香城、银吕巷、半山半湖永安庄”的美称。相得益彰好美景，好一个山水自然文化、古色生态永安正在形成。

永安乡地处枣庄市市中区西南部，东靠枣庄市老城区，西与枣庄市政府新驻地接壤，南部与峄城冠世榴园隔山相望，枣庄经济开发区坐落在中部。故有“半壁田野半壁城”之称。

永安始建于唐贞观年间，迄今已有1000多年的历史，原名太平庄，因乡政府驻地位于现在的永安村（永安意寓永远平安、永远安定），故名为永安乡。传说南宋抗金将领岳飞当年辗转山东，大败金军时，曾在西南山区歇兵养马，留下“岳飞放马场”的遗址和佳话。明成祖朱棣由南京北上途中慕名来此放马场取乐。万历年间，时任南京光禄寺卿的贾三近辞官居家期间，时常来放马场，寄咏林泉，舒展情怀。贾三近修编的《峄县志》把湖山景观绘入志书。乾隆二十六年（1761）永安属山阴社。新中国成立后，1958年设永安人民公社。1984年建立永安乡。

永安不仅是个景色宜人和美丽传说的神秘圣地，而且还是一片红色革命的热土，更是人杰地灵、英雄辈出的风水宝地。1940年7月，在位于中兴矿西南10余里的永安乡小屯村的村后，现枣临铁路的南侧约100米左右的场地，铁道游击队队长刘金山和政委杜季伟为加强对游击队员的教育，在此举办了为期一周的集中整训，吸收了赵永泉、王志胜、徐广田、曹得清为中共党员，建立了党支部，改掉了队员中的不良恶习。同时还培训铁道游击队员如何扒铁路、炸桥梁与敌人斗争，培训内容从理论到实践，使队员的素质得到明显提高。境内夏庄、蔡庄、聂庄、马场等一带是游击队的宿营地。1942年，刘少奇（化名胡服）从沂蒙根据地返回延安，在铁道游击队护送下安全通过津浦铁路。

这里曾哺育了清朝三品侍卫王永祥、长沙清廉知县王介修、铁道游击队队长刘金山、抗战英雄鹿广莲、早期革命者梁克侠和现在共和国中将李家祥。

王永祥（1869-1947），字文卿，永安乡夏庄村人，清末武举。自幼家贫，善习武，师从高人。光绪年间在济南会考得“山东第一刀”美名，清光绪二十三年（1897），殿试时被钦点为御前侍卫，赏带花翎，守卫于清宫门。八国联军入侵北京，护卫慈禧去西安。其后回归故里定居，深受乡民敬重，为一方名人。

鹿广连(1916—1943)，又名鹿子泉，曾化名黄牧平。永安乡李庄人。1937年加入中国共产党。1938年3月，枣庄沦陷，鹿广连奉命留在枣庄敌占区，开展党的地下秘密工作。 1939年6月，建立了中共枣庄矿区地下支部，任支部书记。由于地下活动频繁，加之伪警长袁海亭告密，终被敌人察觉，连续进行了4次大搜捕。1940年1月16日，鹿广连的爱人和不满一周岁的孩子落入敌手，后均惨遭杀害。

刘金山，1915年生于永安乡蔡庄村的一户矿工家庭。1938年4月参加了抗日义勇军县支队。1940年7月被调到建立不久的鲁南铁道游击队，先后任中队长和副大队长。1941年1月加入中国共产党。1942年5月，铁道游击队大队长洪振海在微山湖战斗中牺牲，刘金山接任大队长。

旅游资源线路走进永安，让人真切地感受到这个古老而又年轻的乡镇的文化底蕴，真是抓一把泥土就是文化，拣一片瓦砾就有美丽的传说。在这54.9平方公里的土地上，分布着10余处人文自然景观，景色一个胜似一个。

这里的湖山、莲花山、牛郎山各有千秋，分布其中的五座水库胜似五朵盛开的莲花。相传，在很久以前，枣庄老城区北山道南山之间是一片湖水，约有30平方公里，水天一色，但见中部一座小山，如同出水芙蓉浮在水面，故称湖山。自古有“南有湖山寺，中有沉下湖，北有钓鱼台”之说。沉下湖即境内的陈湖，湖水西接微山湖，东连檀山下。由于水的长期浸泡和水位逐年退却，使檀山半腰留下三道明显的痕迹。后人还传“檀山三道箍，不出娘娘出都督”。又过了很多年，湖沉下去了，湖水注入湖山东南洼地，受地壳变动作用，汩汩泉水喷涌而出，形成一片泉池，俗称“十里泉”“薄板泉”。

目前，着力打造的永安南部生态休闲度假区已初具规模，它将与相邻的峄城万亩石榴园、薛城的杨峪风景区相对接，成为枣庄东西两城的后花园。永安南部生态休闲度假区栽植大叶女贞、百日红、五角枫、广玉兰等景观树20余万棵，樱花峪、红叶峪、芙蓉峪为代表的“三大景观峪”已初具规模。石林、高山古城墙、二龙戏珠、马蹄印、千尺石、石海、杨二郎大脚印、影视基地、古村和岳飞晾马台等景点已构成南部休闲度假区的重要景点，并着重以南部山区的九顶莲花山和岳飞放马场等人文历史构建打造“汉文化”“宋文化”，为鲁南地区近郊游的发展打下了坚实的基础。

永安，正好似雨后春笋，充满着蓬勃旺盛的生机，新永安宛如一颗璀璨的明珠镶嵌在鲁南大地……

北方瓷都　千年古村——中陈郝村

枣庄市薛城区的城区北部有一座著名的蟠龙河湿地公园，这里水域广阔，景色迷人，是山东省四大湿地公园之一。沿蟠龙河溯源而上，西行约10公里的蟠龙河南岸，坐落着千年古村中陈郝村。中陈郝村位于镇东北部约4公里处，北靠枣滕公路，南临枣曹公路，地处甘林至北陈路东侧，是邹坞镇东部主要的商业贸易中心。

中陈郝村约在南北朝时期形成居民聚落，以陈郝二姓得名，因有南北陈郝，这里位居其中，故名中陈郝。明嘉靖年间，就以水陆交通便利、贸易繁荣、佛教兴旺、陶瓷业发达而闻名天下。时村中河流纵横，船楫如梭，有“江北水乡”之美誉。当地盛产的陶瓷经许由河入盘龙河，再入运河运往四面八方。1987年，省内外考古专家对中陈郝古瓷窑址进行试掘，发现是北朝晚期，经隋唐、北宋至金元时期瓷器烧制的遗迹。据其唐宋时期烧制的遗留瓷器分析，中陈郝古瓷窑瓷器曾远销东南亚各国。

旧时，中陈郝村文化遗存，素有“十桥九庙七十二瓷窑”之誉。十桥为新章桥(罗锅桥)、峄阳桥、泰山桥、甘桥、坡石桥、仙人桥、百纳桥、榭云桥、乐善桥、鱼桥等。其中峄阳桥属官道桥。最大桥为新章桥，俗称“罗锅桥”，始建于唐代，是座完全采用青石结构的纵联式单孔石拱桥。全长30米，桥面宽6米，孔高5.5米，宽7米，桥两端呈斜坡状，古桥雄伟壮丽，如雨后之虹，横卧于青流之上。九庙为泰山奶奶庙、玄帝庙、大云寺、火神庙、三清观、观音堂、土地庙、西天佛爷庙、三皇行宫等。

旧时，中陈郝村发达的陶瓷业，兴旺的佛教文化，迷人的风光，吸引着众多的文人墨客。时文人留有《咏后亭花》诗作：“玉砌瑶池美，花容不卸秋。游蜂知闭户，戏蝶忘穿楼。树影担前瘦，云光院内稠。掇鹅谋二李，谈笑夜行舟。”经水路，可驾一叶小舟，顺水游览“十桥九庙七十二瓷窑”景色。择旱路，从新章桥东首玄帝庙始，顺东西街行百米，至泰山奶奶庙。过泰山桥又东行300米至大云寺，折而西北行400米许至三清观，路过瓷窑数座。过鱼桥南行150米至三皇行宫，过榭云桥百米许至土地庙，又南行300米许至火神庙，折而北行百米许又见瓷窑数座。过峄阳桥又回到泰山奶奶庙前。

许由泉位于中陈郝村东，据《滕县志》载：“泉出山腹深丈余，涌出若沸，远望如匹练横拖。西过陈郝北、平地突出为许由泉，又西南流至邹坞，又西流经蟠龙以西，龙眼诸家注之，又称蟠龙河。此所谓曲曲十八弯。”《峄县志》载：“许由泉，西北四十里，陈郝集东，泉脉二三窦，小泉清澈，旁有大木，其有亭。”相传唐尧时期隐士许由曾洗耳于泉畔，河以泉得名。其旁多藕池，荷花盛开时，常引来众多游客观光。该泉水软甜可口，奔涌而出，有“小趵突”之称。许由河流入蟠龙河，最终汇入京杭大运河。

山魂水韵　梦寻天堂——北安阳村

北安阳村地处镇北4公里，东靠枣滕路，南靠枣薛路，西有店韩路，交通便利。村北山岭为安阳山，故名为北安阳村。

西汉新阳故城遗址位于北安阳村，北面依山，东、西、南三面皆为平地，现城址仍依稀可见。据地方文献记载：汉成帝鸿嘉二年(前19)五月，封鲁倾王之子刘永为新阳侯。安阳村现存故城遗址为一台型高地，均用黄土夯筑而成，四面墙基清晰可见，东、西、南三面尤为明显，有的地段高出地表4至5米，总面积300余亩。古城周围有护城河，城门基石完整。故城内地面散见许多陶器残片，可辨器型有鬲足、豆柄、筒瓦、板瓦、花纹砖等，出土文物中发现有汉代铜盘、铜薰、陶楼、陶壶等器物，还曾发现战国时期的蚁鼻钱等。近年在故城附近，当地农民打井曾挖掘出一口汉代石砌水井，直径3米，泉水清澈，现保存完整。

新阳故城南还有一小城，城郭遗迹尚存，为方形。据历代传闻，一说原是新阳王时期的杀人场。一说是鬼城子，又叫仙源城，为古代名人所居。

新阳故城西北1000米处有墓山汉墓群。清光绪《峄县志•山川考》记载:“县西五十五里曰墓山，山势圆峻，麓多古冢，累累如土阜。间有陷者，墓内长廊曲室皆凿石为之，刻画精丽。再进，曲折旁达，窈黑不见物，探者怖而返，殆昔显者之墓也。”《申报》民国二十五年（1936年）六月七日登载一文曰:“墓山上有古墓七八十座，累累相望，较之滕县曹王墓规模尤大数倍。墓圹属汉代画石，花纹犹佳，附近村庄农民墙基多用汉画石，俯拾皆是。”历年来，村民在取石建房，挖土整地时，经常发现古墓，均为石室结构，多为双室、单室两种。双室墓有前堂后室，随葬陶器有鼎、壶、盒等器物;单室墓四壁青石薄板构造简单，称石匣墓，出土的墓石上多有画像，雕刻技法为常见的浅浮雕，其内容有人物、建筑、珍禽、异兽等花纹。

墓山西南巍然一大冢，俗称“皇姑坟”，封土堆高约6米，直径30余米，至今保存完好。冢上散见一些罐片、鬲足等物。南百米处有石兽等，刻法简练，造型浑厚朴素，今不知去向。1965年在冢西约20米处，发现了一组汉代铜器，有铜盘、铜薰等物。1987年附近又发现了一组汉代陶器，有陶楼、陶壶、陶罐等。

据墓山古墓历年出土的墓室结构、画石雕刻、器物造型等分析，此处显然是规模较大的汉代墓群，与新阳故城有一定关联。旧时新阳故城周围地区风景宜人。《峄县志•山川考》记载:县西北五十里有安阳山，前有安阳城遗址，迤东为羊栏山，产银;山麓有二洞，传为昔人开采处。东部连接尚庄山，亦名西暨山口。山上有村落，山民多植山果杂树。每逢深秋，果实累累，挂满枝头，枫叶满山，一片映红，清幽静谧，风景宜人。东北数里有黄鹭山，山西侧有一大峪，俗称公狼峪，旧时常有狼群出没。山后面又一小山，名横梁涧，涧中巨石层叠，犬牙交错。

新阳故城北面群山起伏，逶迤连绵，巅峰相错，巍峨壮丽。山前怀抱一小山，状如伏龟，名曰伏山。古时山上建有三皇庙，殿宇宏伟，古树成荫，晨钟暮鼓，香烟缭绕，信徒香客络绎不绝，文人墨客亦到此饮酒作诗，流连忘返。清代咸丰年间，战乱频仍，僧徒星散，殿舍倾圮，地上建筑今已无存，但建筑遗迹仍清晰可见。墓山下有一泉，名曰“冷泉”。泉上砌石为亭加以覆盖保护，泉水自石孔中涌出，潺湲流向西南，经肖村旁汇入盘龙河。

山东“南大门”——涧头集镇

由枣庄市城区沿206国道往正南方向，行约35公里，就到达了素有“山东南大门”之称的涧头集镇。涧头集镇位于山东最南部的苏鲁交界处，因镇驻地涧头集村地处南库山两涧水流之端得名。东邻江苏省邳州市，南界江苏省徐州市贾汪区，西、西北邻本区张山子镇，北与峄城区古邵镇隔运河相望。在枣庄市城区南35公里处，西距台儿庄古城20公里。涧头集镇面积120平方千米，是台儿庄区第一大镇。

涧头集镇地势南高北低，南部低山丘陵起伏，土地瘠薄，最高是库山，海拔191米。中部地势平坦，土壤肥沃，北部河套黑土滞洼，西有龙河，东有平门河，北流入伊家河。韩庄运河、伊家河横贯北境，为排灌航运动脉。

名优特农产品有李楼蓝莓、官庄柿子、贾桥土豆、郝楼西瓜，绿色环保农产品有万果乐蓝莓、偪阳柿子、民盈马铃薯。

涧头集历史悠久，夏属缯国，商属偪阳国，西周、春秋因之。鲁襄公十年（前563），晋灭偪阳予宋。尔后楚灭宋，改偪阳国为傅阳县，直至西晋。此后历代属丞县、兰陵县、峄县、峄南县、运河县等。1954年1月，改为涧头集区。1962年至今属台儿庄区。

涧头集镇为商代偪阳国故都。偪阳城遗址位于现涧头集镇驻地西南

1.5公里处。据《峄县志》载:“偪阳，妘姓国，彭祖弟陆终第四子求言封此。”偪阳城南依群山，东有龙河故道。城周长3293米，当地有“九里单八步”的传说。南北长，东西短，大体呈长方形。《左传》曾记载春秋时期偪阳城发生的一场大战。

鲁襄公十年(前563)四月初，晋侯以盟主身份召集鲁公、卫侯、曹伯、莒子、邾子、滕子、薛伯、杞伯、小邾子、齐世子光，会吴王寿梦于相(今江苏省邳州市西北)。晋大将荀偃、士丐以偪阳国与楚国关系密切为理由，请求攻打偪阳，并把它赠给宋国大夫向戌作封邑，借以打通攻楚的道路。晋主将荀罃说:“偪阳城虽小，却易守难攻。攻下来不算勇敢，攻不下来反被人耻笑。”而荀偃等人坚决请战，并立下军令状。于是十三国诸侯之师，浩浩荡荡杀向偪阳，将偪阳城团团包围。在盟军到来之前，偪阳国君已作了充分抵抗准备，并略施小计，令士卒背着粮食在城内小山上布撒。一夜之间，小山变成了金黄黄的米山。时晋国主将荀偃骑马观阵，见米山心中一惊，便说：“偪阳城有堆积如山的粮食，坚守一年半载何足为虑！”荀偃对着米山仔细观察一阵，便叫左右拿来弓箭，朝着米山连射三箭，箭头着地即倒，遂哈哈大笑道：“今箭头着地不入，一定是石山，此乃疑阵，不必为虑。”盟军连战数日，仍未攻克。又经五天激战，偪阳国终因寡不敌众，守军挡不住盟国军队的强大攻击，城池沦陷，偪阳国灭亡。后来，人们就把这段故事叫作“一箭破城记”，把这座山叫作米山。中国古典小说《东周列国志》中就叙述了春秋偪阳大战的场面。

在战斗的过程中，孔子的父亲叔梁纥也发挥了重大作用。在一连数日的攻伐战中，偪阳国守军顽强抗击来犯之敌，联军攻势凌厉但却无法破城。适值鲁国孟氏的家臣秦堇父押送粮草来到前线，偪阳君大智大勇，以攻为守，果断下令打开城门出兵袭击了鲁军辎重。秦堇父率狄虒弥等将士顺势攻入城内。守军急落内城悬门，意欲困住入城鲁军分而歼之。鲁军识破，急令撤兵。刚刚攻至门下的鲁国陬邑大夫叔梁纥情急之中力挺千钧，一双臂腕死死托住了急速下落的巨大闸门，为鲁军将士撑起了一条逃生通道。孟子称赞他说：“《诗》所谓‘有力如虎’者也。”

偪阳故城内及城外东部，地面散见许多陶片，以灰陶为主，多为豆、罐、盆之类。陶器除素面外，有的饰有绳纹、凹凸纹。出土文物有砖、板瓦、瓦当、铁渣、铜剑、铜镞、铜印等。石器也偶有发现。清光绪《峄县志•杂记》：“峄地古陶颇多，而以偪阳砖为甲，其制古拙，无文，长尺有余，宽半之，质坚，重逾于金石。人得之以为砚，付手民治之，锋刃不能入也。”故城南，群山之阴，古墓成群，常有画像石出土。

同时“运河八大闸”中有四个在涧头集镇境内。明万历三十二年（1604），李化龙建成了“峄县运河八闸”：韩庄闸，德胜闸、巨梁桥闸、万年闸、丁庙闸、顿庄闸、侯迁闸、台儿庄闸。并在每个闸点开挖了月河。由时任总河侍郎的李化龙主持建造的八座运河闸关中，有巨梁桥闸、万年闸、丁庙闸、顿庄闸四座在涧头集镇境内。据《山东运河备览》载，泇河衙署、泇河公馆曾设于此。也是运河万年粮仓与运河名胜“三公祠”所在地。还有桥上汉墓，皇墓山汉墓群，贺窑古墓等古遗迹，均有汉画像石出土。红色革命纪念地有“巨梁桥惨案”纪念碑，1940年9月15日我28名抗日爱国志士在此惨遭杀害；此外还有运河支队一营营长褚思惠烈士“杀敌报国”纪念碑，1985年，还建起了“高风亮节亭”。

涧头集镇地灵人杰，名人辈出。清末民初鲁南著名教育家宋东甫、抗日英雄孙斌全、著名烈士褚思惠、台湾著名历史学家张玉法、当代著名诗人贺敬之、军旅作家贺茂之、著名画家贺成、共和国将军李宜俊等都是涧头集镇人。

人文山水秀　醉美底阁游

底阁镇在枣庄市东南部，峄城城区东南21公里，因镇政府驻地为底阁村，遂为镇名。原名邸阁，或称邸阁街，据《通典》记载，相传东汉末年曹操在此屯兵，盖粮仓，建官邸，造楼阁而得名，习称邸阁。清《临沂县志》仍记载为“邸阁”，后因“邸”字生僻，写成底阁。底阁镇地处两省（山东、江苏）四县（峄城区、台儿庄区、兰陵县、江苏省邳州市）结合部。东距京沪高速公路20公里，西距京福高速公路和枣庄西火车站26公里，毗邻京杭大运河台儿庄码头，234国道穿境而过。

底阁历史悠久，隶属多有变迁。战国时属山东最早的县兰陵县。在以后的两千多年，先后属于丞县、兰陵县、峄县、兰山县。1956年改为底阁区底阁乡。1984年改置为底阁镇。

传说底阁村及村南部一带是东汉末年曹操屯兵之处，有72眼古井，其中一眼叫卧龙石。后在修筑公路工程时发现多处废弃古井及井中古物。底阁村南2公里处有一村叫陶墩，传说古称草墩，是曹操存放马草的地方。底阁南7公里有一村名马庄，是曹操的牧马场。又传说，曹操的妹妹埋葬在底阁，墓葬位于侯庄村南，现夷为平地。

宋代运盐河道由今兰陵县古兰陵镇西南行进入底阁镇境，又穿河北村、底阁二村之间向西南出镇境。今观宋盐河故道，河谷形迹依稀可见，为一狭长低洼地带，附近黄土层较厚，虽深数米而土质不变，当地人称“老黄河河套”。其土壤肥沃，是该镇上等粮田。早年当地居民尝于河谷中刨起土块，以水稀之，取上层澄清液当食盐用，究其原因，与河谷中地下水位较高，土壤盐渍化严重有关。

岳城古城位于底阁镇驻地西北5公里，岳城村西200米处。城西0.5公里为邱庄村，城西南1公里是魏楼村。古城东面依山岭而筑，基本上以山岭为东城墙；北、西、南三面的城墙皆为石英石砂土混合夯筑而成。故城北高南低长宽各约1公里，略呈正方形。城墙高约5米，宽约10米～15米，城内面积约四五百亩，当地有“四顷八京地”（小国京城）的传说。北、西、西南各有城门，以西南门最大最明显，有东北西南方向的大道穿城而过。古城一带曾多次出土过刀剑、箭头、护心镜等军事古物，更可推断此处古为屯兵争战之地。岳城故城属先秦文化遗址，现为市级文物保护单位。2005年安放遗址碑。

当地民间传说岳城是北齐某岳王与兰陵王打仗时兴建。又传说，古时某首领率人马征夫在此修城。城未修好，见一只小鸟落在城外树上一遍遍鸣叫，如同人语，修城人听为“可东可东再可东，跑不开马，亮不开兵，这里安不下忻州城”。首领听清了鸟语，以为在此修城不合地利，神鸟点化，吐露天机，于是放弃此城。按照鸟的指引，带领人马东行，直走到忻河西岸，见那里依山（金雀山、银雀山）傍水（沂河），四周平野开阔，便选为修城之处，即后来的忻州，今日临沂城。从城周出土的陶器残片、古蚁鼻钱（俗称殷有）以及城墙顶上的汉墓等情况分析，此城的修建应早于汉代，为春秋战国时期所筑。又一说，此城为楚将钟离昧所筑，这一说法较为可信。因战国时期，鲁南曾为楚地。古城一带曾多次出土过刀、剑、箭头、护心镜等古物，此处应为古代屯兵征战之地。

《郡国志》也说“此城楚将钟离昧所筑。”《峄县志·古迹考》也有记载：“钟离城，距偪阳城六十里，按《路史》‘沂之氶有钟离城，春秋时晋吴会处。’《郡国志》谓‘此城楚将钟离昧所筑。’”

另外底阁镇境内还有侯庄村西的“西滩子遗址”，徐庄村北的“北安子遗址”，望夫台村东的“望夫处遗址”，杨楼村东的清朝杨氏节孝牌坊（“文革”中被毁坏）。魏楼村清嘉庆年间的“举人府”。还有遍布境内的14处古庙以及甘期寺庙中的古银杏树等遗址遗物。

邸阁镇历史悠久，除了有众多古迹外，还有许多有趣的传说。在底阁镇腹地后甘寺村西北有约50亩凹凸不平的山石地。整体形状像海棠叶子，柄朝北，叶与柄相接处有一巨石形似卧龟，大约50平方米。传说这块巨石是唐僧取经归来时，涉水过河不慎弄湿了经卷，于是就摊在此石上晾晒，所以后人称它为“晒经埠”或“经埠子”。

底阁镇东部有更鸡岭，此岭石红质粗，北端岗势突兀，中段脊背较平，东坡一整体巨石倾斜而下，贯通南北。南端是一群拔地而起、高低不一、险而且秀的直立柱石，最高者十米以上。从侧面观之，整个岗岭跌宕起伏，昂首翘尾，蔚为壮观。虽无名山大川之景观，但置身其中，犹若登上崇山峻岭，令人心旷神怡。关于更鸡岭的来历有一段美丽神奇的故事。远古时代，居住在这里的村民每至深夜总能听到一声声特殊的公鸡叫，叫一阵，歇一阵，叫完五阵，天差不多就亮了。叫声洪亮动听，非常悦耳。更奇妙的是，它叫完一阵后，农家饲养的鸡也一起跟着叫，但这么多年来谁也没有见过是只什么样的鸡在叫。一天，这只鸡唱罢五更，把头伸进冬天的大河里喝水。恰巧此时一个早起的农妇路过，农妇惊奇，太阳未出，为何地上金光闪闪？爬上河堰一看，只见远处有只全身长着绚丽羽毛，浑身放射着闪闪金光的巨鸡，不由得“啊”了一声。谁知，这鸡被人一冲，伸进河里的头再也抬不起来，全身石化，变成了这条岭。原来，这是只神仙养的金凤鸡。从此，再也没人听到那特殊的鸡叫声了。而农家饲养的鸡，每天准时报晓，一直流传至今。所以，人们就把金凤鸡的化身叫“更鸡岭”了。

底阁镇东北里许、曹庙村东，有一天齐大庙，庙内外有许多石碑，素有“曹庙的石头——碑（百）多”之说。据说，天齐大庙始建于金，共有大殿三间，东西配房十间。清朝末年，有一崖头村人推一车黑碗来到曹庙，此人曾听说过该庙碑的故事，今见之，一时兴起，欲数个清楚。于是，以碗为记，每见一碑便放一碗，一车黑碗用尽，细寻之，碑前还有没碗的。事虽属传奇，但是曾有人数过，均未得出准确数字。

天齐大庙后有一长约里许的大深渊，曰老龙潭。常年碧波荡漾，大旱不干，因此得名。夏日两岸绿树成荫，垂枝倒影，鱼儿悠游。休闲其间，乐而忘返也。

揭开古阴平国的神秘面纱——阴平镇

阴平镇地处峄城西南部，距峄城约20公里，阴平城始建于西汉，为鲁南古城，史称阴平国。阴平镇历史文化底蕴深厚，拥有7000年前的红土埠遗址和女娲冢遗址，境内“女娲传说”在2006年被列入省级非物质文化遗产保护名录。下面就让我们走进阴平镇，揭开其神秘的故国面纱。

据《汉书》《太平寰宇记》《峄县志》等史籍记载：阳朔二年（前23）二月，楚孝王的儿子刘回因功被汉成帝敕封阴平侯。同时，按照规制在“（峄）县城西南40里，刺天峰（文峰山）南麓，阴平大沙河东畔兴建阴平侯国城堡”。始国元年（9），王莽篡汉称帝，将阴平划归徐州承治县（即峄县的前身承县）。建武元年（25），刘秀推翻了新莽政权，建立东汉，恢复了阴平县，隶属东海郡。东汉永平年间，历史名臣袁安任“阴平长”。袁安在阴平县廉洁爱民，政令严明，取得了阴平大治的业绩，赢得了一方民众的赞扬。他在青年时代，曾身卧雪地来反映民间饥寒，受到官方的关注。之后，“袁安卧雪”成为成语，用来形容读书人甘愿自己困守寒门而不乞求于人的气节和操守。《袁安卧雪图》成为画坛的文化符号。

阴平故城历经多次战乱而损毁，又几度逢太平的机遇而复兴。人们习惯的称阴平为阴小国、阴小城。

在以故城为中心的阴平土地上，有一系列历史人文景观、名胜古迹，有碧霞寺、灵官殿、泰山行宫、朝阳洞、灵峰坊、白山庙、龙云阁等古建筑及门坊、马场、点将台，有寨山、黑山、小姚庄、燕庄、张庄等古墓群，有红土埠、邢店、女娲宫、二里沟碉堡等文化遗产及其美好传奇故事。

阴平后山红土埠是7000年前新石器时期部落人群的栖息地，出土文物有石器、玉器、骨器、陶器等。省政府把红土埠遗址定为“省级重点文物保护单位”。从红土埠向东群山连绵10公里的金陵山女娲冢，二者具有一脉相承的血缘关系。在《风俗通》《春秋世本》《山海经》《元和郡县志》《峄县志》等诸多典籍中都指向此处是女娲葬地。“金陵山，县南二十五里，而祀女娲、伏羲于其上，为女娲冢无疑”。明“嘉靖时，陷一洞穴，人入其中，行百步，阴昧不敢前，随堵塞。世人以为女娲宫……”等记载。1996年，全国六十余名专家学者汇集峄城，通过实地考察，释古论证，充分肯定了金陵山女娲遗址的可靠性。2006年，山东省人民政府公布阴平《女娲传说》为“第一批省级非物质文化遗产”。阴平镇把始祖殿、女娲宫、女娲洞等系列建筑群重塑一新。它已成为海内外中华儿女寻根祭祖、怀古抚今的文化活动平台。

马刨喷泉为阴平八景之一(位于文峰山麓)。当地村民，世代相传，唐朝之前，此处没有泉。一次唐王李世民与王仁则交战，由于地理不熟，李世民被王仁则困在山套里。当时中伏正热，烈日炎炎，大地像个蒸笼。缺粮断水，军心涣散，士气低落，眼看有全军覆没的危险。李世民一面发动军士寻找水源，一面组织将士组织突围。当李世民骑着宝马巡营来到文峰山脚下时，座下白龙马突然原地打转，前蹄乱刨。这匹马高八尺，长丈二，为宝马良驹。老马识途，大牲口通人性，此时理解主人的心情，摇头摆尾，前蹄嗒嗒紧刨，后蹄咚咚乱踏，荡起阵阵尘烟。突然，一股泉水从马的前蹄下喷涌而出。三军将士一片欢呼。大家久渴逢甘露，争相痛饮。李世民抓住战机，带领将士一鼓作气，一场血战，把王仁则打得大败而逃。从此，人们就把那眼长流不息的泉叫“马刨泉”。千百年来，马刨泉的泉水像甘甜的乳汁，滋润着数千亩良田，养育着一方生灵。

“文峰观湖”又是阴平八景之最。有诗赞曰：“拔地通天穿云层，鲁南苏北第一峰。天下绝景谁领略，微湖落日看舟行。”

文峰山又名刺天峰，山势陡峭，拔地而起，直插青天，其海拔350.8米，为全区制高点。《峄县志》载：“竦若卓笔，复出云表，则刺天峰也。”“铁脚、刺天二峰，砥柱中流，峄近境之山，至是叹观止矣。”登山西眺，微山湖万顷碧波尽收眼底；夕阳西下，红霞满天，百舸争驶，穿日而过。令人联想到《弹起我心爱的土琵琶》之歌和陈毅当年过微山湖吟咏的“横越江淮七百里，微山湖色慰征途。鲁南峰影嵯峨甚，残月扁舟入画图。”

“笔出枣庄，有柔有刚，和墨落纸，如意吉祥”这是曾任中国书法协会主席舒同先生对枣庄阴平毛笔的高度赞誉。阴平毛笔作为“文房四宝”之一，是峄城区非物质文化遗产中的瑰宝。

石泉粉皮是镇内大石泉村特产，该村土地平整肥沃，粮食高产，盛产玉米、小麦、大豆、地瓜等，特别是用地瓜粉制作的粉皮，是当地著名特产，自清代就享有盛名。乾隆皇帝南巡路过峄县时，峄县县令张玉树把石泉粉皮作为贡品献给乾隆皇帝。乾隆品尝后，大加赞赏，从此石泉粉皮就名扬天下，成为鲁南名吃。

阴平镇区域内多沙壤土，含有酸离子，以盛产大枣著称。阴平镇也被称为大枣之乡，素有“上郭的小枣甜掉牙”美誉。据《峄县志》记述，阴平大枣清朝初年“行贩江湖数千里”。乾隆皇帝下江南途径阴平时，“甚喜食之”。文峰山阴平长红大枣以它优良的品质和丰富的营养，闻名远近，受人垂爱。在当地还流传着北宋著名文学家苏轼在徐州做郡守时，有向峄县友人索求阴平长红大枣书帖传世的故事，说明在那时阴平大枣已是名贵物产。目前，大枣种植4万余亩，256万株，其中超过200年树龄的有5000株，阴平枣年产量1000万公斤。枣树，在1987年被定为枣庄“市树”。

郳国故都　龙河古镇——西集镇

西集镇坐落在千山竞秀、万木拥黛的鲁南抱犊崮山区，位于山亭区南部，古称西暨，战国时期即立此名，自古为商贾云集、佛道繁盛之地。枣济高速公路、枣滕公路、店韩公路贯穿其中，交通十分便利。

西集乃“郳国故都，龙河古镇”，历史悠久，人杰地灵，民风淳朴。据明万历《峄县志》记载及考古发现，早在新石器时代，就有人类繁衍生息。此地发现多处大汶口文化遗址。殷封子巋于“茚”，属大茚国。“茚”城旧址位于今西集附近。周、春秋、战国时期属小郳国，后属楚国。唐代属沂州琅琊郡承县。金代、元代均属峄州。明代、清代属峄县，民国时期先后属峄县、滕峄边县、费滕峄中心县、麓水县等。新中国成立后历属白彦县、峄县、山亭区。1984年设西集镇。

西集镇名胜古迹众多，主要有普照寺、梁王城、扳倒井、龟山寨、历代帝王图碑、伏里（建新）大汶口文化遗址、神山汉墓群和伏里土陶等文物古迹。

普照寺坐落在龙河北岸、镇驻地西集村的西首、店韩公路与济枣公路的交汇处，是古峄县佛教名刹，始建年代不详，明代万历年间和清代道光年间进行过维修，据此可知此寺应创建于元代以前。普照寺现保存的大殿，明代是供奉佛像的后殿，殿檐下大门两侧嵌有明代石碑两通，上面勒刻着文学家贾三近的诗作，字迹清晰完好，石碑摹刻时间是万历十一年（1583）。当时，文学家贾三近由南京光禄寺卿任上解职在家闲居。五年闲居期间，他为撰写《峄县志》，考察山川河流，遍访乡老耆旧，悠游于泉林之间。在普照寺结识了住持僧圆泰，二人促膝交谈，十分投机，以后便时常往来，纵论佛理禅旨，壁上镶嵌的两首诗，便是他于万历十一年(1583)秋季到普照寺，应圆泰长老之请留赠的。

普照寺内还保存一通清代道光年间的碑刻，碑额篆书“龙河精舍”四字。龙河，即指今西集河，精舍是寺庙的别称，碑上所指正是普照寺，碑上款题《龙河精舍记》。主要记述普照寺周围的自然环境寺庙情况以及当时维修经过。碑文出自滕县人王东槐之手。王东槐，清道光进士，曾任江西道监察御史、湖南衡州知府、署福建按察使、湖北盐法道等职。作此碑记时，王东槐正以拔贡候选教谕身份在家赋闲。

从普照寺沿店韩公路南行3公里，有一座像乌龟的山，因而得名龟山。大汶口文化遗址、西周遗址、汉代墓葬群密布山下四周。太平天国时期，其山修有农民起义军的寨墙、军营帐，又曰龟山寨。山顶有伏羲庙（俗称娘娘庙）遗址，至今留有“历代帝王碑图”石碑一通，见证着当地悠久的历史文化和世代的沧桑变迁。

龟山脚下，是闻名遐迩的“伏里土陶”的原产地——伏里村，伏里土陶民间艺术品因产于伏里村而得名，世代流传至今，是中华伏羲文化的象征，有祭祀、赏玩、生活用品三大类，计200多个品种。据伏里村中大汶口文化遗址和汉、唐、明、清墓葬发掘、论证，该村土陶生产史有六千年，且各朝风尚印清晰。目前，由伏里土陶研究所创新产品“孔子像”“孩儿枕”、十二生肖等，成为旅游热门产品。

1981年文物普查时发现的伏里（建新）遗址就在伏里村，遗址坐落在村北侧一片高出周围1.5米左右的平坦台地上。经钻探，遗址平面呈椭圆形，东西长205米，南北宽155米，现存面积约3万平方米。东、南、北三面被群山环抱，西部为开阔平原，遗址北侧有一条小河。1992年，济枣公路修筑时需从遗址中穿过，山东省文物考古研究所考古发掘队对该遗址进行了2次较大规模考古发掘。此次发掘，在遗址的西、中、东3个区域内共开探方106个，探沟1条，发掘面积共计2781平方米。发现大汶口文化房基27座，灰坑和窖穴261个，墓葬92座，水井1眼，陶窑1座，出土陶器、石器、骨角器等各类遗物1000余件。

古河沟将遗址分为两半，东为居住区，西为墓区。居住区发掘出房址10余处，其中三处为半地穴式，灰坑8个，并出土了大量以素面陶片为主的文物等。区内水井直径为1.2米、深2.4米，这在大汶口文化中首次发现，把祖先从饮用河水到饮用井水的历史转折点推前了千余年。墓区发掘出包括成人、儿童在内的墓葬。其中有一夫妻合葬墓，墓主头向东方。传说伏羲就出生在伏里村，后与活动在峄城区金陵寺附近的红埠族母系部落首领女娲结为夫妻，在此生儿育女。

从西集镇政府沿美丽的龙河上行1公里便是东集村，历史悠久的梁王城就坐落在龙河北岸东集村的西头，城址表面属汉文化遗存。梁王城属春秋战国时期，它坐落在倪国故城之上，这种城中城格局说明，历史遗存叠压多，又是考古学界颇有争议的小邾国城池。战国时代的倪国故城遗址位于西集镇东1公里处，海拔140米。据《通志•氏族略》记载：“倪即小邾国，以居郳故又称郳国。”遗址为高出地面5米的台型高地。据《峄县志•

古迹考》载：“土台高数尺，方广数十亩。”在此先后发现了灰陶缸、陶豆、罐、筒瓦、石斧、鬲腿等文物。

西集镇环境优美、四季分明、春华秋实、鸟语花香；这里民风淳朴、友好向善、文明和谐。美丽的自然风光、田园景色、人文历史、古迹名胜，吸引着人们从四面八方前来旅游观光，或登山望远、涉水荡舟，或考古究史、绘画摄影，或近水垂钓、亲农采摘，尽情地享受大自然的美景，尽情地挥洒张扬个性的壮丽人生。

千年梁王部落——凫城镇

这是一片神奇的土地，山势陡峭、岩石嶙峋，树林茂密、水流急湍。这是一片充满希望的沃野，南北朝时期，这里曾是进入南梁的显著要塞、兵家必争之地。据说梁武帝萧衍曾在此居住，并派精兵在此扎寨防守，这就是传承千年历史文化的“梁王部落”所在地——凫城。目前，梁王部落尚存的景点有梁王洞、梁王寨、灵泉寺、跑马岭、点将台等。

梁王洞位于枣庄市山亭区凫城乡千佛崖村南云谷山上。据《峄县志•山川》卷中记载:“云谷山，县北五十里。（中）有千佛岩，幽奇窔邃，岩畔龛佛累累，相传亦武帝所造。”文中“武帝”是南北朝时期的梁武帝——萧衍。据当地流传的故事，梁武帝萧衍在这里留下很深的人生痕迹，当地淳朴节俭的民风与萧衍有很大的关系。

据说萧衍精通武术，又是文学大家，是中国历史上难得的“文武双全”帝王。萧衍做皇帝之后，吸取了齐灭亡的教训，勤于政务，而且不分冬夏春秋，总是五更天起床，批改公文奏章，以致冬天把手都冻裂了。他为了广泛地纳谏，听取众人意见，最大限度地用好人才，下令在门前设立两个盒子（当时叫函），一个是谤木函，一个是肺石函。如果功臣和有才之人，没有因功受到赏赐和提拔，或者良才没有得到使用，都可以往肺石函里投书信。如果是一般的百姓，想要给国家提什么批评或建议，可以往谤木函里投书。

萧衍不但做事踏实，节俭也是出了名的，史书上说他“一冠三年，一被二年”，他不讲究吃穿，衣服可以是洗过好几次的，吃饭也是蔬菜和豆类，而且每天只吃一顿饭，太忙的时候，就喝点粥充饥。在这方面，萧衍在中国古代所有皇帝中也算是出类拔萃的了。而他曾经战斗过、修养过的皃城民风受其影响，淳朴节俭的优良习惯流传至今。

从皃城驻地向东行约八公里，过千佛崖至庙南峪，村南云谷山便映入眼帘，沿着蜿蜒崎岖的山间小路，无须路人指引，一块巨石悠然进入视线。在巨石的右侧不远处有一山洞，为梁王洞。梁王洞洞口阔大，约有二米宽，三米高，洞口壁上有字的痕迹，现已不清楚。进入洞穴不远处，两侧洞壁上有人工开凿的多个孔，或许是当年为安装门扇用的，洞里宽敞、幽深，洞内光线暗，脚下的碎石块很平整，洞壁整齐，层层岩石光滑、湿漉，很多蝙蝠飞来飞去，从洞穴表面可以断定为人工开凿。

与梁王洞遥遥相对的梁王寨，位于梁王洞西、千佛崖村东的一座山峰上。在《峄县志•山川》卷中记载:“山顶有莲花寨，寨子垒犹在，灶宛然。盖元至正间土人避兵处也。峭壁数十仞，云梯达其上。洞之下起石台，林木杂茂，清泉远近绕居人篱落间。每春时，桃花流水，不让武陵、天台。”文中大意是梁王寨位于山之巅，山峰突兀，悬崖峭壁，山谷幽深，地势险要，周围是悬崖峭壁、岩石嶙峋，上山极为困难，攀登云梯可达其顶部，有着易守难攻的显著优势。梁王寨所在山峰，树木杂乱、参差不齐，枝叶茂密，清泉从石上流过，直至农户门前，有着“一水护田将绿绕”的田园诗意。

在梁王寨峰顶，可以看到南梁军队扎寨时打下的许多石孔，砌垒的寨墙整齐有序，只是存在的很少，仅有二三米而已。寨南地形开阔，依稀可以看到毁掉的寨墙和散落一地的石头，长约二三十米。寨东地势险要，草木杂乱丛生，只有一处通道存在，可以联想到南梁士兵强攻、死守的英姿。

梁王寨山脚下有一眼清泉，名为灵泉，泉水清洌甘爽，一年四季无干涸之时，灵泉自东而流，清波激荡，声如碎玉。泉边许多老树，浓荫下覆，是人们避暑纳凉的好去处。

灵泉北面五十多米处有一座庙，为灵泉寺。据《峄县志·祠祀》卷载:“灵泉寺，创自隋开皇时。宋代历年重建。明弘治、嘉靖间再修。”至今观内遗留4块石碑，其中有两块分别为金皇统七年（1147）和明崇祯八年（1635）重修庙宇时立。

灵泉寺和梁武帝萧衍也有着丝丝缕缕的关系，据说萧衍年迈时，曾私下前来出家静心，并在此著述佛学著作。传说，和封建社会很多的皇帝一样，萧衍也是猜疑心重，忌惮开国元勋，但是对于自己的皇室亲属却是另外照顾，照顾得有些徇私护短。但他的照顾没有给他带来好处，反而让他备受刺激，这是他以后当和尚的主要原因。其中两次打击对于萧衍来说是很大的，一次是六弟萧宏和萧衍的大女儿私通，两个人还谋划着要杀害萧衍篡夺皇位；另一次，是次子萧综背叛自己投奔了北魏，被北魏授予高官厚禄。萧综还改名为萧缵，并表示为东昏侯服丧服（即斩衰，一种生麻布做成的简单衣服）三年。这两次打击对于萧衍来说是很大的，这两件事发生后，萧衍看破了红尘，从儒家转向了佛家，还几次入寺庙做了和尚，当住持，讲解经书。

当和尚后萧衍倾注大量精力研究佛学，著有《涅萃》《大品》《净名》《三慧》等数百卷佛学著作。对道教学说，他也颇有研究。在此基础上，他把儒家的“礼”、道家的“无”和佛教的“因果报应”糅合在一起，创立了“三教同源说”，在中国古代思想史上占有极其重要的地位。其中《大品》的创作，据说部分就是在山亭区凫城乡灵泉寺一笔笔写成的。

灵泉寺由于经年久远，虽历代修复，遗址已残缺不全，庙观山墙已不存在，仅有三间庙堂，为砖石结构，青瓦覆顶。庙堂前还残存一些石柱础，但前山墙伸出的廊檐下，却留下了十分珍贵的文物。顺着廊檐砌筑了许多质地坚固的大型青砖，砖体呈长方形，砖面上模制出许多浮雕佛像，每尊佛像高10余厘米。这些佛像造型生动、形态逼真，尤其是这种砖佛造像在我国十分稀少，这对于研究中国的佛教史、雕塑史具有十分重要的价值。

漫步寻芳官桥古镇　探究传承北辛文明

“北辛文化发祥地”——官桥镇位于山东省滕州市南部，素有“东方农耕文明第一缕曙光发源地”之称。

官桥区位优越，交通便利，古有“九省通衢”之称，曾有过“轮蹄络绎，丞困于迎送，夫疲于督责，马毙于奔走”的繁忙景象。官桥区北依齐鲁孔孟圣地，南邻苏淮平原，东靠沂蒙山余脉，西接微山湖畔。现代交通发达，西邻104国道，东接济枣公路，京沪铁路纵贯南北；京福高速公路穿境而过，木曲路、滕薛路、羊官路等省市级道路纵横交汇，这里已成为连接滕州、枣庄新城，辐射微山、江苏、安徽等地区的重要交通枢纽。

官桥因驿道古桥而得名，是南北大官道进入薛故城的必经之路。战国时期，官桥被称为迎贤村，是孟尝君出东阁之门迎接贤士入城的地方，如今官桥桥头立有孟尝君养士处石碑，村北有古驿歇马亭遗址。

官桥镇是山东省历史文化名镇，官桥历史文化底蕴非常丰厚，早在7300年前的新石器时期，这块土地上就创造了辉煌灿烂的北辛文化。秉承丰厚的齐鲁文明底蕴和儒家传统文化，官桥历史上先贤辈出，孕育了造车鼻祖奚仲、招贤纳士的孟尝君、“脱颖而出”的毛遂、汉家儒宗叔孙通等众多历史名人，诞生了焚约市义、鸡鸣狗盗、狡兔三窟等诸多名闻典故。在这片64平方公里的土地上，遍布了79处文物保护点，其中有国家级3处、省级1处、市级19处，官桥文化资源丰厚，旅游发展蓄势待发，开拓强势产业的前景广阔。

北辛文化——文明之源。在官桥镇境内，古薛河横穿东西，是枣滕地区的母亲河，它发源于山亭山区，西过昭阳湖入泗水（后入微山湖），全长90公里，在薛河两岸遍布着密集的史前文化遗址，特别是在薛河中游官桥这个地方，孕育产生了北辛文化。从木曲公路入十字河畔，北辛遗址就坐落于北辛村北首薛河故道南岸，北辛文化是我省新石器时代较早时期，母系氏族社会最为繁盛阶段，因其独特的文化面貌被命名为北辛文化。北辛遗址的发现和北辛文化的命名充分证明，7300年前，在薛河流域东夷薛氏民族就在这里繁衍生息，开创了最早的农耕文明，创造了灿烂的北辛文化，继而后续大汶口文化、龙山岳石文化、夏商周文化、战国秦汉文化、上下五千年，延绵不断代，形成了完整的文化序列。

康留遗址——城邦之源。在官桥镇驻地东1公里，薛河故道北岸，有一处西康留大汶口文化遗址，距今5000年左右。从北辛文化部落到大汶口聚落，薛河流域的古代先民从母系氏族社会过渡到父系氏族社会，随着私有制的产生和大量的战争掠夺，军事上的联盟中心在官桥已经形成，作为防御的城堡应运而生，这就是最早的城邑，随之孕育产生了最早的邦国。从上游的虎国於菟城，小郳国倪犁来城，到中游的滥国昌虑城，薛国的薛城，下游的上邳国虺（欢）城，戚国的广戚城等，薛河流域历史的发展变迁，印证了中国最早城邦的发源。

薛国故城——古镇之源。薛国是薛河流域最早的古城方国，以薛水、薛地、薛民族命名，存国两千多年，其名一直未改。始祖奚仲，任姓，为禹的车服大夫，因造车有功，禹封奚仲于薛，为薛国之始，今誉为“造车鼻祖”；现存薛故城遗址，为战国时期齐贵族田婴在原薛国旧址所筑之城，位于官桥镇驻地南1公里处，城垣周长0.5公里，呈不规则方形，现城垣基本完整。在薛故城东1公里处，发掘出土了七座保存完整的西周早期车马坑，其古车制造时代之早，车辆装饰之精均轰动考古界。在薛故城内东北隅，现存有战国时期“四公子”之一——孟尝君父子陵园（礼贤馆）。在薛故城北，现存有赵国平原君门客、“脱颖而出”毛遂的墓址。

官桥文化，具有鲜明的个性化和差异化。7300年前北辛文化、4000年前车文化、3000年前酒文化、2000年前薛文化和奚仲任（妊）氏、孟尝君田氏和指国为姓的薛氏、倪氏文化源远流长；汉墓群遍布，汉画像石时有出现，古建筑、古树木、古石刻、古河道比比皆是，先贤名士的传说故事和历史典故数不胜数；北辛遗址、古薛阙门、孟尝君陵园、毛遂墓园、始祖庙、千年唐槐等自成风景，引人入胜；生态秀美、清纯甘洌的十字河为我们留下了美丽旖旎的自然风光。

官桥街南有一株古槐和两座槐碑。其一碑载有“隋始建官桥镇”字样，另一碑记有“敬德勒马看古槐”字样。相传唐初名将尉迟敬德骑马由此经过，发现此槐高大，即勒马停住观赏，赞不绝口。后人即立碑留念。据说此槐“晋发芽、隋成树、唐高大”，民国初年枯死，今只剩残缺半边的树身。

绘官桥之美景，聚四海之宾朋。走入官桥，您会处处感受到厚重的文化氛围、淳朴的乡风民情、优美的薛河风光，好似一幅幅“浓妆淡抹总相宜”的文化薛水、古韵城镇的美丽画卷。官桥，这颗被誉为鲁南地区璀璨文化明珠的地方，正以悠远的文化、优美的风光、便捷的交通、优质的服务，欢迎八方游客来此寻历史之源、品北辛文化、游古道风情、赏薛水风光，充分感受官桥悠久历史文化的浓厚氛围。

纵览羊庄历史　体验山水文化

羊庄镇位于滕州市东南部，北邻山亭区桑村镇，东北与山亭区山城街道交界，西连官桥、木石两镇，南与柴胡店镇、薛城区陶庄镇毗邻，东与山亭区西集镇接壤。

羊庄镇历史悠久。相传，在春秋时期，越国大夫范蠡辞官北上，路经这里，发现此地翠山环绕、薛河奔涌、土壤肥沃、草肥水美，遂隐居养羊，羊庄因此而得名。羊庄镇拥有丰厚的历史文化遗存，今境内有古墓址11处，庙宇30处，遗址（物）16处，名胜7处。有7000年前的化姑庵文化遗址，有昌虑故城、陶山经石、曹王墓遗址、沈万三“聚宝盆”等名胜古迹。镇政府院内400多年的银杏树是明朝山西会馆的遗物。南塘村是抗日战争初期苏鲁人民抗日义勇队第一总队驻地，大赵庄和庄里村分别是中共滕县县委和滕县抗日人民政府诞生地。

根据孟庄出土的文物考证，7000年前，境内居民已过着以农耕为主的定居生活（在1987年省文物普查的基础上经市考古队复查出来的华姑庵古代文化遗址，位于前台村南200米处的高台子庙地上，东依大山，西靠薛河。台高2米～3.5米，面积为10000平方米，文化层1米～2.5米。经勘查时代，定为北辛文化、大汶口文化、龙山文化、岳石文化、商周文化、汉、唐、宋、元、明等系列文化遗址）。至夏代，羊庄镇境属薛国辖域。薛为禹的车大夫奚仲的封地，属徐州区域的部落方国。周朝，武王封曹侠于邾后，时镇境属邾。邾，传五世至夷父颜，相继一分为二，一是小邾国，二是滥国（滥国古址今土城村）。滥国时，小邾独立，滥邑城，羊庄镇辖区属郳。《前汉志》云：滥属东海郡徐州刺史部，昌虑（今土城村）为侯国。汉景帝平定七国后置昌虑县，封昌虑侯。东汉，汉献帝建安三年（198），分东海郡，于昌虑县置昌虑郡，建安十一年（206）废郡立县。三国时，昌虑县仍属东海郡。隋开皇六年（586），废昌虑县置滕县，从此镇辖区属滕。隋朝，羊庄一带为徐州部彭城郡滕县。唐属河南道彭城郡滕县。在陶山设甄尘乡。宋朝属京东西路徐州彭城郡滕县。镇境为滕县礼教乡辖。金时属山东西路滕州，陶阳镇所辖。元朝属山东东西道益都路滕州滕县。明朝时属山东布政司济宁府滕县辖。镇境属礼教乡和义河乡分辖。清朝属山东布政司兖州府滕县所辖。清康熙十一年（1672），县令任玑定保甲法，按八卦名分八方，统七十二保，时镇辖区包括孝四、孝五、孝六保，至嘉庆十八年（1813）县令唐晟始以仁义礼智孝悌忠信易八卦名，统七十二社（保），规制渐为划一，羊庄镇辖区时包括孝四社、孝五社、孝六社。光绪年间县令易社为区，羊庄镇辖区时包括孝四、孝五、孝六区。宣统年间，滕设昌虑等15个乡，现镇境属昌虑辖区，清灭乡废。

民国初年，暂延清制。后来军阀混战，各占其势力范围，无一定政区，但羊庄镇辖区始终属滕县。1918年至1927年分别由奉军、直鲁联军、直系军阀孙传芳、奉系军阀张宗昌控制。1928年，国民革命军北伐至此，由中央军控制。1931年，山东省主席韩复榘来滕设区部，羊庄镇属第二区。1938年3月24日，二区在侵华日军中沦陷。1939年，在日本侵略者卵翼下二区产生伪政权，不久中国共产党滕县县委在二区大赵庄成立。1944年滕县抗日人民政府在庄里成立，羊庄镇辖区仍为滕县二区，区内成为解放区。1956年，藤县二区改为羊庄区，1984年改称羊庄镇。

昌虑故城遗址位于土城村，坐落在滕州城东南30公里。地处薛河北岸，与陶山隔河相望。明万历《滕县志》和清道光《滕县志》中均云："昌虑城，亦曰滥城，城周十里，有子城。"抗战前夕，该城仍完整，部分女墙依稀矗立，北、东、西3门都较完整；北门楼有砖制横额"昌虑"二字，东西横排，柳体正楷，是唐代遗物。

滥城是小邾国属地，滥邑为小邾国重要城池，东汉始改为昌虑县。该城西北角炮台上有一块长1.5米，宽约1米的石刻，有"滥邑"字样。抗战前夕，韩复榘曾下令重修昌虑城，才把滥邑女墙拆平。据传，清末为防太平天国军队攻城，曾重修，女墙修得很完整。这次重修时，西门外有民工刘开祥掘出将军尸骨一具，骨骸作佩剑状。有一虎符，刘开祥拾得，拴在腰间，昼夜跟随，刘死时带入坟墓。据此分析，这具骸骨是春秋时将军，死时配虎符葬于城下。内城2米以下还发现有陶制地下管道，延伸到西南里许薛河北岸，为汉代陶瓦。这座古城，自春秋到隋末为政区治所。唐以后成为农村。

陶山东面现存陶山东遗址，陶山自古有许多传说。传说当年王母娘娘让二郎神将两座山挑下界，即陶山和陶山南面的山，当地人称为隔山，也有为方便称为南山。二郎神奉命将山挑下界，于是将两座山放置于此。山上还有许多小圆坑，许多人传言说是菩萨掉下的眼泪砸的，当然这也只是一个传说，其实是以前在陶山上的山贼们插旗子用的。陶山一下雨就会有许多泉水，羊庄的泉水也很好。而且据说范蠡当年在陶山脚下放过羊，因此山上建有陶朱公祠以祀之，山亦因此得名。

羊庄村东南、羊庄盆地内有羊庄群泉。最著名的泉有3个。“珍珠泉”位于羊南王桥南侧，该泉喷涌水势壮观，泉水在河岸道边稍高处如同撒豆子一般，故名珍珠泉。据传清末时，滕县某县令专喝羊庄珍珠泉水，每天让书童前来羊庄挑一担水。一次书童夜间贪赌，早晨起晚了，在附近挑一担水想骗过知县。知县一喝不是珍珠泉的水，便大发雷霆，将其打发回家。“乌龙泉”位于山西会馆后，该泉如同从龙嘴中喷出，水色如兰，故名乌龙泉，又称二龙泉。“仰珠泉”位于羊庄东门外大桥南河畔上。该泉涌势优美，水洒平坦，水花喷出如撒珍珠滚动，故名为仰珠泉，又称蕊珠泉。

灵秀古镇　醉美梨乡——柴胡店镇

奚仲故里柴胡店，钟灵毓秀，人文荟萃，犹如一颗璀璨的明珠，镶嵌在美丽而富饶的鲁南大地上。它东依沂蒙山余脉，西濒微山湖湿地，南距枣庄新城6公里，北离滕州城区20公里。是中国特色景观旅游镇、中国果菜百强镇、山东省环境优美乡镇、山东省旅游强镇、省级森林公园、享誉鲁南苏北的黄梨之乡。宛若盘龙卧虎的千山峰岭，在这片神奇的土地上拔地而起；恰似蛇行斗转的薛河碧波，环抱着中部久负盛名的刘村万亩梨园；悠悠小渭河，在西部展现着小桥、流水、人家的景观；既古老又年轻的园林式小城镇，矗立在一幅巨型山水画卷的版图中央。

柴胡店因开设旅店而得名。西周时，“东穷燕齐，南极吴楚”的大官道在这里通过，“车辚辚，人匆匆，一路繁忙。”由柴、胡二姓为主的村民，先后移至官道之侧开设旅店，以姓氏命村名为“柴胡店”。随着商铺的日益兴起，集市的设置，四圣庙会和物质交流会的定期举办，逐步形成了鲁南地区著名的商品集散地。至清乾隆年间，商号林立，生意兴隆，盛况空前，享誉滕峄。

柴胡店历史悠久，地杰人灵，文化灿烂。早在7300年前，先民们就在这里竖起了人类文明史上的一座丰碑。已查明的上溯大汶口文化时期，下至汉代的古聚落遗址共有32处，且有些遗址包含了两个时代及以上的遗存。由此证明柴胡店是历史上人口密度较高的地区。由于历史上行政区划变动较大，区域村庄亦多变化。据大量的碑文、谱牒、史料考证，柴胡店辖区的53个自然村中，立村年代为春秋时的1个，唐代6个，宋代2个，元代2个，明代23个，清代18个。夏商时，属薛部落方国。周时，属薛侯国。春秋战国时，属薛国。秦统一六国后，废分封置郡县，始属薛郡薛县。南北朝时，属彭城郡蕃县。隋开皇六年（586）改蕃县为滕县，始为滕属。北宋建隆元年（960）至民国时期，历称如市乡、礼教乡、巽八保、孝八社、孝八区、奚仲乡。1942年抗日民主政权建立后，历称六区，柴胡店乡（公社、区、镇）。

柴胡店境内东部山区，主峰海拔287米，其地理特点具有攻守兼备的优势，历为“齐鲁咽喉要道，兵家必争之地”。春秋末期，卧薪尝胆、奋发图强的越王勾践，于北上之时，在这里大会诸侯，以徙琅琊（今山东胶南），终成霸主。秦末之际，项羽、刘邦各路英雄“引兵向薛”，曾在这里誓师会盟，组成披坚执锐、所向披靡的反秦主力大军，擂响了推翻嬴秦暴政的震天战鼓。1927年夏，直鲁联军孙传芳部与奉军张宗昌部，曾在这里展开了一场惨烈的军阀混战。奉军以庞大的兵力，分东西两路向联军进攻，战线长10余公里。炮声隆隆，杀声震天，经过几番激战，双方伤亡惨重，血流满地，尸横遍野，联军终因寡不敌众向南败走。1939年3月25日，日本侵略军赤柴部，沿大官道南犯台儿庄，国民革命军第二十二集团军（川军）在柴胡店至官路口一带拼死阻敌，毙敌50余人、击毁日军坦克10余辆。川军以近百人生命的重大牺牲，谱写了一区震撼鲁南的抗日赞歌。1945年6月18日，日伪军千余人从临城、枣庄、官桥等七路出发，合击中共滕县第六区委驻地大官庄村。区中队配合县武工队、县通讯排、铁道游击队共百余人与日伪军展开殊死之战，谱写了一曲惊天地、泣鬼神的英雄赞歌。

明嘉靖年间任江南总制参谋的钟大冈，在抗击倭寇侵略的海战中，“一箭射三贼”。有诗赞曰：“妙算深寒倭寇胆，雄识能起汉兵豪。”抗倭英雄的佳话，一时传遍大江南北。清康熙年间，任陕西固原卫守备的钟宁将军，“虽主军，实而有亲民之责。”“邻治士民勒碑颂德，陇西讴谣流诸丹青。”清代音韵考据大师张畊编著的《古韵发明》《切字肆考》等研究汉字文化的工具书，被清内阁大学士李鸿宾赞为“诚千古不朽之书”。当时社会文化名流冯宴海诗赞：“东原绝业谁能振，赖有滕阳相里张。”现代戎马将军，原中共江苏省委书记杨广立，于抗日战争和解放战争期间，在鲁南战场身经百战，屡建战功。悠悠岁月，沧海桑田，千山薛水孕育了一代又一代仁人志士，在每一个历史时期，无不彰显了柴胡店人民自强不息的伟大精神和奋斗不已的光荣传统。

已出土的大量陶器、商代青铜器、汉画像石等每一件珍贵文物，无不记录着这里的先民们所创造的光辉灿烂的古代文明。展布在境内的唐摩崖石刻、石窟造像、古寺庙、古民居建筑群、古石寨等地上文物，无不令世人惊叹。历代能工巧匠留下的木刻、石雕等艺术珍品，丰富多彩的龙灯、打花、甩灯等民间社火，以及具有浓郁地方特色的民间文学等，无不昭示着先民们在这里留下的一宗宗文化遗产。

柴胡店资源丰富，物华天宝，产业发达。刘村酥梨、黄连山核桃、甜柿、南辛红富士苹果等驰名中外。其中，始建于明洪武三年（1370）的刘村梨园所产的酥梨，具有个大皮薄、脆嫩肉厚、多汁无渣、甜饴爽口等特点，素有“梨族之王”的美称，在明清年间，历为滕县的贡品，饮誉京畿。

千山薛水待君至，万亩梨园迎客来。“一山一水一梨园”，独特的历史文化优势，秀美的生态资源优势，彰显了柴胡店诱人的魅力。刘村梨园、古薛河公园、葫芦套影视产业园、罗汉山森林公园、老君院观音阁、黄连山采摘园特色旅游线路打造了“绿色休闲新梨乡”。登上千山胜境，群山竞秀，林深谷幽；奇花与瑶草争艳，飞禽共走兽同栖。山东卫视曾在这里录制了《和谐的人与自然》。黑龙潭、黄莲洞、迷宫岩、小石林、熔岩群、观音阁、老北宫等每一处景物，都演绎着一段美丽的千山历史传说。到此一游，可体验大自然的魅力，探访历史文化宝库，品味仙山之地神韵，那种超世脱俗、返璞归真的意境会油然而生。游览薛河秀色，或泛舟于河上，或垂钓于水边，或小酌于水上农家乐特色餐馆，可享受到江北水乡的田园乐趣。走进万亩梨园，如诗如画。以乔羽的《梨园颂》册壁为引景点，民俗博物馆、明代古井、梨花仙子、梨王台、水上乐园、长廊水榭、观梨亭、游艇码头等30余处景点，湖光山色，掩红映绿；梨树王、鸳鸯树、醉八仙、卧龙梨、情人谷等曲径通幽，各领风骚。是人们融入梨乡风情，感受民俗文化，领略春华、夏绿、秋实、冬韵醉人风光的休闲观光理想胜地。

古村级索　尽显魅力

出滕州城西行约12.5公里，就来到了滕州市最大的村——级索村，级索村现为级索镇的驻地，是滕州市最大的自然村（行政村），历来是滕州西部经济、文化、交通、贸易的重地。

级索村是一座已有三千六百多年历史文化的古村。明崇祯三年（1630），滕县举人颜守耕，在重修地藏寺碑文中对村名由来作了推断："成周大建诸侯，分鲁以殷民六族。实惟索氏此或其故里遗墟。"据此成村当在殷商时期，因有索氏来此居住，最初名"索"。后又因四周地势起伏有级（阶梯），土冈蜿蜒如索，故名"级索"。到了明代，这里已是远近闻名的大村。据明万历《滕县志》记载："城西村略五十许，级索、庄里、留庄、休城最大，大彦、白了次之，级索、庄里、留庄集市矣。"在村庄规模和商业贸易方面都处在当时城西第一的位置。

级索名胜古迹众多，素有三山夹一井、十步三座庙、百步三空桥等名胜。村外西北二里的龙崮堆，又名望龙山，山上有玉皇庙，登山台阶十三级，道家称作上天梯。古时村中有八景，即歇马亭、娘娘庙、古石井、天齐庙、望龙山、上天梯、地藏寺、级索集。天齐庙内有古石井，其水质甘甜，最宜沏茶和做豆腐脑。有石牌坊4座，其中过街石坊1座，为龙为光所立。有金大定二十年（1180）、金承安四年（1199）重修地藏寺碑2块。明成化年间对地藏寺再次重修。歇马亭曾有千年古柏和上马台，是东西南北交通的驿站。村内曾出土2块汉画像石，一块在原级索小学办公室台阶上；一块是2004年在村东南角挖沙时，发现于故河桥上（现存于村民王勇家）。据考，该村还曾出土数个晋代石匣。

信步游走于级索村小巷，长长短短，深深浅浅，为古村平添了几许韵味。领略着沿街一个个古宅院落，更能感受到它的古朴悠然和厚重文明，不由得赞叹古人的构思奇巧。古村素出能工巧匠，据传，错叔绣来滕立国带来了“百工”在这里安家落户，其中有索匠，后称绳匠，主管监种桑麻和制绳，传说级索供销社旧址就是索氏故宅。后来在这里兴建地藏寺，到明代还有斑驳难辨的古碑。明代在寺内再设学宫，为远近培育出众多人才。颜守耕就是在学宫成才，考中秀才和举人的。

级索人杰地灵，明清相继出了两位进士。其中龙为光，明代进士；黄缵，清乾隆年间进士，曾任福州府平潭海防同知，后以身殉职。清末公派留法学生孔庆塘，后任陆军新军军门，民国初授为陆军中将。级索村重视教育的历史久远，今级索小学建校已有近百年历史。新式学校出现之前，本村就有私塾10余家。

古村旧时有寨，东门外有天齐庙、歇马亭及娘娘庙，有送子娘娘怀抱一个裸体男婴塑像。明智的级索人曾以人文景观和历史传说招徕远近文人商贾，交流文化，开展经贸，增进繁荣。

级索历来是滕西物资集散中心。俗语云：“级索街，真稀奇，十天这里十二集，逢单东门集、逢双西门集，五、十牛马也来赶大集。”天天早上是集，每逢十、五早饭后是大集。正月初七火神庙会，初八天齐庙会，初九龙崮堆会。阴历四月初五、九月二十是物资交流会。由于当时交通落后，会期都是三天，商家要提前一二天来占好位置。清代有典当铺1家，民国时期有堂号店铺30余家。当地名吃马蹄火烧至今名扬四方。

民国年间，级索民间文艺活动丰富活跃，村内有舞龙队、高跷队和花船队。太平时节在本村和邻村巡回演出，费用多出自镇内各商家赞助。元宵节还大量燃放自制的焰火。

古村有古时传下来的“大犁”，造型很像“大禹治水”图中的“耒耜”，铁制大犁直到20世纪60年代仍在使用。级索手工业较为发达，瓜条制品工艺独特，远销省外。桑麻种植及制品得天独厚。级索盛产优质大白菜，素以味好、棵大而远近闻名。从1955年至1985年期间，每年初冬，县蔬菜公司都在该村设点收购数千万斤蔬菜，向火车站送菜的车子排成长队。大白菜多发送至西安、兰州、京津等地。级索人爱茶，无论品茶饮茶，还是以茶待客，自古成俗。随着集市贸易日见繁华，这里已经成为茶叶的集散地，声名可达茶乡杭州。

古韵古味　凤凰台村

在京杭大运河北岸不远处的古都任城凤凰台村，落日余晖映照着一座巍峨挺拔、辉煌壮观的宫殿，这就是国内罕见，建筑风格匠心独具的凤凰台，“凤台夕照”被誉为济宁八景之一。

凤凰台村位于枣庄市任城区南张街道办事处驻地南4公里，南望运河，北靠国道，交通便利，历史悠久。早在龙山、商周时期这里即可见中华文明之光。经近代专家认证，凤凰台即“太昊祭祀台”，是古代先民祭祀“百王之首”“人文始祖”伏羲的地方。1986年中国社科院考古领队培训班在此进行了考古发现，堆积十几米高的土层，蕴藏着丰厚的古代遗存，底层属“龙山文化”的遗迹，中层为商周文化遗存。

凤凰台村因村内“凤凰台”遗址而得名。据传，北宋初年，兴修水利，于此开挖赵王河，该地地势低洼，河道淤塞，积土成台，四周长年环水，台上蒿草野花，错杂丛生，渲染出一片秀丽风景，被人称作“风花台”。自此乡民们在台上遍植树木，历年经久，树木繁茂。南宋时，有一道士在此建寺居住，常见有珍禽，羽毛绚丽，栖止于此，疑为凤凰。于是募捐集资，于台上建庙，命名凤凰台。

凤凰台坐南面北，共分三层，台高10米，底部4000平方米，顶部1600平方米，按照两仪、四象、八卦建造，甚为考究，暗合三才、天罡、地煞之数，台上殿宇，雕梁画栋、金碧辉煌。石阶顶门楼为凤头，左右两边出水为凤耳，东西钟鼓楼为凤眼，南大殿为凤脊，东西两殿为凤翅，殿后一片紫竹为凤尾，远远看去恰似一展翅欲飞的祥凤。“凤台夕照”即为明代任城八景之一。

清朝康熙皇帝南巡时，曾驻跸于此，为胜景所动，吟诗赞叹“台高数仞凤凰来，身入云天石磴开。”

如今，修复后的凤台古貌新姿，更显巍峨壮观、厚重沉稳，青砖包砌的台基显出历史沧桑感。台上有古建数十间，雕梁画栋、金碧辉煌；大殿彩塑壁画，内容丰富、造型逼真，人物栩栩如生。在台子东南角立一凤凰亭，内安檀木精雕凤凰（原凤凰被中国国家博物馆收藏），高1.62米，形神俱备、精雕细琢，是目前全国最大的一只檀木凤凰。凤台建筑古朴端庄，彩绘内容以龙凤为主题的图案，使整个凤凰台古建风格体现出强烈的龙凤文化，也意味着太平盛世龙凤呈祥。

“凤凰台”已经形成“始祖文化”“运河文化”“佛教文化”为一体的著名人文景观，为山东省重点文物保护单位。

孟子故里——小雪镇

在孔子故乡曲阜市的南部坐落着一座古老的小镇，名曰小雪，是“亚圣”孟子的故里。

小雪镇地理位置优越，交通便捷。日（照）东（明）高速公路横跨东西，104国道纵贯南北，两道交汇于高速曲阜市出入口，兖（州）石（臼所）铁路从该街道前宣东村入境，至东北部的姜家村出境，成西南一东北走向，全长9.3公里，境内设凫村、阮家村两个车站。

小雪镇历史悠久，是战国时期伟大的思想家、政治家、教育家孟子的诞生地。相传，战国末期，薛氏为避战乱，从薛国（今滕州市西南）迁此定居立村，名薛村。明初鲁王从尚寨行宫回兖州途经此村时，天降小雪，鲁王说“雪兆丰年，造福百姓”，故后人将“薛”字改为“雪”字。小雪自古就是曲邹南北通衢、商贾重镇。

明代以来这里一直为社、乡、区、镇机关驻地。抗战时期属小雪乡和沂南乡。1986年，改为小雪镇。2010年改为小雪街道。

小雪镇境内古迹众多，九龙山崖墓群为全国重点文物保护单位，孟母林墓群、九龙山崖造像、姜家村古墓三处为山东省重点文物保护单位。凫村遗址、小雪遗址、孙家林遗址、店北头遗址、南兴埠遗址、彭家村遗址、林放墓、巨野王墓群、武文昌墓，为曲阜市重点文物保护单位。

九龙山崖墓群在九龙山之阳，墓葬东西并列共7座。1970年5月，考古工作者对其中的4座大型崖墓进行了发掘，见早年均被盗掘，唯有车马室保存完好。内有随葬车12辆、马48匹，皆为“驷马驾车”。随葬品共1900余件：有铜器、陶器、铁器、金银器、料器、漆器等，其中铜、铁、陶器占多数。从墓的形制、随葬器物判断，其时代属于汉代。墓室的结构由墓道、两侧车马室、墓门、甬道、左右耳室、左右侧室、后室等诸部分组成。在3号墓的随葬品中发现有“宫中行乐钱”“王未央”和“庆忌”字样的铜印、银缕、玉衣残片及刻有“王陵塞石广四尺”字样的封门石。《汉书•卷十四》记载，鲁孝王庆忌为西汉鲁恭王之孙，后元元年（前88）嗣位，三十七年薨。故推此墓应为鲁孝王之墓。2001年被公布为全国重点文物保护单位 。

孟母林墓群位于马鞍山麓，是“亚圣”孟轲父母及其部分后裔的墓地，也是战国延续至今的一处氏族墓群和人造园林。东靠亭山，西连马鞍山邻凫村，林在山冈，山在林中。现有古老苍劲，盘根错节的柏、桧、楷、槲等各种古树木12844株，宋、元、明、清碑碣数百块。

孟母是历史上有名的良母典型，她“三迁择邻”“断机教子”的故事历代传为美谈。

孟子出生于凫村。现村内东西大街东首，建有“孟子故里”木构彩绘牌楼木坊一座。路北现存坐北面南宅院一处，门楼上悬“孟子故宅”。孟子三岁，父死。《三迁志》记载有“慈母三迁之教”“三迁择邻”“断机教子”，在孟母教育下方使其成为战国时期著名的思想家、政治家、教育家。世世代代尊孟母为一位伟大的母亲、良母典范。据记载：唐玄宗天宝七年（748），诏封孟轲母，令县官立祠致祭于孟子故里内。宋代，孔子45代孙、兖州知府孔道辅在孟母墓前建祠。祭文中写道："亚圣之子，亦资父母教养之力也；母以"三迁"之教，历天下后世推原所自功莫大焉。"元延祐三年（1316），进封孟子父为"邾国公"，母为"邾国宣献夫人"。元至顺二年（1331），追谥孟母号"端范"。清乾隆三年（1738），赐封为"端范宣献夫人"，并于墓前立碑。今孟母林占地578亩。林内建享殿3间，是祭祀孟子父母的地方。殿后有孟母墓碑，上刻"亚圣孟母端范宣献夫人墓"。碑西50米处是孟子父母合葬的墓。墓坡高8米，围约15米。墓前有供桌、石鼎、石炉及元明时祭祀、重修墓碑三幢。正中之碑上刻"大明邾国宣献夫人之墓"；右为《孟母墓碑》，为元代元贞二年（1296）立；左为《邹国公坟庙碑》，立于金宣宗贞佑元年（1213）。孟母墓西北是孟子的从弟孟仲子墓，上刻"新泰伯孟仲子墓"。孟母墓再西北，为孟子四十五代孙孟宁墓，碑刻"亚圣四十五代孙孟宁之墓"，为"元代至顺四年（1333）春孟维立"，碑阴刻有孟氏"世系之图"。

九龙山摩崖造像位于九龙山南麓的山崖上，共有大小石佛洞龛6处，第一龛：面西，高、宽均为0.60米，卢舍那佛坐于须弥座上，旁为立于莲台上的阿难、迦叶。刻于南北朝后梁天保十五年（576）。第二龛：高1.95米，上刻宝盖，雕菩萨立像一尊，袒胸露腹，头梳高髻，立于莲台之上，像高1.70米，左手提项瓶，龛左题记已磨蚀不清，其下还刻有宋政和二年（1112）游人题记一则。第三龛：高0.84米，宽0.60米，内雕菩萨一尊，坐于莲台之上，璎珞缀饰于胸前，下裙披佛于莲台上，两角刻二力士。龛左刻有题记，已模糊不清。第四龛：高0.60米，宽0.38米。内刻文殊菩萨坐于狮身之上，狮旁、狮后各有一个力士。第五龛：高0.80米，宽0.46米，内刻普贤菩萨坐于白象之上，前后各有一名力士。龛下还并列三个小龛，刻菩萨坐一立二。第六龛：高0.24米，宽0.138米，上刻宝盖，内刻立佛一尊，佛高0.185米，披袈裟、腰束带。龛外右侧刻有题记，已难释其意。经鉴定，后五龛为唐代刻制。

近几年，小雪镇对境内古迹进行了全面地整修改造，九龙山崖墓群及摩崖造像与孟母林并联成为两大旅游景点，吸引了众多的中外游客。

千年古村息陬村

历史文化名城曲阜市，京沪高铁纵穿南北，这条新中国成立以来标准最高的高速铁路给曲阜带来了机遇和挑战，曲阜东站则是曲阜通向世界的大门，它坐落在饱经历史沧桑的千年古村息陬村东部，在这里古老和现代神奇地融合在一起。

息陬村位于曲阜城东南5公里处，是息陬镇政府驻地，分为东息陬、南息陬、西息陬、北息陬四个行政村。曲阜至尼山的曲尼公路从村子南端穿过，孔子大道（京沪高铁曲阜连接线）从村子中部贯穿东西。南北向京台（京福）高速公路从息陬村西边掠过，东西向日兰（日东）高速公路从村南穿行。

息陬村历史悠久，传说古时叫韩家庄，春秋时始叫息陬村。村名来历一说孔子作《息陬操》即此，故名。另据民国《曲阜续修县志》载，孔子欲西见赵简子，至河而返，息于陬乡，故名。

息陬是一个大自然村，民国初年，以村内东西大街为界，街南为邹县夏侯社，街北是曲阜崇圣社，后属曲阜第五区，现属息陬镇。

息陬村西北角现存“还辕桥”，传为鲁哀公十一年（前484）孔子师徒一行还辕息陬时所过的桥。桥名取于《息陬操》中“临津不济，还辕息陬”之句。此桥系两孔平板桥，长4米，宽3.4米，高1.73米，并立碑记其事。因“碑”与“百”同音，世人传说孔子所过的“还辕桥”为一百担两孔。此桥道光二十六年（1846）重修，现存重修还辕桥施财题名碑一块。

桥北旧有春秋书院，始建于宋代，是孔子作《春秋》的地方。《春秋》是一部编年史书，记载了自鲁隐公元年到鲁哀公十四年（公元前722—公元前453）周朝各诸侯国的重大事件。书院大门外右侧立有“孔子作春秋处”石碑。《曲阜县志》载：“春秋书院在城东南十里息陬村。”宋时立庙设像，后人随时修葺。春秋书院原为两进院落，院南北长42米，东西宽35米，院内有大成殿，东西配房等建筑，十年动乱中被毁。

息陬村为清代著名象棋书《梅花谱》作者王再越诞生地。

近年来，息陬村抢抓高铁新城建设带来的历史机遇，勤劳刻苦，全民创业，全村经济发展、事业进步、社会和谐，呈现健康发展的良好势头。

神农躬耕　粒食之源——时庄镇

时庄镇位于曲阜市西部，素有曲阜“西大门”之称。东临鲁城街道办事处，西隔泗河与兖州相望，南与陵城镇以沂河为界，北与姚村镇以泗河为界，327国道横穿东西，西外环纵贯南北，东西约12.5公里，南北约6.5公里，

据《曲阜县志》记载：“城西……时家庄”考，此村南半部原有一道水沟，沟上有座2孔石桥。相传唐代时，人们始在桥北居住立村，名石桥庄，后演为时家庄，取《孟子》“孔子圣之时者也”之句意。

时庄境属泰沂蒙山前，泗沂河冲积扇平原，泗河为境北界，沂河绕境南。地势东高西低，北部略高、南部略低。河流方向随地势而行，东西流向。土地肥沃，水源丰富，历史上即是人群生息宝地。据《阙里志》记载：“在周代鲁城归德门外，今名犁铧店，神农试耕之所也。旧有木坊，额‘粟食之源’。”相传汉代木枋已废，由此可知早在五千年前已有人类在此生息。

时庄这片热土，自古物华天宝，人杰地灵，文化荟萃。悠悠岁月，诞

生了一大批文人墨客，留下了犁铧店神农躬耕的美丽传说，今曲阜犁铧店村，即神农试耕处。汉代此地曾有一坊，上书“粒食之源”，即粮食的发源之地，是为纪念神农试耕而建。

孟凤，字瑞周，曲阜人。明弘治三年（1490）中进士，初任嵊县知县，为治河道，障湍流，组织民众石砌堤防180丈，为当地免除了水患。后任福建道御史、浙江道巡按等职。嘉靖初年以本官提督宣大三关军务，奏请朝廷拨款，增添马匹；又选拔将领，振作士气；严守要塞，赏罚分明，使外敌不敢入侵。遂转任左侍郎，又升南京刑部尚书。明嘉靖六年（1527）卒于任上。明世宗遣布政使司左参议刘淑相前往谕祭。葬于曲阜城西孟家林。

清代骈文八大家之一的孔广森，为六十七代衍圣公孔传铎之孙，孔继汾次子。清代著名经学家、数学家及音韵学家。官至翰林院检讨，敕授文林郎(文阶七品)。一生博涉经典，尤精“三礼”。撰写的《春秋公羊传通义》12卷，不专主今文经学，而是博采汉晋以来有关注释《春秋》的书籍。对《左传》《穀梁传》的经义凡与《公羊传》相通的，亦兼收并取，注疏翔实。在经学上，还著有《经学卮言》6卷、《礼学卮言》6卷、《大戴礼记补注》14卷。

书法家孔继涑，字信夫，一字体实，号谷园，别号葭谷居士。曲阜人，六十七代衍圣公孔传铎第五子。临摹苏轼、黄庭坚、米芾、蔡襄等人的法帖，以致达到以假乱真的程度。因他在叔伯兄弟中排行第十二，被誉为“十二才子”。他把《大学》首章写成四幅“联屏”刻成石碑，立于孔庙“金声门”左侧。后来，乾隆帝瞻仰孔庙时，见到“联屏”上的字迹笔笔有力，字字通神，反复品味，连声称赞。从此，孔继涑的书法名闻全国。

清代杰出学者桂馥，字冬卉，号未谷，别号老苔、紫云仙馆。曲阜城西李家店人，清代著名书法家和训诂学家。历40余年写成《说文义证》50卷，由著名画家罗聘绘制了《说文系统第一图》，书法大家翁方纲又为此图题赞。《说文义证》一文援据宏富，辨证精详，在全国有很大影响。因而，他被誉为北方文字学的旗手。

时庄申报了手工小磨香油制作技艺、土坡村传说等5项济宁市级非物质文化遗产项目，境内文物古迹有霍家村遗址、八里庙遗址、古柳村遗址、刘家村遗址、孔村窑址、孔继汾墓群、孔继涑墓群。

霍家村遗址位于时庄镇霍家村北，面积约45000平方米。1981年全国文物普查时发现，文化层堆积厚约1米，采集标本有鼎、豆、盆、罐等陶器残片及石斧，陶器主要以夹砂和泥质红陶为主，为一处典型的新时期时代大汶口文化遗存。

八里庙遗址位于时庄镇八里庙村北，面积10650平方米，距泗河约1.5米。文化层堆积厚约1.5米，陶片主要是夹砂灰陶和泥质黑陶，为轮制，纹饰以素面为主，少有方格纹、弦纹，采集标本有鼎、缸、豆、盆、碗、杯、尊形器等，属新时期时代龙山文化遗址。

古柳村遗址位于时庄镇古柳村南200米，面积约20000平方米。地表暴露较多灰坑，陶器为灰色、夹砂红褐色，纹饰以绳纹为主，器物类型有豆、盆、罐、鬲等，文化层堆积厚1.5～2米，为周、汉时期文化遗存。

刘家村遗址位于时庄镇刘家村。20世纪80年代村民挖沟时曾经出土过石斧、陶罐等遗物，根据出土的标本特征推断其为一处新石器时期文化遗存。

东辛庄遗址位于时庄镇东辛庄东北100米处，为一平原遗址，基本呈长方形，面积约9000平方米，地表采集的标本基本为夹砂灰陶，有鬲口沿、盆口沿、壶口沿等。从采集到的标本特征分析，该遗址年代为周代。

马家村遗址位于时庄镇马家村南，面积约50000平方米，采集到的标本有盆、罐、鬲口沿、豆盘、绳纹板瓦残片等。从采集到的标本特征推断该遗址为一处商、周文化遗址。

后孔遗址位于时庄镇后孔村西南，为一平原遗址，大致呈长方形，南北长140米，东西宽120米，面积约16000平方米。采集到的标本有盆、罐、板瓦等残片，根据标本特征推断，该遗址为一周、汉时期聚落遗址。

前坊岭遗址位于时庄镇前坊岭村南150米处，东西长250米，南北宽250米，面积60000平方米。现场采集标本有罐口沿、盆口沿、箅子、绳纹筒瓦等残片，经考证为周、汉时期聚落遗址。

安吉庄石刻位于时庄镇安吉庄，为元宝形的四棱台，顶面、底面均为长方形，底面长0.52米，宽0.42米，顶面长0.74米，宽0.42米。正面为梯形，中刻“圣旨”二字，周围为浮雕二龙戏珠图案，根据龙首、龙身、龙尾等形态特征判断为明代石刻。此石刻较为罕见，价值较为珍贵。

前孔孔氏故居位于时庄镇前孔村内，始建于清，坐北朝南，砖坯结构，面阔3间，进深1间，东西长11.4米，南北宽4.5米，高5.6米。硬山，灰瓦筒瓦覆顶，直棂窗，屋顶两侧各有五垄筒瓦，叠瓦扣花压脊。原为三进院落，东西配房，现仅存后厅。

檀乡故址——大安镇

美丽宽阔的洸府河像一条流动的绸带，在太阳的照耀下闪着点点星光，从大安镇东粼粼而过。地处兖州市城区北部的大安镇，东与曲阜市姚村镇接壤，南连兖州城区，西邻新驿镇，北接漕河镇。

该镇历史文化悠久，因镇政府原驻地大安村而得名，大安村原有“皇姑庵”一座，旁立元泰定二年（1325）建庵碑记。明万历《兖州府志》载：“元鲁忠武王按陈那颜，姓弘吉剌氏，以佐命元勋约为世婚，封王于鲁，以济、兖、单三州为其国邑，誓以男世尚主，女世为后，他族莫敢望焉。”据知此庵奉祀的是元朝某代嫁给驻兖鲁王洪吉剌氏的一位公主，故名皇姑庵。村亦遂称皇姑庵，简称“庵上”，后因“庵”住尼姑，名不雅，改写为“安上”。清末以大安沟为界分为两个村，沟东为小安，沟西乃名大安，即为原庵上村。1935年，大安村首立为“大安镇”。

1948年兖州解放后，设立大安乡公所；1986年改为大安镇。2008年谷村镇整镇及新兖镇5个村调整建制并入大安镇，并与兖州经济开发区合为一体，实行镇区合一管理体制。

大安镇历史文化悠久，大部分村庄形成于宋元以前，历史遗址众多，檀乡故址位于大安镇二十里铺村。为春秋时期檀城、西汉檀乡故址。清光绪十二年（1886）《滋阳县志》记载："檀城在城东北二十里。"《地理志》曰："瑕丘有檀城，古灌檀地。周时侯国，亦曰檀乡。"《路史》亦云："兖有檀乡，东汉初刀子都为其部下所杀，全党与贼会于檀乡，曰'檀乡贼'，又曰'檀丘'。东晋大兴三年（320）徐州刺史徐豹败徐龛于丘，时龛以泰山太守叛降石勒也。"本村曾出土有西汉铜灯、大泉五十钱币、隋代瓷器等文物。又有记载该村有建于唐神龙元年（705）的庙宇延祥观。本村位于兖州去宁阳的大道旁，明清两代设有铺递，名南漕河铺。因距城二十里，又称二十里铺，后即成为村名。清康熙十一年（1672）《滋阳县志》记载："东德政乡，西大南社，北二十里铺。"灌檀为周侯国，炎帝之后，后因以为姓。历史上的檀姓名人多与此地有关。如春秋时有檀弓，战国时有檀子，东汉有著名学者檀敷（瑕丘人）。

根据《兖州县志资料》记载，关于檀乡古城，兖州曾多次组织力量进行考古调查，因文献所记比较简单，历来没有确指何地，给考古调查带来一定的困难。调查队曾经在城北谈村进行调查，调查发现谈村北坡有高土塚，上有龙山和商周遗址，没有发现后期遗物，且与文献"城东北一十五里"距离相差较远。后又调查龙湾店村，该村南部有一高土台，台上有龙山文化和商周文化遗址，村西南面有大面积的秦汉南北朝时期的村落遗址，出土大批龙山、商周和秦汉遗物。但文化层较浅，不像古城中心，也没发现古城墙遗迹。然后调查北二十里铺，在该村北部一带发现有春秋战国的大面积遗址，还发现村西北有秦汉时代的大面积遗迹，并出土西汉时代的窖藏铜灯，一批大型铁犁铧，还出土两块石质的王莽时代的钱范——"大泉五十"，还从群众手里交来一批战国时齐国刀币等。以上出土文物说明北二十里铺从春秋战国时代就是一个人口较多的小城镇，是鲁国、楚国通往齐燕赵的必经之地。到了汉代商业繁盛，人口众多，有铜铁作坊和造钱炉，是城北一带的经济中心。在这里爆发“檀乡”农民起义及军队哗变的条件是很优越的，因而成为可能。根据出土文物和地理方位推断，北二十里铺应是古代檀乡城，明代在此设铺，通往宁阳，因而改名为二十里铺。

龙湾店文化遗址位于大安镇龙湾店村南、泗河西岸150米、京沪铁路东200米处。《地理志》载：“瑕丘有檀城，周时古国也。”清康熙十一年版《滋阳县志》记载：“东白社，龙湾店。”1981年文物普查时发现该遗址。南北长100米，东西宽100米。遗址北部在龙湾店村下。文化内涵丰富，文化堆积达4米多，为龙山文化遗址。1982年济宁地区文物管理处进行了小规模发掘。出土器物130余件，陶系以泥质黑陶，夹砂灰陶、棕陶为主，少数为红陶、蛋壳陶、白衣陶。纹饰主要有弦纹、乳丁纹、捺印纹、盲鼻、鬼脸等，器物主要有鼎、罐、盆、瓮、杯、壶、碗、器盖等。

大安镇区位优势明显，交通便利，济微公路、京沪铁路、新石铁路穿境而过。近年来，镇上统筹发展社会事业，实现了新跨越。

北辛文化发祥地　王因遗址今犹在

1975年秋农田水利基本建设时，在兖州市王因镇王因村南发现了北辛文化、大汶口文化遗址，遗址南面有汉代遗物和少数宋代墓葬。王因因此名扬天下。

王因镇地处兖州市南部，东邻兴隆庄镇，南与任城区接庄镇接壤，西连黄屯街道，北接新兖镇，是济宁市城市规划的东城区所在地，是大汶口文化前期北辛文化的发祥地。王因之名起源于春秋鲁哀公七年（前488年），邾国国君囚于此地一事。《春秋》记载，鲁伐邾，攻下邾国首都，俘虏了其国君益，于是把益“囚诸负瑕”。《左传》称：“负瑕，鲁邑也。”负瑕即为瑕丘，今兖州地。此地春秋时属负瑕邑，村因此得名王囚。后来觉得囚字不雅，加一横改作王因。1949年称王因区，1956年撤区分属王因、柳沟、黄屯三个大乡，1984年与娄庄公社合并改为王因区，1986年撤区设镇，2010年撤镇设立王因街道办事处。

王因镇历史文化悠久，王因遗址是全国重点文物保护单位，位于王因镇王因村东南，距今6000多年历史，是母系氏族社会末期人们的居住生活遗址和为数众多的墓葬群，总面积4万平方米。据考古学家鉴定属早期大汶口文化。中国社会科学院考古研究所发掘面积7000平方米，清理墓葬800余座，窑穴和灰坑近百个，为研究早期大汶口文化，特别是当代的社会性质，提供了大批的新资料。王因遗址分为五层，二至四层为大汶口文化早期地层，第五层为北辛文化晚期地层。王因遗址墓葬全部出在大汶口文化地层中，葬式以仰身直肢葬为主，合葬和二次合葬占一定比例，侧身和曲肢葬为数较少。遗址出土的文物有陶器、骨器、牙器、角器、玉器等生活用具和装饰品。陶器物有钵形鼎、罐形鼎、盆形鼎、觚、尊、罐、钵、豆、器盖、陶支座等。石器有石铲、石斧、石锛、石凿、石球、石纺轮等。遗址于1985年公布为济宁市重点文物保护单位，1992年公布为山东省重点文物保护单位。

王因遗址墓葬区是全国最大的史前墓地之一和发现墓葬最多的氏族公共墓地。王因遗址的发掘以墓葬区为主，尚有大面积的生活区保存完整。王因遗址中出土的生产工具、生活用具、墓葬随葬品以及亚热带动物遗骸，为研究史前生活习俗、埋葬方式、人类体质特征和史前环境提供了重要的实物资料。王因遗址所反映出来的大汶口文化和北辛文化，对确立两种文化的传承关系，提供了非常关键的地层依据。

长庆屯村位于王因镇东北部，始建于明代，因种有曲阜衍圣公的祀田（俗称屯厂地），曾名小屯、桃花屯，习称“屯里”。清光绪三十二年（1906）修纂的《邹县乡土志》记载：“樊氏，孔子弟子先贤樊须裔，顺治初自济宁迁邹，居施村社长庆屯。”据此知该村清代属邹县施村社。后划归滋阳（今兖州市）。因村内兼有邹、滋、曲三县土地，每年分赴三县纳粮，故曾名“三界首”。自樊姓迁来后成为望族，村名曾一度称樊家屯。清咸丰年间为抵御捻军侵袭，建有土围墙及四个寨门，门额镌“长庆寨”，村改称长庆寨，后改长庆屯。

明代嘉靖、万历年间仁美庄出了任瀛和任彦蘖、任彦棻父子三进士，当时任家父子都做了大官，仁美庄以此得名。仁美庄本始建于宋代，明代末期，任姓迁走、村内读书人根据《论语•里仁》篇的句子“里仁为美”，改村名为仁美庄。后分为三个村。

娄庄村位于王因镇西南部，村中曾发现汉代墓葬。据清康熙十一年（1672）《滋阳县志》记载：“娄公集，在县南三十里，汉建信侯娄敬之居。其先世居于齐，至敬始迁居邑之西辛王社，遂号其地为娄公社，近置有娄公集。”村内久无娄姓，村名曾改为娄庄集，后简称为娄庄。此村为北魏娄昭攻打瑕丘屯兵之处。此村农历一、六日有定期集市。村内久无娄姓。村近置集市，后改为娄庄集，今简为娄庄。

桃花掩映　龙涎馥郁——香城镇

鲁南出奇山，经过大自然的造化，座座精美神奇。在邹城市东南，与秦始皇登临过的峄山遥相对立，有一座名不见经传的五宝庵山，它集青山、绿水、田园景致、奇峰怪石、庙宇、古建筑等自然景观和人文景观于一体，山中奇石跌宕，错落有致，石桥、石屋、石槽点缀其间；山下一潭清澈见底的水库，波光荡漾。这是上苍赐予香城镇的礼物。

邹城市香城镇，一说因其位于普阳山东麓，山上庙宇内终日香烟缭绕而得名；一说因地处郲国故城东郊，辟有大片桃园，每年春天桃花盛开时节，香气氤氲，一溜十八桃园村掩映于花的海洋中故名香城。应该说二者兼而有之。该镇位于邹城市境东南部，东连张庄镇，东南、南与滕州市接壤，西邻看庄镇、峄山镇，北、东北与大束镇、张庄镇毗连。京沪高铁纵贯全境，京台高速公路、尧王公路分别从境内西部、东部通过，临菏公路从境内南部横贯东西，并有邹城至王村县级公路贯通全境。自宋代起，这就是邹城市东南部一处重要集镇。明嘉靖四年（1525）修《邹县地理志》所载县内11个重要集镇中即有香城集。

香城镇始建于秦汉时期，因位于滑将河东岸，普阳山东麓，故称镇阳城。有金大定年间崇福寺碑刻记载说，因此地及普阳山庙宇较多，上香礼佛的善男信女们络绎不绝，致终日香烟袅袅，遂改称香城。自秦朝置邹县后，香城镇建制，或里社，或区乡，虽有变化，但一直隶属邹（县）城市。1987年撤销区建制。香城区改设为香城镇。王村区改设为王村乡。2000年，撤销王村乡，其建制与所辖村庄并入香城镇。

该镇历史名人有战国时期孟子弟子徐辟、抗日战争时期的民主人士刘昭汉等。

徐辟，在《孟子》书中又称徐子，香城镇徐家桃园村人。据清康熙五十四年（1715）修《邹县志•祠庙志》载：“徐辟祠，在中桃园村，奉祀生徐之鹤。于康熙五十二年重修。”据光绪三十三年（1907）修邹县《乡土志》载：“徐氏，孟子弟子先贤徐辟裔。徐子祠在邹治东徐家桃园，族颇繁。自徐子至今，传七十四代。”宋徽宗政和五年（1115）三月十四日封徐辟为仙源伯。该镇徐家桃园村名即缘起于徐辟。

徐辟祠位于东徐家桃园村西北部，始建于宋代。明永乐年间重修，清代重建。祠堂南北长32米，东西宽21米。祠外有两块石碑，东为“徐辟故里”，西为“徐辟祠墓”，门楹中书“先儒徐子祠”。祠堂窗前有石狮两尊，石香炉一鼎。祠堂内原有徐辟塑像，已毁，有后人重刻的徐辟石像和供奉的神位。院内原有石碑多块，400年树龄的古柏4株，现已毁。

五宝庵山为3A级景区、国家级森林公园，最高峰海拔445米，森林覆盖率达95%。据传山上曾出现金钟、银钟、金锄、金棒槌、聚宝盆五宝而得名，并有关帝庙和讲经殿等石庵，故名五宝庵山。山上有凤凰台、舍身崖、跑马岭等13大景观，玉皇洞、莲花池、桃花洞等9个名洞，龙王庙、关帝庙、华佗殿等5个庙殿，还有3名泉、20名石等景观。明清时每年阴历正月十五至二月二为五宝庵山庙会，方圆上百里的人们来此，络绎不绝，说书唱戏、做买卖，多时可达万人。山脚处的戏台石上尚有旧时立木柱的石洞，华佗殿、玉皇殿旁留有石碾、水井、臼窝等。

狼舞山又名狼屋山，为山东省级水利风景区，位于香城镇东部，面积1.6万亩，有大小山15座、山谷7处、山涧6处、水库塘坝10处，主峰海拔465米。山上植被茂盛，森林覆盖率达80%。景区生态优美、风景独特，集山、水、林、洞、瀑、石为一体。山谷中刺槐丛生，山下有小寺子、皮沟水库等。

马家山头遗址位于马家山头村西南约1500米，俗称吕布点将台。面积约2万平方米，暴露有灰坑，红烧土块等遗迹，采集的新石器时代陶器以泥质红陶为主，夹砂黑陶次之，器形有豆、盆、鼎等。1978年被公布为县级文物保护单位。

香城镇滑将河、普阳山、十八桃园均与三国人物有关。从前，香城北、东、东南三面为水，西面临山。相传三国时期，吕布曾在此屯兵，建房舍，筑高台，操练兵马。因怀念河南濮阳，命山名为普阳山。后与曹操在此打仗，吕布在河边马失前蹄，被淤泥滑倒，战败逃往徐州。当地人把吕布练兵台称为吕布点将台，把滑倒吕布的河叫滑将河。今普阳山仍有落霞泉、点将台等遗迹。民间有“丈把石、饮马泉、石马山上吕布戏貂蝉”传说。

十八桃园是当年刘备、关羽、张飞的驻地。战后军中有老弱残兵留在了当地，因思念家乡涿郡，栽植了一些桃树寓以慰藉之意。后桃园面积发展壮大，居民集聚众多，先后形成了18个村庄，被称作“十八桃园”。

玉皇殿位于香城镇戴家村村南龙山之上，俗称无梁殿。始建于明崇祯三年（1630）。原玉皇庙和关帝庙两组建筑群，规模宏大、布局严谨，为邹东南一大胜景。整个建筑前有云阶、南天门、关公殿、东西配殿、玉皇殿、藏经阁、道房等，还有石碾、水井、臼窝等生活设施。现仅存玉皇殿。玉皇殿为全石结构，为花岗石块砌垒并雕刻的硬山式建筑，建于明崇祯三年（1630），坐北向南，建筑面积40平方米。前有廊，两根八楞方柱分立两边，檐下有石刻雀替板，东西间为方形石窗，窗棂透雕圆钱图案，门楣上浮雕“云捧金阙”四字匾额。殿顶刻制出形象逼真的瓦垄、瓦当和滴水。殿内为弧券顶，殿内原有玉皇像龛，今已毁。现仅存清康熙二十五年（1686）立《重修寨山玉皇阁关帝庙碑》残碑一块。玉皇殿建筑集木构、石雕艺术于一体，具有典型的明代建筑式样特点，是罕见的明代石雕建筑物。

台子遗址位于香城镇羊皮村北2公里。面积约1200平方米，文化堆积0.5米～0.8米，断崖上暴露有灰坑等遗迹，采集有西周夹砂灰陶绳纹鬲口、夹砂红陶绳纹鬲足，东周夹砂红陶绳纹鬲口等。

该镇地处邹东山区，林果业历来是该镇的优势产业。多年以来，该镇立足实际，大力发展以苹果、山楂、红枣、桃、杏、樱桃为主的林果业，使昔日的荒山秃岭变成了花果山，森林覆盖率达30%。名优土特产品主要有红枣、山楂、花生等。红枣是特色林果产品，品种以长红枣、圆铃枣为主，具有个大、肉厚、糖分高、油质多、黏丝长等特点，为邹城市一大特产。该镇每年9月中旬举办的香城红枣文化节，漫山遍野的枣园里全是采摘红枣的游客。

东缗故城——金乡镇

“客自长安来，还归长安去。狂风吹我心，西挂咸阳树。此情不可道，此别何时遇。望望不见君，连山起烟雾。”这是唐代天宝八年（749），李白从兖州出发，东游齐鲁，在金乡遇友人韦八回长安时，写的一首送别诗《金乡送韦八之西京》。李白曾多次在金乡停留，并留下了“壮观”墨迹，如今，人们依然可以在金乡觅到书有李白真迹的“壮观碑”。

历史悠长的金乡镇，文化意蕴丰富，人们在这块土地上留下了深深的历史足迹。金乡镇位于金乡县人民政府驻地、县境中部。东隔涞河与高河镇相望，南邻王丕镇、鸡黍镇，西邻鱼山镇（开发区），北邻胡集镇。境内地势平坦，西部稍高，东部略低，金马河、金鱼河、金济河流经镇境。

金乡镇以镇政府驻地金乡城得名。早在氏族部落时期，金乡镇就为缗氏聚居地，夏商时称缗国，西周时期属宋国缗邑。秦置东缗、昌邑、爰戚三县。直到西汉时期，仍有东缗县。据考证，秦、汉时的东缗县城就是今金乡县金乡镇驻地，北魏时期地理学家郦道元的《水经·菏水注》就已注明。东汉建武元年（25）改爰戚为金乡县，始见金乡一名，属山阳郡，晋废东缗入昌邑，南朝刘宋废昌邑县入金乡县，北魏将金乡县治移至东缗故城，也即为现在的金乡县金乡镇驻地，此时，县名始与今地吻合。后在唐武德四年（621）置金州，领金乡、方与二县，属河南道，次年，废金州，复置戴州。

此外，对于金乡镇的这座千年古镇的历史演变，在《山东通志》中有明确记载："东缗县故城即今金乡县治，春秋宋缗邑，汉置县，属兖州山阳郡。"再次奠定了金乡镇千年古镇的地位。到了民国时期，金乡镇属城关镇。1958年属城关公社。1978年恢复城关镇，1984年改称金乡镇。

漫步于金乡这座古镇，位于县城中心的星湖公园的西侧，一座高耸入云的历史名塔是不可忽略的景观，此塔即文峰塔，属于山东省重点文物保护单位，始建于唐贞观四年（630），由唐大将尉迟恭监造，塔为八角形，十三层楼格式建筑，砖石结构，石砌基座，砖砌塔身，铁铸葫芦形塔顶。原高49.3米。1938年日军侵华时，上二层半毁于炮火，现存九层半。1997年进行大修，恢复了原貌，2010年又重新修缮。文峰塔每层飞檐下相接处均设两踩砖砌斗拱，东西南北四面各设一拱形券门。文峰塔高耸入云，雄伟壮丽。紧靠寿河，水清塔秀，"宝塔摩空"为古金乡八景之首。沈洪义诗曰："浮图逼斗杓，时送天风响。我欲探绝顶，恐碍云来往。"清朝康熙年间金乡人士周歧也曾写诗赞道："文峰增壮色，矗起倚天空。拔地拍云雾，凌虚点混蒙。影随河汉转，气与斗牛通。绝顶谁能到，山川一望中。"登到文峰塔顶，金乡城貌可尽收眼底。

出了奎星湖公园往城东去，就会在城东一华里东孙楼村南处看到莎岭，莎岭亦名春城堌堆、杨家堌堆，其历史最早可追溯至原始社会末期，是先民为免遭洪水吞没，筑丘居住之地，遗址南北约150米，东西约200

米，总面积3万平方米。莎岭北部还有一处断崖，1米～3米为汉代文化层，3米以下为商周及新石器文化层。在此暴露和出土的文物有汉代画像石、陶鼎、陶豆、鬲足、石刀、石铲等及父系氏族后的陶罐、陶甬、石椁等，这些文物都有着重要的历史文化价值。

“壮观”石碑碑身高138厘米，宽84厘米，厚14.5厘米。“壮”字高57厘米，宽63.5厘米。“观”字高62.5厘米，宽62.5厘米。据考证，只有金乡“壮观碑”史有记载，而其他没有，而各地的“壮观”二字，大小均同于金乡，说明都是根据金乡一石复制的。所以金乡镇所存的这处“壮观碑”是为李白真迹。

此地还有杨震却金碑。杨震却金碑系清代直隶知县金乡人李庭所书，金乡县知县唐翼猷立石撰文。杨震乃东汉名臣。杨震任东莱太守时，昌邑令王密，夜怀金十斤，想贿赂杨震，王密称：“现已深夜，无人可知。”杨震正色曰：“天知，神知，我知，子知，何谓无知！”后人将此事载入《后汉书》和《资治通鉴》，流传至今，杨震遂成为廉吏楷模。

金乡镇民风淳朴，历代传承下来的名吃特产繁多，各具特色。来到这儿一定要品尝“红三刀”糕点、烧羊肉、奎星湖鲫鱼等特色名吃。其中，金乡烧羊肉源于清康熙年间，已有几百年的历史。金乡烧羊肉在选材和用料上，要求极为严格，制作工艺十分考究，另外，由于水土原因，只有金乡的水和本地的山羊，才能做出地道的烧羊肉来，做出来的烧羊肉色香味俱佳，可口宜人，营养价值高，具有很好的滋补作用，是金乡饮食业的一大名吃，吸引着各方游客前来品尝享用。

诚信之乡——鸡黍镇

在金乡，有一个凄美动人的故事一直被人们传颂着，这就是“鸡黍之约”的故事。故事中范式、张劭二贤士做事言必行，行必果，一诺千金，为了诚信命可以不要，其英烈行为可谓惊天地、泣鬼神。两人虽远隔千里，却能心神相应。千古以来，故事中的诚信之人一直为后人所敬仰。

鸡黍之约的故事发生在金乡县西南部，东鱼河、大沙河欢腾流过的地方，全国闻名的诚信之乡——鸡黍镇。

鸡黍镇东接金乡县兴隆乡，南连单县徐寨镇，西邻成武县白浮图镇，西北与金乡县马庙镇接壤，北靠鱼山镇和金乡镇。镇境地势平坦，西高东低，105国道纵穿南北，348省道横贯东西，交通便利，区位优越，是金乡县的南大门。

鸡黍镇以镇政府驻地鸡黍集得名。据《山东通志》记载，鸡黍乃东汉庐江太守范式故土，相传东汉汉明帝办太学，山阳人范式和河南汝南人张劭都是太学里的学生，他俩同窗好友，是要好同学，以后范式、张劭告别归乡，后不失千里结言，隔两年按定约日期准时探望。范式按当时的最高礼节，杀鸡煮黍厚待张劭，故得名“鸡黍”。

清嘉庆年间，鸡黍设坊。1956年称鸡黍乡，1958年改称鸡黍人民公社，1984年建镇。

范式诚信赴约的故事在当时广为流传，成为千古佳话。范式、张劭的诚信精神感人至深，范式家乡人民自发捐资修建了庙宇，纪念二位贤士。山阳郡太守闻知后，遂上表奏请。汉明帝感其诚信，遂下令拨款修建范张祠，命名为“二贤祠”，祠内供奉着张劭、范式的神位和塑像，也被称为鸡黍台、鸡黍祠。“二贤祠”结构独特，皮子墙体，庙顶没有脊椽，正庙、西庙都是直通的扁椽，扁椽上头被弯成牛梭头形状紧紧扣在一起。上边仅有两根平行的檩条支撑着所有的扁椽。象征范、张二贤兄弟同心、永不分手。这种无脊庙建筑实属罕见。自古过二贤祠者，无不肃然起敬、奋然振兴。清代孙才衡也曾题诗曰：“我昔读汉史，遐哉慕两贤。巨卿与元伯，炳炳照青编。”

范式的诚信之举，给后人留传下了“鸡黍之约”的千古佳话。这段佳话在《后汉书》和《喻世明言》中均有记载，《搜神记》《金刚经》中也有记述。其中，明代冯梦龙的《喻世明言》中《范巨卿鸡黍死生交》篇章记述最翔实，他把范式、张劭“鸡黍之约”的故事演绎得甚是感天动地。

金乡范庄（今鸡黍村）范式与汝南人张劭同为太学好友，张劭赴洛阳赶考，在一个小店里遇到重病的范式。张劭延医买药救了范式一命，二人结拜为兄弟。每年重阳节隔期互拜双方高堂，成为二人一生约定。第一年重阳节，张劭来访，范式按当时最高礼节，杀鸡煮黍以待之。隔年范式去汝南拜访，张劭以同样礼节款待。范式晚年因病无法赴鸡黍之约，约期已近，寻思无计。范式对妻子说：“今天又到重阳节，我必须去汝南见张劭。不然，就成失信之人。可惜我身体不好，只能让魂灵前去报道。”于是自刎而死，不惜用生命践约，死都不愿失信。

后来，“鸡黍之约”就成了重信守诺的代名词，“鸡黍之约”也成为君子人物的生死之约。历史上“死友”的原型首见于“左羊之交”。“左”是左伯桃，“羊”是羊角哀，两人都是春秋时期燕国人。有一次，两人一同去楚国求官，路上遇到大雨雪，衣服、食物不足两人之用。左伯桃将衣服、食物全部交于羊角哀，独自出走，因冻饿死于树洞之中。羊角哀当了官后，就厚葬了左伯桃。后来，羊角哀梦到左伯桃在阴间求助，就自刎而死，进入阴间为友助战。这就是左羊之交的故事，这个典故后来经常出现在吟咏范式的诗词中。

在古代的诗文中，“鸡黍”是一个出现比较频繁的词语，如唐代李白的《送戴十五归衡岳序》：“鸡黍之期，当速赴也”；高适《赠别五十七管记》：“款曲鸡黍期，酸辛别离袂”；李商隐《所居》：“君归趁我鸡黍约，买田筑室从今始”。后世有许多歌颂“范式之约”的诗词，如“千里途遥，隔年期远，片首相许心无变。宁将信义托游魂，堂中鸡黍空劳劝。月暗灯昏，泪痕如线，死生虽隔情何限。灵輀若候故人来，黄泉一笑重相见”等。

鸡黍镇还有“九道沟”古井的传说。东汉明帝年间，范庄连遭大旱，人们合伙挖井找水，但连挖十几口都是枯井。无可奈何之际，庐江太守范式回到故乡，见乡亲们绝望的表情。范式表示“一定率领大家找到水。”遂顾不上拜望老母，就带领人们挖起井来。挖至十几米深时，一块巨石横在井底。“精诚所至，金石为开”，人们一连几天用锤子凿，巨石都纹丝不动。一天晚上，一声巨雷响彻夜空。次日一早，只见井水已溢满井沿，巨石笔直的贴在井壁上，留下九道深深的印痕。直至今天，“九道沟”巨石还在，古井尚存。

鸡黍镇人杰地灵，文物古迹蔚为大观，有“二贤祠”等20余处文物古迹。去“二贤祠”瞻仰两位诚信之士的形象，去欣赏历代文人、诗人为所做的与“鸡黍之约”有关的作品，去聆听浪漫诡谲的“九道沟”传说，感受当地热情好客、勤劳淳朴、重情守义的民风，会让你收获颇多。

伏羲文化的源头——两城镇

美丽的微山湖有一处著名风景叫“独山倩影”，独山名独，亦风光独具，集群山之雄伟，兼水乡之柔润，青山、碧水、平川、绿洲相映；香荷、秀苇、锦翅、银鳞共谐，组成多彩绚丽的风景画卷。独山岛隶属两城镇，是嵌在微山湖中的一颗夺目的珍珠。

两城镇位于独山湖畔，东是连绵起伏的凫山山脉，西连鲁桥镇，南临独山湖，北靠马坡镇。全镇总面积139.1平方公里，其中湖面60平方公里。据史书记载，今两城镇西汉置橐县（汉高祖八年将军陈锴为橐县侯），王莽改称高平县，晋为高平侯国，刘宋为高平郡、高平县治所。北齐天保元年（550），高平郡迁治于任城，废高平县，高平改称两城寨，后简称两城。明清为两城社，1984年称两城乡，2010年称两城镇。

两城依山傍水，地势险要，历来为兵家必争之地。东晋太元九年（384），慕容垂自称燕王，以翟辽为大将军征山东高平等地。太元十二年（387），高平人翟畅举兵响应，擒太守，降翟辽，归后燕。南朝宋景平元年（423）三月，北魏帝拓拔嗣遣将娥青、周几等率部攻高平，高平军民顽强抵抗，终不敌，魏军破高平，虏万人。南朝宋大明二年（458）十月，帝刘骏遣将殷孝祖修两城于清水东，抵御魏军南侵，魏将封敕文、皮豹子等率3万骑3次攻打高平，次年正月克殷孝祖，占领高平，斩首万余人。

两城历史上人才辈出，汉顺帝年间刚正不阿的太尉王龚，汉末荆州刺史刘表、文学家王粲、哲学家仲长统，魏晋间医学家王叔和、玄学家王弼、思想家张湛，清末政绩卓著的岳池县、巴县县令董淳等均系今两城镇人，至今还有他们的墓地、石刻等。

两城镇伏羲庙在魏时便成为风景名胜。《魏书·地形志》载："高平，二汉属山阳……有洸水、高平山、承雀山、伏羲庙。"伏羲庙位于今两城镇刘庄村西北30米处，背依凤凰山，面向独山湖。庙建在伏羲陵之上，伏羲陵台长40.5米，宽34.6米，高4.6米，四周以青条石砌垒，古朴壮观，《十三道图·图经》有载，建造年月无考。伏羲庙是一处完整的建筑群，有山门、前殿、钟鼓楼、禅堂、三圣阁、伏羲殿，殿后有女娲殿、关帝殿、魁星阁等。始建于汉，历代均有修缮，清末、民国间，历经战乱，损毁严重，今仅存伏羲殿。大殿面南，阔5间，长15.4米，宽9米，高14米，单檐歇山式。殿内8根通天柱，墙体有12根石柱，斗拱结构，单华拱、三下昂、七铺座。绿琉璃瓦覆顶，大脊、垂脊饰荷花水鸟。今殿内存有宋熙宁七年（1074）、元中统二年（1261）、明正德二年（1507）、嘉靖三十九年（1560）、万历四十一年（1613）重修字样或石刻、石碑。大殿为宋代建筑风格框架，但木、石、砖、瓦等构件及饰品，为宋、金、元、明、清者均有发现，概为历代修缮所致。元代国史院编修孟祺《重修伏羲庙》诗云：

凫山南来郁蝉联，襟任带宿雄东偏。

须句拱揖颛臾连，疆土宛是诸风捐。

泗流滔滔送清湍，平芜万顷开云烟。

羲皇遗迹古老传，仰观俯察森在前。

东山阴雨锁坤乾，震雷离火铿阗阗。

狐狸奔迸魍魅颠，庙貌万古超绵绵。

到了清代，此地仍不失为风景名胜，诗人马崇临游两城后，作《伏羲庙》云：

庙前灌木郁葱葱，犹见羲皇太古风。

试看当年封守处，青山不改旧东蒙。

伏羲陵后有圣母泉、西龙泉、平山泉、圣衣泉、有本泉、小龙泉、鱼花泉、石掖泉等，圣母泉为首，诸泉相汇，绕陵前，西南流，亘古不断，水质清洌甘甜。元明时期由湖陵城闸入泗济运，后入独山湖济运，当局设专人管理，百姓不得盗引泉水。今泉旁存有明弘治十四年（1501）、清乾隆三十五年（1770）所立石碑，碑载："凡阻绝泉流者，照例问发充军，军人犯者调边卫"。

圣母泉东北，凤凰山腰间天然4个洞穴，东西排列，相距很近，统称四门洞，传说是当年伏羲的居室。西数第一、二洞，高4米，进深10米。第三洞，洞口高4.8米，进深14米，拱形洞顶，洞内开阔，其东壁有一处打磨平整，留有石刻七绝二首。第一首为雪溪逸人张拱辰题：

可叹羲皇在古初，几经风雨大萧疏。

想知避此无宫室，不免将身向穴居。

第二首为朱伯虎等8名学生作：

遗文一览见皇初，世属鸿荒事简疏。

当此定知无栋宇，但凭巢穴得安居。

落款时间为金泰和三年（1203）夹钟二日。今字迹清晰，均为楷书魏体。可知金之前这里便成为旅游胜地了。值得称奇的是该洞内还别有洞天，洞内北端一洞口斜向上方，狭窄仅容一人攀援，约4米后出洞口，借烛光可见地形平整，高2米，阔20余平方米的洞穴，其南部有一石墙隔断，形成两居室，共可容纳30余人。此洞中洞居住安全，防好洞口，虎豹豺狼无法进入，传为伏羲、女娲所居。第四洞高4米，进深30余米，夏日最为凉爽。进洞后可见洞顶有一通天孔，透过孔洞可见蓝天白云，亦给洞内带来亮光。前行15米，但见四壁苔生，可静听泉水叮咚。20米后洞变狭窄，怪石嶙峋，行走困难，一般游人望而却步。但不乏勇者，在此尽显苔滑中攀援的技能。

两城凫山山脉南端有一小山，名独山，明隆庆三年（1569）之后，独山湖形成，独山被水包围，遂称独山岛。岛东西长1.5公里，南北约1公里，制高点海拔106米，风景秀丽，岛上有一洞，名朝阳，高数尺，阔盈丈，四壁片石如刃，洞中有洞，深不可测。洞内阴冷潮湿，是盛夏避暑的好去处。传说该洞曾名夫子洞，因孔夫子周游列国时曾在此避暑讲学而得名。八仙之一的吕洞宾也曾在此修炼，邀众仙在山上聚会，并留有遗迹。清乾隆皇帝下江南途径此地，慕名登岛，入洞察看，感觉洞内过于阴冷潮湿，当即写下“朝阳洞”三个大字，希望该洞阳光照耀，去潮湿，多温暖，宜人居。当地人把乾隆御笔镌刻在洞口上方，从此以朝阳洞称之。都说皇帝金口玉言，愿乾隆皇帝的愿望早成现实。

独山岛因吕洞宾的传说，历代在岛上建庙宇道观众多，著名的有群仙殿、三清殿、真武殿、夫子楼、华祖阁等。抗日战争时期，日军多次登岛扫荡，庙宇毁坏严重。2002年，当地群众筹资重修群仙殿、三清殿、真武殿，重树古碑多块，整修拜台百余级，方便了观光旅游。

独山岛杂木丛生，绿色葱茏，掩映着石墙石屋的民居，古朴幽静，犹如世外桃源。北望凤凰山、桃花山、白马山层峦叠嶂，苍翠欲滴，湖水倒映，仿佛近在咫尺，伸手可及。南眺水天一色，白帆点点，间有片片绿洲随风起伏，那是荷塘、芦荡、蒲田，是鱼儿觅食的地方，也是鸟儿繁衍生息的天堂。湖中央那如带水深的地方，是明代开挖的京杭大运河，文人雅士乘舟途经此地，多被秀丽的景色所吸引，登岛赋诗者众多。明代诗人“雁鸭遮日奇一时，独山奇观在朝夕”诗句镌刻在山顶石壁上，清乾隆四年（1739）进士沈德潜登岛观后作《登独山绝顶用壁上韵》诗云：

荻萧两岸景凄迷，一路舟行傍大堤。
黄土墙边春店酒，绿树村里午时鸡。
篷窗点笔亲风雅，水槛看山认鲁齐。
赖有同抱相慰藉，乡心不用八行题。

大有被独山岛山光水色倾倒，流连忘返，不思故乡之意。

乌鳢之乡——鲁桥镇

南阳湖是北方最大的淡水湖南四湖的一部分，碧绿的荷叶连天接壤，鲜艳的荷花嫣然如霞，其情其韵堪比杭州西湖。这就是微山县的鲁桥镇，全镇总面积203.03平方千米，其中湖泊面积176.47平方千米，因驻地有一座石拱桥得名，桥横跨古泗河上，建造年月无考，据传因仰慕鲁班而名鲁桥。

鲁桥镇位于微山县北部，辖南阳湖北端，东与本县马坡、两城镇接壤，西与济宁市任城区为邻，南连南阳镇，北抵济宁市北湖开发区。地处老泗河岸边，历史悠久，唐代即为重镇，《济宁直隶州续志》载："唐咸通中，庞勋之乱，兖州节度使曹翔闻魏博兵败，以沧州卒四千人戍鲁桥。"后几经战乱，有所衰落，但鲁桥一直为东西津要。

元至元二十年（1283），济州河挖成，至鲁桥入泗水，鲁桥以南借泗水行运。鲁桥成为泗水济运的枢纽，位置显要。当年十月徙济宁潭口驿于鲁桥，十二月在此设济州漕运司、巡检司，领济州南北漕运。二十五年（1288）改济州漕运司为都漕运司。京杭大运河给鲁桥带来无限生机，元至正九年（1349）《重修鲁桥记》云：“鲁桥者，馆传在兹，东通齐鲁，西连巨野，南引淮楚，北抵京师。岁时，诸王大臣朝会贡献，经涉于此者，非舟既驿，桥当冲要，非细务也。”鲁桥镇随着运河的开发，经济贸易迅速发展，很快成为商贾云集、百货辐辏之地。元代中期沿运河东岸形成一条南北商业大街，青石铺地，店铺林立，有“三里长街、厦檐到头、日不晒人、雨不湿衣”之说，成为济宁之南第一个运河名镇。元代诗人周权《过鲁桥》一诗形象描述了鲁桥镇当时的繁荣景象，诗曰：“泗水汩汩流青铜，鲁桥突兀横长虹。南连楚淮九地厚，东导齐鲁群流通。商贾贸迁百货阜，来幡去棹纷奔冲。车轮彭鞫铎声急，马蹄蹴跃尘影红……”明代镇内建有观音堂、文昌阁、仲子书院、奶奶庙、关帝庙、佛爷庙、龙王庙……一年四季香客不断，达官贵人络绎不绝，热闹非凡。明弘治年间进士宋应登在此小住，与当地文人翟体和结为挚友，作《济宁别翟体和》诗“君家原上好松柏，小树亦可干云霄。百年乔木自春色，千里行人过鲁桥”以凸显鲁桥之津要。清初，南阳湖形成，浩渺无际，迫近运河西堤，与鲁桥之东凫山山脉重峦叠嶂及苍松翠柏相映成趣。居山水之间的鲁桥镇有“西湖绕堤，东山浮翠”之誉，越发秀丽出众，妩媚动人，吸引众多文人墨客游览观光。雍正八年（1730）进士、滕县知县王尔鉴来此视察留宿后，便被优美的环境所迷恋，深深爱上了鲁桥，大有弃官不做久居此地之意。其《宿鲁桥》诗云：“鲁桥静夜绝尘氛，别有幽情迥出群。不断风烟笼古寺，无名花草散清芬。门环泗水千潭月，槛绕凫山一片云。懊恼浮名移我志，三更钟磬几层闻。”

鲁桥镇历史上人才辈出，史书记载：大禹的玄孙夏代中兴皇帝少康，东汉永平年间儒学大师光禄大夫魏应便出生在今鲁桥镇仲浅村一带。明嘉靖七年（1528）十月初一日，民族英雄戚继光在父亲赴任途中诞生在鲁桥。清乾隆年间，刚正不阿的都察院左副都御史仲永檀和耗尽家产为民请命的秀才刘英儒为今鲁桥仲浅和刘桥村人，他们的动人故事，当地群众至今耳熟能详。

鲁桥镇最具文化底蕴的景点是仲子庙，南距鲁桥5公里，位于南阳湖东岸，门临京杭大运河，为省级文物保护单位。仲子，字子路，春秋鲁国人，孔子的得意门生，以“性格耿直、尚刚好勇、闻过则喜”而闻世。《仲氏族谱》载：汉更始元年（23），仲子后裔为避赤眉之乱，由泗水卞邑流寓济宁延就亭（今仲浅村），唐开元七年（719），任城县令贺公仰慕仲子英烈，遂在此建仲子庙，并析祭田三顷，以供仲氏春秋祭祀。唐玄宗开元二十七年（739）封仲子为卫侯，明世宗嘉靖九年（1530）尊称为先贤仲子。崇祯十六年（1643），授仲氏嫡裔世袭翰林院五经博士，官阶五品，并在庙南建仲府，专理庙祠祀事。清代更对仲子推崇有加。康熙三十八年（1699）御书“圣门之哲”匾额。雍正三年（1725）赐“圣道干城”“勇行贻范”匾额。乾隆三十年（1765）御书“贤诣升堂”匾额，至今悬挂在仲庙内。此外，清康乾二帝南巡经此，曾7次拜谒仲子庙，并在此驻跸。仲子庙自唐以后多次修缮，今庙内留有重修碑刻10余块。庙占地24亩，前后五进院落，以卫圣殿为中心，左右对称排列，有庙坊、御碑、正大门、穿堂、升堂门、卫圣殿、两庑、寝殿、明决门、忠信门、中兴祠、闻喜堂、神厨、斋书房等建筑。“文革”中庙门、庙坊、仲子像被毁。1984年，山东省文物部门拨款重修。今保持明代建筑风貌，仲子塑像端坐在面阔18米、高12米、绿琉璃瓦覆顶的卫圣殿内，频频接受游人的瞻仰和仲氏后裔的拜谒。

最具地方特色的景区是南阳湖，鲁桥镇辖南阳湖北端，水面26.5万亩，其中天然湿地8万亩。湖内动植物资源丰富，有大天鹅、白枕鹤、大雁、鸳鸯等鸟类百余种。有鲤鱼、乌鳢、甲鱼等野生鱼类近百种。有苇、荷、菱等经济植物十余种。最壮观的当数荷花了，湖内的荷纯系野生，成片生长，万亩连片，接天连壤。荷花有红、白两色，红的嫣然如霞，白的清丽典雅，与久负盛名的“有三秋桂子，十里荷花”的杭州西湖相比，有过之而无不及。从“小荷才露尖尖角”的初夏，到“荷尽已无擎雨盖”的中秋，南阳湖的荷在长达四个月的时间里，尽显不同的倩姿。初夏，浅水碧波间，荷叶如飘浮水面的翠玉盘，温润晶莹，随风浮动，青翠欲滴；盛夏，万亩荷花争奇斗艳，白花婀娜，红花映日，泼红流绿，叠翠铺锦，美不胜收；秋末，荷叶泛黄，红花卸装，莲蓬挺立，游人随采莲姑娘移舟荷荡，可尽享“江南可采莲”的诗情画意。

鲁桥镇以渔湖业为主，乌鳢养殖全国闻名。乌鳢是微山湖主要经济鱼类之一，肉质细嫩，味道鲜美，营养丰富，药用价值高，可治疗体虚盗汗、体弱浮肿等疾病。2001年，微山县被特产之乡推荐委员会命名为“中国乌鳢之乡”。

令人“不舍昼夜”的“海岱名川”——泉林镇

在古老泗河的发源地，孔孟之乡的东部镶嵌着一颗璀璨的明珠，这就是被誉为“山东诸泉之冠”的泉林镇。

泉林镇位于山东省济宁市泗水县东部，东临沂蒙革命老区，西邻孔子故里曲阜，南峙孟子家乡邹城，北依五岳之尊泰山。

泉林镇因名泉荟萃，泉多如林而得名。泉林为泗河源头，泗水文化发祥地。历史悠久，殷商为卞明国，春秋时期为鲁卞邑，秦汉以后设县于此。1986年至今为泉林镇。泉林区位优越，交通便利，兖石铁路、327国道横贯东西，东与京沪高速相接，西与京福高速和济宁机场相接，南临日东高速。

泉林镇境域明代为泗源社、处士社，清代为泗北社、泗南社。民国初年为义安乡。民国为卞桥区，1950年为第六区，1955年为泉林区，1986年为泉林镇，2000年马家庄乡合并至泉林镇。

泉林，风景秀丽，古迹众多。泉林泉群、千年银杏、“子在川上处”、卞桥双月、泉林行宫等名胜景观闻名四海。《山东通史》称泉林泉群为“山东诸泉之冠”。孔子在此发出“逝者如斯夫，不舍昼夜”的概叹。北魏郦道元誉泉林为“海岱名川”。康熙、乾隆帝多次驻跸，建行宫，立御碑，赋诗诵泉。著名经济学家于光远称“南有石林，北有泉林”。

泉林古迹遗址众多，除泉林行宫外，古卞桥（又称双月桥）、泉林寺遗址、古卞城城墙遗址等都是具有较高价值的古迹。其中，古卞桥被评定为国家级文物。该桥始建于古卞明国，为八块石桥，汉初韩信改修为三孔石板桥。唐贞观年间李世民派尉迟敬德改修为三孔马安桥，桥东空石壁刻有篆字“敬德监造”国字，南栏版画为唐雕刻。卞桥至此已具有现在规模，明朝万历九年（1581）二月维修此桥，换了北栏画版，铺平桥面，版画刻有“大明万历玖年贰月初柒日”字样。大桥东西长76.4米（主桥长28.4米），桥宽6.92米（内径宽5.12米），桥高5.8米（加桥栏高为7米）。中空跨度4.38米、高4.6米。两桥头的两对石狮为全国少见的珍品（东南角一处“文革”时遭破坏）。桥两侧每空上有长伸龙头一个，南向火龙，北向水龙计6个。基有巨型石莲花盆六对，西空两侧有水云一对。桥面两侧雕栏嵌华表28个。板画26块（现存21块）。南栏板画为唐初作品：计有“首阳二贤”“人首蛇身及飞天”以及难以辨认的版画。北栏除唐雕外还有明雕版画。有“刘邦斩蛇”（桥上桥一步三空桥），“卞庄刺虎”“韩信点兵”“渭阳文王访子牙”“子牙点将”“子牙封神”“龙虎斗”等。现桥貌、桥身坚实雄踞泗河上源。“卞桥双月”为泗水八大景之一，泗河的两股源流汇集直泻而下，曲折弯流直冲大桥，水急直撞大桥东、中空迎水石，水被劈开，这时如明月当下正空，则迎水石两旁各呈一个月亮。故现卞桥双月之景。

泉林胜地，位于泗河源头泉林，泗城以东25公里。泉林因名泉荟萃、泉多如林而得名。据记载，泉林有“名泉七十二，大泉数十，小泉多如牛毛”，昼夜涌流不息。《山东通志》《山东运河备览》都列它为“山东诸泉之冠”。至圣孔子曾在泉林设坛讲学，站在源头发出“逝者如斯夫，不舍昼夜”的感叹。北魏地理学家郦道元在《水经注》中誉之“海岱名川”。唐代大诗人李白“秋波落泗水，海色明徂徕”的佳句，宋代理学家朱熹“胜日寻芳泗水滨，无边光景一时新。等闲识得东风面，万紫千红总是春”的诗篇至今传诵。故历代古人观赏之余感叹曰：“游泰山不游泉林诚一大憾事。”清康熙、乾隆祖孙俩多次东行、南巡来山东曲阜朝圣到泉林观景，其中康熙一次，乾隆九次，并建有行宫，留下大量诗篇。泉林泉水水质清洌，硬度低，纯度大，泉水无砷、汞、镉等有毒物质，饮用则甘甜爽口，煮茶则色清味正，酿酒则酒洌生香，常饮此泉水，能清心爽神，延年益寿。

康熙御碑，又称赑屃碑。康熙二十三年（1684），康熙皇帝第一次游泉林，曾作《泉林记》，后建康熙碑，将《泉林记》用汉、满两种文字镌刻在碑正面，碑高7米，宽2.5米。乾隆二十一年（1756）乾隆皇帝第一次来泉林，瞻仰御碑而作《泉林二首并记》，镌于康熙碑后。

清泉林行宫位于陪尾山下，泗河发源处。始建于乾隆二十一年（1756）。行宫坐北朝南，为古典园林式建筑群，计亭台宫殿114间，分为宫前风景区、内宫区、文武御桥、行宫八景等。行宫大门前有条小溪，谓御带水，从东向西潺潺流过，上有3座桥，中间是御桥，左文桥、右武桥。御桥前面左右旗杆各一。第一道大门称大宫门，共5间，左右便门各3间，门内东西朝房各3间。进二宫门是宫前风景区。门内约10米处，陪尾山下有珍珠、黑虎、趵突、雪花等泉。由珍珠泉北行10米为御碑亭。由碑亭过游廊，正面临河有正殿3间，西出游廊，有便殿3间。泉东陪尾山顶有观山亭3间（后改为横云馆），东南面有石洞曰“朝阳洞”。西面山脚下有“子在川上处”石碑，南面山脚下有繁星、白石、双睛、莲花等泉。繁星泉左边有观泉亭，此处为泗河之源。山下有“紫锦湖”。湖北岸有石舫，长20余米，宽5米，为乾隆皇帝第二次来泉林时所建。穿石舫由曲径通向湖心亭。

内宫建筑分3组。寝宫等为中部建筑，东宫、东值房、东茶膳房等为东部建筑，西宫、西值房、西茶膳房等为西部建筑。中部进垂花门（内宫门）有正殿5间，左右净房各一。东游廊值房3间，西游廊值房3间。前后两院周围均有游廊。东西两宫分列两边，建筑设计大致相同。行宫内有八景，均为乾隆皇帝命名。

卞城遗址位于泉林镇卞桥村及其附近，北临泗河，东即泉林。城址呈不规则四方形，南北长约650米，东西宽约850米。地面建筑仅存城西北角，残高约8米，夯土层明显可辨，内包含残破陶器、灰土等遗物。该遗址相传为夏商时代卞明国城址。今存古城址为春秋至汉时期的遗址。

水浒故里——梁山镇

八百里水泊和一百零八条好汉的故事使梁山名震史册，如今位于梁山镇的水泊梁山风景区历经八百年历史沧桑，古迹遍布，自然风光绚丽多彩，名扬海内外。

梁山镇位于水泊梁山脚下，东依东平湖水库，西邻京九铁路梁山站，济菏高速、220国道和蒙(阴)馆(陶)路穿境而过。古老的京杭大运河流经该镇11个村庄。北和寿张集镇接壤，西与马营乡相连。

梁山镇因靠近梁山而得名。抗日战争前，古镇地处寿张、东平、汶上三县交界处，抗日战争和解放战争时期为昆山、汶上两县所辖。1949年成立梁山县，梁山镇是梁山县政府所在地，2010年梁山镇分为梁山街道和水泊街道。

纵观梁山水浒古镇的形成和发展，大体可分为三个比较重要的时期。一是两汉前后，二是唐宋时期和明清至今。

古镇的雏形应追溯到新石器时期。梁山西北11公里处有一贾堌堆，经文物部门的试掘鉴定，该遗址为龙山至东固时期的居住遗址。出土文物多为陶器残片及少量石器，还有蚌片和鹿角，这说明，在当时就有先人在梁山周围居住和生存了。

西汉末年刘向所著的《烈士传》中载：“六国时，羊角哀左伯桃为友，闻楚王贤，俱往仕，至梁山逢雪，粮尽，度不两全，遂并粮与角哀。角哀至楚，楚用为卿，后来收葬伯桃。”刘向书中记载的故事在梁山一带影响很大，梁山至今还流传着“二鬼战荆轲”的传说，它是梁山人敢于担当，轻死重义的精神支柱。

《汉书》“梁孝王武”载：“三十五年冬，复朝。上疏欲留，上费许。归国，意忽忽不乐。北猎梁山有献牛，足上出背上，孝王恶之。六日中，病热，六日薨。”梁孝王死后，葬于梁山北麓。《寿张县志》载：梁山有梁孝王墓，帝子遗碑，为古寿张八景。

上述两则信息，可以说明在战国和两汉时期先人们就在梁山脚下居住和发展起来。梁山近年来出土的汉墓则从另一个侧面印证了两汉时期梁山古镇的规模和较为繁华的经济。梁山几个较大的山头下，遍布了大小不一的汉墓群。现已发现的就有黑风口汉墓群、雪山峰汉墓群、鳌子山汉墓群、青龙山汉墓群。从墓葬的规模和随葬的物品上看，大都属于中小形普通人家的墓葬。从数量之多可以推断当时在此居住的人口之众，从精美的汉化象石可以看出当时经济的繁荣和石雕技艺的精湛。在梁山的虎头峰上遍地的瓦砾也都是两汉留下的，据文物考察鉴定，这里曾建有规模不小的汉代行宫，这些都是当时经济发展的一个佐证。

两汉前后，应该是梁山古镇逐渐发展而成形的初期，先人们在这里与大自然进行了残酷地搏斗，选择了梁山这块供其栖息的风水宝地。

梁山千年古镇的发展在唐宋时期遭到了空前的劫难。

梁山古镇地处黄河下游，因黄河多决、善淤和善徙给其以直接的影响。唐末至北宋，黄河于滑、澶多次决口，“环梁山，入于汶、济”，“河首南徙，东汇于梁山，张泽泊”，当时梁山周围之水与巨野泽南旺湖、蜀山湖连成一片，形成了一个烟波浩淼，横无际涯的大水泊。《宋史》有“绵亘数百里”之说。

大水将梁山古镇吞没，梁山古镇遭到灭顶之灾。为了生存，人们不得不抛弃安逸的农耕生活，转型于出入水上，以打鱼为生的颠沛流离的水上生活。北宋末年，宋江等人在梁山聚众起义，古镇的部分遗址（现后集村）被义军作为后寨安顿家属。1127年，金人灭掉北宋，兴兵南下，梁山泊地处金军南侵之途，这时梁山泊渔人张荣创立了梁山泊水军，开始了他们的抗金生涯。《三朝北盟会编》卷一四三载：“张荣，梁山泊渔人也，聚梁山泊。有舟师二三百人，常劫金人……军号张敌万。”张荣领导的梁山泊水军的抗金斗争，极大地鼓舞了梁山泊一带的渔民，平静的梁山泊变成了重要的抗金战场。1128年，金军经梁山泊南侵，他们同金军进行了一场殊死的激战。《金史·斜卯里传》载：六年，伐宋，主攻阳谷，莘县，败海州兵八万，……破贼船万余于梁山泊。1129年，金军北返途中又遭张荣水军的袭击，《金史·赤盏辉传》载：“破贼从于梁山泊，获舟千余。”1129年，金军进攻扬州，张荣率部自清河南下，离开梁山泊投入到全国性的轰轰烈烈的抗金运动中去。

唐宋时期的梁山古镇被大水吞没，它虽以另一种形式顽强出现，但它远远失去了古镇文明的风景，在发展轨迹上显现了空白。从梁山一带出土的文物和历史上留下的遗迹来看，唐宋时期的文物很少，几乎是空白，形成了梁山古镇发展历史上的时代断层。

明清至今是梁山古镇迅速发展和最为辉煌的时期。

明初，统治者为了发展生产，自洪武到永乐的五十年里，从晋至鲁进行了十余次大规模的迁民活动，大量移民的迁入使生产力得到迅速的发展，还有由于黄河多次决口，黄河水携带的大量泥沙淤积为肥沃的土地，也给梁山一带的发展提供了优厚的条件，梁山古镇也随之迅速发展起来。古镇的发展由此步入快车道。

后集村位于鳌子山头的脚下，是梁山古镇的中心和最为繁华的地段。明朝永乐年间马氏、史氏、闫氏、毛氏，陆续迁入古镇，给古镇的发展注入了活力。清末，古镇已逐渐发展成为一个富贾云集、店铺林立的乡村重镇，东西南北垂直相交的两条繁华大街直通古镇的四大寨门，大街上商号、旅店、药房、织染、钱庄、作坊遍布，大隅首还建有一大戏楼。晋民的东迁和大运河的开通使古镇招揽来了山陕商人，他们云集古镇，建立了有名的山西会馆。当时他们在古镇经营的主要是：典当、钱庄、银号和药材等行业。协和兴和福兴泉是镇上较有名气的两家杂货铺，主营制醋、磨油、制造糕点并且兼营烟酒糖茶，店主经营有方，生意火爆兴隆。民国时期，古镇上酿酒作坊“裕青泉”名响一方，当时寿张城里发行石印钞票，“裕青泉”是古镇唯一发行钞票的商号。古镇宗教文化发达，建有家祠、私塾馆、奶奶庙、土地庙、关帝庙等多处。古镇人杰地灵，出了一些在当时颇有声望的人物。如明朝崇祯皇帝的仪宾毛凌霄，清朝顺治时的成都知府马士鲲，乾隆时期的范县营守备马昌杰，咸丰时的都司马凤云，社会名流马声彦、姜振川。梁山古镇经济的繁华也使其成为战略要地。《寿张县志》载：“梁山营都司统之驻梁山后集，顺治七年设额兵三百名，守备一员领之……属登州镇标下。雍正元年改属兖州镇标下，九年，改守备为都司。”梁山营全名为“梁山营都阃府”，是清政府设在东平、东阿、寿张、郓城、汶上五县交界地区的军事机关，梁山营都阃府系武职四品衔。梁山营在古镇的设立，证明清政府对于这块战略要地在政治、军事上的重视，同时也突显了古镇经济的繁荣和它对郓城、东平等五县的影响。

在这一时期，梁山古镇所属的张坊村、凤山村、前集村等也都迅猛地发展起来，它们唇齿相依，相得益彰，成就了千年梁山古镇发展史上最为辉煌的时期。

梁山是武术之乡，为中华武术四大门派发源地之一。这里习武风气颇盛，武馆众多。

十里杏花村位于梁山东南麓，阳春三月，十里杏花竞相开放，争奇斗妍，传说为《水浒传》中王林卖酒的地方。杏花村里有一眼清澈甘洌的“八角琉璃井”，传说当年王林就用此井水酿出了溢香十里的“杏花酒”，镇守黑风口的李逵被酒香所诱，常光顾王林酒店开怀畅饮，并引出李逵负荆请罪的故事。此地还有莲台石佛、问礼堂、法兴寺、西竺禅师墓等景点。

阚城旧地——梁宝寺镇

来到济宁市嘉祥县西北部，脚下是广阔的鲁西南平原，驱车奔驰在乡间公路上，你会发现许多大型现代化牛羊养殖基地，这里牛壮羊肥，品种优良，养殖规模大、科技含量高。这就是被称为畜牧养殖强镇的梁宝寺镇。

嘉祥县梁宝寺镇位于嘉祥县西北部，地处平原黄泛冲积区，东与汶上县南旺镇、梁山县韩垓镇接壤，南连大张楼镇、老僧堂乡，西邻老僧堂乡、黄垓乡，北依梁山县拳铺镇和韩垓镇，东北部与汶上县南旺镇相连。

梁宝寺镇境内有人类居住历史可追溯到春秋初年，王场村附近春秋属鲁国下邑阚城。镇驻地南3公里桑科集村，原名大张村，系晋代前立村。镇驻地曹庄立村于金末元初，曹氏祖为避金元之乱迁居此地，以姓氏取村名曹庄。曹庄南邻梁宝寺村，有明代寺院“元明寺”，后改称梁宝寺，系汶南八大寺院之一，久负盛名。历史上区、乡、社驻地虽在曹庄，而区划均以“梁宝寺”命名，沿用至今。

梁宝寺镇在金、元、明为汶上大张社，清属坡南乡。1945年设立南旺县，以曹庄为县城。1949年划归平原省，今镇政府驻地即为南旺县政府所在地。1953年平原省与南旺县同时撤销，该地划为嘉祥县。1958年撤区并社，将本区划为梁宝寺人民公社、寺后人民公社、桑科集人民公社。1984年更名为梁宝寺镇。

梁宝寺镇驻地东北王场村附近有鲁九公墓群。鲁国桓公到昭公九位国君都埋葬在此处。王场村东有南、北两个土丘，分别为南堌堆、北堌堆，南北相距约1000米。北堌堆东西长约100米，南北宽约60米，高2米。南堌堆东西长约100米，南北宽80米。据史料记载，鲁隐公以下九公葬在了阚里。古籍载：阚里又称阚城，位于汶上西南三十里，今属嘉祥，古阚城是鲁国的下邑，风景秀丽，曾出现过海市蜃楼。据记载，鲁桓公十年（前702）桓公游于此地，“望气卜吉”，大为感叹，告诉左右，自己死后葬在这里。桓公死后，后人便把他葬在了阚城凤凰岭南坡，据传其后鲁国的庄公、闵公、喜公、文公、宣公、成公、襄公、昭公都葬在这里。因为桓、庄二公的墓葬居上，所以也叫桓庄陵。

梁宝寺镇是元朝延祐年间礼部尚书曹元用故里。

曹元用，元朝礼部尚书、翰林院侍讲学士、通奉大夫、知制诰同修国史兼经筵官。18岁任镇江儒学正，后游京师大都。受翰林院承旨阎复推荐入国史院任编修官，辟御史台令史。不久升中书省右司掾，充礼部主事，改尚书省司员外郎。时与翰林学士元明善、陕西行台中丞张养浩同在中书省任职，被誉为“三俊”。曹元用致力于儒学研究。参与编录仁宗、英宗实录40卷，奉旨杂编《大元通制》，著述诗文《超然集》40卷。逝后葬今梁宝寺镇石林。

石林曹氏墓群是梁宝寺镇曹氏祖茔，有元礼部尚书曹元用及上五代与其子孙墓。1974年，当地群众挖沟时发现曹元用及其夫人郭氏墓志两盒。

1981年墓顶被雨水冲击后暴露，1982年县文管所配合济宁市文物处进行了发掘。出土随葬品23件。棺盖上覆一细绢，上书曹元用生前官衔。墓群中除个别墓葬受雨侵蚀受损外，其余完好。1985年公布为第一批市级重点文物保护单位。

曹氏家祠是梁宝寺镇曹氏家族祠堂，分为曹垓曹氏家祠和曹庄曹氏家祠。曹垓曹氏家祠坐北朝南，南北长67米，东西宽23米，占地面积1541平方米。现存古建筑有拜亭一座，大殿、东西配房、大门各三间，为硬山式建筑，灰瓦覆顶。院内保存有明万历二十五年（1597）曹公墓碑、清嘉庆十四年（1809）曹攀华诰命碑等碑刻4块。曹庄曹氏家祠南北长50米，东西宽28米，占地面积1400平方米。现存建筑有大门、二门、大殿等，硬山式建筑，灰瓦覆顶。大殿前有月台，青砖砌成。院内有清乾隆五十年（1785）诰封曹秀碑、嘉庆元年（1796）诰封曹相清碑等碑刻。2001年公布为第三批市级文物保护单位。

曹氏庄园乃曹氏后人于清乾隆年间发展到鼎盛时期所建。时曹氏六兄弟分别是曹相清（庠武生）、曹万清（庠武生）、曹桂清、曹永清（武进士）、曹恒清、曹振清。兄弟6人分为六大门，每个大门都是六进院。第一进院前设有旗杆和公馆，后有大堂楼、内宅院和后花园。整个曹氏庄园，规模宏大，拥有房屋近千间，占地400多亩。曹家300多年，长盛不衰。民国期间，六支曹光羲（曹八）最为显赫，有土地号称“双千顷”，分布在北湖、郓城和巨野一带，拥有100多人的护卫勤杂人员，号为汶南第一家。

梁宝寺镇是传统名产小尾寒羊、鲁西黄牛和鲁锦的原产地。

鲁锦是嘉祥一带民间纺织的土花布，因为色泽瑰丽，花纹精致，故称为锦。嘉祥纺织业源远流长。《战国策·秦策》就记有曾子母亲织布的记载。嘉祥武氏祠汉画像石《曾母投杼图》中的织布机，与当今民间的织布机非常相似。汉代，此地近邻亢父县为全国三大纺织中心（临淄、定陶、亢父）之一。临淄为齐地，亢父为鲁地，所以织品有“齐纨鲁缟”之称誉。梁宝寺一带的锦纹图案经过不断革新改造，富有深厚的寓意和浓郁的生活情趣。嘉祥县对民间土布花样搜集整理后定名为“鲁锦”。2008年鲁锦织造技艺入选第二批国家级非物质文化遗产名录。

曾子故里——阿城铺村

嘉祥县满硐乡阿城铺村原名阿城，历史悠久，人杰地灵，是古代四大圣贤之一曾子的故里。曾子上承孔子道统，下开思孟学派，是孔子学说的主要继承人和传播者，他在这里设教讲学、耘瓜鼓琴、孝事父母，其思想的主体部分是孝道和修身。曾子是继孔子之后著名的教育家、思想家，在中国主流传统文化儒学中，有着十分突出的地位。

阿城铺村位于嘉祥县城南17公里，满硐乡政府驻地东北4.1公里，地处低山丘陵，西北靠南武山，北依崮山。阿城铺村西周时就有人类居住。春秋时代为鲁国南武城。《韵会小补》“阿又音屋”，“阿”“武”古音相近，阿城即武城。明代，嘉祥县城至金乡县城有南北交通大道从阿城村头通过，明万历《兖州府志·建置志》载，嘉祥全县设11所铺舍，阿城铺为其中之一。铺舍是官府为传递公文和供官员、驿使往来投宿、换马而设立的通信机构。铺舍设铺司、铺兵。铺舍内设伙房，供应来往司、兵饭食。因其村设有铺舍，所以又称为阿城铺村。

阿城铺村西北500米处是春秋鲁国南武城遗址。《山东通志·古迹》

载：“嘉祥县南武城，在县南四十里。”《兖州府志》载，嘉祥县“城南四十里有南武山，山南有曾子墓，山东南三里许有南武城。”南武城遗址就在南武山南1500米。故城遗址呈方形，子午向，面积约25万平方米。故城东北、东南城墙角在1970年尚存。现尚有残存的东城墙，南北长约100米，宽约8米，高3米～4米。济宁市文物局对城墙局部剖析，发现夯土层上夯窝密集清晰，呈圆形圜底状，为周代筑城特征。该夯土层中包含少量西周晚期和春秋时期陶片。

阿城铺是曾子故里。《史记•仲尼弟子列传》载，“曾参，南武城人”。曾子（前505—前435），名参，字子舆，是孔子儒学正宗传人，著名思想家和教育家。曾子为古曾国的后裔。17岁拜孔子为师，把孔子思想的核心概括为“忠恕”。著作主要有《论语》（主持）《曾子》《孝经》《大学》。曾子最主要的思想是孝道和修身。他把孝作为“天下之大经”。他提出了“吾日三省吾身”和“慎独”的主张，成为人们修身的典范。

南武山之阳有曾庙。曾庙初称忠孝祠。唐贞观三年《重修武城谱系》载，南武城“西北有忠孝祠，始建于周考王十五年（前426）乙卯岁二月十五日”。其后修建情况不可考。明正统九年（1444），嘉祥教谕温良“以兹庙倾圮，奏请修葺，诏赐俞允”，于次年重建，称郕国宗圣公庙，以后又多次重修。明嘉靖后改称宗圣曾子庙。曾子庙是一处极具代表性的我国古代官式建筑群体，迄今保留了鲜明的明代建筑风格。1992年，山东省人民政府公布其为省级重点文物保护单位。2003年曾宪梓先生捐资重修后焕然一新。2006年，国务院公布其为第六批全国重点文物保护单位。

南武城故址之西的元寨山东麓有曾子墓。唐贞观《重修武城谱系》记南武城“西有曾子墓”。明天顺四年（1460）重建郕国宗圣公庙碑也有庙“西南有曾子墓 ”的记载。敕修曾子墓始于明成化初期（1465-1467间）。时山东守臣上言：“嘉祥县南武山西南，元寨山之东麓，有渔者陷入穴中，得悬棺，碣曰：曾参之墓。”明宪宗下诏加以修建，以后又多次重修。曾子墓林院南北长117米，东西宽60米，占地10余亩。四周围以红色墙垣。林门题“宗圣公之墓”。林门前路旁有石人、石马、石猪、石羊。林内中门一座，额“宗圣林”。曾子墓高9米，周围92米。墓前双碑，前碑为清康熙十九年（1680）立，后碑为明嘉靖三十五年（1556）立。墓碑前飨堂三间，东配斋房三间，西配更衣所三间。1985年济宁市人民政府公布其为市级重点文物保护单位。2006年12月，山东省人民政府公布其为第三批全省重点文物保护单位。

曾子庙东原有曾子书院，相传为曾子读书处。始建年代不详。明于慎行修的万历《兖州府志•学校志》载，“考元时吴氏墓碑有东至曾子书院之文，岁久遗址不存。”

南武山之东，南武城遗址之北有耘瓜台，传为曾子耘瓜误断瓜根处。吕大器《莱芜侯像赞》有“耘绿台边，浴春沂上”，其中“耘绿台”即指耘瓜台。此两台20世纪70年代被夷为平地。

南武城遗址之西有曾子故里坊。清乾隆三十九年（1774），分巡山东兖沂曹兵备道观察松龄，在倡导捐资修曾子庙林及大学书院后，以余项在南武城遗址之右建石坊一座，上镌“曾子故里”四个大字。1977年嘉金公路修好后，移于公路西、南武山村东。

获麟之地——酒庄村

麒麟是中国古代传说中的仁兽、瑞兽，与白泽（独角兽）、白矖、腾蛇共称为上古“四大灵兽”。麒麟文化是中国传统民俗文化，盼麒麟送子，是古人对生育的崇拜。麒麟传说的源头地就在位于嘉祥县城西11公里，卧龙山镇驻地西6公里的卧龙山镇酒庄村，这里地处平原，交通便捷，物产丰富，素有“人杰地灵”之美誉。

酒庄村建于北宋以前。传说此地因鲁哀公十四年（前481）西狩在此获麒麟，取名麟川，后称大野坡，后又因地处嘉祥至巨野的官道旁，开设酒铺较多，故更名酒庄。

麒麟传说遍及整个鲁西南，而以巨野、嘉祥为中心，酒庄是其源头地。麒麟是古代传说中的动物，是仁兽灵兽，吉祥的象征。《春秋》：哀公十四年（前481）春，西狩获麟。《左传》解释说：哀公十四年春，西狩于大野。叔孙氏获麟，以为不祥，以赐虞人（掌山泽禽兽之官）。仲尼观之，曰：“麟也，然后取之。”《公羊传》说：“麟者仁兽也，有王者则至，无王者则不至。”孔子认为麟在不该出现的时候出现了，哀叹：

“吾道穷（没有出路）矣！”获麟的地方就在酒庄附近，嘉祥县之名由此而来。明于慎行《兖州府志•沿革志》载：“嘉祥县……周本巨野泽地，鲁西狩获麟在此。……金皇统间始于巨野山口镇置县，以获麟之地易以今名。”“麒麟传说”历史悠久，主要是根据史书记载而衍生的，透射出人们喜爱吉祥、追求幸福生活的心理。“麒麟传说”已经流传了千百年，可以说妇孺皆知，耳熟能详，逐渐衍化成为一种吉祥文化。2008年入选第二批国家级非物质文化遗产名录。

酒庄是北宋文学家王禹偁故里。

王禹偁，字元之。北宋文学家。宋太平兴国八年（983）中进士，任成武县主簿。雍熙元年（984），知苏州长洲县。历任大理评事、右拾遗兼直史馆、右正言、左司谏知制诰、商州团练副使、解州团练副使、左正言、知单州军州事、礼部员外郎知制诰、翰林学士、工部郎中、知滁州军州事、知扬州军州事、尚书工部郎中、知扬州军州事、知黄州。撰有《小竹楼记》《待漏院记》《唐河店妪传》《录海人书》《答张扶书》等。文集遗著有《小畜集》《小畜外集》20卷。卒后葬于酒庄村东，距今县城10公里处。

酒庄村还为金、元时段氏家族故里。

段楫，金末山东行省参议，以廉干称。赠中议大夫，追封巨野郡伯。段证，段楫长子，官至元奉训大夫，柳州路治中，赠大中大夫、济宁路总管，追封巨野郡侯。段廷珪，字君璋，段证三子。任镇江路总管。今村北有段氏墓地，原方80亩，有翁仲、石马、石羊、石虎、段廷珪碑等地上文物。

运河水脊　蚩尤故里——南旺镇

汶上县有一个古代著名的交通、文化重镇，境内拥有以古运河分水枢纽工程、分水龙王庙为代表的运河文化遗址，以蚩尤冢为代表的始祖文化遗址，以蜀山寺为代表的佛教文化遗址，以阚城遗址、鲁九公墓、孔子沟为代表的春秋儒家文化遗址。古运河的滋养，形成了独特的地方文化，造就了这里的人们豪侠爽直的性格，这就是历史文化重镇——南旺镇。

汶上县南旺镇地处鲁西南平原，古运河畔，为千年古镇，距离济宁市21公里，距汶上县城19公里，南距日东高速公路10公里，西距济菏高速公路15公里，济梁公路与汶金公路在镇驻地十字交叉。

据《姬氏志》载：公元前702年，鲁桓公游于阚，次年会宋公于阚，桓公登凤凰岭“望气卜吉”，面南眺望风水兴旺，“南旺”地名由此而来。明万历三十六年(1608)建南旺社。1912年为南旺团(乡级)。1949年新中国成立建政后，划归济宁县，区部设在南旺镇。1956年又划归汶上县名为南旺区。1986年改为南旺镇至今。

《史记》载：“蚩尤在东平陆阚乡，齐之西境地”。东平陆，即今汶上县；阚乡，即今南旺镇。蚩尤冢在南旺镇运河大桥东侧，坐北向南，树木参天。“蚩尤冢”石碑高2.3米，宽1.5米，厚30厘米，屹立于冢前，为清代所刻。“蚩尤祠”碑刻则存放在汶上县博物馆内。

南旺位于古京杭大运河最高点，素有“运河水脊”之称。明代初年，因黄河决口，会通河淤塞，运河漕运中断。永乐九年（1411），工部尚书宋礼奉旨疏浚会通河，采纳汶上老人白英的建议，修筑戴村坝遏汶水，开挖小汶河引汶水至南旺入大运河，在汶、运交汇处设分水口，使汶水北流以济漳、卫，南下以济黄、淮。它以漕运为中心，因势造物，相继兴建了疏河济运、挖泉集流、设柜蓄水、建湖泄涨、防河保运及建闸节流等一系列结构缜密的配套工程，从而有效保证了大运河连续500余年畅通无阻。明清两代为纪念宋礼、白英的功绩，在南旺汶、运交汇处建造了“分水龙王庙”。自明永乐年间始修建龙王庙大殿、戏楼及钟鼓楼等建筑；明正德七年（1512）建宋公祠、白公祠和潘公祠；清康熙十九年（1680）建禹王殿；其后相继增建了水明楼、莫公祠、文公祠、蚂蚱神庙、观音阁等建筑。清乾隆皇帝六次下江南，均在分水龙王庙停留。光绪二十七年（1901年），清廷宣布漕粮折银，运河停运，从此南旺分水枢纽工程失去管理，功能日渐消失。19世纪初，美国水利专家方维因参观南旺分水枢纽工程后，给予了很高评价：“此种工程在十四、十五世纪工程学的胚胎时代，必视为绝大事业……今我后人见之焉得不敬而且崇耶。”1965年，毛泽东主席在接见山东省党政主要负责人时，对这项工程给予高度评价，说“这是一个了不起的工程”，并称赞汶上老人白英为“农民水利家”，盛赞古运河在南旺“三分朝天子、七分下江南。”2011年6月11日，在南旺分水枢纽工程建成600周年之际，大运河南旺枢纽考古遗址公园正式奠基。遗址公园的建设现已成为大运河保护与成功申报世界文化遗产的新亮点。

蜀山湖开掘于明朝，是白英“南旺分水”后建的济漕运的“水柜”。湖内有蜀山，状如蘑菇。传说明永乐年间，南方一富家举子恃才傲物，进京应试前曾向同窗夸下海口，不料名落孙山，无颜返乡。见蜀山清静宜人，便把所带银两在此建寺出家，兴建蜀山寺。蜀山寺主建筑为“圣母殿、释迦牟尼殿、宗鲁堂、吴尚书楼”。大门面南而立，门楼高悬颜体镏金“蜀山寺”匾额。吴尚书楼位于蜀山寺圣母殿前灵观正南不远处，是明代吏部尚书吴岳辞官还乡后给弟子讲习、游乐之地。楼上刻有乾隆皇帝游“蜀山寺”时题写的“清心镜境”回文壁碑。

鲁桓公十八年（前694），桓公驾崩，遵照他的遗愿，葬于阚城凤凰岭南坡。后鲁国庄、闵、僖、文、宣、成、襄、昭八公也都依礼葬于阚城。鲁昭公死在被逼逃亡之地——晋国边邑乾侯，被擅权的季氏大夫埋在了鲁诸公墓道之南（外），以示死后不得进祖茔之意。后孔子就任鲁大司寇，主持在昭公墓南面及墓地东西两侧开掘了一条“U”形沟堑，意在聚合昭公遗散在外的魂灵，使与以上诸公墓神灵相沟通。这条沟，后人命名为“孔子沟”，又名“讲沟”（寓孔子曾于此地讲学之意）。鲁九公墓和孔子沟，直到明万历年间还存在。万历末年，附近的人从墓地下掘出两条石柱，石柱上镌有游龙，并刻描有朱红对联一副：“家世西京衍豳岐丰镐之旧，祚封东鲁开邢卫曹滕之宗”。自此，人们始俗呼为“皇林”。目前，鲁九公墓和凤凰岭尚有迹可寻。

古朴优美的旅游胜地——军屯乡

大自然在济宁东北部和泰安南部两市交界地带划出了一片充满魅力的黄金旅游胜地——军屯乡。这是一个有着古朴风情和优美风景的旅游小镇，在这片远离世俗尘嚣的偏僻地界里，军屯村、南陶村和戚姬村等一座座历史悠久的古村朴素自然地镶嵌在山峦之间，乡北部环村的汩汩溪流与浩浩荡荡的大汶河水相互交织，野鸭、白鹭腾跃在两岸浓绿如染的河水间，构成了充满天然野趣的军屯。

军屯乡民国初年属汶泉乡，1956年为沟头区。1984年改为军屯区。1985年改称军屯乡。

军屯村为军屯乡政府驻地。据传明鲁王曾在此屯兵操练，北宋时，从梁山泊到军屯山全是芦苇荡。远望军屯山，好像一座湖心岛在飘荡。时军屯山又称波荡山。梁山义士被朝廷招安后，108名好汉大部惨死。有72名好汉的尸体被运到波荡山埋葬。后明代官府在此地屯军。牛氏于清顺治年间迁此后，取村名军屯。明清以来，随着该地日趋繁荣，每年二月春季的庙会便应运而生。会上除了物资交流外，打杂耍、唱大戏等许多广大群众喜闻乐见的民俗节目也成了群众所期待的内容。一年一度的庙会给这个古乡镇增添了节日的气氛。

南陶村，春秋侯国曰桃乡国。《汉书•郡国志》载："桃乡城，在兖州府汶上县北五十里泗汶口（今泗汶）之东北，汉县，属泰山郡。"北魏郦道元《水经注》载："汶水自桃乡四分，当其派别之处谓之泗汶口。"可见，桃乡城，位今南陶一带。《汉书•王子侯表》载：汉哀帝建平二年（前5），置桃乡侯国，治桃乡城。东汉章帝元和元年（84）桃乡划属任城国。南朝刘宋元嘉十五年（438），置东平县，治桃乡城。据传，南陶村是《左传》作者左丘明的故乡，桃花夫人的家乡也在此地。春秋末年，越王勾践灭吴国后，有功之臣范蠡激流勇退，偷偷地携西施逃到北方，后隐居在桃花盛开之地（今南陶村）。在这里畜牧、经商，最后富甲天下。他们的财富曾七聚七散。后人为了纪念他，尊他为"陶朱公"，这里也被称为"陶城"。

戚姬村位于军屯乡北部，"戚姬娘娘"的故事流传至今。汉高祖二年（前205），刘邦被项羽围在彭城，刘邦落荒而逃，狂奔几百里，窜到一个小村庄，人困马乏之际，闯入戚氏院中，昏倒在地。经戚氏父女精心调养，刘邦方才康复。时戚女已与刘邦建立感情，戚氏父母便为其圆房。刘邦登基，定都长安后，便把戚女接去京城，先封"戚姬"，后封"夫人"，深受宠爱。戚夫人也时常捎回一些生活物资接济乡亲。刘邦驾崩后，毒辣成性的吕雉做了皇太后。她先将戚夫人的儿子如意从封地召回长安毒死，后又把戚夫人砍去手脚，割去双耳，灌了哑药，放入猪圈害死。中都百姓对戚姬的遭遇痛心疾首。为怀念这位恩泽乡亲的戚夫人，人们把她的尸骨从长安运回出生地埋葬，并命村名为"戚姬村"。

梅山庄村依山而建，由于地形所致，人们仍处在相对封闭的状态中，所以在现代化席卷城乡的大潮冲击下，小村的建筑、周边环境和民风仍保持着久远的古韵和原生态的品质。在这里，小村的宁静、古朴、单纯、悠闲很容易让人们消除现代都市生活带来的喧闹、紧张和烦乱，唤醒都市人沉睡在心底的那份渴望休闲与自在的无拘无束的乡村生活情节。

浏览军屯，仿佛走进了一座古朴而优美的世外桃源，又仿佛在阅读一部卷帙浩繁的历史长卷。

军屯向北、向东，大汶河孕育滋润了这曾经的蛮荒之地，造就了一派诗意盎然、青山绿水人家的桃花源，大汶河一路逶迤而来，水绕山色，河道逶迤，不失大家闺秀之雍容天成。遇小桥流水，温婉秀丽。大汶河堤成行的速生杨，苍劲蓊郁，成为天然氧吧，博得不少游人的赞叹；河上，大汶河度假村朱椅间陈，过客疲累，假此小憩，或品评乡间野味，或观赏河水浩荡，真有宠辱皆忘之乐。还有，河岸北杨庄村的民俗村，热情洋溢的“四八席”，质朴天然的民俗风情以多姿多彩的方式展现着独具魅力的文化风韵。缓慢、放松、怀旧，同时又有着不可言传的浓郁。时间流动至此，仿佛温柔地拐了个弯，就渐渐地慢了下来。

书圣故里　孝悌之乡——白沙埠镇

白沙埠镇位于临沂市兰山区北部，东临沂河，西接枣沟头镇、半程镇，南与南坊街道相连，北与李官镇毗邻。地处丘陵和平原地带，地势由北向南逐渐减低。区位优越，交通便利，朱七路、滨河大道纵横南北，白陶路、董泗路、安沂路、书圣路、友圣路、孝圣路横穿东西。境内有王祥河、柳清河、鸭子沟、关子沟四条河流。

白沙埠镇历史悠久。春秋鲁隐公七年（前716）建中邱邑（邑址今诸葛城村），西汉为临沂县治所，后废。清末属俄庄乡。1948年建茶山区，1958年改为茶山公社，1981年，因公社机关在白沙埠，更名为白沙埠公社。1984年，改为白沙埠镇。

白沙埠镇文化灿烂。白沙埠镇是东汉末年以孝著称的“孝圣”王祥和“友圣”王览、“书圣”王羲之的故里，是临沂琅琊王氏和“孝悌文化”的发源地。现有40余处历史文化古迹和旅游景点。境内有孝友祠、王祥卧冰求鲤处、中邱城遗址、鸿福寺遗址、白云寺遗址等多处市级重点文物保护单位。2010年，被中国乡土协会授予“中国孝文化之乡”称号。

位于镇域中部的孝河，因王祥“卧冰求鲤、伺奉继母”而闻名。古琅琊八景之一“孝河凝冰”就发生在这里。王祥，字休徵，东汉末年琅琊临沂人。晋人干宝所著《搜神记》中，载有王祥在严冬季节卧冰求鲤奉母的故事。《晋书•王祥传》亦记其“风雨守柰”“黄雀入幕”等孝行。元代郭居敬将王祥列为 “二十四孝”之一。其异母弟王览以友于兄闻名，官至太中大夫，后人尊称为“友圣”。王览之孙王导，为东晋开国功臣、三朝元老，有“王与马共天下”之说；其曾孙王羲之，系蜚声海内外的“书圣”。

位于白沙埠镇中部的孝友村，是我国古代著名的“二十四孝”之一“孝圣”王祥的故里。因其地处于管子湖、涝子湖之间，原名王家双湖，明万历年间为纪念王祥、王览兄弟，易名孝友村。村前现存有孝友祠堂，乃王氏后人修建，匾额上书明嘉靖皇帝南巡时所题“孝友格天”，由中国书法家协会主席王学仲先生重书，原祠堂毁于倭火。

王祥以“孝”著称。有三个故事是赞扬他的孝行的。其一是“卧冰求鲤”。据说王祥生母薛氏早逝，父亲王融继娶朱氏为妻。朱氏心地偏狭忌刻，虐待王祥，王祥却一直对父母非常孝敬。据晋干宝《搜神记》记载：王祥继母生病，想吃鲜鱼。时天寒地冻，捕鱼困难。王祥来到河上，解衣，欲卧冰求鲤，冰忽自解，有双鲤跃出；其二是“黄雀入幕”。是说王祥继母想吃黄雀肉，让王祥去捉黄雀，捉多日不得，继母严笞王祥，受王祥孝行感动，突然黄雀数十只飞入室帐，让王祥捉来做食供母；其三是“风雨守柰”。南朝宋刘义庆《世说新语•德行》说：王祥家有一柰树，结子殊好，后母朱氏让王祥看守，风吹柰落，朱氏就鞭打王祥。此后，每当风雨来临，王祥就抱树痛哭，而风雨很快停歇。这三个故事，表现出上天对王祥孝行的高度赞扬，更是折射出当时人们对“孝”的推崇。

王祥因其孝行被选官任职，历仕汉、魏、西晋三朝，晋代魏后，拜太保，晋封公爵。晚年辞官，晋武帝司马炎下诏，王祥以睢陵公的身份逊位，并赐给安车驷马，宅第一区，钱百万，绢五百匹，和床帐席褥。将宫中舍人六名送给睢陵公作舍人，设置官骑二十人。泰始五年(269)，王祥病逝，时年84岁。他临终前，要求子孙："生之有死，自然之理"，死后不要铺张，不要张扬，丧事从简。不要用珍贵器物陪葬，墓穴不用石砌，不起坟垄，不作前堂，不布几筵，亲属不要送葬。并遗有五条立身之本的明令："夫言行可覆，信之至也；推美引过，德之至也；扬名显亲，孝之至也；兄弟怡怡，宗族欣欣，悌之至也；临财莫过于让。此五者，立身之本。"在汉、魏、西晋时期，厚葬之风盛行，王祥能不为时俗所染，实行薄葬，应当说是比较开明的。

白沙埠镇风景秀丽。有茶山、孝河、诸葛古城、鸿福寺、白云寺、温泉等。孝友村前有一小河，自东向西流过，蜿蜒10余里，称为王祥河或孝感河，习称"孝河"。民国《临沂县志》记载，其发源于茶山南麓之桃花岭，东南经孝友村，至诸葛城村汇入沂河。寒冬季节，小河上下冰封如玉，称为"孝河凝冰"，列"琅琊八景"之一。明人有"银屏皎洁连川合，碎玉楼层映月寒"诗句予以赞美。偏西有一处河床，泉水上涌，水面从不结冰，据说，这里就是当年王祥卧冰求鲤的地方。南岸原有石碑，上题"晋王祥卧冰处"。北岸原有孝友祠，正殿三间，端庄古雅。殿内供有王祥、王览和王羲之的塑像，院内古槐参天，别有幽趣。

位于白沙埠镇东北部的诸葛城村，存有中邱城遗址，是市级重点文物保护单位。遗址东临沂河，周长4.5公里，今只存残碑及银杏树一株等物。《沂州府志·古迹》称："诸葛城，亦名中邱城，在县东北三十里。"这说明诸葛城最早称为中邱城。中邱城于公元前716年由鲁国建筑，这从《左传隐公七年》"夏，城中邱"的记载中可以证明。

西汉元封五年（前106）置临沂县治。对此，《水经注》《太平寰宇记》等书都有明确记载。隋大业元年（605），临沂、开阳、即丘三县合并为临沂县，治开阳（今临沂城），临沂故城曾因“诸葛亮来居于此，亦名为诸葛城。”遗址系高出地表2至3米的平台，周长约4.5公里。东西两面存有护城河遗址，东南角存有一段城墙，上有明显的夯土层及棒洞。遗址中采集到东周时期的鬲、豆残片及汉代砖、瓦等碎片，并发现清嘉庆二十一年（1816）立鸿福寺碑，上书“沂郡东北中邱城东有鸿福寺院，创建于唐……”等语。

诸葛城旧有“武侯祠”，碑文记载诸葛家族来此“避兵”等事，可惜在“文化大革命”中被毁。历代文人墨客将诸葛城当作诸葛故里，留下诸多诗文。明代大臣陈玉《诸葛武侯祠》诗云：“鹿走人间汉鼎移，南阳山色草庐低。卧龙不起扶江表，瞒贼长驱到陇西。渭水古川春雨滑，丈原垒高阵云迷。年来独有祠前柏，岁照笼葱越鸟啼。”明万历进士周京《诸葛城》诗云：“三分筹策已茫茫，鱼腹千秋战垒黄。马上欲寻卧龙处，空城斜日下牛羊。”

孝河水清澈甜润，河底为黑紫淤泥，盛产白莲藕、红莲藕、茭白、菱角、鱼虾等，尤以白莲藕最为出名。它与沙沟芋头、塘崖大米并称临沂市的三大土特产，素有“沙沟芋头孝河藕，塘崖大米香满口”的美誉。孝河藕肥、细、脆、嫩，与其它藕相比，节短肥大，表皮润滑有光泽，脆甜适口，细嫩无渣，生食或熟食皆宜。既可炒炸蒸煮，又可凉拌冷调，花样繁多，味道各异，能上菜谱的就有60余种，非一般河藕、塘藕所能比拟。其叶、莲子若做成“荷叶粥”“莲子羹”，更是滋补佳品、美味佳肴。另外，孝河白莲藕还可入药，能收涩止血，凉血化淤。2010年，白沙埠镇被中国蔬菜协会授予“中国莲藕之乡”称号。

“塘贡米”飘香之地——大塘崖村

大塘崖村位于临沂市罗庄区高都街道办事处东南2.5公里处。南大路贯穿村中，唐初建村，名兹沂官村，继更名紫花塘，因村后有百余亩的池塘而得名。清朝时因村址居池塘南岸，更名塘崖。后因南有同名村，此村较大，遂定名为大塘崖村。

大塘崖村因产“塘米”而远近闻名。据传，塘米称为“下马看”，有官员常来此地，从高头大马上下来视看之意。该村西北部有一个月牙状塘圈，不足1000平方米，是真正产塘米的地块。此地地势低洼，长年湿润，土质黑黄，性温，干燥后的土块，坚硬难摧，水泡数日仍保持原形不变。据近代土壤学专家分析，该处泥土中含有大量稀有元素——硒，是动植物特别是人类生理特需的一种元素。同一个品种，在这不到1000平方米的土地上，所产稻谷的米质，优于其他地块，因此塘米便显得弥足珍贵。塘崖大米、孝河白莲藕与沙沟芋头并称为临沂市的三大土特产，素有“沙沟芋头孝河藕，塘崖大米香满口”的美誉。相传唐王李世民东征时路过此地，曾依崖傍水，扎寨于陷泥河畔，在长烟落日之际，唐王食用了塘米，顿觉香黏甜绵，不禁连连称赞。班师回朝后，忆及塘米风味，仍留恋不舍，遂征调为宫廷之用，以饱口福。自此塘崖人年年纳贡，又称塘米为“唐（塘）贡米”。

塘米属早熟糯型旱稻。这种稻耐旱、耐瘠、耐盐碱，亩产可达250公斤。籽粒呈紫褐色，糙米浅绿色，精米晶莹洁白。塘米有两大特点：一是具有浓郁的香味，塘米喜大火蒸煮，不论做干饭、稀饭，只要掺上百分之三至五的塘米，便香气四溢，食味极佳，俗谓“一家煮米四邻香，四邻煮米香全庄”。二是黏性大，用塘米做的年糕、汤圆、粽子等，黏润滑腻，有口劲。

1978年山东省稻米质评会上，来自大塘崖村的塘米以其独特的风味荣获第二名。1985年11月，塘米又被评为省名优特稀产品，选送北京参加展评，引起有关专家和外宾的瞩目。随着时代的发展，过去专门进贡宫廷的贡米——塘崖大米，如今已远销四方，成为临沂的知名特色农业品牌，端上了普通人家的餐桌。

祝丘古城遗址——汤河镇

祝丘古城遗址位于汤河镇故县村。这座东西长约200米，南北宽约50米的“土台子”却有2700年的悠久历史。《左传•桓公五年》记载：“夏，齐侯，郑伯如纪。天王使仍叔之子来聘。葬陈桓公。城祝丘”。“汉置即丘县。”孟康曰：“即丘，古祝丘也”。《临沂县志・古迹》中记载：“汉即丘县，今治东迤北四十里。”《史部•水经注》：“即丘，故祝丘也。”有的文献中称“祝邱”，有的称“即丘”，正如《太平寰宇记》中记载的“祝与即，齐鲁之音也，其实一焉。”

鲁桓公五年（前707），鲁国在此建邑，设置政权机构；秦朝建立后，实行郡县制，郡下设县，在这里设置了县级管理机构；西汉初期设县，西汉末年王莽建立新朝后，即丘改名就信；三国两晋南北朝时期，地方上仍然是州、郡（国）、县三级，琅琊国辖临沂、开阳、即丘等十余县；西晋灭亡，东晋南迁后，刘裕执掌朝政时曾经北伐，占领了一部分土地。他建刘宋以后，设置了徐州琅琊郡，下设即丘、费县；北齐与北周时期，州、郡、县废置，临沂县并入即丘县；隋炀帝大业元年（605），即丘县并入临沂县，翌年将临沂县治所从今汤河镇四故县村移到今天的临沂城。此后1300多年即丘故城再没有设立县以上政权机构。又因几经战火，城垣倒塌，故城消失。

祝丘城的投资人是鲁桓公，筑城时间是鲁桓公五年，即公元前707年。鲁桓公缘何要不惜国力筑建一座邑，而且又是在不鲁不齐之地?

鲁国立国时面积并不大，不过方圆百里而已。后来，历经不断扩张，兼并了周围的一些小国，春秋初年鲁国曾一度强盛，堪与齐国抗衡。后来，为齐国所败，此后便一直居于齐国屈从国的地位。由此可见，鲁桓公不惜国力在远离国都且人烟稠密、战略位置十分重要的东部边陲筑城设邑，以抵御强敌入侵之举，当然是顺理成章的事了。

鲁桓公时期的“兄妹乱伦”绯闻的女主角鲁桓公正妻文姜曾栖身祝丘城五年。

文姜尚在闺中时与哥哥姜诸儿之间有私情，丑事很快传到父亲齐僖公的耳朵里。正在此时，鲁桓公派人前来求亲。正中齐僖公的下怀，立即满口应允。

出嫁前夕，姜诸儿与文姜以诗传情。姜诸儿写道:“桃树有华，灿灿其霞，当户不折，飘而为直，吁嗟复吁嗟!”文姜答曰:“桃树有英，烨烨其灵，今兹不折，证无来者?叮咛兮复叮咛!”

鲁桓公十四年，齐僖公一命归西，姜诸儿当上了齐国的国君襄公。文姜随桓公携浩大仪仗，前往阔别十八年的故乡齐国贺喜。兄妹重逢，重叙旧情。鲁桓公怒火中烧，痛斥姜氏兄妹后，下令立即启程返国，回去再跟文姜算账。齐襄公顿起杀机，下令在临淄牛山设下筵席，鲁桓公被齐国的臣工们灌得酩酊大醉。回去的路上，与鲁桓公同车的公子彭生下了杀手。

鲁桓公去世后，他和文姜的儿子同即位，即为鲁庄公。鲁庄公派遣臣工到齐国来接母亲。当车轮行驶到齐鲁之间的禚地时，文姜感叹道:这里既不是鲁国，也不是齐国，我该在这里安身。于是，鲁庄公在祝丘建了一座宫殿，让母亲住在那里。

五年后，文姜从祝丘回到鲁国，专心帮助儿子处理国政。由于她在处理政务上展现了敏锐的直觉和长袖善舞的本领，同时在军事上也表现出了非同一般的才能，没过多久就使鲁国的军事和经济实力大增，一度改变了鲁国羸弱不堪的局面。鲁庄公二十一年，文姜辞世。她死后，鲁国人还很称道、怀念她。

1973年，在文物复查工作中，曾在该遗址采集到新石器时代的鸟喙形鼎足、骨箭头、黑陶残片；春秋时代的鬲足、印纹硬陶片、三棱铜箭头；汉代的罐形鼎、铜鼎、博山炉、铜剑吞口、陶博山炉盖、铁锄、“大泉五十”铜币等物。1983年3月，又对该遗址做了进一步的调查。古城范围在春秋时可能还不很大，但至汉代至少包括目前的四个自然村，即自北向南的张、赵、周、王四个故县村。目前，在张故县以北70余米处尚有城墙遗址一段，东西长200米，南北最宽处为50米。城墙顶部50厘米为汉文化层，有大量瓦片积压。以下都是灰土层，包含有新石器时代至春秋的各种陶片，层位错乱混杂，系筑城时堆积而成。在灰土层中还可看出层层夯土迹象。该遗址下层为新石器时代文化。城墙北部及西部有一道水沟，当为护城河遗迹，因其形似弯月，当地群众称之为月河。

《临沂县志·古迹》中记载:“汉即丘县，今治东迤北四十里。故县社有四村，音转故钦。北遗址数十丈，高丈余，俗呼高城。东距沭水十余里，西北距诸葛城三十里。”相传这四个分别以张、赵、周、王姓氏冠名的故县村，是明洪武年间人们在废墟上重新建立的，名为“故县”，即旧县城的意思。四村同名并列，各冠姓氏，以张氏为主的村即“张故县”。

在张故县村，村民们习惯称村北的土台子为高城。据四个故县的村民介绍，村里的人对这个地方都很敬重，从来没有人敢在这个台子上取土，也没有人在遗址上操锨起镢寻挖文物，因为村里世代流传，如果有人动了这里的土，就会招来不幸。

故县故城遗址历经2700余年，1983年被列为临沂县县级重点文物保护单位。2006年被山东省人民政府公布为省级重点文物保护单位。

汤河（汤河镇段）一年四季流水，九曲环绕，时湍时缓，柳暗花明。河中沙州、绿洲、湿地星罗棋布，千姿百态，草长鹭飞，野鸭簇动，两岸河滩广阔，植被丰富，生态环境良好。沿途林果、花卉、苗木连绵不断，郁翠葱葱，百花争艳，瓜果飘香，是远近闻名的杞柳、苗木、花卉、木瓜之乡。汤河镇是山东省（除黄河三角洲）第二大未开发连片湿地，具备发展生态旅游和休闲旅游得天独厚的条件。

悠悠郯国古镇　彰显明珠风采——郯城镇

郯城县郯城镇（现为郯城街道）位于山东省的最南端，春秋战国时期为郯国故地，素以历史悠久、文化名胜繁多、物产丰富享誉海内外，自古以来，就是交通要道，商贾重地。境内京沪高速公路、205国道、301国道、微连公路、胶新铁路在此交汇；沂河、沭河、白马河南北贯通；马陵山绵延东境。这里有全国平原地区最大的万亩神舟古栗园——山东省森林公园，被国家命名为“中国银杏之乡”的古郯银杏郁郁葱葱。郯国故城址、马陵古战场、唐代于公墓、东海孝妇冢、倾盖亭、南皇亭、豹公墩、郯子公园、湿地公园、天和广场等古今名胜景观星罗棋布。怡人的气候，独特的人文景观、地理资源优势为郯城街道各项事业的发展注入了新的生机。如今的郯城街道有如一颗璀璨的明珠镶嵌在鲁南大地上，成为改革开放的山东南大门。

郯国故城系西周至战国时期的郯国都城，位于今县城驻地。战国时期，郯国为越所灭，其境入越。楚灭越后，其地又归楚。至秦并天下，郯国之名不复存在，唯故城犹存。在秦、两汉、三国至隋，郯国故城多为郡县治所。唐代改郯县为郯城县。郯国故城，毁于北宋末年战火中。金统一北方后，将城移建于现址。千百年间，郯城地当要冲，重镇苏鲁，拓殖建设堪称辉煌。故城东墙和南墙已被推平，西墙和北墙局部保存尚好。墙基宽40米，顶部宽15米，残墙高4米。周长4670米。郯国故城遗址于1977年被公布为省级重点文物保护单位。郯城自古就有“鲁南古城秀，琅琊名士多”的说法，作为鲁南重镇的郯城街道是春秋时期的郯国故地，改革开放以来，随着地方经济的高速发展，财政实力的增强，郯城街道依托历史名城这一优势，在有效保护历史文化遗产，提升古郯文化底蕴的同时，积极配合县政府投入巨资在郯国故城南侧建设了郯子公园，北侧开发建设了湿地公园，东侧建设了花卉苗木基地。这些人文投资建设项目为彰显郯国故城文化增添了亮丽的风景。

魏齐马陵之战的战址当在郯城的马陵山，马陵道在郯城县境马陵山地段，南起大尚庄乡的孙家塘，北到清泉乡的九道湾，在县域境内40余公里，南北贯穿整个郯城街道。马陵道分山顶道、山涧道、河谷道，马陵道旁与马陵之战有关的地名、村名很多。相传郯城街道的穆柯寨村是喂养战马的地方，战国时，齐伐魏救赵，孙膑在这里指挥，用减灶法引诱庞涓至独龙涧，歼灭其士兵并将庞涓五马分尸于“分尸岭”，随后孙膑又从此发兵西出马陵山，直奔西南平原道进攻魏都大梁（今开封）。古道沧桑，沧桑古道。沉睡了两千多年的马陵山，终于随着动人的传说，传出了真实的梦。1992年，中国军事科学院的专家教授和省、地、县的考古专家、学者以及历史、地理学家们联合对山东郯城马陵山和当地出土的文物，以及村名、地名现状等进行了深入细致的考证，相继举行了“山东郯城齐魏马陵之战战址研讨会”和“马陵之战战址学术报告会”，一致定论为“齐魏马陵之战战址就在山东郯城马陵山”。这标志着一个真正的“古马陵道”的再现。近几年来，郯城先是依山傍水投资修建了马陵山庄、整修了会师水库，度假村、避暑山庄等游乐景点正在规划实施之中，山林绿化面积实现了全覆盖，每逢夏秋之交，漫山遍野，郁郁葱葱，瓜果飘香，身临其中犹如进入人间仙境，尽情享受大自然带来的乐趣。

郯城孝妇冢为县级文物保护单位。在县城东205国道旁，葛庄村西有一个高五六米的坟冢，周长80米，占地近半亩。这就是至今保存完好的西汉年间东海孝妇冢。在孝妇冢的墓前有石碑两座，一座是康熙三十四年（1695）所立，另一座是光绪三十年（1904）所建。孝妇名叫周青，在没嫁过门之前，丈夫就患病不能下地干活，将周青娶过门来料理家务，谁知不到一年的时间丈夫死去，只剩下婆媳二人相依为命。有一天，周青在挖野菜回家的路上捡到一枚铜钱，用这枚铜钱买来二两香油，她将挖来的豆瓣野菜洗净，加上香油后端给了婆婆，谁知婆婆食后在夜间突然死去。周青的小姑子就到县衙告状说是嫂子周青想改嫁有意害死母亲，县令收审了周青。当时狱吏于公曾向县令申诉，说周青是一位贤良孝女，不会害死婆婆，县令不听劝告执意处斩周青。在临斩前孝妇周青向县令诉说无心害死婆婆的冤情，提出了可以验证的三种现象，一是被冤杀后流白血，二是天降雪，三是大旱三年，还恳求死后同婆婆合葬。孝妇周青被斩后果真流白血，下大雪，周青被安葬在婆婆坟墓的西侧，谁知一夜之间两个坟墓合为一体，成为一个封土高大的墓冢。孝妇的冤情感动了上天，果真大旱三年，颗粒无收，县令被罢免。元代大戏曲家关汉卿以汉东海孝妇为原型，改编戏剧《窦娥冤》《六月雪》。多少年来孝妇周青的故事被当地人们所传颂，白溪（血）汪村更是妇孺皆知。在墓冢的中间至今仍然保留着一条南北向的分界线，它记载着孝妇周青赡养老人的贤孝美德。这一传统的贤孝美德在当地得到发扬光大，涌现出一大批好妻妇、好婆婆、好妯娌，邻里和睦、尊老爱幼、积德行善已成为城乡居民的行动典范，为加快精神文明建设，构建和谐社会发挥了重要作用。

于公墓坐落在县城西关。该墓东西宽100米，南北长140米，中心封土高7米。墓前有清康熙三十九年（1700）郯城知县赵节重立石碑一幢，碑文为“汉于公墓”。该墓现保存较为完好，1978年被公布为县级重点文物保护单位。于公，系汉相于定国之父，曾任县狱吏、郡决曹。他精通法律，治狱勤谨，无论大小案件，他都详细查访，认真审理，因之“每决而无恨”。于公以德治狱，千古称颂。相传某年除夕，他见囚犯们愁眉苦脸，唉声叹气，想必是因为不能与家人团聚而愁苦。于是他冒着“私放囚犯该杀”的风险，放犯人回家过年。他对犯人说：“岁尽腊除，谁无父母子女，谁不盼着家人团聚，我今天与你们约定，大年三十放你们回家，新年过后，初三回来，不准逾期，如逾期不归或私自逃走，当加倍治罪。”犯人听后，无不欢喜、感动。正月初三，果然犯人全部归来。

此外，倾盖亭、南皇亭等历史文化遗产至今保持完好，也都有一段段说不尽的历史故事……

昨天的故事已成为今天的历史，今天的一切又将为明天书写新的历史。如今的郯城与时俱进、求实务实。一个全新的郯国古镇——郯城将以崭新的风貌展现在世人眼前。

郁郁人文　多彩风情——泉源乡

泉源乡位于郯城县城东北部，乡政府驻地泉源头村距县城20公里。该乡东临江苏省东海县，西靠庙山镇、沙墩镇，南连郯城镇，北依临沭县。

公元前341年发生的齐魏马陵之战，传战址在今郯城县马陵山地区。清康熙《沂州志》载：“马陵山在州东九十里，与郯城接，状如奔马，直抵宿迁……齐伐魏，孙子胜庞涓于此。”这里地形复杂，地势险要，山岭沟涧纵横，可伏兵数十万。马陵道有山顶道、山涧道、河谷道之分。山顶道是一条南北古道，南通吴、越、楚，北达齐、燕、赵。马陵山区至今仍保留有古道遗迹，民间流传着“马陵山，马陵山，脚蹬骆马湖，头枕穆陵关”的歌谣。

在马陵山区古道沿线，与齐魏马陵之战有关的地名、村名有数十处。其中独龙涧由九条冲沟汇成整个涧沟，尖子山环绕一周，形似葫芦，又称葫芦谷。沟内道路弯弯曲曲，路两旁悬崖峭壁，谷深林密。当年孙膑施计射杀庞涓于此涧，又名庞涓沟。该沟内与孙、庞大战有关的地名很多，有孙膑营垒、伏兵崖、恨古崖等战场遗迹。其中较有名的为卸甲营村，相传是庞涓中箭死后，孙膑在这里安营，让士兵卸甲休整而得名。卸甲营村东临沭河，河东是王家村，1979年在该村附近出土过一些古铜箭头等。卸甲营村西南，是四围山和穆柯寨，地势险要，也有不少古铜箭头出土。从卸甲营村向南约7公里，便是著名的“禹凿山口”，相传山口为夏禹治水而凿，沭水流到这里折向西转，两岸悬崖陡壁，林木丛生，水波潋滟，风光秀丽。山口东南便是历史悠久的古寨村。当年孙膑利用减灶法，诱敌深入，在此把锅灶减到最少，所安的营寨就在古寨村。1972年修跑马岭水库时，曾挖出数百个锅灶坑和许多三棱青铜箭头。沿古寨向南，经大贤庄、官庄、芦窝、上河，直到苏鲁交界的嶂苍村，山岭连绵起伏达30多公里，但山路尚为平坦，是孙庞斗智的马陵古道南段。

马陵山顶峰原有一座玉皇顶奶奶庙。据史料记载，唐代这里建有白云庵一座，康熙七年（1668）大地震时倒塌。清乾隆年间重建并更名为奶奶庙，祭“痧痘娘娘”诸神。庙内原有历代青石碑三十余座，“天池”清泉一处。每年阴历四月初八，逢庙会二十余天，百里之外的乡民及南京、上海、北京、西安等地的商贾云集于此，贸易物资，烧香祈福。后几经战乱，奶奶庙遗址变成约5000平方米的山顶平地，残存有南北条带状数堆砖石废墟，一块残碑。

1991年，有村民在马陵山东坡地表下80厘米石层内发现一柏树化石。化石没有根系和枝叶，为一棵较完整的树干，长3.6米，直径35厘米～45厘米，呈棕红、棕黄、黑色。经中国科学院古脊椎动物与古人类研究所专家鉴别，其年代为中生代白垩纪，距今约7000万年，是目前华东地区发现的最大的一株古树化石，对研究我国中生代地理气候变化具有重要价值。

庞涓沟（独龙涧）附近马陵山区及古道，出土了大量的与齐魏马陵之战相关的文物。这些文物主要有两大类：一是兵器与锅灶炕，二是墓葬。

大量的出土文物是重要的证据。1958年，在修黑龙潭水库时，出土了400枚～500枚铜箭头，孙塘村出土了铜箭头200余枚。1972年修跑马岭水库时，挖出数百个锅灶炕和若干枚三棱铜箭头，以后在清泉寺又出土了几十个锅灶炕和数千枚铜箭头、三棱式铜簇，并在大尚庄出土一把完整的青铜剑，卸甲营村出土一柄断剑，泉源乡出土一件铜刺。这些兵器据考古学家鉴定均为战国时的青铜兵器。尤以独龙涧处出土的箭头多而集中，特别值得一提的是，在大尚庄出土一件带铭文的铜戈，铭曰：“谷氏左”。据先秦史专家、古文字学家李学勤考证，认为该戈是魏军的兵器，年代也与马陵之战相合，而其他地方的“马陵”则无一件出土文物与文献相印证。这不仅与《史记》记述完全相符，而且证明这里确曾发生过一场大规模的战争。附近的样山，山顶有庞涓墓，山前建有“安子庙”，传系孙殡念及与庞涓的同窗之情，而为庞所建。庙北还有一无字红石古碑。

清泉寺位于泉源乡马陵山东坡，现清泉寺国家森林公园驻地。原名云门寺，南北长31米，东西宽20.5米，占地近1亩。大殿3间，单歇式建筑，依山顺势，坐北面南，殿后为红石山包，后壁以山崖为墙，露出部位高约1米，前墙1米向上和山墙是青砖结构。大殿中间靠后设一神坛，坛上坐有5米高泥塑佛像，坛四角有“四大接力神”，以扛坛状支撑。佛像前有“阿难”“伽叶”两尊泥塑像相对而立，其底座是低于主像坛0.2米的泥台，主像两侧塑有十八罗汉像，神态各不相同，肤色服饰因人而异。该寺“文化大革命”期间被毁。仅存明万历五年（1577）“重修云门寺记”石碑1幢，古银杏树1株。20世纪90年代已修复，重现当年风采。

“天下第一蒜”之乡——神山镇

神山镇以村命名，隋末唐初建村，因设在神山脚下，因山得名。或曰：古郯西北有神山，有碧霞元君行宫，香火日盛，人皆言有神，故曰“神山”。神山村古建有九街、八巷、七十二胡同，目前，韩家巷依然沧桑尚存。

神山镇被称为兰陵县“东大门”。经济、地理、交通位置异常重要。驻地神山，位于县城东部15公里。东靠罗庄区傅庄街道办事处，西依兰陵县卞庄街道办事处，北连罗庄区沂堂镇，南邻兰陵县磨山镇。距日照港、连云港120公里，距临沂机场、兖石铁路、津浦铁路、陇海铁路不足1小时路程。206国道、京沪高速公路、泉重路、临枣高速在境内穿过。京沪高速出口在镇驻地东3公里处、临枣高速出口在镇驻地西6公里处，交通十分便利。

神山，原名凤凰山，位于兰陵县东北部，此山有头、有背、有双翅、有尾、有嗉、有卵，形似凤凰，遂得名“凤凰山”。凤凰山早在隋唐时，山顶有一大泉，两天三夜淤积了整个西沙湖及红土门，山后有一小泉，至今水流不止，又称老泉。山顶部曾建有庞大庙宇，玉皇楼、泰山行宫以及殿、观、阁及瑶池等建筑，气势雄伟，每逢秋高气爽登临望海、碧波荡漾，所见景象同登泰山观日，因历代兵燹，已荡然无存。山腰间曾建有娘娘庙，基址尚存，残碑断垣随处可见。驻地边界麒麟山，山脚处玉麒麟天然与人工相成，惟妙惟肖，栩栩如生，山腰淋水坡泉水清洌，汩汩有声，四季不干。山上千年古刹和玉虚观，念经诵佛，香烛依然旺盛。清朝时，凤凰山兴旺达到高峰，建有正庙、东、西廊房，朝廷曾派王大人来此，由王大人改名为“神山”。

境内有燕柱山、三峰山柞王击鼓戏铁燕亡国之传说、有神山脚下不老泉千古神话、将军桥《响马传》遗迹和《隋唐演义》石大奈石像。镇内还有古墓群、玉皇楼、娘娘庙、金锥、铁神、月牙桥等历史及文物古迹。

境内有先商墓群，墓穴共有4种形式。最早的墓地距今已有近4000年，被称为竖穴土坑墓。这种墓穴就是简单的竖直长方形的土坑，没有棺材。接下来就是生土二层台和熟土二层台，形状类似倒过来的“凸”字，分为两层，下层用来放置棺材。最后一种是“棺椁”的雏形(“棺椁”是指内外共有两层的棺材)，南城遗址出土的墓类似“棺椁”，但又不是真正意义上的棺椁，它是在里面棺材的上面又铺了一层木头棍。因此，这个先商墓群经历了从“无棺”到“有棺”的演变，并且有60%的墓穴出土了随葬品，不仅包括鼎、鬲(一种食器)、豆、盆、罐等生活用具，还有贝壳串起的挂饰、玉饰，有的墓穴还发现了“蚌覆面”，出土文物非常丰富。

古镇神山，人杰地灵，物华天宝。这里是苍山大蒜的发源地和主产区，自汉代传入已有2000年的栽培历史。目前大蒜种植面积3万亩，年产蒜薹、蒜头近5万吨，所产蒜薹粗、脆、鲜、辣，耐贮存；蒜头大、皮薄、色白、瓣整、黏辣郁香，有很高的食用和药用价值，因所含大蒜明显高于其他产区而被誉为“天下第一蒜”，素有“神州大蒜看苍山，苍山大蒜数神山” 之美誉，在世博会上获银奖，深受世人好评。

神山西北为山地，东南为沂、武河冲积平原边缘，土壤以褐土和砂姜黑土为主，适宜大蒜生产。据民间传说，玉皇大帝曾幸临神山，口渴，掘一泉，并植下一草于泉边，生九叶。后郯地瘟疫滥行，百姓苦不得医，偶食“九叶草”，病乃祛。如今，这传说的山泉还在，无论旱涝，不溢不涸，饮之甘洌，人称“不老泉”。至于这九叶仙草，百姓大受其益后，广种遍植，世代相传，便成为今天熟知的大蒜了。

大蒜为百合科多年生草本植物，每株九片叶子，故名九叶芸香，即“韭叶芸香”。实际上，大蒜又称胡蒜，原产于地势高爽、气候干燥的亚洲西部。史载，公元前113年，西汉张骞出使西域时引入，公元76年至88年，东汉李恂由西北来兖州任刺史，方把大蒜引入鲁南并首传神山。神山气候四季分明，光照充足，冬夏温差大，适宜大蒜生长，加之其特有的砂姜黑土发育于河湖相沉积物，潜在养分多，疏松绵软，加之水质良好，富含矿物质，神山大蒜正是在这种适宜的自然条件下，经过勤劳智慧的神山人一代代选育而形成的优良品种。

神山镇还以1898年发生的“神山教案”闻名中外。光绪二十四年（1898）春夏之际，郯城、兰山两县大旱，百姓颗粒无收。德国传教士戈巴德主持神山、西庄教堂，乘机拉拢饥民入教。一些地痞、流氓、封建势力“借洋教为护符，包揽词讼，凌轹乡里。”戈巴德还伙同洋行抬高物价，囤积居奇，四乡民众忍无可忍。当年深秋一个清晨，以杨清贤为首的神山、磨山一带的两万多民众，发起了“抄洋教”的行动，迫使当地洋教徒拿粮出物，求免抄家。神山民众的抄洋教斗争，历时半年，沉重打击了外来殖民者的嚣张气焰。

神山还是一块红色的圣地，鲁南第一个中国共产党党支部就在这里建立，1939年7月的“苍山暴动”就发生在这里，苍山县的得名即源于此，2013年12月，苍山县复名为兰陵县。

千年古镇沧桑变　魅力长城展新颜

长城镇坐落于山东省兰陵县南部与江苏省邳州市接壤的平原上，镇政府驻地有座小山称卧虎山，山前有一不大的古城遗址，当地人称为城子。在过去的两千多年的岁月中，长城与临沂、兰陵一样，留下了战国烽烟、秦汉县治、兵家必争、刀光剑影的血火沧桑。

据考证，长城镇驻地为战国时楚国的襄贲邑。1940年属临沂县抗日民主政府，1944年属赵镈县，1947年称苍山县长城区，1958年初称长城乡，后称长城人民公社1984年建长城镇，2011年与二庙乡合并，仍称长城镇。

长城镇历史悠久，文化底蕴深厚。南北朝时期，长城政治、经济、文化发达，仅何姓一家就有许多文学家、天文学家和社会活动家，在中国历史上产生过一定影响，诸如何承天、何思澄、何子郎、何逊、何敬叔、鲍照、鲍令辉等。

何逊，南朝梁代著名诗人。史称他8岁能诗，20岁被举为秀才。他出身贫寒，仕途不得志。梁武帝天监年间，曾任某官员的幕僚，还兼任过尚书水部郎，后人称“何水部”。何逊的诗讲究声律，擅长抒发离愁别绪及描写景物，情深意切，回味隽永。何逊墓位于长城镇长城二村村内的西南部的一处水塘之中，因四面环水，当地群众称“墓子汪”。据传，几百年来，不管天多旱，此汪从未干过；雨水再大，水也从未漫过墓子。据实地考察，此处应是何氏家族墓地，由于周围建房等用土，渐渐形成了水塘。何逊墓呈半球状，封土堆积，高4米，直径约10米，占地面积约160平方米，四周的水塘面积约1000平方米；墓上遍长榆树，部分墓石已经露出。据乾隆年间所修的《郯城县志》载：“何逊墓在县西六十里长城社”，所指即此墓。2011年被公布为临沂市第三批重点文保单位。今其墓犹存，位于镇驻地，临水而立，槐柳依依，夕阳西下，遂呈肃穆之美 。

岁月沧桑，何家楼台亭阁虽已荡然无存，但长城二村一棵老槐树作为何家的遗留物，仍在诉说过往的风华。此槐为单株，树围近三抱，高约10米，冠8米，现已中空，因南朝梁代诗人何逊名篇《扬州法曹梅花盛开》而得名“咏梅古槐”。虽经千年风雨，仍枝繁叶茂，生机盎然，姿态古雅，让人留步凝注。为保护这株老槐长盛不衰，其周围砌起了径约3米，高约半米的防护透明墙。池口村头屹立着一棵古银杏树，主干最粗处树围达8米，树龄逾千年，传为唐时所植，让人心生仰慕。

门笺作为剪纸艺术的一种，俗称“过门钱”“门吊子”或“花纸”，状如小幡，纹饰类如人胜，是装饰性的传统民间刻纸艺术。唐段成式《酉阳杂俎》：“立春日，士大夫之家，剪纸为小幡，或悬于佳人之首，或缀于花下，又剪为春蝶、春钱、春胜以戏之。”南宋孟元老《东京梦华录》亦称：“立春日，自郎官御史寺监长贰以上，皆赐春幡胜，以罗为之；宰执亲王近臣皆赐金银幡胜，入贺讫，戴归私第。”可见在唐宋时期，就有这种装饰品了，只是各有用途。山东的门笺，以兰陵、临沭、郯城的挖补门笺最为精彩。这种挖补门笺，即套色门笺，民间叫作“换堂子”。它的工艺过程是把各种色纸，叠刻成鸟、兽、虫、鱼、花卉、瓜果等各种图案花纹，拆开后重新组合，在图案花纹的背面，用窄纸条粘贴，分别放在统一的外框内。这种套色门笺较之五色纸单色门笺，更为华丽璀璨，富有装饰性。门笺的图案花纹和色彩，多以谐音、象征、寓意等手法，表达人民对美好生活的向往和审美情趣，如“蝴蝶戏牡丹”“双喜临门”“连年有余”“四季平安”等。长城过春节贴门笺的风俗经考证已有100多年历史了。长城门笺承载和印证了地域的历史人文、民俗习俗变迁，散发着浓郁的乡土气息，尤以冯村“套色门笺”最具特色，2007年“套色门笺”被列入临沂市第一批非物质文化遗产名录。

千年古镇沧桑变，魅力长城展新颜。相信勤劳智慧的长城人民在新的时代感召下，能奋勇前行，开创更加美好的明天，谱写更加华彩的乐章！

淡妆浓抹总宜人——向城镇

在兰陵的西南，有一个名为向城的小镇。

在名为向城的小镇，有一种变化叫与时俱进。

在名为与时俱进的变化里，有一种美好叫美丽新农村。

向城地处兰陵县城西11公里处，东与开发区接壤，西临文峰山，南靠酒都兰陵镇，北至车辋镇。境内交通便利，206国道、潍（坊）徐（州）公路、蒙（阴）台（儿庄）公路在镇驻地交汇。逐渐富裕起来的向城人民，热情勇敢，刚正善良。他们以自己的一腔热血，将美丽的家乡建设得愈加和谐。

向城历史悠久，其历史可追溯至夏朝少康帝小儿子姒曲烈的封国——鄫国，为曾姓发源地。公元前20世纪初，夏禹的五世孙少康纠合一些亲信氏族除掉了擅权的寒浞，恢复了夏王朝，这就是所谓的“少康中兴”。少康传子予。予在位5年，将其次子曲烈封于鄫。西周把夏的后裔封为子爵，称“鄫子国”。据记载，由于东周时项义在此称王，因而被称为“项城”，春秋时期又称“项邑”，后演变为“向城”。到了清末，属临沂府兰山县西南乡。1947年分属赵镈、苍山两县。1965年称向城区。1984年撤社设乡，1993年撤乡设镇，2011年8月13日，又将原兴明乡并入向城镇，逐渐扩大的地域里，又融入了更多的文化，在这方水土里日益富足的人们正沐浴在新农村建设的春风里，尽享这天蓝、水碧、人安乐的幸福生活。

鄫国故城址位于向城镇西北部鄫城前村。鄫国为曾姓发源地，历经夏、商、周三代，一直到春秋时代才被莒国所灭。秦朝设缯县，东汉封缯国，唐武德四年（621）设鄫州，贞观元年（627）州、县废入沂州。鄫城近似一座方城，面积约30万平方米，有南门、北门各一座，墙基宽约30米，城垣高处为四角，其中东北角现仍高达12米。城内中间处有一条东西长约280米、宽80米的高台遗址，南侧低洼处发现有寺庙遗址，西边有宫殿遗址。该地曾出土大量文物。1977年被公布为省级重点文物保护单位。

鄫国故城西北及北侧，青山如黛，仙气弥漫，灵气四溢，有一山名叫莽山。据考古学家实地勘察和出土文物推断，此处即是古鄫国贵族的陵园。曾出土兰陵首次发现的小型青铜编钟一套，石磬礼乐器一套，还有成组合的青铜鼎、壶等礼器。考古时代为东周，与鄫存在的时间吻合，也是鄫国辉煌历史的见证。

向城镇是个物流集散地，经历了繁华，也安守着平静，静静地流淌着岁月的痕迹。近年来着力于基础设施建设，进行了环境综合整治活动，所呈现给百姓的是一个宜业宜居的新面貌。在驻地村，镇办公大楼威严气派，前有精致的广场。广场前边有条弯弯的河，河上有座小小的桥，小河一路安静地流过去。河叫阳明河，桥也便是阳明桥。绿水白桥，像印象山水般，让经过于此的人平添了一抹温柔。河里的水清亮亮的，不语一声，缓缓地流，便觉得清瘦了许多，婉约了许多。在阳光的抚摸下，柔柔地流着，更添了几分风致，含情脉脉般似乎在等待着谁。水边生满了杨柳，顾自深深浅浅地绿着，风起处，飒飒摇摆。天上起了云，雪白的云朵被阳光打上了金边，分外明媚，连空气都变得脆生生的甜。向城随处可见的美景让走在这里的人们不忍离去，甚至会放纵自己就这样陶醉在向城的怀抱里。

在不断推进农村文化设施建设的同时，向城镇不断继承、发扬、挖掘本土文化资源，推进乡村文明，引领一方文化事业的发展。向城镇的郭东村是远近闻名的中国民间文化艺术之乡，这里的小郭泥人于2006入选山东省非物质文化遗产名录，并在全镇的不断努力下逐渐走向全国，走向世界，赢得了属于自己的一个民族文化品牌。向城镇通过对境内的非物质文化遗产进行可行性的保护、继承、发扬，将境内的非遗保护事业开展得红红火火。鄫国故城的遗址，西城前村的过门笺，谭良子的民歌，逐渐被越来越多的人知道。非物质文化遗产是中华民族历史的见证和宝贵财富，是不可再生的资源，向城镇坚持在继承中创新，在保护中发展。该镇在积极研究、挖掘后，进行传承、创新和发展，让传统文化开新花、结新果，不断焕发出新的生命活力。

在向城，有很多美丽的村庄。朱村里有大大小小的蔬菜大棚，朱村的村民大多以种植蔬菜为生。只见瓦蓝瓦蓝的天空下，一座一座的大棚挨得密密匝匝热热闹闹，如果在飞机上看，或许以为看到了蒙古包了呢。每个大棚边上都有一个小屋，屋前竖了一面红旗，在风中猎猎招展。有一个叫簸箕掌的小村庄，四周是看起来温柔博爱的不知名的山，也似连绵，也似秀丽，把这个村稳稳地拥在怀里，像极了一个巨大的簸箕。好多人家的房子都是依地势而建，高高低低，不成规矩又自有方圆。一块块被打磨得平平整整的山石砌成的墙上，有顽皮的猫儿倏忽一跃，精灵一般嗔叫着远去了。房前屋后都长满了柿子树，活泼泼的一树柿子啊，就那样肆无忌惮地缀满了枝头。鄫城前村，古朴沧桑，巨大的古城墙下长满了岁月的年轮。随处可见的历史痕迹里，更多承载的是古文化的传承与敬仰，伴随着一个远古美丽的神话养育了一方温和淳朴的人。还有东城前村、石龙山村、小郭村、徐皇路村……

史溯春秋　高冠鲁南——涝坡镇

马鬐山位于莒南县涝坡镇，层峦叠嶂，山势险峻，巍峨耸立，在万山拱围中，高六百多米，因状如烈马奋鬐，故此得名。在《宋史》和明人陈邦瞻编纂的《宋史纪事本末》、野史《齐东野语》和《重修莒志》等书上，马鬐山均有记载。

紧靠山前的便是涝坡镇亓山村。据考证，春秋时期马鬐山前有一个繁华的城邑——渠丘，为莒国三大国都之一，是有影响的军事要地。《左传·成公八年》载："晋侯使申公巫臣如吴，假道于莒，与渠丘公立于池上"。1983年，在该村村北的耕地中，出土了一件铜戈，刻有"左徒戈"铭文。据《通鉴》记载："楚使淖齿将兵救齐，因为齐相。淖齿欲与燕分齐地，乃执湣王而弑之。"次年，"齐人讨杀淖齿，而立其君之子法章，保莒城。"楚人此次在莒时间较长，此戈应为淖齿遗留物。

左徒戈出土地左侧有一处故城址，名城子遗址。城址南北约400米、东西约420米，文化层厚约1米，内含汉以前的陶片和砖瓦砾，其中以春秋战国时期遗存居多，有盆、罐、平裆鬲等陶片。

七百年前，红袄军的领袖、巾帼英雄杨妙真和她的丈夫李全曾在马鬐山屯驻过兵马，反抗金国的统治。今天，当地的老百姓们还记得他们的佚闻轶事，津津乐道地谈论着他们的抗金业绩，把他们尊称为“杨娘娘”和“马鬐王”。

马鬐山上有盘山石阶路上山顶。据说这石阶路的前身就是当年马鬐王和杨娘娘与红袄军将士们一起修建的上山路。那时有四五米宽，骑着马能直达山顶。

登上第三个山口。有一块平整的地面，在山顶的南坡上寿星洞路西，有一碾盘大的树墩子。相传那是栽于西周年间的一棵银杏树，树径约3米，惜1913年被雷火焚烧，只留下了树楂子。据说当年杨妙真和她的将士们在这块平整的地方练习武艺，跑马射箭，累了，便坐在这棵大树下憩息。不远处还有跑马趟子、观星台。跑马趟子是一块宽约四十米、长约三百多米的平整地面。至于观星台，是一块巨石，离跑马趟子不远，突兀高耸，直插云天。

那巨大的树墩子位于敬龙观内，敬龙观始建于唐代。宋代曾在马鬐山南麓建佛寺，宋徽宗政和四年（1114），皇帝敕赐额题“惠感庙”。红袄军驻扎时，山上旧庙改建为仓库，山下庙改为议事厅，寺庙移出重建。元末毁于战乱，明代重修，易名为甘露寺，改为道观。清咸丰年间，道人田本钦重修，改名为敬龙观，观中收藏文物丰富，仅历代碑碣就50多座，其中有宋代割角碑、元代蛟龙碑等。

2012年，甘露寺在原址重建。整个工程结构合理，做工精细，寺院正中的大雄宝殿，是根据明清古建筑特点加以改进建造的，整体建筑壮观雄伟，美观大方，成为鲁东南最大的寺院之一，是盛世繁荣的象征。

山上关于杨妙真的故事和传说实在太多太多。根据历史传说，由青州起兵的杨妙真与潍州（今山东潍坊）李全领导的两支红袄军在山前会师，通过比武，结为夫妇。后来，红袄军归宋，南下镇守楚州（今江苏淮安），两次大败金兵。杨妙真被封作“令人”，李全被封作达州刺史（节度使）。但南宋朝廷对义军始终抱怀疑猜忌以至消灭的政策，后杀死了李全，又攻破淮安城，杨妙真出走，回到山东老家青州削发为尼，教导她的儿子李璮（又作李坛）反金抗元。杨妙真骑坐的那匹乳白色的泼风战马，因寻找不到主人，跑回山寨，几天不食，站在山巅上饿死，遂化为巨石，名曰“马口石”。

但当地人都相信杨妙真的归宿在涝坡。在离马鬐山不远处，有一座山叫鸡山，在山的西坡，有元代所建李姑庵，传红袄军领袖杨妙真兵败后在此出家为尼。明清时期香火旺盛，正殿供观音菩萨，院内一株古银杏，树干3人合围，今仍枝繁叶茂。清代，人们在此躲避过一次战乱，改名为太平庵。清末至民国年间，因战乱尼姑散去，1937年主殿倾圮。

顺着一条山梁，向西山头走去。到达西峰顶，西边那条弯弯曲曲、飘带似的浔河是当年红袄军的运粮河；河南岸有个村子叫花园村，当年杨妙真、李全夫妇就住在那里。

穿过怪石树丛，来到碧波万顷的天湖边，这里是当年红袄军的练兵场，由此往山后，还有一个练武厅，练武厅周围有窑场、炼铁场和制造弓箭用的竹园……据老人传讲，以后金兵来攻，打破了外城，在南面鹊山西里屯下兵马，与红袄军打了一个多月。前些年没建水库的时候，村民下坡锄地，经常拣到一把把铜铁箭镞……

宋人周密在《齐东野语》里的一条记载：杨妙真与李全的部队会师后，为推选首领，二人便在山前比武。杨妙真使梨花枪，“天下无敌手”，李全使乌铁枪，四十五斤重，整整打了三天三夜，不分胜负！那比武的地方，不是后面的练武厅，就是这片已经成为水库的地方。一个延伸到水库里的土坎，那是当年的内城，外城还在十里之外，那城墙的遗址足有十米来宽，蜿蜒不绝，一直伸到水库里。据说，在1958年水库修建以前，城墙的残址还有七八米高。

由山西南顺小路再往东转到山前，在偏西坡依山靠水有一片约有一百平方米的地面，一片瓦砾，还常能拣到一些莲花瓦当、板瓦、方砖以及各种瓷器的碎片，那便是金銮殿的遗址了，是当年红袄军商讨军国大计的地方。据当地的村民讲，这是在红袄军自建的窑场里烧制的。前不久，还在这里挖出好几根六棱石柱子，都合抱粗细，下面还有柱座。

如今的涝坡镇形成了红、绿两大旅游特色。依托马鬐山丰富的旅游资源，树立了“马鬐山水，江北明珠”的旅游品牌，一处奇山丽水融为一体的新景区成为齐鲁旅游线上的一颗新星。

千年古镇　中国茶乡——洙边镇

远眺茶乡，青墙黛顶，在薄雾的晕染下恰如一幅淡彩的水墨画；走进古镇，山水之间，洙溪河畔，古树沧桑，禅茶悟道，似乎进入了久远的历史……

洙边镇隶属临沂市莒南县，是苏鲁两省的三县交界处，洙溪河贯穿全境，北距莒南县城9公里，东离日照港90公里，南到连云港90公里。

洙边镇历史悠久，源远流长。早在秦代，已是东海郡祝其县治所，南北朝时，一直是南北政权互相争夺的前沿阵地，唐代以后归密州莒县，宋代属莒州，元代为益都路莒州所属，明代属青州府莒州，清代归沂州府莒州。境内有“孔子晒书台”“卜子书院”文化遗址及汉代、宋代古文化遗址多处，可证明古镇历史之亘古。

春秋末期，伟大的思想家和教育家、儒家学派的创始人孔子，一生发奋好学，到处游历，一日行至今洙边书院处，突遇大雨，躲避不及，所带典籍全被雨水浸湿。孔子心中焦急，四处张望，欲找一处晒书之所。远见一处地，四面无倚，独凸而立，顶部平坦洁净。此时秋高气爽、阳光明媚，正适合晒书。孔子紧蹙的眉头顿时舒展了，弟子们很快将书搬至此处，铺开晾晒，此处即今日之孔子晒书台。而书院村因卜子曾在此开设书院，设坛讲学而得名。民国《重修莒志·古迹》载：“卜子书院，州南一百三十里书院村有古寺，传卜子书院，有祠堂旧基，有晒书台，有文昌山。”清沂水人赵维新留诗《卜子晒书台》：“晨钟已去恐荒唐，夜诵书声入渺茫。祠上有基芳草绿，台边无字野花黄。蟹穿石窦含秋水，鸟挂山头曝夕阳。残碣断碑何处是，空余野老话文昌。”

“红石铺砌过的溪案，整齐的红石规则地排着队，栗林和茶园这对可爱的‘姊妹花’，相依相偎，迤逦迷人，踏入生态茶文化园，青山依绕、绿水映带，茶香茶韵扑面而来……”洙边以它的山水自然风光、悠久绵长的茶文化、“交响诗”般的茶园、清雅神怡的茶艺茶道、唇齿生香而难以忘怀的生态茶叶，令世人流连神往、陶醉其间。

位于洙边镇驻地西1.5公里处的东夹河村，村南坐落着远近闻名的栗王景区——沂蒙风情园，这是一片栗树的王国。树龄超过300年的板栗树多达1200多株，这群古老的栗子树，至今仍枝繁叶茂，春华秋实，衬着漠漠远山，滴翠竹林，小桥流水，曲径幽幽，这一美景让人完全陶醉在其中，神往不已。鹤立鸡群的“栗王”，腰围有4米多，20余米高，历经千年沧桑，伟岸苍劲直冲霄汉。矗立在洙溪河边的那十三株古栗树，仿佛是十三位披甲戴盔的武士。相传乾隆皇帝当年下江南时途经此地，突遭风雨，急忙到树下躲避，见十三株栗子树绿荫如盖，龙颜大悦，为褒奖其护驾之功，遂封为“十三太保”。还有全身拧着劲螺旋着长变了形，被乾隆爷称赞的“扭龙树”，所结栗子，色泽像斑斓的猛虎皮，故又称“龙虎栗”，它是板栗中罕见的珍品。区内另有姿态各异的“栗后”“枣栗”“爱情圣树”“情侣树”等栗树，形成了令人目不暇接、回味无穷的栗树景观。

踏入沂蒙茶文化苑，远山、青松、茶园构成了大自然一幅幅浑然天成的画卷，茶香茶韵扑面而来。漫步于茶文化广场，天下第一壶“日月”壶巍峨耸立，寓意“茶和天下，天长地久”。日月壶与日月潭遥相呼应，红砂岩广场以中外“茶”字铺陈，呈合作包容之气度，《茶经》展卷衬以祥云，诠释“生态、健康、和谐”茶道真谛，壶周茶海环绕，美奂绝伦。伴着清香的松风和层峦叠翠的茶海，你可与姑娘们一起体验采撷茶叶尖尖的乐趣，又可沿参观走廊，亲眼看见制茶的全过程。迈入玉芽品茗苑，置身山水、翠竹、绿树、百花之中，聆听一曲古典的筝笛之音，观赏碧绿的汤色、细嫩的茸毫，领略茶香悠悠之香醇，享受“采众香于蓓蕾，归万殊于杯盏”之乐趣。

致力打造“杯里紫茶香代酒，琴中绿水静留宾”高端休闲会所的金龙湖茶文化园，撷天然之秀色，涵山水之灵气，书院村隔水相望，桃花园灿烂相称，诗化了的物我两忘的庄禅意境和“暧暧远人村，依依墟里烟。狗吠深巷中，鸡鸣桑树颠”世外桃源意境萦绕其间。沿着石阶拾级而上，所到之处绿意弥漫，沁人心脾；站在子夏亭向下远眺，有机茶园郁郁葱葱，青翠欲滴。立于金龙湖岸边，放眼望去，湖面开阔，水清天高，云缭雾绕，群鸟啾啾，令人耳目一新，如同置身于世外桃源一般。游人来此，或散步、或悠游、或品茗，赏茶园绿意，闻茶香芬芳，当真是“访幽探胜来洙边，观水品茗金龙湖！”

近年来，洙边镇大力弘扬茶文化、打造中国最顶级的茶叶基地。“沂蒙玉芽”“珠圆春”“庆明春”“山旮旯”“安昌”等一批茶叶品牌先后获奖。在茶乡特色小城镇建设上，突出中国茶叶之乡特色，恢复古典式茶楼建筑，致力茶文化一条街建设，绘就了“条条碧溪水长流，道道风景醉游人”的优美画卷。

这座中国“江北的江南”小城，正以她崭新的姿态，笑迎八方来客，诠释着作为中国茶叶之乡、北国绿色天堂的神韵。拂去岁月的风霜，回首历史的沧桑，风雨中走过的古镇洙边，让人感觉，它正沐浴着和煦的阳光，青春勃发。

上善沂水　蒙山品质

沂水镇为沂水县城驻地，东与莒县毗邻，西隔沂河与龙家圈乡相望，南与许家湖镇接壤，北与道托乡相连，西北与诸葛镇交界。

北魏天兴三年（400），设东安县和东安郡，治今沂水县城。隋开皇十六年(596）改东安县为沂水县。清宣统三年(1911）设城关内外乡。1936年设沂城区，1950年成立城关镇，1958年成立城关公社。1981年恢复城关镇，1985年改称沂水镇。

沂水是一块古老的土地，它历史悠久，文化灿烂。“沂”载入史册，最早见于《禹贡》和《周礼》。沂境“前阻蒙山之险，后扼穆陵之固”“春秋为齐鲁之交，莒鄫要害之地”。春秋战国之际，即为南北诸侯国征战往来之地。秦汉已降诸朝，常为兵家频争之战场。唐、宋、元、明、清历屡战乱之祸，生灵涂炭，致使“邑居不足昔日一井之盛”。然而，蒙山的孕育和沂水的洗礼，赋予了沂水人民英勇顽强的精神，自古革命斗争连续不断。

沂水古城遗址位于今沂水县城老城区。据《沂水县志》记载：“元至治三年（1323）县尹苑华修，明永乐二十年（1422）复修。天顺中知县陈孜甃以石，周围三里二十七步，高二丈五尺，阔如之。门三，东曰东莞，西曰西城，南曰沂阳……”原沂水县古城墙早年荒废，原县府后保存一段城墙根基，近年城市建设将其破坏，现博物馆内尚存原县府南两百米南关街遗存的一块石碑，为明万历十四年（1586）所刻制，碑文记载当时修沂城三门的情况。

沂水城建置年代史料记载不一，《沂水县志》记载，“本东莞县治”，即自汉代沂水就为县城，近年沂城东岭建设中曾发现汉墓出土铁剑等物以及莲花兽瓦当、三彩建筑装饰鱼兽等隋唐文物及部分南北朝瓷器。史料记载：隋开皇十六年（596）因西邻沂河易名沂水城，城以县定称。历年来，沂水古城旧址及县城周围城市建设中所发现的文化遗物，尤以隋、唐见多，至宋、元、明、清诸代，由此说明皆为县治。

镇内旅游资源丰富，境东部有“雪山七十二景”，为汉代大学者刘舰设馆施教之处。明朝万历年间，雪山及周边地区有庙堂百余间，碑刻近百通。清嘉庆年间尚存上寺、下寺两处庙宇，香火盛极。民间传说，雪山曾是梁山好汉李逵杀虎之地。

原沂水清真寺位于县城回民街，坐西朝东，占地18.6亩，有大殿15间、北讲堂4间、水房3间、厨房1间、葬具室2间，明朝石碑1块、清朝石碑3块，殿前有练武台，殿后为学堂，有房屋10间。主体建筑大殿为中国宫殿式，与上流庄清真寺大殿，为明末同一阿訇所建。清康熙以后至民国年间均有修建，经费来自各方捐赠。“文革”开始后，清真寺大门被封，阿訇被赶走。1989年在县城东南沂蒙山东路南侧又重建仿古式清真寺，占地6亩，大殿10间、讲堂5间、水房5间、厨房1间。每逢穆斯林盛大节日，沂水镇回民街都要邀请县城各单位及穆斯林同胞，共同欢庆。沂水城、姚店子镇土沟村、许家湖镇前岜山村及周围村庄穆斯林群众常到该寺举行宗教活动。

镇境内的东皋山上，有著名的沂水八景之一的“东皋晚照”。历代曾有许多文人墨客到此游览，吟唱“东皋晚照”之景色。究其名称由来，盖由东皋山缘起。东皋山（习称东岭），为南北向长岭，海拔170米，因处沂河东岸，曰东皋。据清《沂水县志》记载:“爆山之东南即锣鼓山，锣鼓山东南，县治之东为东皋山。学官在其西麓，又西即今县治，又西即沂水径流。”由此可见，东皋山位于现在的跋山（旧名爆山）东南方，旧县城东侧，即现在的县委和县政府地之东，由此向西约3华里处即沂河。东皋并非孤丘，清《沂水县志》记载：“马山（县城东北4华里）西南为东皋山……山脉远自沂山，近自雪山，其别支为走马岭，逶迤南下，迭起迭伏，为莒沂分界。”

据清《沂水县志》疆域图的记载，东皋山上曾建有学宫、玉皇阁等。山顶上还有大小两座文峰塔，大文峰塔坐落在东皋山北部，小文峰塔坐落在东皋山北部。两塔对峙，遥相呼应，云烟缭绕，松柏环翠，每到傍晚，山上霞光覆照，碧玉滃堆，山下炊烟袅袅，野牧晚归，展现在人们眼前的是一幅幅古朴秀美的图画，故称“东皋晚照”。相传明清时代，文人墨客来此游览，吟咏抒怀者，曾经络绎不绝。今录明《东皋晚照》诗三首以飨读者:

（一）

杨光溥

晚坐东皋日已颓，余光红映碧云堆。

海霞不雨林头出，野火无烟鸟外开。

扶策送将诗客去，骑牛催出牧童来。

明朝有酒真堪尝，不到黄昏不肯回。

（二）

高淑曾

林霞一抹胭脂湿，牛背横吹声转急。

远山苍苍暮云平，欲落不落日光涩。

此际闾井入画图，看雁老翁黎杖扶。

压树寒鸦飞不散，炊烟几缕滃茅庐。

（三）

祝植龄

映照祥光曳杖看，东皋胜地且盘桓。

岜峰遮断斜阳景，沂水长拖暮霭寒。

孤鹜飞翔霞散回，层城隐现雾收残。

横山暗渡归来曲，一幅丹青画却难。

昔日的东皋山，今日已被辟为公园。东皋公园似镶嵌在东皋山的一颗明珠，给沂水大地增光添色。因公园坐落在东皋山最高处，所以登上公园的“东皋晚照”景点，可环俯沂城全貌，领略沂水的大好风光。

沂蒙风情小镇——院东头镇

院东头镇是沂蒙“红嫂”祖秀莲的故乡、“沂蒙养生”旅游区所在地，位于沂水县城西南20公里。因处“建于汉，盛于唐，历宋元明清”的望仙院（古寺庙）的东头而得名。

院东头镇在新石器时代即有人类活动。天然地下画廊系国家AAAA级景区，2000年农民找水时发现洞口，由退休支部书记带领村民开始了长达3年的开发。在洞内出土了大量的石器，引起市内考古专家的高度关注。经鉴定系新石器时代的石器，这说明当地半封闭的地形和良好的生态环境，为人类活动提供了良好的生存环境，成为最早人类活动的区域之一。

春秋文化揭开了神秘的“密邑”面纱。密邑故址位于院东头镇刘家店子村西，北依峙密山，南临峙密河，东为村庄，西接河滩地。1977年冬，该镇刘家店子村发现两座春秋中期墓葬，出土各类文物470余件。这两座春秋墓的发现是新中国成立以来山东省境内出土文物最多的一次，“青铜编钟”现成为山东博物馆“镇馆之宝”。青铜器中铸铭文者有莒、陈、黄等国器物，一铜戈柄上刻有“莒公”字样。经鉴定，两墓应为王侯级墓葬，推测是莒国国君之墓。《左传•闵公二年》载：“莒人归仲及密。”密，鲁地，即密邑，是春秋时期鲁国的一个小边邑，东近莒国，后被莒国占领。此邑虽小，但史书上却有记载，千古罪人仲庆父就死在此邑。庆父即共仲，亦称孟氏，鲁庄公的庶兄。其是制造鲁国内乱的元凶，他为争当国君，鲁公子般继位，他派人杀了公子般。后闵公继位，他又派人杀死闵公，因而造成鲁国大乱。后仲庆公逃往莒国，鲁为将其除掉，贿赂莒国将其送归。他在归国途中自知罪孽深重，路至密邑自缢而死。后人即把制造内乱者比作庆父，“庆父不死，鲁难未已”一说即来自该典故。根据史料记载及春秋墓的发现和多年来该地附近春秋遗物的出土，通过综合分析研究发现，该镇东部沂蒙山酒文化园一带是春秋时期鲁国的密邑所在地。

院东头镇域内文物古迹众多。沿峙密河，该镇自西向东有西墙峪村建于明初的玉皇庙、汉代的黄龙庵，张家庄子村建于汉代的望仙院，塔涧庵村建于北宋的塔涧庵，四门洞村建于唐代的洞宾祠，曲家洞子村建于唐代的法华寺，留虎峪村建于明代的黄龙庙，张家峪子村建于金大定年间的宗祠庙，刘家店子村建于清代的翰林府，被专家喻为“是一条东西走向的古建设群遗址”。

资庆寺砖石塔位于院东头镇张家庄子村北，望仙山西坡。原为古代资庆寺和尚林塔，今仅存一座，为砖石结构。塔高12米，塔底为石砌结构，塔身用青砖砌筑，上部使用砖瓦盖顶。塔龛门高1.35米，宽0.65米。据调查，原塔林之中，共有塔六座，早年坍塌五座。现仅剩一座。寺院旧址今已被学校和村子占用，现存一座二层小楼（藏经楼），及清朝、民国石碑四通。清康熙十一年（1672）《沂水县志》载：“望仙山，县西南七十里。旧志云：‘群峰蔽日，万壑争流，中有望仙寺（即资庆寺），相传黄龙得道于此。’今有浮屠三黄龙遗像在焉。”所遗留石碑上记载此地为资庆寺旧址。

院东头的近代史，是一部“沂蒙精神”的缩影，具体体现在“一名沂蒙红嫂、两次壮烈战役、三位开国将帅、四个英雄村庄”。

一名沂蒙红嫂。“蒙山高，沂水长，我为亲人熬鸡汤。续一把蒙山柴炉火更旺，添一瓢沂河水情深意长……”有一首曲调优美的小调传唱至今，有那么一种精神一直激荡齐鲁大地。桃棵子村的红嫂祖秀莲勇救八路军侦察参谋郭伍士的事迹誉满大江南北，现代芭蕾舞剧《沂蒙颂》剧组人员在桃棵子村体验生活，剧中红嫂就是以祖秀莲为原型。1941年11月6日，八路军山东纵队司令部侦察参谋郭伍士在执行侦察任务途中与敌人遭遇，身负重伤，生命垂危，祖秀莲不畏艰险把他救回，伤好后终于使郭伍士重返部队。1947年，郭伍士复员，辗转来到给予自己第二次生命的桃棵子村落户，于1958年正式认祖秀莲为母亲，同祖秀莲住在一起，以照顾老人。

两次壮烈战役。仙姑顶战役，发生在1942年10月28日，八路军以及沂南、沂水、蒙阴三县干部群众共8000余人，在仙姑顶陷入日军及伪军共两万余人的合围圈，战斗一直持续至黄昏，共毙伤敌400余人。挡阳柱西山战斗，发生在1941年11月4日，日伪军5万余人将八路军包围在南北不足80里、东西不到70里的地带。4日拂晓，八路军山东纵队青年团抢占了挡阳柱西山。下午1时许，敌人向西山发动攻击。至下午3时许，青年团用惨重的代价争取了时间，使山纵指挥部于当夜脱离敌人包围圈。

三位开国将帅。在抗战时期，徐向前元帅曾在下小庄村指挥战斗十余天，开国上将王建安、开国中将胡奇才在此长期战斗过。

四个英雄村庄。西墙峪村被誉为“山纵的好后勤”，南墙峪村成为“红色丛林中的碉堡”，四角泉村是“中共沂水县委所在地”，桃棵子村是沂蒙“红嫂”祖秀莲的故乡。西墙峪村是抗战时期鲁中根据地的中心。1939年，八路军野战医院医疗所驻在该村，伤员多时达300人。从1939年至1942年3年多时间里，西墙峪村人用鲜血和生命救护了320多名伤病员，时任山东军区副司令员王建安的妻子牛玉清、鲁中二军分区司令员胡奇才的妻子王志远、山东纵队参谋处处长罗舜初的妻子胡静都在西墙峪村人的掩护下生了孩子，闾长（国民政府统治时期，5户为邻，5邻为闾，即25户设一闾长）张在周被部队的同志亲切地称为“山纵庄长”。

院东头镇主要特产有山鸡蛋、沂蒙全蝎、山山牛、山参、何首乌、松蛹、松菇等；盛产生姜、板栗、茶叶，有“沂蒙山”“蒙山龙雾”“沂蒙农庄”“红嫂故里”等著名景观。院东头镇最具特色、最具潜力、最具活力的是旅游资源，全镇以“风吹草底见牛羊”的生态大环境为背景，以各具特色的旅游景区、旅游景点为支撑，以绿色生态林带为连接线，以淳朴的民风民俗、浓郁的山乡文化为内涵，以旅游型新农村建设为示范，把全乡规划成为特色鲜明、富有个性、极具吸引力和亲和力的旅游景区，休闲乡村，度假胜地。

智圣故里——诸葛镇

沂水县诸葛镇是山东省政府命名的中心镇，位于沂水县西北部。镇驻地距县城28公里。东连高桥镇、沙沟镇，南邻沂水镇、龙家圈乡，西接泉庄乡，北靠沂源县、临朐县。

诸葛镇历史悠久，相传曾经有诸葛氏在此居住过，他们是诸葛亮的先辈。他们在这里居住了几代后，便沿着沂河走向开阔的平原地带阳都（今沂南县），在阳都，经过几代人的努力，成为名声显赫的大家族，智慧超群的诸葛亮就出生在这里。后来在此居住的人们，出于对先贤的尊敬，一直把“诸葛”这一姓氏作为自己的村名。清代诸葛为“社”，大诸葛村是集市。后因大诸葛村处在沂博路上，乡镇行政机构在此，便以驻地村取名诸葛镇。

诸葛镇历史积淀深厚，古迹众多。

南洼洞旧石器点位于诸葛镇范家旺村西南山距地面100米处南洼洞，山洞高出山下小河约100米，海拔高度483米，西距沂河6.5公里，洞口向南，高3.6米，宽5米，纵深14米，为水平石灰岩洞，洞内存积棕色黏土，内裹有打制石器、鹿角化石和破碎的哺乳动物化石。洞内出土石核、石片及鹿角化石等，经北京大学考古系教授吕遵谔先生对鹿角化石鉴定，其为葛氏斑鹿，距今已有二三十万年，石核、石片为古人类打制，为旧石器时代早期文化遗存，与沂源猿人同属一个时期，是具有代表性的古人类活动地点。

宿山，海拔481米，位于沂水县城北20公里处，北靠沂山，南邻跋山水库，东西两侧顺天河、暖阳河环绕。相传有一南方人在金牛官庄发现一金牛藏在地下，便找人来挖，挖到金牛后用一根麻线拴住。金牛趁南方人进店吃饭之机挣断麻线，跑到这座山上住了一宿，从此这座山便被称为宿山。南方人发现金牛逃跑后，便沿着金牛跑的脚印追到宿山。于是金牛跑到老猫窝（现名正峪官庄）变成老猫，又跑到卞山变成一只飞燕飞到七沟。

法云寺在宿山前怀半腰间，有隋唐以来的残碑数块，为法云寺旧址。每年春夏季节的黎明时分，时有雾气从山腰冒出，笼罩在整个山中，太阳升起后化为云彩。当地老百姓有“宿山带帽定大调，不是下雨便放炮（打雷）”之说。据传此寺为一游僧所建，取名法云寺。后来，驻寺禅师决定重修法云寺，便到南京化缘，在一家有钱人家的林地里发现一参天大树，禅师想用此木来做重修法云寺的栋梁，这家主人答应后，禅师找人将树伐倒放入井中，井中的木头便从地下自运到了宿山的井中。

在法云寺旧址西侧有一石碑，上写“大明正德二年二月四日，××禅师之塔”字样，这便是镇妖塔旧址。相传明正德二年（1507）间，山上的至空禅师应邀去埠前村为人治病，临行前嘱咐弟子不要动后寺院那口锅。禅师走后，弟子好奇，将锅掀开，只见水柱冲天，一条小龙开始兴风作浪。禅师在山下发现山中有变，便急忙回寺。只见山洪顺流而下，眼看就要殃及百姓，禅师奋不顾身抓起那口锅盖在水柱上，作法镇住妖龙。禅师死后弟子为之修塔纪念，取名镇妖塔。

宿山的西侧有一座形似膝盖的小山。相传，至空禅师诵经念佛之余，带领弟子垦荒种田，经常接济贫苦人家。有一年，一群泼皮无赖上山抢粮，正当他们装满口袋走到膝盖山时，至空喊了一声“跪”，所有抢粮的人全部扛着粮食跪在山上，直至抢粮的人悔过后方能起身。从此，人们便把这座小山叫膝盖山。

石马子紧傍宿山的小宿山上有一匹无头的石马。传说有一匹马到东河西村一位王姓人家，偷吃了这家做豆腐的豆糊，跑到小宿山头变成石马，后被人将马头盗走。

诸葛镇是著名的革命老区。下胡同峪村人李清漪，1924年加入中国共产党。1926年，他在村里办平民学校，在境内传播马克思主义思想，1927年被反动军阀杀害。红石崖村人武善桐，1939年夏加入中国共产党，先后担任红石崖村党支部书记、夏蔚区委委员。1942年11月，在日军大“扫荡”中，为从敌人手中抢救群众，生死关头，他挺身而出，将日军引上红石崮顶，搏斗中坠落悬崖与敌同归于尽。

抗日战争时期，境内曾爆发著名的歪头崮战斗、葛庄战斗等。其中葛庄战斗，共歼日伪军1300余名，是八路军在运动中歼敌的一个著名战例。

“汶水拖蓝”——大庙村

蒙阴县桃墟镇大庙村位于桃墟镇政府驻地西，春秋时即有人居住，因在村东建有一座“刘十八郎庙”，规模宏大，故名大庙村。

大庙村东3公里，东汶河与桃墟河交汇处有被称为蒙阴旧“八景”之一的“汶水拖蓝”。据说两河交汇处，水深变蓝，映上蓝天，天水一色，蔚为壮观，谓之“汶水拖蓝”（后因修建岸堤水库被淹没）。不少文人墨客到此游览，吟诗咏赋，该况盛极一时。清宣统《蒙阴县志》载：“桃墟河与东汶河汇流处，其中独有方广数丈，经冬不冻。其下必有泉脉所出也。”蒙阴籍明朝进士、工部侍郎公一扬诗作，描述了“汶水拖蓝”的迷人景象：“汶河南汇带晴沙，渺渺拖蓝绕岸斜。万里秋光天似洗，清风轻漾浪中花。”

在“刘十八郎庙”中有一座高阁，阁8米见方，高3米，上有古柏一株（现已拆除）。高阁北有一四棱石碑，是明万历三十四年（1606）重修“刘十八郎庙”所立，由蒙阴知县尚三策、县丞翁跻国、典史姚国傅监修。高阁遗址后3米处有一古老的刺柏，粗可二人合围，传说是汉柏。

《蒙阴县志》有记载，大庙《王氏家谱》亦载："刘十八郎庙有巨柏数株，鲁宣公台及会盟之所，古迹在望也。"

大庙村西北处有"鲁宣公读书台"，顾名思义，是鲁宣公读书的地方。相传鲁宣公来会齐侯时，年纪尚轻，因齐侯失约未到，又慑于齐强鲁弱的形势，不敢贸然离开，便在此读书，以等待齐侯。清康熙《蒙阴县志》云："鲁宣公读书台，大庙庄西，其上平广约数亩，世传宣公来会齐侯，齐侯未至，公读书于此，尚有遗址。"大庙《王氏家谱》载："邑有桃墟里、大庙庄，庙西数百步有台岿然，其上方广二十亩，敝瓦离离，志在为鲁宣公与齐侯会处。"读书台北面靠山，南面是断崖，高四至五米，系冲积小平台，并非人工建筑，台上已开垦种地，土质肥沃，面积为7200平方米（东西长90米，南北宽80米），台上台下残砖败瓦，随处可见；断崖处可见灰坑、窑址遗迹，已发现不少文物，如兽骨、陶片、陶豆、鬲足、铢钱、汉砖等，文化层一至二米，属于商周文化。

近年来，该村本着环保的原则，修建了一处湿地公园，占地50多亩，用以净化水质，被国家环保部评为"国家级生态村"。

东阳故城——平邑镇

据平邑古碑记载："平邑者，季平子之采邑也。"可见，平邑因春秋时鲁国大夫季平子的食邑而得名。

公元前11世纪，周成王封太后裔建颛臾国（附庸于鲁国），主祭蒙山。春秋时期，在现平邑县境内，有卞邑、邱舆邑、武城邑、东阳邑、颛臾国。战国时期，境内有卞邑、颛臾国、南成邑、东阳邑。秦朝，县境内有南城邑。西汉初年，境内有南城县、南武阳县。汉甘露四年（前50），汉宣帝封鲁孝王之子刘敞为平邑侯，置平邑侯国，属东海郡。汉元始元年（1年），汉平帝封东平思王之孙刘闵为平邑侯。天凤元年（14），改南武阳县为桓宣县。东汉至东晋时期，境内有南城（成）县、南武阳县。建武元年（25），改桓宣县为南武阳县。南北朝时期，境内有南城县、武阳县。南朝宋时，改南武阳县为武阳县。北朝齐时，南城县并入武阳县。隋开皇十八年（598），武阳县改称颛臾县，治所未迁。唐贞观元年（627），将颛臾县并入费县。1946年将费县改称平邑县（温河县改称费县）。2010年平邑镇改名为平邑街道。

古雷泽湖在平邑镇西北方向，因其有“雷吼电激、荡云沃日、砏汃輷轧之状”而被称为“雷泽湖”。相传，古雷泽湖中有三五个(元代于钦的《齐乘》说：“泽有五穴。”另有三穴之说)大如车轮的天成石穴。“泽中之穴，怪石嶙峋，外险中虚，容数十百人。”(清朱泽云撰《费县志•山川•艺文•漏泽记》）根据当地居民的口述，每年霜降后湖水便通过这些石穴漏掉，隆隆的漏水声远在四五公里外都能听到，因此，人们又称之为“漏泽湖”。在湖区村驿头西南3.5公里处的平邑镇境内有一舜帝庙，驿头西南4公里处的泗水县境内有一历山。历山、舜帝庙、雷泽湖自西向东沿一条弧线排开，这就不得不使读者将这一事实与汉代史学家、文学家司马迁在《史记•五帝纪》上“舜，耕历山，渔雷泽”的记载联系起来。中华民族的农业文明始祖舜在历山开了种植业的先河，他在雷泽湖畔看见蜘蛛织网而受到启发，发明了渔网，才有了中国最早的一批渔民。因此，雷泽湖一带的驿头村及周围村庄自然就成了中国最早有人类活动的地区之一。

雷泽湖在古代面积相当大，北魏地理学家、散文家郦道元在《水经注》中记载其“方一十五里，绿水澄渟”。光绪《费县志》说：“……今水盈时周围可二十余里，石穴既不复存，湖水秋后只潜消……冬前春初尚可种麦，夏秋可渔。”在石穴没有被淤塞之前，驿头村民摸准了湖水的消长规律，在水漏前将木排置于漏口之上，每次都会有丰厚的收获，就像旧志书上记述的那样：“鱼鳖暴鳞，不可胜载矣。”可见，当时雷泽湖区的驿头及其周围一带村庄的富裕程度，丝毫不亚于那时的江南，称得上真正的鱼米之乡。

雷泽湖这片秀丽的碧水，背靠雄伟的蒙山，南望四开山，湖光山色珠联璧合，美不胜收。又因雷泽湖及其周围地区在远古时代就得到开发，加之历代湖区人民的勤劳和善于经营，成为平邑县文物古迹最集中的地方之一。仲村的仲由祠，驿头村的释迦寺、关公庙、仙姑庙、玄帝阁，平邑镇的舜帝庙……数不胜数。在明代，湖周围的民众还在湖边立了一通专门记述雷泽湖的石碑。这一切，引起了历代文人墨客的极大兴趣，大家纷纷到此寻古探幽、赏景览胜、吟诗作赋，留下了许多脍炙人口的传世之作。唐天宝四年(745)，李白和杜甫经兖州乘船过雷泽湖结伴游蒙山，杜甫诗兴大发，写了一首题为《与李十二白同寻范十隐居》的诗："李侯有佳句，往往似阴铿。余亦东蒙客，怜君如弟兄。醉眠秋共被，携手日同行。更想幽期处，还寻北郭生。入门高兴发，侍立小童清。落景闻寒杵，屯云对古城。向来吟橘颂，谁欲讨莼羹。不愿论簪笏，悠悠沧海情。"宋代文学家、书画家苏轼游雷泽、登蒙山，写下了题为《送乔仝寄贺君六首》的诗一组，其中一首写道："生长兵间早脱身，晚为元祐太平人。不惊渤澥桑田变，来看龟蒙漏泽春。"

东阳古城在平邑镇南3公里处。《春秋·哀公八年》写道："吴伐我，从武城克东阳而进。"春秋战国时期称东阳邑。《后汉书·郡国志》写道："南城有东阳城。"今遗址尚存，在东阳店子村境内。

汉代石阙三通，原立于平邑镇北部莲花山上。1931年迁至镇中县立第二小学。1956年建阙屋保存。1979年12月被列为省级重点文物保护单位。现收藏于平邑县博物馆。其中元和石阙有二通，铭文有东汉章帝刘炟的"元和"年号。又因铭文"皇圣卿冢"，也称"皇圣卿阙"。二阙形制相同，均由灰青色石灰石加工而成，高2.10米，宽0.75米，厚0.59米，正、侧、背面各分五层。阙顶刻四注式瓦顶，阙顶底部刻檐缘一排，阙顶下面施石一层，四角各雕斗拱一朵，斗拱下面为阙身，阙身四面有石刻画像。

画像有的已模糊不清，有的略有遗存。如有加冠女子，左、右手各揽一人身蛇尾者；有车马、车顶及四周覆盖帷幔；有歌舞场面，人物或弹琴，或横吹，或手持道具舞蹈；有手持兵器、身着甲胄的武士打斗场面；有表演摔跤、涉猎飞鸟的场面；有兽身人面像；还有隶书残存铭文“南武阳平邑皇圣卿冢”“之大门卿以元和三年”等。元和石阙是国内发现的较早的汉代石阙，时间仅晚于四川绵阳的李业阙，但比李业阙完整，承载的文化蕴含更为丰富。

仲子故里——仲村镇

仲村镇地处临沂市平邑县西北部，临沂、济宁、泰安三市交界，因是孔子得意门生仲由（子路）的故里而得名，是历史上著名的“平、仲、凉、冶”四大文明古镇之一。

仲村镇驻地仲村，春秋时期属古卞邑，西汉初期为桓宣县，三国时期为南武阳县，南朝宋时，改为武阳县。唐贞观元年（627）并入费县。1945年至1953年属蒙山县，蒙山县撤销后属平邑县。

仲村镇历史文化资源丰富，是春秋时期孔子弟子仲由、原宪的故里，有南武阳古城，而且仲村的小米煎饼闻名全国。

从平邑县城出发，大约10分钟车程就到仲村镇。在仲村镇仲子文化广场，有一尊高4米的石像屹立其中。他身披红色战袍，精神抖擞，让人望而生畏，他就是仲由。仲由，字子路，亦称季路，春秋鲁国人，是孔门七十二贤之一。孔子和仲由的师生之缘以及子路之名有个来历。

据《史记》记载，孔子师生一行数人到卞国都城（今泗水之卞桥）东边游玩，走到仲村时口渴难耐，便向正在提水的仲由讨水喝。仲由说：

“要喝水，先认一字，若不识此字，需叫我三声老师。”孔子不以为然，满口答应。只见仲由将扁担在井口中央一放，站在井边一动不动，说：“这字念什么？”孔子师徒围着水井面面相觑，不得其解。

仲由说：“井口加一竖是中，旁有一人是仲。”满腹经纶的孔子被一少年难住，不禁叹曰：“神童仲子，乃我师也。”此语一出，仲由连忙跪下说：“仲由有罪，本想与您开个玩笑，没想您却当真了，请受我三拜。”孔子扶起仲由，说：“仲子路边难师，实为奇事，你就取字‘子路’吧。”

仲由至孝，元代郭居敬将其列为“二十四孝”之一，当地至今还流传着仲由为母百里负米的故事。传说，仲由年少时家境贫寒，虽然天性喜欢逞强好斗，侍奉父母却极尽孝心。有一回，当地粮价飞涨，仲由家里已经没有糊口的粮食，但他听说有个地方粮食便宜，却在百里之外时，就独自离家步行到那个地方买了米后又扛着米袋赶回家，供爹娘享用。

在仲由曾经为官的地方，世代百姓拜祭不断，表达着对这位古人的敬意，讲述他为官时做的好事。为了纪念仲由，仲村的村名因此而来。仲由是孔门弟子中的重要人物，《论语》中关于他的记载多达38处。从唐朝起，仲由作为先贤中的“十哲”之一，在曲阜孔庙配享孔子。

仲村原有仲子祠，今废。仲子故里碑立于仲村小学，为清光绪三十一年（1905）费县知县公欣慕立。碑身正面原刻“仲子故里”四字，现尚存“仲子故”三字。另据清光绪《费县志》载：“明天启元年，知县闫国脉立仲子故里碑于仲村之仲子祠，后移至三阳镇。”天启碑今已失落。

仲村镇还是原宪的故乡。原宪，字子思，春秋时鲁国人，孔门七十二贤之一，故里在今仲村镇南屯（原名原宪屯）。清康熙《费县志》记载：“原宪城，俗呼原孝屯。”“先贤原子宪，郑玄曰鲁人，按今县西北境有原孝屯。”“原宪城北数里许，王家武阳西岭有所谓擂鼓台，非台也。周围砌以石，为古墓形制，所谓原子思墓。”目前，南屯东北3里处原子思墓尚存，村内原子祠堂毁于战乱，现有1933年所立的石碑一通，上书“原子故里”，碑文《先贤原子祠堂碑记》记载：“村以原宪屯名，志原子所生地也。考原宪字思，鲁人，师事孔子□□之依归。”“其生于鲁，仕于鲁，世居于鲁也，彰彰明□村也。虽籍录于泗地，介费之西，偏村东有原子城故墟，其北又有原子迹岿存，邑乘可考，则其为原子故里又确然无疑矣。”

明代木雕彩绘关公像，原供于仲村镇回龙庙村内。数百年间，当地群众对其顶礼膜拜，奉若神明。1980年夏，收藏至县博物馆保存。关公像为黄杨木质，高1.1米，宽0.54米，坐立，双手扶于股上，头戴武士冠，身穿重彩龙凤衣，浓眉大眼，红光满面，须长过胸，神采奕奕，具有重要的文化艺术价值。

东城子古文化遗址位于仲村镇东城子村河北岸，三面小溪环绕，溪内泉水淙淙，岸边竹苇繁茂。遗址系长方形，东西长200米，南北宽150米，高出地面3米，为泥土堆积而成，土中多瓦砾、草木灰、蛤蜊、蜗牛壳、人兽骨、鹿角、朽木之物，曾出土过各种土陶器、铜箭头、铜币等。新中国成立后，由于大量用土，遗迹从东端起已经损失三分之一余。有待文物部门给予妥善保护，否则后果不堪设想，将是历史一大损失。

仲村小米煎饼，曾因向清朝皇帝进贡而闻名遐迩。此煎饼主要是用沂蒙小米、高粱、大豆为原料，手工烙制而成，营养丰富，酥脆可口，香甜适中，余味无穷，是沂蒙山区的著名土特产品之一。1982年以来，以传统加工工艺和现代营养学配方，佐以保健微量元素，先后开发出椿芽煎饼、五香煎饼、绿豆煎饼、珍珠米煎饼、枸杞子煎饼、香米煎饼、胡萝卜煎饼等20多个品种，并注册了“华颐”牌商标。仲村小米煎饼年加工量20万公斤，产品销往临沂、济南、广州、上海、浙江、南京、江西等地，并开展对外邮购业务，是消费者所喜爱的营养保健佳品。

千古名邑南武城

从临沂市区驱车沿岚（山头）济（宁）公路西行67公里，至平邑县郑城镇境内的魏庄，向南过祊河，便来到曾子故里——南武城村。放眼望去，只见横亘于古武城之西、南两面的曾子山，逶迤起伏，形成古武城西、南两面的天然屏障，又如一伸开的巨大臂膀，将南武城揽入怀中。而东、北两面则以黄土夯筑成城墙，与山体绵延相接，构成一个半圆形的城池。站在残存的古城墙下，凝视着2000多年风雨冲刷的痕迹，仿若窥见南武城悠久而沧桑的历史。

南武城又名武城、南城，这里文明古老、历史悠久，早在原始社会就有人类在此居住，繁衍生息，北辛文化、大汶口文化、龙山文化时期已较为繁荣。春秋鲁襄公六年（前567），莒国出兵灭掉鄫国（现临沂市兰陵县向城镇），鄫太子巫逃到鲁国，定居南武城，把“鄫”字去掉偏旁，成为曾姓始祖。鲁襄公十九年（前554）筑城，为鲁国武城邑的治所，孔子弟子高柴、子游曾为武城宰。鲁元公元年（前428）季氏据费为国，南武城为费国所属。鲁共公二十一年（前355），武城邑改为南城邑，一度为齐国所有，战国末为楚所辖。秦统一中国后，属薛郡。汉以后设南城县，又名南武城县，并一度为侯国，直到北齐才撤南武城县并入武阳县。唐贞观元年（627）并入费县，后历宋、金、元、明、清，南武城均属费县。

曾子山吐翠，温凉河扬波。青山碧水之间，是一块人杰地灵的神奇土地，孕育了一批影响后世的历史名人。鲁定公五年（前505）“宗圣”曾子生于南武城。曾子，名参，字子舆，孔子著名弟子，著有《曾子》《大学》《孝经》。曾子是中国古代思想家、教育家，儒家思想的重要传人。他孝敬父母，慎微修身，学识渊博，功绩卓著，其思想和言行对后世影响很大，在中国儒家思想文化发展史上有着重要地位。后世尊其为“宗圣”，与颜子（复圣）、子思（述圣）、孟子（亚圣）合称孔门四圣。此外，“七十二贤”中曾子父亲曾点和澹台灭明，以及西晋政治家、军事家羊祜，书法家羊欣等一大批历史名人均生于南武城，素有“鲁南奇葩”之称。现村东北1500米处，仍存有曾子墓和曾点墓。

如今，古老的南武城又焕发出新的生机。当地依托深厚的曾子文化底蕴和自然优美的曾子山风光，加快曾子山景区旅游开发步伐。景区涵盖曾子山、南武城古城及曾子墓，主要景点有仰睡神佛、印盒峰眺、透明洞、摩崖刻像、王肖武起义军营寨遗址、武城古城墙、曾子墓、曾点墓等景点30余处，登临凭眺，移步异景，引人入胜。随着旅游开发的步步深入，有着自然之美、历史之幽、圣人之孝的曾子故里，必将成为令人心驰神往的旅游胜地。

费国故城——费城镇

费城镇位于费县中部，钟罗山之阳，温凉河由南向北穿城而过，兖石铁路横跨东西，327国道、蒙台公路及多条县乡公路纵横交错。因县城驻地而得名。南部为低山丘陵区，约占总面积的三分之二，其余为平原。

费城镇历史悠久，文化积淀深厚。春秋时期为祊城治所，自北魏太和二十年（496），从费国故城（今址西北12公里）迁至此处，置费城镇，隋开皇三年（583）起一直为县城驻地。清代为附城社，1928年后，曾设区、镇。1958年建城关镇，后建人民公社，1985年建费城镇，2010年，撤销费城镇，设立费城街道。

费城镇有光荣的革命斗争传统，清末费城南关居民殷澄吉等人响应辛亥革命号召竖旗反清。费县师范讲习所是费县早期党的活动基地，为地方抗日武装培养了大批干部。费城抗日武装起义、费城战役、平定利尖崮暴乱等重大革命历史事件都发生在费城境内。

费城镇旅游资源丰富，南部山区（原许家崖乡）是远近闻名的梨乡，黄梨栽培历史悠久，最早可追溯到明代。明朝大学士张四知辞官后隐居许家崖仙人洞，春赏花、秋食梨果，终日以梨树为伴，颐养天年。每年的4月初在此举办梨花节。文化名胜有中华奇石城、怡园、滨河公园、韩书凡艺术馆及颜真卿雕像、鲁公庙碑等。许家崖天景旅游区就坐落在费城，旅游区内绿树青山，繁花似锦，水连山，山连水，山水相映，碧波荡漾，旖旎秀丽的湖光山色令人陶醉。景区有大型水库一座，为国家一级水库，时任山东省委书记、著名书法家舒同亲笔题写库名——许家崖水库（天景湖）。水库中间有一座荷包山，名曰“仙人岛”，这里三面环水，一面依川，面积约400亩。岛上长满桃树，花开时节，桃花烂漫，灿烂织锦，如玉石琥珀，晶莹剔透，漫步桃花路上，如入仙境。水库东边是万亩梨园，阳春三月，千树万树梨花开，漫山遍野，银妆素裹，风摇花枝，四野飘香。水库周围有景点十余处，景区有万亩梨园、天景湖、仙人洞、丛柏庵等景点。

丛柏庵重建于明朝嘉靖三十九年（1560），以侧柏密集而得名，是临沂市唯一的一处尼姑庵。庵门牌匾上的题字出自全国四大名僧之一、山东佛教协会会长沙门能阐手笔。庵内有千年银杏、响水泉、连理柏与古藤、碑廊、三圣殿等景点。银杏树高45米，周长8米，树龄1300余年。树下有一处山泉叫“响水泉”，因泉水叮咚作响而得名，水质清冽。“连理柏”，又名姐妹柏或夫妻柏，树龄已有1600多年，树上有一藤，人称“爱情藤”，长57.9米，有“连理柏下情长在，爱情藤上不老情”之说。“三圣殿”是丛柏庵的主殿，殿门上的牌匾，由中国佛教协会原会长赵朴初手书。

丛柏庵东侧的山洞，称作“仙人洞”，是玉环山最大最深的溶洞，有上、下两个洞口。明代武英殿大学士张四知（人称张阁老）曾在洞中避暑，并留下一首诗：“四面青山一线天，古洞深藏峭壁间。远隔咸阳三千里，避秦何必进桃源。”

八卦连环洞位于玉环山西麓，由大小12个洞穴构成，洞与洞之间又多有通连，洞里洞外都有景，有“大景点大境界”之誉。

南天门是属造型雄险的溶蚀地貌，又叫崩塌天窗，是裸露石灰岩长期被地表水侵蚀而逐渐形成的。它的形状像一个下端变了形的“人”字，高10米，宽4米。左侧题有“南天门”三字。再左侧的“寿”字，高6米，宽5米。天门内有一块5米见方的巨石叫“天界石”，又名“羽化崖”，意为登上此石即可羽化成仙，石上小篆“界尘”二字。“界尘”传说是人间与仙境的分界。天界上有览胜亭，建于1998年。登临此处，不仅万亩梨园尽收眼底，而且可以俯瞰景区全貌。

杨家庵遗址位于费城镇杨家安村东北约200米处，仅存两塔，塔北靠大顶子山。两塔均为石结构，东西排列。塔距4米，塔高3.6米，两塔形状不一。西面塔有六层，第一层为方石塔题记，上左起有“监济”等10字。落款是“大明万历二十七年六月二十八日法子如□立”19个字。第二层为六角石，第三层为石鼓，第四层为莲花座，第五层为石升，第六层为宝葫芦。东面一塔有七层，已于2006年损坏。

费城镇奇石驰名中外，这里的奇石集“形、雄、肥、秀、瘦、透、漏、皱、色、音”等特点于一身，以其独特的造型、雄壮的气势、宏大的规模，被专家誉为“世纪之交中国发现的最伟大的自然奇迹”，是中国北方石文化旅游精品资源。清乾隆皇帝下江南时，曾用费县奇石装点行宫，并赋诗称其“突兀玲珑各斗奇，高低位置雅相宜”。费县奇石风景区分南北两部分，一部分位于县城以南4公里（沂蒙石林景区），一部分位于县城以北3公里处沂蒙公路两侧（中华奇石城）。沂蒙石林景区是国土资源部批准的第四批国家地质公园，费县石精品聚集地，号称“北国石林”。

风景区占地面积1500亩，安放4000余块精品费县石，以奇石文化、园林、娱乐为主线，以体现“华夏文化”和“齐鲁文化”为主旨，是一处与北方皇家园林和云南路南石林有明显区别的粗犷的山野式石林，演绎了不朽的奇石文化，现有九龙广场、好汉歌、无题区、火炬林、石林阵、石林迷宫、采摘园、十二生肖园等主题景点。九龙广场——龙生九子栩栩如生；好汉歌——梁山好汉沙场点兵；火炬林——沂蒙革命圣火经久不息；地下石林、石海——再现了宏大的海底化石奇观。中华奇石城景区建设奇石展示、园林游赏、休闲娱乐、民俗文化四大板块。项目突破体系功能限制，一体化融入实景，体用结合，实现旅游功能化、交易体验化，以园区中部的音乐谷为中心，周围依次分布着龙园、奇石旅游商业街坊、石林秀场、奇石会馆、奇石通天塔、民俗家园、红云寺、石干娘道场、日湖堤坝、自驾车营地、奇石城堡、奇石梯田、奇石吉尼斯、费县名人园、神游谷、大师苑等项目。

季氏故地——上冶镇

上冶镇位于费县城北13公里处，北靠大田庄乡，南隔浚河与费城街道相望，西与平邑县接壤，东邻薛庄镇。上冶镇地理位置优越，交通便利，文泗公路、沂蒙公路、兴郝公路以及日东高速公路呈“井”字状在境内贯穿通过，且日东高速公路在镇驻地留有出入口，并与京沪高速公路互通。

上冶镇地处蒙山之阳，历史悠久，文物古迹众多。在东周时代早期境内即有以农业为主的安居村落出现，春秋时代属鲁国，始建于鲁僖公元年（前659）的费县故城，是汉初费县境内并存四县之一，即春秋季氏故地，故季氏费邑。汉初置县，理于故城。现古城遗墙尚存。据天宝时期北大寺碑文记载，天宝年间为安乐村，明朝洪武年间北大寺观音堂毁于冰雹，又往南延高处重建，以此命名为上延，后演化为上冶。全镇人文景观丰富，有费国故城遗址、季桓子井古迹、九女坟遗址、大型汉墓群、玉泉观遗址、枕流亭等景观。

费国故城遗址位于镇驻地西南西毕城、古城、宁国庄一带，费原作鄪，商代以前为东夷古国。《太平寰宇记》载：“费县，古国也。”西周初，鲁国第一代国君伯禽讨伐淮夷、徐狄时曾在此誓师，故《尚书》有《鄪誓》。《春秋•僖公元年》记载“公赐季友汶阳之田及费”，从此成为季氏私邑。季友，春秋鲁桓公季子，即鲁桓公最小的儿子，鲁庄公弟，因手掌中生成一“友”字文，遂以为名，号成季，故称季友，又称公孙友。

故城北半部是一座起伏的小岭，据传系当年统治者屯积兵马的地方。岭前有一眼古井，系春秋时季桓子所挖。季桓子，即季平子之子。古井遗址旁立有东西两座清代石碑，东边一座系乾隆甲申冬月费县知事骆大俊所立，上刻“季桓子井”；西边一座是嘉庆戊辰九月二十八日督粮道孙星衍和费县知县郭志清同立，碑文系“季桓子得羵羊出井”隶书，古朴典雅。据考该古井系季友的六世孙季孙斯，即季桓子所挖。相传掘此井时，挖出一怪物。羊不像羊，狗不像狗，当时谁也不识是何物，季桓子便去请教孔子，孔子说这叫羵羊。据《国语•鲁下》记载：“丘闻之，木石之怪曰夔、蝄蜽；水之怪曰龙、罔象；土之怪曰羵羊。”此怪物便叫羵羊。羊，古书亦记作羵羊，或作羊。唐杨盈川集四遂州长江县先圣孔子庙碑称：“季桓子羊之井，推木石之祯祥。”

古遗址偏北，东西横亘一片丘陵，将古遗址分为大小两块。南部地片较大，宽阔平坦；北部高低起伏，当地群众一般习惯地称故城北部为兵马城。这里北眺蒙山，巍峨峻峭，逶迤起伏；东望浚河，碧波荡漾，滔滔北去；四周古城墙遗迹蜿蜒于岭边河旁，气势十分壮观，2600多年前，鲁国风云人物季友曾在这里执掌大权，左右鲁国局势。

孔子弟子子路、闵损等都曾任费宰。战国时，季氏自立为国，后为楚所灭，至西汉初年始为费县。鲁僖公七年（前566）开始筑城，鲁定公十二年（前798），城被拆毁，此即著名的孔子“堕三都”事件，不久又修复。至北魏太和二十年（496）城废。该遗址1992年被公布为省级文物保护单位。遗址分东周城和汉代城。汉代城呈不规则长方形，面积约222.8万平方米。东周城呈圆角长方形，依城西北角又筑有内城，平面近方形。有东周时期大型夯土宫殿建筑等遗迹，曾出土带有戳记的陶豆、绳纹瓦片等。城东墙内侧已发现大型战国墓葬，木质棺件。城东、西部曾多次出土陶瓮棺，汉代画像石等。2001年，修建日东高速公路时，省文物考古研究所对城北墓地进行抢救性发掘，在约300亩地的范围内清理出东周至两汉时期墓葬1700余座，出土文物5000多件。

玉泉观位于上冶镇东岭村。据清光绪《费县志》载："泉自石罅涌出，深七八尺许，澄澈见底，荇藻交横，流如碧玉"，蒙山之阳享有盛誉。泉周沏一池，池长9.5米，高5.6米，池中泉水喷涌，清澈透底。池西立一碑，高1.12米，宽0.57米，厚0.17米，题"枕流"两个大字，为明代大学士、东阿于慎行书。池东约3.8米有一配殿，坐东面西，南北3.25米，东西3.6米，高约4米。石基，砖墙，硬山，起脊，上覆灰瓦。泉池南侧有石砌房址数处，均为玉泉观遗址。

枕流亭位于泉北，明万历三十八年（1610）礼部主事周京（沂州人）所建。清道光十一年（1831）秋贡生任敏秀（上冶人）重修。1984年秋又进行了加固维修。此亭坐北向南，砖壁瓦顶，四角飞檐，亭内北壁嵌有石碑三通。居中碑高0.4米，宽0.79米，刻有隶书"枕流亭"三字，清代书法家翟云升（莱州人）书。右下方碑高0.4米，宽0.8米，刻有《重修枕流亭记》《题玉泉观》诗两首，清道光十一年（1831）高密人王娗作并书；右下方碑高0.4米，宽0.76米，刻有《浚玉泉并重建枕流亭歌》，任毓秀作并书。该遗址1981年被公布为县级文物保护单位。

上冶镇地处蒙山前万亩小平原，土地肥沃，水源充足，物产丰富。本地特产有高桩馒头、传顺烧鸡、蒙山豆干等。

古韵承千载　山水秀新颜——许由城村

许由城位于费县县城东约20公里处，祊河南岸。该村建于春秋时期。春秋时期郑国将其在新郑的许田与鲁国的祊相交换，作为各自的“汤沐邑”，《山东通志》载：“郑以祊易许田，而仍以许田名城，所未详也，土人讹为许由城。”今许由城就是当时的“许田城”。相传许由是尧舜时代氏族部落的贤人，才智过人，非常受人尊敬，部落联盟领袖尧想让位于他掌管天下，许由推脱，不愿接受，他怕尧再次找他，就独自出走，隐居于箕山的洞中，自耕其食，过得也逍遥自在。后来当地人为了怀念许由，就把他隐居的山洞称为许由洞，把他耕田的那片山村起名为上中下牛田，把他常去游逛的那个山头叫逛山头。许由城原名许田城，就因为许由出名，将“田”字写为了“由”字，并一直沿用下来。

许由城遗址位于村驻地及其周围，据考证，这里有大汶口文化时期和春秋战国、宋等时期的古文化遗存。20世纪50年代，许由城四周城墙还依稀可辨，高处达8米。进入60年代，当地人将东、南两墙平掉；80年代将西墙平去。现古城南墙、西墙及城址被村庄所压，东墙北端及北墙与西北角保存尚好。许由古城南北约400米，东西约300米，总面积约12万平方米，土墙夯筑，夯层明显。据老人回忆，许由城有两个北门、两个西门、两个东门及两道南城墙。城池四角还各有一座高大的城堡。考古勘探时曾发现层层陶片。

许由城是费县目前发现的三大古城之一，文化堆积深厚，内涵丰富，1991年公布为县级文物保护单位。历年来，古城内发现了众多的墓葬、水井等，并发掘出陶片、陶罐、筒瓦、“千秋万岁”瓦当、铜箭镞、石器和“郢爰”“陈爰”“五铢”钱及宋代钱币等文物，其中“陈爰”金币重200余克。特别是楚币的出土，对考证春秋战国时期南北方军事、文化、经济的交流，以及战国时期楚国疆域等具有重要的意义。

赏生态山水　品古村文化——华城村

华城村原叫古城里村，位于费县方城镇驻地北2公里处，北倚蒙山东端余脉，东临方城河，西临诸满河，地势平坦开阔。2004年与官庄村合并，更名为华城村。

华城村是历史文化名村，有史前时期遗址，文化堆积2～3米，面积约8万平方米。上限约在大汶口文化晚期，下限为岳石文化时期。龙山文化中晚期遗物丰富。

华城村现有防城故城遗址一处，现为省级文物保护单位。它是一处始建于龙山文化时期的古城址，在东周时期为鲁国东疆重镇。考古证实，华城村为重要汉代城址，该城址为古代华县县城址。其范围已由防城故城向南大为扩展，防城故城西南角向南伸展的夯土带当为华城西城墙，遗址西南角与东南角的土墩即为华城南城墙两端的城墙角，整个城址面积约为50万平方米。

华城村遗物丰富，上限约在大汶口文化晚期，下限为岳石文化时期，龙山文化中晚期遗物丰富。还采集到西汉铜三足提梁壶、莽币“一刀平五千”等。华城村西北有华泉，费县旧志载，“平泽中泉眼百余似华（花）”。泉水喷涌成溪，为此地一大景观，是镇驻地及周边村庄的重要饮用水源。古城墙南为老子庙遗址，建于宋朝，毁于战火。今存明万历年间《重修老子庙记》碑一通，清代捐款功德碑一通，其他石碑两通。

三国臧霸及东晋颜含，皆此县人。臧霸，字宣高，三国时曹魏名将。少年有为，威勇果敢。18岁时，其父臧戒被华县县令逮捕，押解途中，被臧霸率众劫走，后随陶谦镇压黄巾军。曹操讨伐吕布时，臧霸曾襄助吕布。吕布被擒后，臧霸降曹，曹操割青、徐二州委他为琅玡相。此后臧霸屡阻孙权之师，累迁威虏将军、徐州刺史、扬威将军。曹丕即位后，迁镇东将军，晋爵武安乡侯，都督青州诸军事。后徙封开阳侯、良成侯。

2006年华城村深入发掘文化资源，建成了目前临沂市唯一的一家村史展览馆。

三河环绕圣贤地　一脉相传阳都风
——砖埠镇

沂南县砖埠镇地处临沂市北，沂、汶、蒙三河环绕，南距临沂北城新区20公里，东距临沂火车站、飞机场、临沂经济开发区30公里。境内日东、京沪、长深高速公路四通八达，227省道，张南、葛青、葛岸路纵横交错，临沂滨河大道横穿镇境15公里，临沂市引水工程位于镇北，规划设计中的临沂市大北外环横穿镇南。

“沂汶蒙三河环绕圣贤地，秦汉唐一脉相传阳都风”，这里物华天宝，人杰地灵。在乾隆皇帝为之题碑的“五贤”中，诸葛亮、颜真卿、颜杲卿“三贤”出自砖埠镇。境内有阳都故城遗址、诸葛亮故里纪念馆、颜氏谱碑亭、清泉寺、曹嵩冢等20余处历史名迹，旅游资源十分丰富。

阳都故城遗址位于砖埠镇孙家黄疃、任家庄之间，地处沂、汶、蒙三河交汇带，为先秦齐、鲁、莒三国交界处。周代为阳国，秦、汉置阳都县。遗址区域面积64万平方米。旧《沂水县志》载：“邑南河阳村南十余里，沂河西岸半里许，桑泉水（即今汶河）南五里黄疃庄，阳都故城址犹在。”公鼐为《沂水县志》作序：“阳都，临沂之上游，英贤辈出……烟水之胜，轶于江南。”这些资料记载反映了阳都故城的确切位置及当时的繁盛情况。在阳都故城旧址，出土了代表龙山文化、周代文化和秦汉文化文物10000余件，发掘出土了周代墓群、汉墓群，其文化价值为国内考古界所瞩目。1998年发掘时共清理出墓穴两座。主墓出土文物30余件，有青铜器、骨器、玉器、陶器（彩绘）、漆木器等。出土的乐器“瑟”，为研究古代礼乐制度提供了珍贵实物资料。殉人坑陪葬了五位年轻女性，其中完整的殉人脑的出土，对人类体质学的研究提供了不可多得的资料。殉马坑中出土大量马腿骨。从出土的文物及殉人、殉马看，墓葬年代为东周，可能为王侯一级墓葬。专家认为，此墓可能是阳国侯墓。

2007年，考古人员在阳都故城遗址发现两座汉墓，并进行了抢救性发掘。一号墓门楣上，刻有“双凤衔四连璧”纹样，东侧室横额上刻有“鸟兽兽身”纹样，前室北壁中立柱上层画像是“方相士”纹样，其他画像石分别刻有龙、翼马、鹭鸟衔鱼等祥禽瑞兽。二号墓结构形式与一号墓基本相同，为东汉时期砖石混合画像石墓。墓中发现了大量汉画像石，以深剔地浅浮雕为主，在画面细节上，如动物羽毛、眼睛等部位采用阴线刻，与北寨汉墓画像石以阴线刻为主的雕刻风格有所不同。

阳都处于鲁、莒交通要道上，南通徐淮，北达齐都，历来为兵家必争之地。故城内曾出土青铜钺、青铜剑、铁剑、弩机等兵器。自周至汉几百年间，曾是这一带的经济文化中心。陆路、水路皆便，物阜民丰。20世纪80年代初期，江南曾发现阳都郡丞封泥。1962年，阳都故城出土了石洛侯官印等汉代印章，惜已流失海外，台湾出版的《龙语》有记载。

阳都村南，沂河西岸200米处有一白玉庵，俗称“娘娘庙”。今庙宇建筑已荡然无存，只余一株千年古银杏和三座石碑。其中清嘉庆十年

（1805）《重修观音殿记》碑文载：“沂邑之南，距城百里，旧有白玉庵，乃魏王城旧址也。”该庙旧址四周耕土层下半米深即为文化层，多为汉代遗物，也有龙山、商周、战国时期的文物。

诸葛亮故里纪念馆位于阳都故城遗址南部，砖埠镇孙家黄疃村中。1992年春始建，占地面积2700平方米。1993年6月3日，诸葛亮诞辰1812周年之际纪念馆开馆。该馆展有故城遗址周围出土的文物和诸葛亮及其后裔的有关资料3000余件，其中四面画像碑是全国稀有重要文物。馆内还有一株千年古银杏树，依然青翠葱茏。

清泉寺地处常桑杭村北部的九鼎莲花山，其东、南、北为沂、汶、蒙三河环绕，山清水秀、环境优美、交通便利。该处三山怀抱，松柏苍翠，院内现存有100余座石碑，记载了琅琊临沂孝悌里发达的历史文化、清静优美的环境、便利的交通和历史文化名人在此居住游览的情况。其中《万代流芳碑》碑文中载:“夫沂州之北七十里，名曰孝感乡，为汉之诸葛，晋之王□，唐之颜真卿故里……”《正方体碑》碑文载：“当有沂州郡北坎宫之清泉寺，丧贤公和尚，今有孝悌里建立□塔……”这些碑文记载了诸葛亮和颜真卿等名人及当时的地理位置、交通、经济情况，为研究考证诸葛亮、颜真卿提供了宝贵的材料。

颜林原面积80余亩，是颜氏族人始于鲁迁居孝悌里后的世代祖林，在抗日战争、“文革”等期间屡遭破坏，后因迁坟还耕、村庄规划等，现仅剩不足10亩。《颜氏谱碑》碑文载“我颜氏二十四代祖叔台公，始自鲁迁居琅琊临沂”。碑文清楚记载了颜氏族系的来源及自颜盛（颜子24代孙）至颜怀仁（颜子71代孙）共48代颜氏子孙世系，碑文有颜真卿清晰的记载。颜氏家族从颜子至23代颜敫都是单传，至24代颜盛迁居琅琊临沂孝悌里后，人丁益众，整个家族兴旺起来，造就了颜含、颜之推、颜廷之、颜师伯、颜师古、颜真卿、颜杲卿等颜氏名人。

为了传承古典文化，将砖埠旅游资源推向全国，砖埠镇以建设临沂“生态休闲旅游度假区”和山东省“明星旅游乡镇”“历史文化名镇”为目标，依托“一山三水两名人”独特的生态资源和丰厚的人文历史文化底蕴，对全镇旅游进行总体规划并对单个景区进行详细规划，为打造旅游名镇创造了有利条件。

仲丘古城——青驼镇

青驼镇驻地因有一对汉代石驼而得名，故名青驼镇。石驼又名天禄，系汉代遗物。位于沂南县城西南部。南接临沂兰山区、西南接费县。青驼镇是历史文化名镇和省级文明乡镇，是全国八大名砚之一的徐公砚的原产地，著名的山东省战时工作推行委员会（省政府前身）和红嫂纪念馆就坐落在此。

青驼镇交通区位优势明显，境内205国道线、229省道线、日东高速公路、京沪高速公路纵横穿过全镇，南接临沂批发城，西南临兖石铁路，东南依日照海港，汉唐时期是重要的驿站之一，自古是兵家必争、商家必经的重镇。很早就有“仲邱”商业重镇之称。汉唐时期是重要的驿站之一。

旅游景点方面，镇驻地东部有红嫂纪念馆和省战时工作推行委员会旧址，1940年3月10日山东第一区妇女代表会在青驼寺召开，中共山东分局朱瑞、黎玉等参加了大会。1940年7月，山东各界代表联合大会在青驼寺召开，大会制定了《山东省战时工作推行委员会组织大纲》，选举成立了山东省战时工作推行委员会，行使省政府职权，为山东省政府前身，省战时工作推行委员会旧址被列为省级重点文物保护单位；同年9月，在青驼寺发生的一场战斗重挫了来犯日军，成为全鲁南抗战的一面旗帜；驻地南部有徐公店村落，相传为徐公得砚宝之地；从青驼镇驻地向东5公里就可到达该镇的一处古迹“尚庵寺”；青驼镇历史文化悠久，境内有仁义庄墓群、九女墩、青驼石辟邪等文化遗址。

青驼镇历史悠久，春秋时期属鲁国辖治。汉代曾修建过城池，遗址尚存。据鉴定，为汉代仲邱故城遗址，现境内仲丘故城遗址尚存，为县级重点文物保护单位，很早就有“仲邱”商业重镇之称。仲丘故城遗址总面积为1500平方米，整个城址下挖半米，即发现绳纹瓦片、鬲腿、铜箭头等物，有的地方碎陶片厚可达1米。靠公路的地方平整土地时曾发现铜镜、灰层，遗址南部挖水渠时曾发现铁镣等刑具。此遗址已被列为县级文物保护单位。

在仲丘故城遗址中有一对汉代青石驼，已有2000多年的历史，青驼亦因这对青石雕刻的骆驼而得名，千百年来人们一直视其为祥兆，并作为青驼镇的“镇镇之宝”。两只青驼，形似虎豹，身生羽翼，一公一母，身长1.7米，每只重量在750公斤左右，模样古怪特别。这对石驼为青石雕凿而成，背有双翼，昂首挺胸，曲腰疾肢，风格浑厚朴素，雕刻技法为圆雕和阴线刻相结合，手法极为简练传神，给人以精力充沛之感，被誉为雕刻艺术的珍品。经沂南县文物管理所鉴定，该石驼为汉代文物，俗名汉代石羊，又名天禄，学名汉代石像生或汉代石避邪，有较高的文物价值。

著名的徐公砚石是该镇独有的矿产资源，产于蒙河岸边青驼镇徐公店村，以质地细腻、发墨如油、边生细孔、不假人工、天趣盎然，被誉为砚中珍品。徐公石早在唐宋时就享有盛名。据传唐代徐晦赴京赶考，途经此地，偶遇一玲珑石块，感其形色可爱，试磨成砚。在京会考时适逢天寒，砚墨成冰，考生均受影响，唯有徐晦砚墨如油，书写流利，一举考中进士，官一直做到礼部尚书。休官后重回旧地，定居于此，被称为徐公，村名遂改为徐公店，砚石起名为徐公砚。20世纪80年代徐公砚进京展出，全国人大常委会副委员长楚图南欣然命笔“徐公砚”。著名书法家舒同题词：美哉徐公。沈鹏、黄苗子、何海霞、尹寿石、秦岭云、萧劳等名家都作诗作画对其褒扬。

早在隋唐时期，东圩子村有一处叫作兴隆寺的寺庙，后来相继改名为清风寺、三官庙，当地人俗称东大庙。寺内原有唐代所植的银杏树两株，1940年日伪军窜扰至此，将庙宇及其中一棵银杏树烧毁。

1940年7月26日至8月26日，山东省联合大会在青驼兴隆寺旧址召开，出席大会的有山东初选的国大代表，有各地区工、农、青、妇、文动委会和各群众团体的代表，还有驻在当地的党、政、军等各界代表共400余人。大会选举产生了统辖全省的抗日民主政权——山东省战时工作推行委员会（简称战工会），1943年改为山东省行政委员会，1945年8月正式改为山东省政府。1977年，山东省战时工作推行委员会旧址被公布为省级重点文物保护单位。

1990年，纪念馆修建东西两厢房各10间。纪念碑高8.5米，平面采用“工”字形，正面碑帽以“山”字为主体，“山”字中间一竖用红色花岗石点缀，寓意“山东省人民政府——山东省战时工作推行委员会”；碑身高6米，正面是徐向前元帅题写的碑名“山东抗日民主政权创建纪念碑”，西面、东面分别是杨得志和谷牧的题词；碑座为金字塔形，碑身坐落在金字塔上面的红色五角星上；碑基为圆形，四面各有六级将军红花岗岩台阶通向纪念碑，四面台阶八个扶手。纪念馆内陈列着山东省联合大会资料展览。

如今兴隆寺遗址已荡然无存，只有那棵千年银杏树，仍枝繁叶茂，挺然屹立。

汶河明珠——依汶镇

依汶镇位于沂南县城西10公里处。汶河从中间穿过，东西长达5公里，全镇依汶河建镇，故名依汶镇。镇北依北大山系，南靠孟良崮山系，山水相连，好像汶河上的一串灿烂明珠。

千年历史古镇。依汶镇历史悠久，自汉代，直至更早，就已形成村居，明末清初就达到了现在的村居形态，一千多年来，一直是沂水县的西南大镇（1939年从沂水县划出）。

境内有众多文物古迹。店子村的青龙寺，正殿内粗大的顶梁立柱与墙壁间的夹柱，坚实不朽，房梁上的绘画，至今色彩艳丽，龙飞凤舞，活灵活现。院内银杏树树龄约千年，树干粗壮，枝繁叶茂，花期枝头缀雪，清香四溢，成为当地一大景观。在松涛起伏的北大山，向阳悬壁上的石洞内，被村民奉为仙姑与玉皇的塑像，栩栩如生。安前庄村的“老庆庵”，团圆曼山前的九女坟，百子山前麓的皇姑庙，均有许多美丽的传说。清嘉庆年间，隋家店村家刘遵和中进士，官居户部主事加三级，军机处行走。清末秀才高家晋，高家中疃村人。他爱好书法、绘画和雕刻，后专攻桃刻。他的两件雕刻桃核作品参加了1914年举办的山东第一次物品博览会，获优等褒奖银牌，1915年，他的 4 枚雕刻桃核（状为方形图章）又参加了在巴拿马举行的万国博览会。

依汶镇隋家店村始建于宋代，朝廷曾在此设官方驿站。1950年前，当地沿街民房多数兼做店房，客店多达30余家。明代洪武年间，外族刘氏迁往村中，至清代中期，村民刘文翔之五子中有四人科考及第，其长子刘遵和嘉庆年间中进士，官居户部员外郎加二级，诰授朝议大夫。其二子、三子、四子皆中举人，在异地为官。清嘉庆年间，隋家店村大街上，一字竖立着八根旗杆，旗卷东风，四时猎猎，蔚为壮观。刘遵和德才兼备，曾做过嘉庆之子咸丰皇帝的老师，嘉庆皇帝为他御笔书匾“老主同年少主师”予以褒奖，从此人们尊称他为“主师”。此匾悬挂于隋家店村街前刘遵和家的大门上，按照封建礼仪，凡经过此地者，除帝王外，文官需下轿，武官需下马叩拜，再徒步穿过。

刘遵和体恤贫困，以义著名。他在京任职30余年，所得俸禄，非常俭敛，置些田地。凡有卖后欲典回者，他如价退还。告老还乡时，他有土地千余亩，夏季阴雨连绵之日要佃户“晒麦穰”，春夏青黄不接之日开仓“晒粮”，且吩咐不许看守，实为接济穷苦乡亲。

依汶镇丁家疃新石器黑陶片遗址位于丁家疃村东，约4万平方米，在此发现新石器时代的黑陶片。依汶镇西贯头新石器鼎腿、罐底遗址位于西贯头村北，约2.3万平方米，在此发现新石器时代鼎腿、罐底。依汶镇孙隆古墓位于付旺庄西北约300米处，有一长20米、宽15米的古墓，墓顶封土2米，因未作发掘，不知墓室内情及结构，因外观和一般汉墓相似，初步判定为汉墓，为县级重点文物保护单位。

北大山风景区，是由位于依汶镇北部的北大山山脉的部分组成，境内窦家崮海拔536米，黄山坪461米，主要有北大山林场、仙姑洞、牛角洞、点将台等景点。北大山林场有高大天然林木，各种果树错落成园，林间小道，弯弯曲曲。北大山山脉依汶镇境内南侧，有多处山洞，仙姑洞、牛角洞等。仙姑洞在传说中有黎山圣母居此，洞中建有圣母塑像，内有甘洌山泉。牛角洞外宽内窄，深达百米故名，此洞另有多处支洞相通。黄山坪又名点将台，传说中穆桂英借此台点将，此台平整，面积达800平方米，峭立山顶，可攀援而上，从前后观看宛如巨型火车，蔚为壮观。每逢清明和其他节假日，人们俱来攀山，钻洞，拜仙，游人如织，实为游玩佳处。

抗日战争年代，依汶镇是沂蒙山区重要的革命根据地，鲁中军区山东纵队第二支队、八路军山东人民抗日游击队第四支队曾长期在依汶镇范围内开展抗日活动。1928年9月沂南县第一个党组织——朱家里庄党小组建立在依汶镇，中共沂水五区区委、动委会、山东分局二地委（沂蒙地委）、沂蒙参议会、专员公署先后在依汶镇成立；抗日战争时期中共山东分局、山东省战工会、鲁中军区机关较长时间驻扎在此，罗荣桓、徐向前、朱瑞、黎玉等领导同志长时间在这里工作和战斗过，绿门山战斗、黄山坪突围等战斗就发生在此地；抗日战争和解放战争时期，全镇先后有2万余人次参军支前。新中国成立后为悼念烈士，在万松山建立了鲁中革命烈士陵园，现已成为省级文物保护单位，被30多家单位誉为爱国主义教育基地。

境内有风光旖旎、层峦叠嶂的北大山，自古素有“大风云涌、仙姑幽境、石公人家、云中人家、铜墙铁壁、虎头顶、望海楼子、穆桂英点将台”八大自然景观著称。自然生态良好、贯穿全境的汶河是临沂市的主要饮用水源，也是全省没有受到污染的生态河流之一。碧水蓝天的诸葛港水上公园，令人流连忘返。花园式庭院龙宿山休闲度假山庄因其独特的建筑风格和特有的自然风光魅力备受观光者青睐。

古韵流畅　魅力古镇——临沭镇

临沭历史上一直是古国、古州、古郡、古县之边陲，有关其疆域、政区、隶属等的文字记载极少。临沭属千年古镇。西周时期，分封诸侯国。成王嗣位后，周公之子伯禽就封于鲁，建立鲁国。在周公东征周夷后临沭一带属鄅（今贺城一带）、祝（今夹谷山一带）等小国。春秋战国时，先后属吴、越、楚三国。三国魏黄初年间，属琅琊国即丘县。西晋时隶属关系与三国魏时基本相同。东晋时，南境属东海郡，北境属琅琊郡。南北朝时期，刘宋时分治于东海、琅琊两郡；北魏时为琅琊郡即丘县、东海郡郯县分治。隋代大部属琅琊郡临沂县。唐初，为沂州琅琊郡和海州东海郡分治。武德四年（621），析置临沂县为兰山、临沭、昌乐三县。六年（623），临沭县并入临沂县。宋金时，为沂州府临沂县辖。元代，属益都路，为沂州府临沂县辖。1940年以前，临沭一带属临沂县第五区和郯城县第七区，1941年置临沭县后设夏庄区，1982年改夏庄镇。1984年，为避与当时的莒县夏庄镇重名，且因镇政府驻临沭县城，改名临沭镇。2010年，撤销临沭镇设立临沭街道。

临沭一带历史悠久，名胜古迹众多。驱车前往位于临沭东北5公里处的苍马山就可参观许多名胜古迹。苍山有牛口峪，马山有抗金寨，冠山有凤山洞，演武山南有三清阁和银杏树。现存演武山古银杏树，树干周长5米，高24米，遮阴面积144平方米。《续修临沂县志•山川志》称："山在沭东者，古悉以苍山赅之。"《中国古今地名大辞典》称，立于苍山之巅，"东望沧海、汪洋无际，因名"。苍山主峰海拔394.7米，平地崛起，挺拔峻秀，有砥柱触天之感，从八个方向看去，有 "犀牛望月""出水芙蓉""书圣笔架""骆驼饮水""老君乘龙""青嶂列戟""卷帘诰轴"等"七景八观"之说。主峰东邻马山、草山、冠山、演武山，五峰并峙，气势雄伟，自古有"苍马草冠演，五山一线观"之说。苍山群峰绵延数十里，方圆近百里。"苍山叠翠"史载为琅琊八景之首，景色秀丽，蔚为壮观。诸峰嵯峨，怪石嶙峋，沟壑纵横，峭壁如削，树木参天，涧深谷幽。苍山之麓的玉虚宫、红云寺、长春寺、窦相公祠、窦王坟、惠泉、交心全等古迹遗址可供人凭吊；银杏树、朝阳洞、桃花涧、栗子林等风景，可供观赏；窦王反抗官府的英雄壮举，滕获马山抗金斗争，以及此地时常出土的一些箭头断刃，不断向人们诉说着这里曾发生过的历史故事。抗战时期临沭街道作为革命老根据地之一，刘少奇、罗荣桓、陈毅、粟裕、肖华、朱瑞、谷牧等老一辈无产阶级革命家都曾在临沭街道战斗过，中共山东分局、山东省战工会、八路军115师师部和滨海地委、行署曾长期驻扎在这里。刘少奇曾在苍马山下指挥山东、华东战局，今人为了纪念，在苍马山麓建有"刘少奇在山东纪念馆"。沧海桑田，世事变迁，但临沭人民不畏强暴、敢打能拼的英豪之气却始终传承着，并已成为临沭人宝贵的精神财富和干事创业的动力源泉。时至今日，阅尽人间春色的苍马山已建成旅游区。步入景区，映入眼帘的仿古建筑，再现了苍山文化的汉风唐韵，宛如置身大唐盛世。景区山清水秀，美不胜收，既彰显了“绿色、安宁、和谐”的生态特色，又将现代科技手段与山、水、园融为一体，在自然山水的基础上精心布置。景区完建后将成为国际休闲度假目的地。

从苍马山驱车往南即可参观临沭现存的古遗址。临沭境内的寨子遗址和井二遗址，龙山文化时期古遗址，二者均为县级重点文物保护单位。寨子遗址位于临沭东南两公里的寨子村西，面积6.7万平方米。文化层厚约3米。出土遗物有鼎足、鬲足、石箭镞、石铲、石斧、纺轮、兽骨、陶沿口、残盖器等。井二遗址位于临沭街道东5公里井店子二村西50米处，东西长200米，南北宽150米，呈北高南低状。地面有大量红烧土块、鼎腿、鬲足、灰陶片、兽牙、兽骨等遗物。再驱车往西即可参观李蒿科古槐。这棵位于临沭西南部的李蒿科古槐也见证着历史的变迁。古槐高9米，树干周长3.5米，遮阴70平方米，枝叶茂盛，推定为唐代所植。

历史名人安期生、徐则、尹喜等隐居山林，不与封建统治者同流合污，据称修炼成仙，为苍山抹上一层神秘的色彩。近代历史名人有高友三、高松岩、吴淑华等人。高友三，字益圃，临沭小河涯人。他学识渊博，壮年弃儒经商，后学医，成为名医，到北京行医，名震京华。晚年回到故乡，行医于郯城、临沂、赣榆、海州等地，一生著书颇多，受到人民的尊敬。高松岩，字其节，临沭利民街人。清末庠生，跟其舅父学医，初学疹痘科，后着重研究三阴经病的治疗，成为当地著名中医。他医德高尚、医术高明，为中医的发展做出了巨大贡献。

临沭一带文化积淀深厚，历史上有许多诗人以临沭街道苍马山为题材，创作了大量的诗词等文艺作品。主要有明代舒祥的《苍山叠翠》诗一首，胡遵安的《苍山避寇》诗一首，胡捧盈的《登苍山》诗一首，张能麟《仙人洞》等，清代诗人孙善述的《游苍岩寺》诗，秦露的《石室》诗，佚名的《咏羽山》，民国时期袁祖成的《咏殛鲧泉》等。现代回忆录有《随少奇同志回延安》《常恩多将军》等。如今的临沭境内交通畅达便捷，旅游资源丰富。先后荣获“全国环境优美乡镇”“山东省环境优美镇”等荣誉称号。

玉山仙都　生态名镇——玉山镇

玉山镇位于临沭县城东北方向，东与江苏省赣榆县毗邻，北与莒南县接壤，东临连云港、日照、岚山三大港口和连云港、临沂两个机场，长（春）深（圳）高速贯穿全境，交通非常便捷。该镇属低山丘陵地貌，有冠山、玉山、民子山等大小山头80座，有玉圣园、冠山、圆梦龙椅、齐鲁会盟遗址等景观十余处。

周代形成居民村落，西汉时期为祝其县属地，王莽篡汉立新朝后属犹亭县。东汉时属东海郡，隋朝属琅邪郡，唐朝属临沂县，元朝属山东益都路沂州，明朝属兖州府沂州，清朝属沂州府兰山县。民国年间属临沂县五区。新中国成立后，玉山镇先后称临沭县七区、朱仓乡，后从朱仓乡划出成立玉山公社、唐岭乡、玉山镇，2011年底，原玉山镇与朱仓乡合并，称玉山镇。

玉山镇历史悠久。境域东部祝其山区为西汉时期祝其国故城遗址，唐武德年间置临沭县，属之。清代属沂州府兰山县。北宋年间，玉山东北某村曾建有镇武大帝庙，后该村亦曾称镇武庙村。玉山镇因山得名，境内夹谷山为齐（景公）鲁（定公）会盟之山。该山东麓属江苏省赣榆县，明万历年间《赣榆县志》，将夹谷山列为赣榆八景之一。夹谷山会盟处，是玉山镇最著名的人文景点。据史料载：鲁成公六年（前585），鲁侯夺取郫国领地之后，鲁地扩展到沭河两岸、夹谷山区。齐国则于齐景公二十五年（前525）灭了莒国，黄海之滨的海州、赣榆一带成为齐国地盘。鲁定公十年（前500），孔子出任鲁国司寇，齐侯以“孔丘相鲁”对其形成威胁为借口，要求与鲁会盟于夹谷山，想借机羞辱鲁国君主。会盟之日，孔子巧妙应对，挫败齐方挑衅，取得了外交上的胜利。为纪念孔子在齐鲁会盟中的功劳，后人在该山建造了圣母祠、夫子庙、魁星阁、夹谷书院等，并于每年农历三月十五日举办庙会。齐鲁会盟处便成了人们朝圣、赶会、游览的胜地。清光绪年间，有人在此立碑一座，碑文曰：“赣邑西境夹谷山，圣人相鲁会齐故址，旧有夫子庙，岁久倾圮。”

玉山镇还有独特的自然景物和特色地产。石鼓岭村奇石如鼓，远近闻名。1935年《续修临沂县志》载：“石鼓岭，在五区东部，有石作鼓形，扣之渊然有声。”千年古树，生机盎然。前石鼓岭村有元代国槐一株，树干底围长5米，底部空朽成洞。近年有好事者在洞内栽一株幼槐。今幼槐已扎根于老槐底部，生机盎然，形成“老槐抱幼子”的奇景。

以冠山为中心，周边演武山、凤凰山、圣水山、玉山与之对望，奇石怪出，谷幽涧深。冠山仙人洞是苍马山风景区主要景点之一。该洞有上、下两洞，垂直相距仅3米。下洞游人信步可入，中有天然石块。1916年《临沂县志》称，其洞“容积不逾方丈，而中有天然之石榻、石椅，滑而光泽，若人常坐卧焉”。下洞左侧有一险径，人作“蜘蛛行”，方可爬过“老虎嘴”，到达上洞。1935年《续修临沂县志》载：“上洞有石乳，滴滴不绝。入其中，苍山诸峰奔赴眼底，攒蹙累积青翠，弥望关河，渺入云际，令人做出世想。”冠山仙人洞又称凤山朝阳洞。传说三国时期曹魏谋士徐庶和名将张辽曾在此修炼。该洞口朝东北，清晨在洞前能观赏日出美景，又称朝阳洞。

仙人洞之北约200米处有演武山。两山间的山梁之东有平地，亩许方圆，名演武场。相传隋末瓦岗军名将罗成曾在此操练士兵。演武场南坡崖下建有长春观，主殿称“三清阁”。该观建于何朝已失考，民国年间仍存有古碑，碑文字迹模糊难辨，唯落款处有“罗成二次建功”字样。“文革”期间，长春观遗存遭毁，古碑亦不见。1916年《临沂县志》载：“三清阁”有银杏二株，大十余围，其一株有桑寄生其中，围二尺许。”银杏一株在观院内，一株在观门外。观外一株1950年被人砍伐，后在根部又长出一棵幼树。观内古树高17.5米，树干周围长7.7米，五人合抱。1916年《临沂县志》载，“阁西有大晋八年碑云：‘树为徐则、尹喜所植’”。对徐、尹二人来历归宿没有说明。

玉山镇地产资源丰富。其中一是矿泉水。20世纪90年代，全镇发现矿泉近百处，且水质甘纯，含多种有益人体健康的矿物元素。二是石材。全镇花岗岩储量30亿立方，纹理细腻，质地优良，既可作建筑用材，也可雕琢成工艺品。如今两项资源已成为经济开发亮点。

红色铸忠魂　文化润古镇——曹庄镇

在鲁东南大地上有一个远近闻名的文化古镇——曹庄镇，它像一颗耀眼的明珠镶嵌在齐鲁大地上，闻名遐迩的“常林钻石”就出自该镇常林村。旧时，当地流传这样一句话：临郯东北乡，出名是曹庄。它位于临沭县西南部，西依岌山，东临沭河古道，南望马陵山麓。这里历史悠久，古迹遍地，名胜林立。

曹庄镇，春秋时属鲁国附庸国郚国领地。秦末属郯郡，西汉属东海郡，西晋属东海国，北魏孝昌元年（525）属东徐州，隋朝属下邳郡郯县，明朝属山东布政司兖州府郯县，清朝雍正年间属沂州郯城县，新中国成立后一直是临沭县辖区，先后为岌山区、岌山人民公社。1984年，撤公社建镇，镇政府驻地曹庄，改称曹庄镇。

战争年代，这里的人民浴血奋战，硝烟烽火中，无数抗日健儿为保家园血洒疆场。建设时期，曹庄人民改天换地，整山治水，换来了一片新天地。改革开放后，工农业产值、经济收入成倍增长，人们的精神面貌和物质生活发生了天翻地覆的巨变，古镇曹庄焕发出勃勃的生机。

曹庄镇的历史是红色的历史，页页凝聚着党的光辉，处处闪现着人民的斗志。

早在百余年前，吴健远等人就率众揭竿而起，响应孙中山先生的民主革命。郯城的国民政府曾在此创办“童子军校”。

抗战期间所建立的“苍马办事处”，由王卓仁、刘白涛为主要领导，他们在此组织发动群众进行抗日和生产。正是这些先锋作用，演绎出曹庄大地上诸多可歌可泣的抗日故事。

1941年9月日军突袭山前村。乡长张作洪率领全村老幼，凭借石头围墙与敌人周旋搏击。子弹打光了，就举起铡刀向敌人砍，搬石头向敌人砸！英雄张作洪与其长子双双赤膊战死在围墙上，牺牲的还有20多名自卫队队员。战后，滨海行署授予张作洪“抗日民族英雄”称号，授予该村“抗日模范村”。

“曹庄保卫战”发生于1942年，嚣张的日伪1000余人奔袭曹庄，企图再谋山前之利。英勇的曹庄人民在八路军“老四团”的带领下，军民一心，前赴后继，当场击毙鬼子队长小林，其手下之卒除少数逃窜外，都被抗日军民歼灭。

抗日先锋——东进之队，来曹庄扩大根据地，在与敌人的一次遭遇战中，参谋长肖天贵不幸壮烈牺牲。罗荣桓将军来曹庄视察战事，褒奖曹庄：“曹庄是胜利的基地，革命的保障。”并指示在此建“抗日烈士纪念塔”。

解放战争期间，陈毅司令员也来到曹庄，巧妙地组织指挥了“临沂阻击战”，战役蔓延至整个鲁南，消灭了国民党的大量兵力。

曹庄的历史是如此的凝重，秀丽的山水更令人回眸。这里的山水虽无大家之风范，但也不失小家之幽韵。

曹庄之西的岌山系马陵山之尾，秀丽挺拔，山峰西楚，重峦之间。山上有历经世代的三官庙，后因风雨侵袭，庙毁迹灭。2000年在唐代三官庙遗址又重修一庙，新修庙宇秀木翠绿覆盖，廊檐错落，树木叠翠，庙前苍松翠柏，侧立迎客，青砖碧瓦，相映生辉。晨钟暮鼓之中，诵经劝诫之声遏云止风；袅袅雾霭之间，僧侣往来，善男信女络绎不绝。

庙南510米处，有一涧，其间繁林蔽日，瑞鸟群飞。涧崖石壁上呈现出一些断断续续的红褐色的石纹，还有若干的似圆不圆的石坑，经专家考证，结论为“世界第八例驰龙化石遗迹”。还有蜥脚类、兽角类、甲龙类等足迹化石。遥想一亿三千五百万年前的白垩纪时期，巨大的驰龙飞来驰去，穿行于茫茫林海泥沼之中，所向披靡，那又是何等的壮观啊！此处现已被批准为“省级地质公园”。

山西南不远处是块宝地，旧时就有美国和德国人在此买地开矿选钻。新中国成立后，国家开办了“八〇三金矿”。1977年常林村女青年魏振芳在田间劳动时掘得一块世界罕见的、中国最大的重达158.768克拉的钻石，被命名为“常林钻石”。所以，曹庄还有“钻石之乡”的美名。

蜿蜒曲折的沭河古道，虽无大江大河澎湃之势，却也有其温柔迷人之艳。如一调皮的男孩，这一扭那一跨，九曲十八弯。山在水中坐，水绕山儿行。夹岸白杨，挺拔参天。浅滩芦苇，一望无际。秋尽寒来，芦花飘荡，如雪似云，梦幻天穷。微波粼粼的河面，水鸟嬉戏。清澈见底的水中，鱼肥虾嫩。此时，或一家长幼，或亲朋挚友，租一只游船，山水之间，品茗小酌，其心情若何？工作的烦恼，生活的琐事，统统付之东流！

曹庄之南是马陵山，主峰曰样山，俯临沭河古道。山势巍峨，关道蜿蜒，林木丛生，是兵家布阵掩兵的好地方，著名的齐魏之战中孙膑智胜庞涓的故事就发生在斯。登峰中途，朴实无华的巨石搭建的山门，迎面给游人以强烈的视觉冲击。山顶有乱石环卫的古城墙遗址，相传为孙膑抗击魏兵而构筑的兵寨。20世纪40年代，寨墙的垛口、烽火台及南北寨门还略见其状，省文物研究者称：样山西有一墓，1982年被掘，中有石椁木棺，一椁三棺，合为三重。现临沭县政府立“庞涓之墓”石碑为记。

样山南有笋状巨石，绿苔遍身，中有一洞，可容五六人于中下棋，玩牌有余。相传样山长势太猛，几可触及天庭，玉皇大帝派杨二郎下界，一箭中的，止住长势，留一箭洞，现曰“箭眼石”也。

山中还有九道弯、清泉寺，还有古演兵场、春秋时的晏子崖，还有鸽子楼……

曹庄自古出英俊，社会贤达、仁人志士、文人墨客层出不穷。他们或金榜题名、朝野扬誉、流芳千古；或驰骋疆场、浴血奋战，为拯救危难中的中华民族而抗击入侵倭寇；或追随革命先驱寻求救国真理，前仆后继，其名其义为后人所铭记……曹庄自隋唐科举取士以来，能榜上有名，奉旨赴任，为民造福的算得上人中吕布、马中赤兔。清朝整个郯城县中进士者三，曹庄就占其二也！

本镇旺南庄村的王椽，自幼聪慧勤学，乾隆年间中举，嘉庆年间58岁时中三榜第61名进士。为官一任，造福一方，在湖北京山县至今还流传其治政为民的佳话。有译注《圣经全文》《砚亭诗文集》传世。

吴步韩，曹庄镇曹东街人，天资聪慧，25岁中举，清道光年间中二甲第45名进士。授望都县知县。该县地处京口要道，时常应酬达官贵人，从未失误。且著书立说不辍，被人称“山东第一才子”。他曾受到皇帝的嘉奖，授予“树旗杆”一尊。

巾帼英雄侍振玉，曹庄镇曹西街人，11岁任儿童团长，15岁入党。

这位女中豪杰，作战勇敢，指挥果断，锄奸摸哨，埋雷盯梢，样样精通。敌人多次悬赏300块大洋抓捕她，均未得逞。这位“假小子”“沭河的女儿”是电影《南征北战》中女民兵连长的原型。1949年她是唯一一位华东地区女民兵代表，参加了“中国青年团全国第一次代表大会”，并被选为大会主席团成员，被授予“全国女民兵战斗英雄”称号。会后受到毛泽东、刘少奇、周恩来、朱德等党和国家领导人的接见。之后又出席了在匈牙利召开的“世界青年代表大会”。

第五辑

采撷·鲁西走廊

千年古镇　璀璨明珠——陵城镇

著名作家冯骥才曾发出“陵县何其美，大唐真面目”的感慨，陵城镇作为陵县（2014年10月改为陵城区）县城驻地镇，位于县境南部，交通四通八达，区位优势明显。

陵城历史文化底蕴深厚，自北魏即在此建临齐城，后长期为安德郡、平原郡、德州的州郡治所。历史古迹众多，现保存下来的有古城墙、古槐、平原君墓、棂星门等；新建文博苑、东方广场等也成为亮丽的文化景点。

千年陵墓，见证历史。在该镇境内，有几处历史名人的坟墓。

廉姓村民，廉颇后裔。廉颇为战国时“赵之良将”。赵惠文王时，廉颇曾率军大败齐师，被拜为上卿，以骁勇善战闻名于诸侯。其负荆请罪，与蔺相如结成刎颈之交，同保赵国的“将相和”故事，被后人传为佳话。据《陵县志》及《廉氏家谱》记载，陵城镇廉家寨村均为廉姓村民，系廉颇后裔，原有廉颇墓及廉颇放马场、饮马井等，可惜随时代变迁现已湮没。

魏碑拓本，书法瑰宝。城东三里河村北约100米处，北距笃马河70余米，有北魏渤海太守王偃墓，墓东侧有一自然沟，墓封土早年已平。《陵县旧志》载：“魏渤海太守王偃墓，前志未载，墓志铭云‘葬之临齐城东六里’，今陵县城东门外三里河刘家庄。东魏武定元年（543）距今1400余年，沧桑屡变，遗冢不存，询之土人无复知有其墓者。”又载：“光绪元年三月庚辰望后，大雨冲陷土崖出碑石二，一覆一载，上石阳面刻篆书‘魏故渤海郡王君墓铭’九字，君讳偃，字盘虎，太原晋阳人也，卒年75岁。”该墓志早年遗失。1996年在调查整理文物资料中，发现了该墓志1956年拓本，拓本保存良好，字迹大而清晰，字体结构严整，书法浑朴遒劲，充分体现了魏碑的显著特点，是难得的魏碑珍品。从拓本上看，墓志的末端镌刻着陵县县令戴杰提写的蝇头小楷，详细记述了该墓出土的方位、过程、时间及当事人的姓名。墓志首端字里行间镌刻有40余字的小楷，记述在光绪丙申年（1896）该碑失而复得的情况。可见古人对此墓志的重视和珍惜程度。该碑不仅是一块展现书法艺术的瑰宝，而且对研究北魏时期安德县的演变情况、历史文化都提供了翔实的资料。

平原君墓的真实主人。陵县城西北，护城河北岸，原颜陵毛纺厂南院，有一座古墓，封土直径10余米，高约4米，这就是闻名遐迩的平原君墓。墓碑高约2米，楷书“平原君墓”，为清嘉庆十六年（1811）陵县知县沈缄重立。一提起平原君，人们就首先想起大名鼎鼎的战国时期的赵胜。赵胜，赵惠文王之弟，封于东武城，号平原君，任赵相，身为贵族又善养士，因此跻身“战国四公子”之列。陵县平原君之墓是不是赵胜之墓？据《史记》记载，赵胜的封地是东武城，《汉书》对东武城又进一步注解是贝州武城，由此可知赵胜封地当属现在的武城县一带。陵县平原君墓里沉睡的究竟是谁呢？翻阅历史，我们发现还有一位平原君，因和赵胜齐名被埋没了两千多年。这位平原君即西汉武帝的外祖母臧儿，对于臧儿的封地，唐朝张守节指出为“德州县也”，也就是今陵县，因此，臧儿才是陵县平原君墓的主人。

曹氏父子，武科名流。陵城镇曹都龙村东北400米处，有曹襄阳墓。曹襄阳，字岘山，是当时的地方名士，虽然功名坎坷，仅以武秀才终其身，但性格刚正、忠诚，世代重视文化，后辈人才辈出。其显著的功德是：他的父亲曾修缮三泉书院，到基本建成后经费不足，他召集士绅捐款募资，为学校置田，使师生费用有保障。现该墓墓碑完整，碑文字迹清晰，是他的儿子清代武进士曹天桂请人镌刻的。曹天桂之墓位于村西南200米处。曹天桂，字攀一，清代道光丁未科武进士。当时考进士需三次殿试，可他是皇帝面谕许可两次殿试的进士，可见其出众。咸丰帝任命他为江苏江宁府守备，碑文载“莅任嫌其职小事微，未满其扶危定倾之量，故辞归故里，奉养高年”。这段历史和太平天国攻陷南京时间相近，应与此重大历史事件有关，从他辞官归里的记载透露了当时社会的动荡不安。回乡后他“乡里偶有纷争，无不竭力排解，其乡无争讼者三十余年”（《陵县续志》）。同治七年（1868）因“城功”保举都司。光绪丁丑年（1877），因儿子丁甲赠赐昭武都尉，并赏戴花翎。曹天桂以85岁高龄卒于故里。

该镇有几处历史久远的回族群众聚集村，其中冯老村有一座设计精巧的清真寺，该寺始建于明朝建文年间，清嘉庆年间扩建。光绪十五年（1889）在原地重修。该建筑的四檐，每处都有石雕的青龙盘踞，蜿蜒浮动，若游欲飞。屋脊上面是浮雕的牡丹花，古朴典雅，精致美观。每个门口，都有木雕的各种花纹图形，疏落有致，色彩斑斓。正厅中，四根红漆圆柱，釉色生光。整个建筑画栋雕梁，设计精巧。

此外，还有后张机的石佛寺、李圣传石碑、魏寨大石坟的故事，被当地人代代相传。由于历史原因，这些地方的遗迹并不多见，但是众口相传的故事也将作为该镇的非物质文化遗产被大家铭记。

行经神头　梦回秦汉

神头镇古称厌次城，久负盛名，自秦汉以来就被誉为文化重镇。相传秦始皇扫平群雄统一中原后，多次东游私访，公元前210年，当他率众来到此地，但见祥云缭绕、紫气升腾，唯恐这里再出现新的皇帝，当即设置厌次县，压住这里不要出皇帝；公元前62年，汉宣帝废厌次县，改为富平侯国，治所在神头；之后传说在明朝时经历过一次大地震，仅残存一城头，故名“剩头”，后讹为“神头”；1958年建神头人民公社，1991年改为神头镇，2000年，原邓集乡与原神头镇合并为现在的神头镇。

“大隐隐于朝，中隐隐于市，小隐隐于山野”，“世人不识东方朔，金门大隐是谪仙”——这是古人对于西汉文学家、汉武帝太中大夫东方朔的评价。东方朔，字曼倩，平原厌次（今陵城区神头镇）人，被后人奉为滑稽之雄、智慧之星，并与“文圣”孔子、“武圣”孙子相提并论，被称为“智圣”。此外，东方朔还是中国算命、谜语和俗文学的鼻祖。

东方朔生活在距今有2000多年历史的平原厌次，即今天的神头镇，当你来到今天的神头镇时，会有穿梭时空回归秦汉的感觉，因为这里有着悠久的历史与丰富的文化底蕴。

如今的神头镇位于陵城区东北15公里，居于腹部位置。这里土质肥沃，具有发展种植业、养殖业、水产养殖业得天独厚的天然资源，还是小麦、棉花、玉米的重要产区，被农业部命名为“绿色食品生产基地”，并建有国家级“粮食高产创建万亩示范区”，这里还有面粉、纺织、木业加工、苗木等主导产业，新规划的行政区域以镇政府路为中心，自东向西依次规划了工业园区、政府路商贸区、中心社区居住点、仿汉一条街、墓群森林公园、东方朔风景区、朔墓区。

游走于神头镇时你会发现，这里交通四通八达，省道315线穿境而过，110公里的农村公路网化覆盖全境，规划中的东方红路即将在神头镇中部与省道315线交会，构成四通八达、快捷安全的交通网络。你还会发现这里文化底蕴丰富，不仅有富平侯家族墓群（汉墓群）、东方朔墓，还有厌次古城遗址。近年又发现了东方朔第28代孙东方合墓，出土了一系列珍贵文物，较完整的30多件，其中国家一级文物4件、二级文物2件、三级文物多件，并有待修复残件一大宗。同一墓葬出土如此众多精美绝伦的物品，在陵城区乃至德州考古史上都属罕见，为人们研究东方朔家族历史提供了丰富资料。

东方朔墓位于神头镇西1公里处，直径32米，高4米，是省级重点文物保护单位，立有保护标志。原有颜真卿撰书“东方朔墓碑”，原碑已失，1977年被确定为省级重点文物保护单位。每年春季，民间都会自发举办东方朔庙会，来这里的人们络绎不绝，有研究周易的，有说笑话和相声的，还有各种的文艺演出，每年的三月三日，朔墓前还会有大批的游人前来祭拜，以弘扬历史文化，纪念东方朔先生。

汉墓群俗称“七十二疑冢”，位于陵城区神头镇西北笃马河北岸。以厌次路为轴线，分布在东西长约2.5公里，南北宽约1.5公里的地带内，现存38座，大者直径60米，高9米，小者直径14米，高5米，玉带缠绕，古冢叠起，紫气升腾，自古以来就是风景名胜区，1978年定为省级重点文物保护单位，是堪舆学研究难得的现场素材。据史学家赵春万考证，该墓群是西汉张安世家族墓。史载，张安世，西汉昭帝时为右将军，始封富平（即今神头镇）侯，一直传到东汉安帝，共传九代200余年。

如果你认为来到神头仅仅可以游览那就错了，因为你会发现这里物产丰富，人们热情好客。神头镇盛产香椿，特产“紫椿”闻名全国，曾为封建王朝的贡品。镇域内现有香椿树10000多棵，各村均有分布，集中连片种植的主要在西街、南街、槐里等村。神头西街的邱维银老人说在他的记忆中，小时候神头种植香椿树最多、品质最好的是在槐里“胡家畦子”一带，所以大家说到神头香椿又说槐里香椿是最正宗的；此外，神头镇还是“智圣仙桃”的故里，不仅在朔墓区有百亩桃林，村里也不同规模地种植着桃树。这里的桃子不仅颜色鲜艳，而且味道鲜美，相传东方朔又名桃仙子，几乎是爱桃成癖，视桃如命，所以这里被称为“智圣仙桃故里”。

当前文化产业风起云涌，神头镇围绕陵县确定的打造“古韵新唐城”的经营理念，始终以打造“旅游重镇、文化名镇、生态大镇、交通要镇”为发展目标，规划各个领域的发展。古人云：“国有大贤国人之光，里有大贤里人之光。”东方朔文化，赋予了神头得天独厚的发展机遇，东方朔不仅仅是一个称谓，而且是一种理念、一脉文化。来到神头，你将充分感悟千年历史遗产的豪迈和去伪存真、去粗取精的文化精髓。这里不仅有融入到中华民族历史文化的长河并且发扬光大的东方朔文化，而且有人民群众安居乐业、社会进步和经济又好又快的发展。

百里枣乡　古镇新风——朱集镇

朱集镇是“全国红枣出口基地”“中国金丝小枣之乡”，2005年被授予“全国工农业旅游示范点”和“山东省环境优美乡”。2007年被授予“国家AAA级旅游景区”和“山东省旅游强乡镇”等荣誉称号。

朱集镇位于乐陵市东北部，东与庆云县东辛店乡相接，北隔章卫新河与河北省盐山县相望，西与胡家街道、西段乡接壤，南与云红街道相连。

乐陵素有“百里枣乡”之称，是驰名中外的乐陵金丝小枣产地，古来就有“六月鲜荷连水碧，千家小枣射云红”之誉。金丝小枣的栽培，始于商周，兴于魏晋，盛于明清，振兴于今。既有原产，又有引进，并由国内向国外广为传播。乐陵小枣适应性强，品质优良，营养丰富，不仅有直接的经济效益，还有很高的生态效益。历史上乐陵被称为“斗地打石粮”“一年顶三秋”的风水宝地，现开辟有千年枣林游览区。

枣林游览区为全国最大的千年原始人工结果林，先后被评为“全国农业旅游示范点”“省级森林公园”“国家AAAA级旅游景区”和首批“山东省自驾游示范点”“山东省旅游摄影创作基地”。森林覆盖率达95%，被誉为“天然氧吧”。经过近几年的开发建设，现已形成以结义园、名人园、百枣园等几大园区为支撑，枣都碑、母子树、望娘子树、观光塔等诸多景点点缀其中，集观光游览、餐饮住宿、农耕文化展示与体验、旅游购物等于一体的综合性生态旅游区。游览区春华秋实，四季如画。初夏，嫩叶初展、枣花吐香时，涌绿滴翠，蜜蜂嘤嘤。金秋9月，树上，枣果鲜红；树下，禾稼葱茏。冬日枣林，古树虬枝凌风傲雪，刚强不屈。空中俯瞰，茫茫枣海，汇成绿色大海。浑然天成的田园风光，如诗如画，令人心醉神迷，流连忘返。置身枣林自会领悟到一种“风雨后听笛，斜阳里看塔，枣林幽径通几家，春夏秋冬皆入画”的奇妙韵味。

秉地域厚德，生态环境良好。万亩枣林浩瀚如海，朱集镇是驰名中外的乐陵金丝小枣主产区，是国家重要的红枣出口基地，朱集镇小枣购销市场是华北最大的小枣集散中心。

百枣园，被誉为“全国名特优枣品种资源库”，于1992年建园，占地100余亩，栽植枣树3000余株，是集引种试验、品种对比、物种保存、游览观赏、休闲娱乐为一体的特色枣园。

名人园因有众多中央和省级领导及中外名人在此植树而得名。1965年李先念同志与当地群众一起栽树，鼓励枣乡人民因地制宜发展生产；1990年再次题词“因地制宜，艰苦奋斗，建设社会主义新农村”给予勉励。王光英、张高丽等领导及联合国前副秘书长冀朝铸等也曾来此参观，植树留念。

母子树讲述着一个美丽的亲情故事。700多年历史的母子树，老树之中又长出一株小树，状若母子相抱。望娘子树就像丈夫守护在妻儿身旁，一家三口甜蜜相处不离不弃。数不清的中外游客在此流连，品红枣、尝甜蜜，感悟天伦之乐的可贵。

朱集镇有一棵枣树称“枣王树”，已有1300多年的历史，依然枝繁叶茂，年年结果。据传乾隆下江南，途经乐陵，至此树下口渴，取几颗红枣入口，顿觉甜透六腑，爽净五脏，脱口而出“好果称朕意”，遂挥毫写下“枣王”二字。乡民感恩赐福，制成金匾，挂于此树。因年代久远，金匾现已流失。现枣王碑为乾隆皇帝第八代孙，已故当代著名教育家、国学大师、书画家启功先生所题。

朱集镇有一片枣林称为“结义园”。园名的由来还要追溯到国共合作的抗日时期。1938年秋，在抗日战争最艰苦的年代，八路军东进纵队的肖华司令，率部由太行山区来到乐陵，开辟冀鲁边区抗日根据地，驻扎在乐陵。当时任国民政府乐陵县县长的牟宜之，身为地方官，极具爱国心，为取得肖华司令的帮助和支持，通过朱集镇大常村村长与肖华取得联系，于9月的一天晚上，他们三人来到这片枣林深处，对树盟结同心，共商革命大计，并留下了“国共本同根，都是中华人，共为抗日计，树下结同心，若有不诚意，不为好儿孙”的誓言。“枣园三结义”成为当地流传的一段佳话。这些千年枣树见证了不同阶层联合抗日、共同捍卫民族尊严的决心。游人来此，定会感受到国人在面对外敌时一致对外的爱国主义情感，在潜移默化中接受爱国主义教育。

枣树不仅以春叶、夏花、秋果、冬雪的四季景观展示它的风采，更以“叶不争春、根不争地、花不争艳、冠不争天”和坚忍刚毅、生生不息的精神激励着这片土地上的人们。朱集镇将枣林视为稀有的生态资源倍加呵护，并通过一系列投资建设和政策引领，将它变成一座造福百姓、福佑民生的富矿。

一日丁坞行　百年长寿情

丁坞镇位于乐陵市西部，距市区12公里。东与郭家街道为邻，西与宁津县的杜集镇相邻，南与孔镇镇接壤，北接黄夹镇。

关于“丁坞”的由来有几个传说。一是相传西汉末年，王莽篡位，欲除掉皇室后裔刘秀。刘秀在民间招兵买马，暗中扩大自己的势力，誓与王莽决一死战。刘秀选贤任能，充分发挥自己的军事才能，在乐陵城西一带排兵布阵，设下了一座空城和王莽斗智斗勇。相传当日刘秀走到王木腿一带，人困马乏，遂在一条河沟内暂作歇息，一时间忘记了在后面紧追不舍的王莽大军，竟沉沉睡去。正在危急关头，一条蝼蛄将睡梦中的刘秀惊醒，半梦半醒之间的刘秀一气之下将蝼蛄的头和身子扯作两半。忽听得身后杀声阵阵，刘秀才猛然醒觉，意识到惊醒自己好梦的蝼蛄救了自己一命，百感交集之下，见附近有一枣树，遂从树上摘下一枣棘针，将蝼蛄的头与身子连接在一起，并在心内默默祷告：蝼蛄啊蝼蛄，请恕我刘秀不知之罪，从今往后，土地便是你的天下，你尽可随心所欲地走来走去。不料那被枣棘针接为一体的蝼蛄竟摇头摆尾扬长而去。刘秀也当即上马前行。就在路过河沟后不久，天上冷不丁地就下了一场大雾，王莽的军队辨不清方向，只好停住，任由刘秀从眼皮子底下逃掉。一只小小的蝼蛄和一场突如其来的大雾救了刘秀一命。雾散后，王莽才知眼前是一座空城，只得撤兵而去。刘秀登基后，人们根据这个故事，就把这里的村名改为“丁雾”。后来，有些人觉得这“雾”字不好，乌烟瘴气的，不吉利，于是又将“丁雾”改成了现在的“丁坞”。而把当日刘秀所设的空城南门称作“孔镇”（现位于乐陵市孔镇镇），将位于空城后门的村子改名为“城后李”（现位于乐陵市丁坞镇），把当时王莽退兵的村子叫作王莽退，后改为王木腿（现位于乐陵市孔镇镇），同时将当日刘秀睡觉的那条沟上的一座桥称为卧龙桥。

也有传说明成祖朱棣北伐残元势力时，路经今丁坞镇境域，忽见天昏地暗，雾气冲天，百姓免遭洗劫。兵马过后，云消雾散，故以居民姓氏命名“丁家雾”，后演变成“丁家坞”。

汉乐陵古城位于今丁坞镇杨盘村，曹魏黄初元年（220），置乐陵郡，县随郡徙。清《续山东考古录·武定府古迹》载：“乐陵故城在今乐陵西南三十里，其墟高丈余，周三里。”明嘉靖《武定州志》载：“乐陵郡，领县三。曰乐陵（带郡），为侯邑。故城在今山东乐陵县城西南三十里。”按此，乐陵故城当在今乐陵县至西南杨盘一带。

杨盘原为隋末置永州城址，据清《宁津县志》载，北宋真宗咸平年间，属河北东路沧州景城郡。北宋将领杨延昭为防契丹入侵，在此立团练营盘，故改名杨盘。

该镇有一村为十八图村。该村名的得来也有一段故事。相传秦始皇第五次东巡回途，路过此地，他听说在这个村子中藏有18个国家的地图，不禁大惊。于是，命人将地图销毁，并将该村命名“十八图”作为标记。另外，相传在该村东头曾有座十八罗汉庙，村名由此而来。

乐陵丁坞镇的特产有枣雪糕、熏枣、枣花蜜、枣发糕等。枣雪糕系选用金丝小枣与黍子米作原料，先煮后蒸而成。入口香甜，咀嚼柔韧，风味独特。乐陵枣乡有这样一首叫卖歌：“枣儿甜，米儿黏，又充饥，又解馋，吃着不好不要钱。”枣雪糕的制作，据说起源于城东“雪糕许家”，至今已有200多年的历史。

熏枣用个匀、肉厚、成色好的枣，洗净晒干，用枣木熏制而成。此吃法既有诱人的清香，又保持原枣的鲜味，香甜适口。

枣花蜜是乐陵丁坞镇的名产之一，枣花盛开时，内外地蜂场人云集乐陵，采集大量的枣花蜜。枣花蜜呈黄白色，营养极为丰富，供食用和药用。

枣发糕的做法是将玉米面用八成开的水边搅边烫，晾凉后与面粉掺到一起，加入鲜酵母，用温水和成稀面团发酵，然后再掺入黄豆面揉匀。把金丝小枣洗净煮熟去汤，与青梅同洗净去核，切成小条，拌入揉匀的面团。待蒸锅内水开，在篦子上铺好白布，将面团倒入，用手蘸水拍匀，再用小刀割成方块，用旺火蒸熟即可食用。

故城遗址　人杰地灵——伦镇

伦镇是禹息故城和高唐故城旧址所在地。《水经注》记载：“禹以息土填鸿水，以为名山，义本取此。”《太平寰宇记》卷十九记载：“唐天宝元年，在齐州西北八十里，以祝阿县（今禹城市）西南三十里有废禹息故城为名。”禹息故城，位于古黄河和古漯水交汇处的一高丘之上，即今禹城市伦镇西北七华里处。距今5000年以前，伦镇是黄河漫流入海的流经地，地势低洼，河汊纵横。尧舜时期，洪水泛滥，大禹受命治水，来到伦镇西面的古高阳城一带。因为此地地势较高，所以将总指挥部设在这里，这就是最早的“禹息故城”。

《高唐州志·高唐故城》载：“高唐故城在城东七十里伦镇西北。”《史记》载：“齐威王盼子守高唐，赵人不敢东渔于河。”《左传》记：“襄公十九年，齐夙沙卫奔高唐以叛，齐庆封讨之。”东晋十六国时期因为战乱，人口外迁，高唐城逐渐废弛。1996年，德州市考古勘探队对城址进行了勘探与试掘，找到了城墙槽基，夯土层清晰可辨，查勘出其深度和宽度，通过城址叠压状况分析，此地为三城叠压，即高阳古城、禹息故城、高唐故城三城叠压。

伦镇镇驻地原是隋末源阳县城址，宋代在此置安仁镇，金改为伦镇。《山东通志》中有记载概括伦镇街起源的诗歌《源阳城》。元代状元张起岩撰文：“伦镇，古安仁镇也。”

禹息故城遗址占地约13.5平方公里。南面有大城子坡村，北面有小城子坡村，相距3.5公里，东面燕寨村与西面堂子街相距4公里。城址偏西侧有一高台，长160米，宽14米，高出地面1.2米。当地人讲，此台是禹息故城的最高点，曾是制陶作坊。如今田野上仍能看到陶片、瓦砾碎片。1963年禹城拖拉机站在此耕地，捡走完整的陶罐、盆、鬲数十件，多为龙山文化时期的器物。2003年有人曾捡到龙山文化时期的磨制石锤一块。从地势、形、貌、质分析，古城地域在上古时期是高数十米、底阔二十几平方公里的土丘，古城建于土丘之上。20世纪50年代中期，德州地区考古勘察队曾对禹息故城进行考察，有如下记录：在伦镇西小城子坡南，袁营机窑东300米处，有古高唐故城（亦称禹息故城），沿城址测量，南北长1100米，东西宽800多米，占地面积88000平方米。

1996年冬季，德州市考古勘探队对城址进行了勘探与试掘，找到了城墙槽基，夯土层清晰可辨，查勘出其深度和宽度。沿故城范围重点寻觅和勘探，发现在北部有一5米左右深度的大沟，花土与扰土夹杂，含有早期文化陶片，5米下仍是松土，并有瓦砾，这说明城下仍有文化层。再下土层坚硬分层，形如夯土层，又是城址痕迹。通过土层、出土文物及文献记载分析，故城遗迹的最下层可能是太昊时期的高阳城，中层可能是大禹时期的禹息故城，最上层是西周以后的高唐城。

春秋时，高唐属齐国平原郡。当时城西5公里有条大河，南北流向，齐威王令盼子驻守高唐，赵人不敢前来渔猎。《太平寰宇记》卷十九：“唐天宝元年，在齐州西北八十里，以祝阿县（今禹城市）西南三十里有废禹息故城为名。”清光绪《高唐州志·高唐故城》记载：“高唐故城在城东七十里伦镇西北。”

高唐故城在今伦镇燕寨子村西1500米处。十六国时期因为战乱，人口外迁，高唐故城逐渐废弛。清康熙年间高唐知州龙跃图作诗云：

高唐故城萎荒村，伦镇偏西旧址存。
早有赵人渔永远，更无盼子守西门。
千年兵燹青磷火，终日风沙白日昏。
嬴政长城空万里，何尝一代感秦恩。

伦镇为什么取名源阳呢？古时城池大都因河而兴，源阳城也不例外，城外源河之阳，故曰源阳。《禹城县志》记载，沈屯新河，系唐代之源河故渎，俗称“草鸡沟”。后来伦镇人不知源河，只知草鸡沟。沈屯新河是新中国成立后国家投资利用源河故道开挖的新河流，但在村子西边，草鸡沟故道尤在，成了无法与外面水系相连的大湾，依湾宽推算，河宽应近40米。古时草鸡沟蜿蜒南来，在南街外分成两股，一股东流沈屯而去，一股直插到南街西侧。

草鸡沟也叫得胜河。已经说不清什么朝代了，传说当时天下大乱，一伙难民牵着几头牛逃亡到草鸡沟边，后面有造反军队追赶，水虽不深而牛却不敢过河，难民只好弃牛逃入城内。过一会儿，追兵赶到了河边，欲渡河取城，但又不敢贸然涉水，便想用牛试试水深。无论如何驱赶，牛就是不敢下水。追兵将牛赶到另外一个地方再试，这次稍加驱赶牛就下水了，但此处为一个大深坑，牛一下去即被淹没。追兵心想，牛敢下去的地方就如此之深，不敢下去的地方岂不更深不可测，于是放弃渡河的想法，但又想完成夺城任务，便隔河与城内官员谈判，说城小不值得占领，只要交出城内旗帜，他们就引兵北去。城内官员为保百姓平安，就交出了旗帜，追兵也就取旗北行了。追兵得胜，城内百姓也得胜，自此草鸡沟也有了得胜河的叫法。

杨柳依依——大柳镇

大柳镇位于宁津县境北部偏东，北邻长官镇和张大庄乡，东邻杜集镇和柴胡店镇，南连宁津镇、时集镇，西接刘营伍乡，南距宁津县城10公里。地理位置优越，交通便利，北通京津，南到济南，省道临南路贯穿全境。

大柳镇位于宁津县城北10公里。据旧志记载，大柳镇原名青龙镇，现用名的由来与燕王朱棣有关。

据传，明靖难之役时，燕王朱棣率部队行至宁津一带，命部下将青壮男丁征集入伍，其他人等皆斩尽杀绝，杀害无辜百姓甚众。一日，大军行至古青龙镇，有一藏于荒草丛中的农妇被兵丁发现后，仓皇奔命。燕王见此女子怀抱一名八九岁男童，上齐其头，下及其膝，而手领着一名三四岁小儿，高仅及膝。其怀抱之童哭闹不止，并咬其肩，揪其发，妇人任其撕咬，愈抱愈紧。手领的小儿忽而跌倒，忽而爬起，尽其力挣扎，满身泥土仍追赶不及。

燕王大怒，刀指农妇而责曰："汝贱妇，为何怀抱大童而手领小儿？"妇人战战兢兢答曰："怀中所抱系我夫前妻所生，手领小儿是我亲生。亡母之子，吾不忍让其受委屈。"燕王感其义，曰："本王念你在性命难保之时尚有此良苦善心，免你母子三人一死，速速回家去吧！"妇哭诉道："而今兵荒马乱，纵大王饶过我等，回得家去也难免要做刀下之鬼，但求大王饶我大儿一条性命，我母子二人死而无怨。"燕王略一思忖，曰："此地柳树甚多，汝回得家去可折一柳枝插于门上，本王保你全家性命无忧。"即令三军，凡遇门悬柳枝之户皆不得骚扰，违令者斩。

妇人念及乡情，回家后速将此事遍告乡邻，遂保全了全镇人的性命，也保住了青龙镇。为纪念此事，人们便把青龙镇更名为大柳镇，并沿用至今。

大柳镇北有古康王祠遗址。相传宋康王赵构被掠去金国，逃回时，遇一老者牵一马相赠，并告知此马可乘不可饮。康王乘此马来到大柳北湾，见马渴不止，遂入湾饮水，马即成泥，世传为"泥马渡康王"。故大柳镇原有康王祠，现仅存遗址。

大柳镇东有七间厅村，此地元初曾建有宁津邑长、诸路新军总管李世和之别廨。据古制，县衙为八间，别廨非正衙，故七间，后村名为七间厅。现仅存遗址。七间厅村南有李世和墓，其地原有华表及石猪、石羊、石象和墓碑等遗物。宁津、盐山二县达鲁花赤兼诸色人匠李世安墓，冶铁总管李世宁墓也在七间厅村。李氏系蒙古族人，原姓蒲察氏，"李世和"是其汉名。李家后人曾在七间厅村居住。

庞家寺汉墓位于大柳镇西庞家寺村东南。据考古专家鉴定，该墓为东汉早期墓葬，距今有2200多年。汉代陶楼于1978年在大柳镇庞家寺汉墓出土，属国家一级文物。陶楼高144厘米、长64厘米、宽36厘米，陶质为釉陶，但釉质较薄，多为灰绿色，上施云母粉末状物质，有光泽，颇为精致，其高度也创我国之最。

同期出土的随葬器还有陶方阙、陶磨、陶壶、陶灯、陶屋、陶炉、陶灶、陶狗、陶鸡、陶鸭等；灰陶类有朱雀、陶罐；银器有发钗、银圈；还有五铢钱和剪轮五铢钱800余枚。

李满村碧霞祠历史悠久，据传始建于唐朝，古称天仙圣母殿。清朝乾隆四十年（1775）重建，改名碧霞祠，光绪十六年（1890）扩建，有山门、钟楼、鼓楼、碧霞祠正殿和东西配殿、玉皇阁等，另有真武庙、普照寺等，为平原地区罕见的精美古建筑群。时香火甚旺，每逢农历四月十五和九月十五为庙会期。沧州、德州周围18县官民多来朝拜进香。时当地民间有“不去天津卫，也赶李满会”和“二州十八县，李满会上见”之说，可见其盛况空前。因每年赶庙会人数都达数万之众，据传庙会期间李满村周边的井水往往会被饮干。后来李满村碧霞祠毁于战火。1992年重建后，建有仿古建筑山门、钟楼、鼓楼、碧霞祠正殿、玉皇阁、普照寺等，雕梁画栋，气势恢宏。现每年春节前后及农历四月十五、九月十五庙会期间，前来朝拜进香和观光旅游者十余万人。

大柳镇是西汉名臣隽不疑故里。据清光绪《宁津县志》记载：“隽不疑墓在宁津城北十八里大柳镇北。”隽不疑曾做渤海郡文学，后官拜青州刺史和京兆尹等。他学识渊博，精明干练，深受汉武帝和汉昭帝器重。汉昭帝即位时，齐孝王之孙刘泽勾结豪强谋反，被隽不疑发觉、逮捕，后认罪伏法。昭帝非常赏识，提升隽不疑为京兆尹。隽不疑常去各县巡查罪案，在其母亲的影响下，执法严厉却不残酷。隽不疑及其慈母的事迹被载入《中国人名大词典》。今大柳镇北有隽家坟，镇里仍居住有隽氏后人。

宁津名吃大柳面产于大柳镇。大柳面源于清朝乾隆年间，至今已有近400年的历史。其特点：细如粉丝，色如嫩柳，状如弓弦，滑爽可口，有“金丝缠碗”之称。面卤讲究，有传统面卤、海鲜面卤、肉卤、素卤、清真面卤等，另配有辣椒油、香醋、黄瓜丝、苦瓜丝、大蒜泥、香椿汁、火腿沫、芝麻盐等20多种配料佐餐。营养丰富，色香味美，老少皆宜，温食凉用，四季均可。大柳面这一美食，四乡闻名，已载入《德州风物志》《山东风物大全》和《中国土特产大全》等文献资料。

大柳镇是德州市西瓜的主要生产基地，面积产量均居全市前列，生产的“京新”“华夏新红宝”西瓜品种在全国西瓜评比会上获得部优产品。大郭村的西瓜以甜度大、质地脆创出了名牌。

千年古镇　夏侯惇墓——王杲铺镇

王杲铺镇位于平原县西北部，东南与王打卦镇为邻，南连恩城镇，西邻武城县郝王庄镇，北接德城区黄河涯镇南端。

据史载，西汉置绎幕县，王杲铺镇驻地一带，曾是绎幕县治所，距今已有2200多年历史。十六国冉魏时期，后赵旧将殷勤乘乱割据，在此称赵帝。隋大业初年，绎幕县废，入安德县。

夏家坟位于今王杲铺镇杨诗庄村南。据《重修恩县志•舆地志》记载："三国夏侯惇墓，在县西北杨诗庄（今王杲铺镇杨诗庄）南，俗呼为夏家坟，形似土阜。民国二年（1913），有周全庄（今恩城镇周全庄）耕田者陷入地内，见有棺石，载云：夏侯惇墓。"据今杨诗庄年长者回忆，少时庄南有一土阜，俗称"夏家坟"。土阜周围曾有石人、石马。祖辈相传，汉末曹操大将夏侯惇葬于此处。因多年耕作及村民取土，今土阜已被削平，石人、石马及原墓已无踪影，仅有零星石块、青砖散见于地表。1999年，夏侯惇墓遗址被列为全县第一批文物保护单位。

史料记载，此处的确葬过夏侯惇。据《三国志•魏书》记载，夏侯惇，字元让，沛国谯人，与曹操为同辈兄弟。曹操初起兵时，常为裨将。

曹操被封为奋武将军时，以夏侯惇为司马，后升迁折冲校尉。曹操征伐吕布时，夏侯惇跟从征伐，在激烈的战斗中，被吕布部将曹性射中左眼。夏侯惇大叫一声，用手拔箭，连眼珠拔出，大呼："父精母血，不可弃也！"遂纳于口内，复挺枪纵马，直取曹性，一枪搠透曹性面门。建安十二年（207），夏侯惇封邑达4300户。建安二十一年（216），封为都督，被曹操称为"天下奇才"。曹丕代汉后，夏侯惇被拜为大将军，不久病逝。

斗转星移，时空已过近两千年，为何将夏侯惇葬于恩县"夏家坟"，是不解之谜。但几千年的文化积淀，使今天的王杲铺镇具有浓厚的文化氛围。

高跷秧歌久负盛名。每年在春节过后，王杲铺村秧歌队除在当地演出外，还北到德州，南至泰安演出，每年正月泰山庙会期间，秧歌队踩着高跷到泰山进香，沿途为群众演出。有一年，他们曾踩着高跷，随着锣鼓的伴奏，在陡直的盘山路上，上下翻飞。"王杲铺高跷秧歌登泰山"的佳话至今在鲁北、鲁中一带民间广泛流传。王杲铺村秧歌的表演形式多种多样：有打花棍、龙灯、旱船、蹊跷灯、老汉推车、王小赶脚等。还有青蛇、白蛇、老渔翁等人物，参加人员有数十名，另外还有十余人的锣鼓乐队伴奏。

除了秧歌演出活动，大量民间艺人的游艺活动也十分活跃，而且不拘形式，如说书、变戏法、魔术、气功等。1950年以后，王杲铺建立了文化站，农闲时间组织群众排练和演出节目，其中包括吕剧、京剧、河北梆子、评剧、歌剧等五个剧种，演员达六七百名。

如今，王杲铺镇传统的民间文化活动更加繁荣和活跃，共有镇、村业余剧团17个。1992年12月，王杲铺镇举办了第一届"庆丰杯"农民文化艺术节，演出队伍达到30多支，参演人数近千人。此后，该镇每年都在11月或12月举办农民文化艺术节。

“牛斗虎”的发源地——腰站镇

腰站镇位于平原县城西南，距县城25公里，西北以马颊河为界，与夏津县雷集镇和平原县恩城镇隔河相望，东临张华镇和王庙镇，南与聊城市高唐县梁村镇接壤。

到腰站镇，“千层槐”是不可不看的特色景点。“千层槐”原是一株古老的国槐，位于镇南北大街上，据说因为历代官衙在树干上贴告示，一层加一层，所以当地人称“千层槐”。古槐干围约2.6米，干高4米，全高约8米，树冠覆盖直径约11米，朝西南一枯枝形如“龙头”，形象逼真。对这株古槐的传说很多，相传秦始皇统一六国时，曾设驿站在今腰站村附近。为使驿站方位好辨认，便堆土筑一高台，并在台上种下槐树一棵。槐树旁边建一铁匠铺，制造兵器，设一茶馆饭铺，为过往信使提供饮食。经年累月，槐树枝繁叶茂，像一把巨大的伞盖。据说，夏季在树下纳凉饮茶，阴凉清爽，苍蝇不至。还传说秦始皇病逝后停尸车于树下。历代人们慕名而来瞻仰，有的在附近定居下来，渐渐地形成了一个较大的杂姓村落。北宋年间称药家镇。明代改称谭家镇。清乾隆年间，漕粮旱路过此，因其地处高唐县与恩县中间，又改称腰站。

腰站的民间文化历史悠远，其中最著名的当属民间舞蹈“牛斗虎”。“牛斗虎”舞蹈起源于清朝咸丰年间，原创地是腰站镇锅培口村。咸丰年间，太平天国将领李开芳由马颊河北渡，在平原、德州一带作战。腰站镇锅培口村民王仁参加了太平军，并学会了“牛虎拳”套路。太平军失利后，王仁回到锅培口村。此时盗匪蜂起，民不安生。王仁便在村内聚集了30名青壮年，办起了“武对子社”，向人们传授“牛虎拳”。“武对子社”看庄护院，保卫乡邻，受到百姓称赞。后来，乡亲们为表达对“武对子社”的护卫之恩，便用竹片、胶布、纸扎制裱糊成牛头，用黄布制成牛身，用绒布缝制成虎衣，由人穿戴起来对打，成一套路，以示对“武对子社”的纪念。光绪二十五年（1899），村民李有亮进一步整理规范了动作套路，把牛头越做越大，老虎越做越小，形成了融舞蹈与武术为一体，具有独特表演风格的“牛斗虎”舞蹈。

“牛斗虎”舞蹈采用一牛、二虎、一牧童、六武士为阵容，是一种模拟动物形体、习性、动作的表演。“牛舞”动作刚劲，粗犷彪悍；“虎舞”动作轻盈，矫健威猛。伴着铿锵有力的锣鼓，“牛”“虎”相斗，气氛活跃。该舞多在春节、元宵节、庙会或其他重大庆典活动等场合演出，成为腰站镇传统文化中一项重要的特色艺术，备受群众喜爱。

除了“牛斗虎”舞，腰站镇还有扭秧歌、推旱船等民间艺术。秧歌分徒手、彩绢、花棍和腰鼓四种，以扭为主，或载歌载舞，或只扭不唱。表演样式主要有“十字穿心”“二龙摆尾”“四门斗”“疙瘩圈”“剪子股”等，盛行于1940年至1950年间。后经过挖掘整理，又增加了几种形式。如今每年春节、元宵节期间，村村都有表演队。旱船的制作很讲究，船身以竹、木扎成，长者近3米，短者1米多，上搭顶棚，下围布裙，船裙垂于地面，画有水波及游鱼等。舞时，坐船者（旧时多男扮女装）以暗挎在肩上的带子悬船，并可随时交换假腿姿势，另一人在船外随锣鼓节奏，时而像漂浮于平湖微波之上游荡，时而如在狂风巨澜中疾驶盘旋。尤以腰站镇沙庄村的旱船闻名四周各乡。其表演内容多取材于古装戏剧，1950年后又增添了现代题材。

腰站镇还有一座古建筑，即沙庄村清真寺。该寺始建于明代，有大殿7间，南讲堂4间，主讲堂3间，沐浴室2间，大门1座，占地2000平方米左右。寺内古柏青翠，环境肃穆。清乾隆年间，有一位状元白云龙曾为该寺书写匾额一块，后惜遗失。该寺曾于清道光年间重新翻修。1955年又维修一次，至今尚保存完好。

腰站镇民间工艺主要有神像雕塑、家具的雕镂及玩具制作等。其形式是桌椅等器具花边图案的雕镂，内容多为“吉祥”“如意”“福寿”等，配以“蚂蚱牙”“卷草”“花鸟”“山水”等图案。玩具制作以泥塑木雕人物、走兽为主，有虎、狮、人等。

腰站镇剪纸构图简洁，剪法粗犷，是一种颇受群众喜爱的民间传统装饰品。因事而剪，因人而置。过春节剪“连年有余”“吉祥如意”；婚事剪“鸳鸯”“蝙蝠”“抱角”“月亮”；老人生日剪“长寿桃”“松鹤延年”等。民间擅长剪纸者多为家庭妇女。剪纸创作是在民间剪纸的基础上发展起来的。形式由表现吉祥喜庆发展到展现生活，形式由花、鸟、虫、鱼发展到人物、山水景色、民间故事、戏文人物等，构图也大为复杂，方法由剪裁发展为刀刻（故剪纸又称为刻纸）。剪纸创作成就最大者应首推贺艺民、宋仙月、范俊厚、郑金琪等。其中贺艺民成就最大，影响最广，在长期的艺术实践中形成了独特的艺术风格。他的作品时代气息浓厚，布局对称，造型新颖，变形大胆，简洁洒脱，粗犷豪放，颇具北方特点。其作品曾多次出国展出，剪纸作品“和平与友谊”被宋庆龄故居收存。

漳南夜月——鲁权屯镇

鲁权屯镇人民政府驻地原为鲁权屯村，俗称五珩六处。由任珩、鲁珩、管珩、陈珩、王珩和管辛庄六个自然村组成。据伍氏家谱记载，明永乐年间由鲁权、任整、管增、管贵姑表兄弟四人，从山东即墨县迁来定居。因鲁权身为兄长，德高望重，所以以鲁权名命村名。2010年镇政府驻地迁建，现驻滕鲁社区王贤庄村。

该镇因漳南镇的历史故事而闻名遐迩。漳南镇村，在历史上是个经常提到的地方，因它是古漳南遗址。按文献载："隋开皇十八年，改东阳为漳南县。"到唐时，又入历亭。漳南镇不仅是个古县治遗址，在历史上还发生过举世闻名的农民起义。隋朝末年，漳南义士窦建德以这一带为根据地，掀起了推翻隋朝黑暗统治的农民起义，史称河北农民起义军，为隋末三大农民起义军之一，著名的农民起义领袖窦建德、刘黑闼，就出生于此地。昔日之漳南镇，地势平坦，周围环水，中心之高阜，是窦建德、刘黑闼为发布命令、指挥战斗而设置。后人称为点将台。因台的四周被水环绕，每至月末的夜晚，无月而亮如有月之夜，实为一大奇观，故"漳南夜月”是当地的奇景。《重修恩县志》载，“在县城西北六十里漳南镇，有土阜丈余，每晦朔夜，登眺朗然，故名夜月”之语，后被列为“恩县十景”之一。1965年前后，惜因修路取土被夷为平地。

鲁权屯自古以来就是一个人杰地灵、人才辈出的地方。

孙安祖，隋末农民起义首领，隋末清河漳南(今河北省故城县东北)人。隋炀帝大业七年(611)，农村遭受水灾，妻子饿死，官府仍迫其服兵役，愤而击杀县令，逃匿窦建德家。因官府追捕甚急，窦建德乃助其起义，入高鸡泊(今河北省故城县西南)自号将军，后被张金称所杀，其余部归窦建德统帅。

窦建德（573—621），隋末农民起义领袖。贝州漳南（今武城漳南镇）人，少时聪颖过人，行侠仗义，成年后崇文尚武，曾任里长。

隋炀帝出兵高丽，窦建德被征入伍，任“二百人长”，好友孙安祖因不堪“捕劾笞辱”，怒杀县令至窦建德处避难。大业七年（611），孙安祖家属因助其起义遭杀害，二人遂率部起义。起义后，率众投奔了高鸡泊起义首领高士达。窦建德深得高士达器重，任司兵，后屡建战功，被提升为司马，掌握军事要职。窦建德带领起义军攻城掠地所向披靡，战功卓著。大业十二年（616）隋炀帝派郭徇率兵围剿高鸡泊，窦建德率兵七千迎敌，郭徇惨败，被斩杀于平原县境内。

高士达被隋太仆卿杨义臣围剿杀死后，窦建德借回高鸡泊为高发丧之机，招集旧部，募征新军，一下子发展起十余万人的队伍，自称大将军。

被胜利冲昏头脑的窦建德轻视了英勇善战的李世民，致使大败，在牛口被秦王李世民俘虏，次年被杀于长安，时年49岁。他死后，魏州（今河北南安阳）人民为其建有夏王庙，以志纪念，许多人称其为侠圣。

刘黑闼，清河漳南（今武城漳南镇）人，少时与窦建德为好友，大业末年，跟随郝孝德起义参加瓦岗军。

武德四年（621），窦建德失败被杀。刘黑闼回漳南搜罗窦的旧部，重整队伍，在漳南又举义旗。半年时间，刘黑闼便占领了窦的旧地。武德五年（622）自封为汉东王，年号天造，建都洺州，后来刘黑闼被李世民击败，败走突厥，与突厥贵族联合起兵，一举攻占了河北、山东等地，仍以洺州为都。唐先后派齐王李元吉、太子李建成领兵进攻刘黑闼，刘败走饶阳。因手下人诸葛德威谋反，刘黑闼被执送唐军，于武德六年（623）被杀。

自唐武德七年（624）至宋至和元年（1054），漳南镇作为漳南县的县城，存在了400多年。2006年5月在漳南镇出土的一批唐调露二年（680）的寺庙石刻文物，引起了有关方面的极大兴趣。明代初期，该镇的大吴庄人吴中曾任明代永乐、洪熙、宣德、正统四朝工部尚书近40年，主持修建了北京宫殿和长陵、景陵、献陵，在我国乃至世界建筑史上留下了光辉的一页，同时在李贤屯、青苏厂等沿运河村庄留下了烧贡砖的官窑遗址。在清代的267年间，居住在甘泉的苏轼后裔共出了5名进士，6名翰林，58名知县、县丞、教谕、举人等县以上功名人物，此外，还有99名贡生、监生，成为武城县当时最显赫的文化家族之一。

晏子采邑　名士春秋——晏城镇

晏城镇系山东古镇之一。史书记载，晏城“北依禹疏九河之漯川，南望古四渎之济水，地势平坦，土地肥沃”。约在四五千年前，境内就有氏族聚居，夏商为兖州之域，西周属齐国之地。春秋初属谭国，公元前684年，齐灭谭，后为齐国正卿晏婴采邑，故得名“晏”。时人筑城修宅，谓之晏城，是齐国唯一以晏婴姓氏而取名的城镇。唐朝开始设镇。晏城地处要冲，是济南通往北京的必由之路，历代设驿站，名晏城驿。1973年，县城迁至此，成为全县政治、经济、文化中心。2011年，撤镇成立晏城街道。

晏城位于县境中部偏北，东与济南市桑梓店镇毗邻，东南隔黄河与济南市相望，南接祝阿镇，西挨华店乡，西北与禹城市接壤，北、东北紧靠宣章屯镇，安头乡。倪伦河、新倪伦河流经中部，温聪河沿西北侧北下，李家岸引黄干渠、六六河在镇东部由南向北而过。京沪、济邯两条铁路在此交会，京台、青银、济聊高速公路穿境而过。

晏城历史悠久，人杰地灵，历史上出现了一代代英雄名士，较著名的有春秋时的晏子、无盐女钟离春等；名胜古迹则有晏婴祠、晏婴冢和古“齐城八景”之一的柳杭店“隐城蜃气”等。

晏婴，即晏子，春秋时齐国大夫，曾在齐灵公、庄公和景公三朝任事，执政50余年，节俭力行、谦恭下士，以有政治远见、外交才能和作风朴素闻名诸侯，汉代刘向将其与管仲相提并论。

春秋时期，诸侯并起，风云变幻，晏婴头脑机敏，能言善辩，勇义笃礼。他内辅国政，屡谏齐王，竭心尽力拯救内忧外患的齐国。在对外斗争中，他既富有灵活性，又坚持原则性，出使不受辱，捍卫了齐国的国格和尊严。有关他的智谏省刑、赈济灾民、二桃杀三士、晏子使楚、力行廉洁等故事更是脍炙人口，广为流传。司马迁对晏婴敬佩仰慕有加，他在《史记•管晏列传》中感慨地说道：“假令晏子而在，余虽为之执鞭，所祈慕焉。”诸葛亮曾在他的《梁甫吟》中赞道：“力能排南山，文能绝地理。一朝被谗言，二桃杀三士。谁能为此谋，国相齐晏子。”为纪念这位著名的政治家，后人在晏城北建晏婴祠，镇南建晏公庙，岁时祭奉。城内原筑有晏婴宅，供其临时下榻。晏婴宅旁有一金华古井，据《太平寰宇记》记载，其井之水“甘洌异常，合胶入药良”。镇西尹屯遗址传为晏婴冢，方围六亩余，高五米。镇北晏婴祠重建于清代，构造奇特。清初诗坛盟主钱谦益曾临齐河凭吊怀古，作诗《晏城》，诗曰：“采地遗者谁？相国齐晏子。千驷不匡君，二桃能杀士。激彼梁丘生，浮白为之起。”

镇西无盐村相传是战国齐宣王王后钟离春（即无盐氏）的故里。钟离春是中国有名的“四大丑女”之一。她的事迹见于《史记》与《列女传》中。据传她容貌奇丑，头凹目陷，肤色如漆，以至年及三十尚未嫁出。但其胸有韬略，更心怀大志，对当时齐国朝纲不振、国运衰微深感慨痛，遂冒死前往雪宫台（齐宫所在之地），自请见齐宣王，陈述齐国危难四点，为宣王采纳，立为王后。钟离春帮助齐宣王“停渐台，罢女乐。退谄谀，去雕琢。选兵马，实府库。四辟宫门，招进直言，延及侧陋”。史称：“齐国大治，丑女之功也。”遂以无盐之邑封钟离春家，封钟离春为无盐君，后人因此称其为无盐娘娘。史称钟离春曾智解玉连环，弹蒲弦琴，布阵而胜秦燕，解齐国之危。

钟离春后来于晏城镇生一公主，乳名金华，并在生公主处建金华寺纪念。宋代，金华寺移至晏婴故宅，与晏婴祠东西相对，相映媲美。至今“无盐娘娘长得丑，她为齐国定邦基”的传说在民间仍广为流传。在嘉祥汉代武氏祠画像石中，就有无盐君钟离春、齐宣王二人的带铭画像内容。钟离春这段传奇经历，更是被后世搬上舞台广为流传。元杂剧中有《智勇定齐》（又名《丑齐后无盐破连环》）（郑光祖撰），清有《灵娲石·无盐拊膝》（许善长撰），京剧中有《湘江会》《棋盘会》《战春秋》《钟无盐》，均系演绎其事。正如清人胡彦升所咏：“何处无盐迹可寻？宿瘤故邑柳深深。浣纱遗事空留恨，不及齐妃说到今。”（《东原怀古·无盐城》）。清朝于希方到此游览后，曾留下《雪宫诗》一首，诗云：“凭吊古宫兴未阑，迷离芳草尚留丹。君王自促高贤驾，休作稷门一例看。”

镇南原有唐代开国功臣褒国公段志元墓。段志元（又传为段志玄），少年为无赖，屡屡犯法，隋末客居太原，为李世民所赏识，随从李渊父子起兵。潼关之战中击退屈突通，后从李世民讨王世充。李世民即位，封其樊国公，后改褒国公。相传其墓前有石兽八只，后遭破坏，墓及石兽俱没。

镇北柳杭店昔有“隐城蜃气”，以“小蓬莱”誉称鲁西，为古“齐城八景”之一。史书述其盛景：“每于日出，凭高西望，城市人民，宛然毕具。层峦远树，隐现微茫，蓬壶阆苑之胜，尤足令人目想。”清朝时官员马人龙（齐河人）曾撰诗《赋齐城八景》，其中第八首就是专写柳杭店的“隐城蜃气”：“晏城北去柳杭西，苍莽青郊入望齐。雾里楼台春匼匝，画中烟树晓萋迷。明明小市依村近，隐隐环桥带郭低。一样酒旗摇飐处，争鞭络绎送轮蹄。”

境内著名的遗址有尹屯遗址、姜屯遗址、郝庄遗址、刘安遗址等。特别是毛官屯附近的尹屯遗址，据考证为龙山文化遗存，年代从新石器时代晚期，历经商代、周代、汉代，距今已有5000年的历史，1992年，被列为“山东省第二批文物保护单位”。碱场村历史悠久，古称“战场街”，有“七街八巷七十二胡同”之说，传说为三国时期刘备、关羽、张飞桃园三结义的地方。柳杭店村不仅有“隐城蜃气”的记载，更有着讲究孝道、崇尚仁爱的“九女坟”传说。

晏城地阜物华，人民热情好客，历史上曾引来无数文人名士观瞻留言。清初诗坛盟主钱谦益，著名词人、学者朱彝尊，查慎行等都有诵晏城的诗作。查慎行路经齐河，作诗《从十里望抵晏城》，诗云：“春塍雨润少飞沙，别取林坳一道斜。红袖倚门桃傍井，又缘迷路得看花。”康熙二十三年（1684），康熙皇帝东巡时曾驻跸晏城镇的东马寨，地方官员即在康熙皇帝接见群臣处建惹香堂纪念。乾隆皇帝东巡至此，见晏婴祠而感慨万千，专为晏子作诗数首，其中《晏婴祠》曰：“彰君赐固服桓子，执彼鞭犹慕史迁。羸马敝车一时耳，晏城千古属斯贤。”其手书晏婴碣立于皇宫院内，可惜于咸丰年间，因黄河泛滥而淤没。曾于1933年参与编纂《晏城街道志》的清朝举人郝金章曾作《晏婴城》诗一首，诗云：“一领狐裘三十年，敝车羸马世称贤。不因湫隘辞汤沐，为恋尘嚣近市廛。屦踊犹能谏苛政，尼溪何竟沮封田。景公千驷难图霸，泪洒牛山已枉然。”

九曲黄河万里沙　浪淘风簸自天涯
——祝阿镇

“九曲黄河万里沙，浪淘风簸自天涯”。

在奔腾的黄河下游北岸，有一片自然生态原始、文化底蕴丰厚、孕育着勃勃生机的神奇土地，它就是母亲河的骄子——正在崛起的齐河县祝阿镇。祝阿镇位于齐河县城南邻，省会济南市西，黄河东岸，隔黄河与济南市相望。

祝阿镇系黄河下游冲积平原，地貌形态受黄河影响甚多。祝阿镇地域平坦广阔，易于进行农业机械化、专业化和种植规模化。水产资源有鱼、藕、苇、蒲等，饲养牲畜有羊、马、牛等数十种；地下资源有煤、温泉等。

祝阿原名耿济，东临济水，济水之上架有朝阳桥，沟通古中国南北。东汉建武五年（29），光武帝刘秀令大将耿弇东讨张步，于此兵渡济水，一战而定东汉国基。因称耿弇济师处为耿济渡，唐设耿济镇，宋改耿济镇为济河镇，继称齐河镇。之后有第一区、城关镇、城关公社、小周公社、小周乡、祝阿镇等称谓。

据出土文物考证，约在四五千年前祝阿镇境内就有氏族聚居。夏商为兖州之域，西周属齐国地。春秋称祝柯，又名督杨。秦朝置祝柯县，西汉高祖十一年（前196）改称祝阿县。新莽改祝阿县为安城县，到唐朝时设镇，称耿济镇，属祝阿县。唐天宝元年（742）改祝阿县为禹城县，镇属之。宋改耿济镇为济河镇，继称齐河镇，属禹城县。金天会八年（1130）升镇为县，称齐河县，隶伪齐国济南府。元隶燕南河北道德州。明清隶济南府。光绪三十二年（1906），县划分为10乡，于10乡之外，设县城及附城12村为城区，系特别区，共12村庄，是为城关镇、区之肇始。1930年，全县划为八大区，镇为第一区，区机关驻县城北关关帝庙。新中国成立前后，镇境曾分属于坡赵、八里、后甄等区。1956年，为齐河县城关区，隶属聊城专署。1995年，撤乡建镇，称齐河县祝阿镇，隶属德州市至今。

祝阿悠久的历史造就了一代代英才先贤。官宦世家有尽职责爱民如子的孟僎，有高风节不畏权势申民冤的马允登，有除贼寇神兵天降保安民的冯祥骋，有严法度详思熟审条理明的李湑仁，还有孝义传家的祝阿马家，在中日甲午战争中壮烈牺牲的左宝贵等。深厚的文化底蕴，使多少文人政客流连忘返：明代朝鲜使臣路过齐河；清代文学家刘鹗在黄河咽喉之上曲拐处观凌；康熙、乾隆几次南巡过齐河，乾隆曾留下《齐河道中》等诗篇。

祝阿镇紧邻省会济南，依黄河而居，区位优越，优势明显。其风土民情十分浓郁，有“老残观凌处”和山东省非物质文化遗产——官庄绣球灯舞。官庄绣球灯舞，以独特的造型、高雅的技艺独步于民间舞坛。相传在300年前的“康乾盛世”时期，官庄村民为表达企盼国泰民安、祈求风调雨顺的愿望，每年正月都组织起来，举办元宵节闹花灯活动，绣球灯舞已微露雏形。后经过多年提高完善，形成了如今的套路和模式。灯舞最初套路比较简单，八个年轻演员每人双手各持绣球灯，按套路和鼓点舞动，只跑“单双剪子股”和“串花”。后发展为用绣球灯拼成“天下太平”“天下一品”等字样。再后来，又糅进了“踢腿”“扫堂腿”“鹞子翻身”等武术动作，增加了“四门斗”等套路。服饰全部武生装束，头戴英雄帽，腰系英雄带，足蹬皂靴，威风凛凛，充满阳刚之气。音乐伴奏用唢呐、锣鼓，以“将军令”“备马令”曲牌为主旋律。演出时，铿锵有力的锣鼓声、高亢悠远的唢呐声、噼里啪啦的鞭炮声，汇成了气势磅礴的交响乐；燃着蜡烛的绣球灯在五颜六色的烟花中舞动，忽而似行云流水，忽而如流星追月，舞姿矫健活泼，气氛奔放热烈，不管舞灯人怎样奔腾跳跃、闪转腾挪，绣球灯里的蜡烛始终不熄，熠熠闪烁，令观众拍手叫绝。

祝阿镇还拥有丰富的旅游资源，目前生态城开发建设共涉及七个项目，相继开发了黄河生态文化旅游大观园、东盟现代生态旅游区、华萍动漫影视创意园、玉带湖风景区、定慧寺等旅游项目。乡村旅游业也强势崛起，先后建立了殷屯千亩梨园、王岳冬枣采摘园和百果园等多个乡村旅游园区，吸引了众多游客前来观光、旅游。

古老的黄河文化赋予了祝阿镇悠久的历史和丰厚的文化底蕴。祝阿镇文化事业发展风生水起。1988年创刊物《城关文艺》。2000年由祝阿镇文化站主办的《祝阿文化》创刊。随着绣球灯舞在2006年被评为省级非物质文化遗产，一本文学期刊、一支绣球灯舞，便成了祝阿镇的文化名片。

祝阿镇曾是县城驻地，所以商贸服务业发展较早。据记载，新中国成立前夕镇内商业兴隆繁盛，全镇大小商业铺户约有157户，如布铺、元兴酱园、点心铺、酒店、茶叶店、盐店、饭铺、酒馆、中药店、百货店等等。随着工农业生产的迅速发展，祝阿的商贸流通空前繁荣。改革开放以来，祝阿个体工商户如鱼得水，市场活跃，呈现一派欣欣向荣的景象。相信在全镇人民的努力下，祝阿镇的明天会更美好！

千年古镇德平　重现昔日繁华

德平为山东省旧县名，自汉以来历代为县治，古为鬲地、般地，汉朝属平昌县魏属安德郡，五代后唐时从郡、县名中各取一字，名曰“德平”。1956年，改属临邑县，1957年，改称德平镇，2000年，满家乡、碱李乡合归德平镇。德平地处临邑县境北部，东与济南市商河县相连，南与理合务镇、翟家镇接壤，西与陵县为邻，北与乐陵市为界。德平素有“祢衡故里，葛老之乡”之美誉。悠久的历史造就了德平人智慧、淳朴、勤劳的民风，积淀了深厚的文化底蕴。

德平历史悠久，人杰地灵，古迹众多，名人辈出，文化底蕴丰厚。自五代后唐至1956年撤县设镇前一直为历代县治驻地，距今已有2000多年的历史。

三国时期文学家祢衡，唐朝诗人孟郊，明朝书法家郭谌，柱国名臣葛守礼，现代著名评书表演艺术家单田芳、歌唱家朱明瑛均籍出自德平；宋朝著名书法家、诗人黄庭坚曾任德平镇监；祢衡井、曹冢古墓、白麟书院、龙泉寺丈八佛等名胜古迹闻名遐迩，文化类型也多样丰富，形成难以估量的文化资本。

德平古镇现今仍保留着许多古建筑。

白麟书院位于德平镇平昌路以东。据史料记载道光二十三年

（1843），知县德棱额所建讲堂、书斋、碑厦，取名白麟书院，占地806亩。1934年改称白麟小学。

西汉相国曹参墓，位于德平镇曹家村西，墓高约8米，周长100米，为秦汉时期土丘墓。曹参早年与刘邦在沛起事，后任相国，他继承萧何的政策，主张休养生息，为文景之治奠定了良好的物质基础。现为德州市级文物保护单位。

祢衡，字正平，平原郡（今德州临邑德平镇）人。个性恃才傲物，和孔融交好。孔融著有《荐祢衡表》，向曹操推荐祢衡，但是祢衡称病不肯去，曹操封他为鼓手，想要羞辱祢衡，却反而被祢衡裸身击鼓而羞辱。后来祢衡骂曹操，曹操就把他遣送给刘表，祢衡对刘表也很轻慢，刘表又把他送给江夏太守黄祖。最后祢衡因为和黄祖言语冲突而被杀，时年26岁。黄祖对杀害祢衡一事感到十分后悔，便将其加以厚葬。祢衡公园位于德平镇正平大街东段路北，坐落在祢衡故里——德平小祢家村原址上。该园占地万余平方米，园内景点有祢衡纪念馆、祢衡井、祢衡像、盘浒湖。祢衡纪念馆位于园区中心，为五间九脊断山式仿明朝建筑，气势宏伟，古朴典雅。墙壁四周悬挂有祢衡传世作品《鹦鹉赋》《鲁夫子碑》《颜子碑》《吊贾谊文》四篇文章以及后人怀念凭吊祢衡的诗词歌赋。祢衡像安置于祢衡纪念馆内，祢衡像将祢衡塑造得傲骨临风而不失其儒雅，狂放不羁而不失其庄重，简朴练达而不失其豪气，仿佛沾染了千年古镇的灵气。

据史料记载，德平西南隅龙泉寺丈八佛于明洪武十年（1377）建，佛身系大理石质单体造像，高一丈八尺，雕刻精细，栩栩如生，代表了我国古代宗教艺术的成就，具有极高的欣赏价值和文物研究价值。1937年龙泉寺被战火毁坏，但丈八佛幸存，现由临邑县文化馆珍藏。新建的龙泉寺丈八佛文化园已经成为新景观。丈八佛文化园坐落于德平镇南2公里处，西侧是通往临邑县城的省级公路。文化园以佛教文化为依托，集休闲、娱乐、文化、艺术、民俗、旅游于一体，成为龙泉寺佛教圣地的强大支持和辅助烘托。文化园占地面积约300亩，园内的设置是以恢复古迹为主。建有20000多平方米的玉瓶型广场。广场中心叠立着15米高的鲁北重镇德平的标志，景观气势雄伟，四周总体布局配置有序：西侧有莲花池、钓鱼台、汉白玉的桥、休闲长廊、游艇、两条休闲路蔓延纵深，坐上游艇环绕一周，池两边的苜蓿花郁郁葱葱，水中的荷花含苞待放，伸手摘一支莲蓬，剥一颗莲子，入口甘甜润喉。北侧是龙泉寺院。东侧为世外桃源公寓和农家型四合院落。

地方特色民间艺术有德平大秧歌，德平大秧歌为省级非物质文化遗产。起源于元朝，明清两代为发展成熟期，除了扭、唱之外，又添加了打伞、持花灯、演练阵式等内容，清末至民国期间习武之风日盛，秧歌中又添加了前场（即武场），秧歌发展达到了鼎盛时期。随着时代的发展，德平大鞅歌逐渐发展成为本地百姓定型、定期的娱乐活动。每年农历正月十四、十五、十六三天大闹花灯，欢庆元宵。2009年，德平大秧歌入选山东省第二批非物质文化遗产名录。

据德平县志记载，德平自古以来就是商贾云集的物资集散地和商贸重镇，商贸流通繁盛。

德平传统土特产细米窝窝，是用小米和黄豆为原料加工制作而成的地方传统食品。其整个制作过程，无论是从选料、加工还是蒸制，均保留了当地特有的手段和技巧。因此，制作出的细米窝窝别有风味，独具一格。德平熏鸡经过一代代熏鸡艺人的不断探索，使得制作工艺更加完善。德平熏鸡已有上百年的历史，它以制作独特、香味浓郁、肉烂脱骨、营养丰富等特点，成为地方传统名吃。

卫运河畔的白马湖镇

山东省夏津县白马湖镇地处鲁西北平原，位于夏津县城西南18公里处。东与双庙镇、宋楼镇接壤，西临京杭大运河与河北省清河县、临西县、故城县相望，南与临清市为邻，北面与郑保屯镇毗连。

白马湖镇政府所在地刘庄村东原有一大片洼地，谓之“白泊”。1934年修县志时，总纂许宗海借当地北魏时期名臣、崔氏之祖崔彪封号“白马公”，改为“白马湖”。刘庄村名渐为人们淡忘，而以白马湖代之。清光绪二十一年（1895）之前属孝北乡，此后曾属“惠”字团，继改属明法乡。1958年曾属郑保屯公社，1965年改属白马湖公社，1984年改为白马湖乡，1998年改为白马湖镇。

白马湖镇为崔氏地望。夏津历史上曾长期属清河郡、国，清河是崔姓一族的地望。因此，夏津的崔姓是土著人。在《崔氏族谱》中，魏、晋以后的崔氏名人如崔州平、崔彪、崔护、崔光、崔鸿等都有载录。其中北魏台阁大臣崔光，史学家、《十六国春秋》的编著者崔鸿均为夏津人。崔光是北魏三朝元老，孝文帝拓跋宏的老师，很受孝文帝倚重，常常被他称赞。据《北史·崔光传》载，“（孝文帝称）孝伯（崔光字）才浩浩如黄河东注，今日之文宗也”。

北魏之后，崔氏名人辈出，如崔仲文、崔瞻、崔劼、崔鄭、崔鄯等。今境内白泊崔氏一族仍崇尚白马公封号，世人因白泊为白马公家乡之湖泊，便衍传为“白马湖”。今白马湖地区地势仍然低洼，但积水早已干涸。崔楼、崔庄两村崔氏家族一直以白马公而自豪。

崔鸿，字彦鸾，台阁大臣崔光的堂兄弟的儿子（世居今夏津县白马湖镇西部崔楼，崔庄，南店三村有一处）。后仕魏，为中散大夫，郎中加前将军。以本官修辑国史，后累官至给事黄门侍郎，加授散骑常侍、齐州大中正。崔鸿聪明好学，少时就有著述。自北魏宣武帝景明元年（500）开始，于公务之暇搜集整理旧史资料，于北魏宣武帝正始元年（504）着手编纂《十六国春秋》，历时三载撰《十六国春秋》95卷，唯恐书中内容有悖朝廷之处，故未敢刊印。崔鸿秉性耿介，遇事直陈，为同僚所钦服，主张为官求才，不拘一格。北魏孝武帝延昌二年（513）大考百官，崔鸿乘机向朝廷建议对“绩效能官，才必称位者，朝升夕进，岂拘一阶半级者哉”。直到孝庄帝永安元年（528）其子崔子元将其父所撰《十六国春秋》，缮写一本，奏献朝廷，藏于史馆。后因世事沧桑，原本失没，今仅有清人汤球《十六国春秋辑补》传世。

夏津小调发源于白马湖镇。夏津小调又名琴曲，源于夏津与临清交界的白马湖镇师堤村一带，约有百年的历史。由师堤村老艺人孙老平创制，后在流传中得以发展完善。小调曲种达60个，流传较广的有《平调》《凤阳歌》《大金丝》《小金丝》等。演出多为爱好者自发组织，较活跃的有朱官屯、赵沟、祁庄、珠泉屯、乔官屯、崔楼等村庄。

任华一，原名任子杰，1881年出生在夏津县九营村一个秀才家庭。

幼时的任华一受到了良好的教育，15岁时便考取了秀才。1920年，他受聘为珠泉屯二高国文教员，1922年，因宣传进步思想，被校方辞退。1934年，到国民党山东临清县党部任职，后因不满国民党的反动行为而辞职。不久，国民党当局以共产党嫌疑将他逮捕。1937年，经共产党组织营救出狱。1942年，年过花甲的任华一，在抗日战争极其困难的形势下，毅然加入中国共产党。不久，被夏津县伪政府逮捕。在狱中他受尽折磨，坚贞不屈。1943年秋任华一饿死在狱中。在任华一授业的学生中，涌现了夏津最早的一批共产主义战士，其中二十几人更是成为早期共产党组织的中坚，如夏津县第一任县委书记陈剑、夏津县第一名共产党员李思孝等，其中，李思孝被称为“夏津的李大钊”。

唐风遗韵　东岳行宫——津期店村

雷集镇津期店村位于镇东部边缘，紧傍马颊河，东与平原县接壤。距夏津县城25公里。津期店村地处马颊河的拐弯处，原为马颊河上的一大渡口。

津期店原为恩县属地，1956年恩县撤销后划归夏津县张集乡，1984年属雷集乡，2000年至今属雷集镇。

津期店始建于唐代，曾先后取名为“凤鸣寨”“金鸡庄”。每年农历的三月中旬到四月上旬，津期店及周边村庄男女老幼都忙于租房租地，扎棚搭舍，接待宾客，一派繁忙盛世景象。为传承庙会盛况，地方文人们遂将“金鸡店”改称为“津期店”。因“津”为“过渡”，与“度”相通，“期”为“经年”。“津期”的寓意，便是希望东岳庙大会能一年一度，永远传承下去。

东岳庙位于津期店村东，亦称东岳行宫，据传始建于汉唐时期。古名“青龙观”， 传为东岳天齐仁圣大帝的外巡行宫，是我国道教金山派的传教重地，曾几经荒废和修缮。明弘治年间，建有天齐庙正殿、南天门和望乡台等。嘉靖十四年（1535）春，添建东西两廊15祠；二十一年（1542）夏，又增立四石柱支撑大殿，留有五岳之长封禅碑、七十二名君功绩碑、行宫建盖碑、设醮仰答神庥碑等石刻铭文。竣工之日，观者上万。清康熙三十八年（1699），庙长老无像真人率众修建群仙阁、黑虎玄堂及钟鼓二楼。清乾隆元年（1736），修建北阁和东西二阁。民国十年（1921）修建河神、土地、八腊、药王四庙以及鹰虎殿、前门牌坊等。20世纪50年代初，东岳庙仍占地面积27亩。其中有大小庙宇17座，庙舍65间，神灵塑身80余尊，明清时期皇族及名人刻碑11块。庙宇建筑雕梁画栋，红墙绿瓦，巍峨别致，是鲁西北方圆数百里内独有的道教建筑群。

“文革”期间，东岳庙被夷为平地。如今村内又重建了天齐庙，有神学院毕业的道长一名，常驻住持，管理庙宇事物。

思古品今　氤氲馨香——齐家村

齐家村属庆云县渤海路街道管辖，位于庆云县城北侧。

村北有一寺院，名为海岛金山寺。隋代即已存在，盛于唐宋。相传唐代高僧玄奘就在此出家。民国《庆云县志·轶事》载，隋代陈光蕊携妻殷满棠赴无棣县（今庆云于家店村北——无棣古城）上任，途经庆云刘村，乘船渡河，水贼刘洪垂涎殷氏美色，顿起歹心。船至河中身处，刘洪将陈光蕊推入河中溺死，强行霸占了殷满棠。当时殷满棠已有身孕，遂忍辱负重。殷满棠生下孩子后，为防止孩子被刘洪所害，遂将孩子藏入木匣并放入河中。木匣随水流漂到了金山寺，被寺中的法明长老捡到。法明长老先将孩子托付附近康家村（该村原在庆云镇陶家村西北角，早已不存）梁氏乳养，稍长后回寺，俗称海流和尚，这就是后来的唐僧。后来有艺人将此事编成戏曲“倒听门”《殷满棠诉苦》或评书段子，流传下来。到金宋南北分治时期，海岛金山寺达到鼎盛，成为全国著名寺院。《金史·地理志》记载了当时的胜景，“地连千亩，建筑鳞次栉比，香火旺盛”。而民间更流传有“骑着毛驴关山门”之说。

为了更好地弘扬历史文化，恢复人文景观，2004年，海岛金山寺进行了重修，现在已经是“国家AAAA级旅游景区”。

新寺院整体结构上，依然延续了佛寺建筑中“伽蓝七堂”的传统布局方式。所有建筑坐北朝南，依中轴线展开，左右对称，主次分明，秩序井然。走进山门，首先映入眼帘的是天王殿，殿内供有弥勒佛、四大天王、韦驮等六尊塑像。天王殿东西两侧建有钟鼓楼，每当悠扬厚重的钟声或沉重的鼓声响起，就会为世人呈现出一幅“古刹晨昏天飘香，佛寺早晚钟鼓鸣”的美好景象。步出天王殿，迎面便是佛寺的正殿——大雄宝殿。大殿东西两侧供有十八罗汉。天王殿后方是正在修建中的藏经阁和方丈楼，其两侧修有东西配殿。配殿的修建依然采用古寺经典的建筑手法，回廊四合，飞檐斗拱，雕梁画栋，精美考究。俯瞰金山寺，中轴线上的建筑用断连和高低的节奏展开，而轴线两侧的建筑则以一种向心的姿态与之遥相呼应，构成了时空合一的整体，既显庄严得体，又不失佛学文化中的精雅韵致。

堠堌冢的传说——斗虎屯镇

斗虎屯镇位于东昌府区城区西北部，西与冠县交界，北与临清市接壤，东连茌平县，南临东昌府区梁水镇，距聊城市区30公里。京九铁路、泰临公路穿境而过，交通条件优越。

自古到今，斗虎屯镇皆属诸国或各县府边界。春秋战国时期，为齐、晋边境；西汉武帝设十三州，为兖、青、冀州边境；明清时期属东昌府；民国属堂邑县、武训县；1985年分为斗虎屯乡和堠堌乡；2001年7月合乡设镇。因有这样的地理条件，斗虎屯镇成了齐鲁燕赵文化交织融合之地，现拥有木烙图画、仿瓷古屏、戏曲、鲁西北小架拳、剪纸、民俗民谣等多种文化艺术遗产，各类文化艺术人才100多名，并有艺术水平较高的传承人多名。另外，斗虎屯豆腐、堠堌熏鸡、张满绿豆粉皮等多种本地特色食品，也名扬四边城县。

说到旅游，来聊城一定要来斗虎屯，来斗虎屯一定要去堠堌冢。《堂邑县志》载："堠堌冢在城北五十里，大邱崛，土花斑斓，相传是古冢。"当地老百姓也叫它"冢子""青龙山"。遗址现残存封土南北长110米，东西宽98米，高21米，底部周长410米，占地面积达10780平方米，封土为人工夯筑而成，夯土层在13至18厘米不等。专家认定，堠堌冢为东汉清河王刘庆之墓。刘庆是汉章帝刘炟的第三个儿子，生母为宋贵人。刘庆生于建初三年（78），翌年被立为皇太子。建初七年（82）因受窦太后的诬陷，刘庆被废为清河王。刘庆初留居京师洛阳，至延平元年（106）才就国，居都甘陵（今山东省临清县东北）。刘庆为人孝友恭谦，由太子被废封为藩王后，一生遵纪守法，谨小慎微，未有什么过错。当年汉和帝诛灭外戚窦宪势力，刘庆在其间立下了汗马功劳，因而受到和帝的敬重和厚赏。因刘庆初为太子，死后被追认为皇帝，身份特殊，所以墓葬规格高、封土大，在汉代清河国范围内是最大的墓葬。从前堠堌冢下曾有“小刘庄”，庄里人都姓刘，据说都是刘庆的后裔。

千百年来，围绕这个神秘的土丘，当地流传了许多传奇故事。有的是说大禹治水时，在堠堌冢上用大印镇住过一条青龙；有的说这是皇家陵寝；有的说是汉武帝修建的军事设施。其中流传最广的传说叫“虚粮冢”。众说不一，却皆有趣味。

据说春秋时期，诸侯混战。晋、齐是当时的两大国，聊城一带处于两国交界处。晋国仗国势强盛，想打败齐国，称霸诸侯，于是发兵偷袭齐国，并包围了齐国的西部城池。晋国兵将猛打猛攻，齐国军民英勇抗敌，相持多日，不分胜负，双方伤亡巨大。时齐国城内，粮草殆尽，补给困难。晋国便转变策略，在齐国城外安营扎寨，围困城池，坐待良机。这时齐国的一个谋士识破了敌军阴谋，号召城内军民，连夜突击，送砖运土，很快在城内堆起了一个大土堆。士兵装扮作运粮队伍，在土堆上面覆盖了一层粮食，并挂出了醒目的“米粮堆”红字牌子，四周写上“防火防盗”。并修书一封，写下十年战表，给晋军送去。晋国将军派探子前去侦察，见齐国有这么大堆粮食，即使城池被围困十年，也不愁军民无粮！于是晋国无心恋战，立即撤兵。后齐国的这位谋士英年早逝，为了让人们记住他的智慧，齐国君王下令把谋士葬在虚粮堆上，并把虚粮堆正式命名为“虚粮冢”，使之成为永流千古的一座无字丰碑。

堠堌冢西300米有堠堌村，今堠堌村旧址原是一座城。据《大明一统志》载：“柳林古城在堂邑西北四十五里，与堠堌二城皆明嘉靖二十二年（1543）筑。”据当地老人讲，原来堠堌村有四门、四关、四庙和城墙。东门到西门、南门到北门均为1.5公里。北关有真武庙、南关有奶奶庙、东关有天齐庙、西关有三官庙。城墙宽度基座有10米多，上面宽有六七米，城内有魁星楼、关帝庙、土地庙，东门外路南有宏大的佛教寺院——崇兴寺，历史上曾有过较长的繁盛期。

从前堠堌冢上是长着很多粗大的松柏树的，面积也比现在大得多。用老辈人的话形容：“山头顶着蓝天，山脚站在四边。东边临海、西边靠山、南边接水、北至荒林。”今天大致为：东边是堠堌城护城河的大海子坑，在今堠堌村西南，20世纪50年代初被填平；西边是山庄村、山赵村和大山树庄，今山庄、山赵两村尚存，大山树庄已改名为大桑树庄；南面指后哨村护城河和吴家海子坑，今均被填平；北面指今刘家、张家的松树林坟地。话虽夸张，但今人仍可据此描述体会到堠堌冢昔时的壮观景象。

千百年来，因人为的大肆刨挖，原来生机盎然的绿丘变成了光秃秃的土疙瘩，土壤流失严重。后当地农民烧砖、盖房、造田，都从堠堌冢大量取土。近些年，农民文物保护意识逐渐增强，已在堠堌冢上植树种草，加以保护。春夏时节，登丘而望，数十里景色尽收眼底，虽无大山俯瞰之气象，也能让人赏心悦目，心性皆爽了。

更令人欣喜留恋的是这里的传说故事。冢下林间，常有众人围坐，都是须发皆白的老人。若是有人问这家子的来历，他们虽不知道专家考证的汉王刘庆墓，却能说出几十个故事。有游者听故事入迷，竟席地而坐，半日不走。还有甚者，一日听不完，几日复来此处，寻这山下的故事。老头儿热情，故事一个接一个，游者走时还不忘说："带点儿堠堌熏鸡、斗虎屯豆腐回家，这是本地的特色啊！"一有心人收集这些故事，加以修整，编撰成集，竟也轰动一时。

水韵古风　魅力博平

博平镇位于茌平县西部，江北水城聊城北郊。国道309、省道316、257线在此交会，济邯铁路、济聊馆高速公路境内贯穿，徒骇河依镇纵贯全境，是茌平西部经济、文化、交通中心。

博平历史悠久，文化积淀深厚。春秋设博陵邑，西汉置博平县，因县境广博平坦而得名博平。春秋战国时期，博平县境属齐国，位于齐国西部鄙地，称博陵。博陵，作为地名，最早见于司马迁的《史记》，在《田敬仲完世家》中有："晋伐我，至博陵。"清道光十一年（1831）《博平县志》记载："大堤（禹堤）之东、鸣邑古河之阳，有邑博陵，博平之旧治也，邑傍大堤东隈，因堤取义，号博陵。"《尔雅》云："广阔曰博，大阜曰陵。"

魏晋南北朝时期，博平属平原郡、平原国、魏郡。隋文帝开皇二年（582），罢郡为州，博平属毛州，隋炀帝大业三年（607），复罢州为郡，博平又属清河郡。北宋仁宗景祐四年（1037），为避战乱，博平县城由现在肖庄镇菜瓜村西一公里处迁至东南三十里宽河镇（今博平镇驻地）。从此。原博平县城，被称为“旧城”“古博平”。明太祖洪武元年（1368），博平属东昌府，清朝沿袭明制。1984年设为博平镇。

宋朝状元孙奭，字宗古，北宋学者、教育家，博州博平西古城人，后徙居须城(今山东东平)，北宋建隆三年（962）生于博平，明道二年（1033）卒于家中。

孙奭在世70多年，在宋王朝的中央政府和地方政府中做官达40年左右，先后经历了宋太宗、宋真宗、宋仁宗三朝。但他一生所从事的主要事业是教育工作。在还没有走入仕途前，即开始了他的教学生涯。当他以《九经》及第，被任命为莒县主簿后，还没有上任，就向宋太宗递上报告，要求到国子监作教师。于是他被委任为国子监直讲。宋真宗时，他又被派任皇族中各王府的教师，同时兼任国子监的工作。宋仁宗时，孙奭又被委任为宫廷教师，直到他临去世的前一年，还在宫廷里孜孜不倦地讲学。

孙奭在长期从事教学和参政的同时，还认真选录了五经中的治政之言，编辑成《经典徽言》50卷，另撰《崇祀录》《乐记图》《五经节解》《五服制度》等。参与校定《庄子》《尔雅》释文，考证《尚书》《论语》《孝经》《尔雅》谬误及律音义。

境内有孔子回辕处、四照楼、仰山书院、泰山圣母行宫等名胜古迹十余处，文化旅游资源十分丰富。

据《年表》记载：周敬王三十年（前490），孔子带领弟子从卫国到晋国去，行至博陵境内漯河（今博平镇北老徒骇河）的一个渡口时，弟子说：“晋国赵简子杀了窦鸣犊、舜华两位贤大夫。”孔子听后气愤异常，感叹道：“浩浩荡荡的流水是很美丽的，可是我不想过去了。”弟子问何故。孔子说：“窦鸣犊是晋国的贤人，与赵简子是老朋友。赵简子没得志时，依靠他出谋划策，并表示得志后一同做官。可现在赵简子刚掌了大权便杀了老朋友，实在太不仁义了。我听说，如果杀了幼小的走兽，麒麟不会再来野外，如果把水中的鱼打尽，蛟龙就不来此降雨，如果毁坏了鸟窝鸟蛋，凤凰也就不肯飞来，都因为同类被残害而伤心啊！鸟兽尚且如此，我岂能无动于衷？”遂决定不去晋国了，命弟子们回转车辕回鲁国老家去，并为窦鸣犊写了一篇祭文，名曰《陬操》。后人为纪念孔子至此，立“孔子回辕处”碑纪念，并将渡口改称“鸣犊口”，将此段漯河改称“鸣犊河”。

有个故事在博平一带家喻户晓。相传战国时期，征战频繁。某天遇敌兵来袭，当地老百姓扶老携幼，仓惶出逃。在今博平镇鹅子屯村西的田野里，一位年轻村妇怀中抱着一个五六岁的男孩，而手里拉着一个三四岁的男孩，跑在最后。敌兵追上后感到奇怪，问她：“别人都是抱着小孩，领着大孩，你怎么抱着大孩，领着小孩啊？”村妇说：“大的是我的侄儿，他父母都死了，托付给我照看；小的是我儿子，如今大难临头，我宁可舍掉自己的孩子，也不能把侄子丢了啊！”敌兵听后感叹道：“这里真是礼义之邦啊！一个村妇都能做到舍儿保侄，如此仁义，我们为什么还四处征伐、滥杀无辜呢？”于是纷纷把兵器投入水井，磕打掉鞋里的土，一哄而散了。如今罗屯村西的那个土堆，据说是敌兵的鞋土堆成的。后人为纪念这位深明大义、感动敌兵的村妇，就为她修了祠堂，供人祀奉，起名为“鲁义姑祠”，每年清明时节，举办香火大会。据说义姑祠方圆10里之内，年年风调雨顺，没有风雹等自然灾害。

博平特产博陵大枣、十孔莲藕与“茌梨”“肥桃”并誉天下，为历朝贡品，久负盛名。

博平是圆铃大枣之乡。博平史称博陵，所以圆铃大枣又称博陵大枣。

博陵大枣已有3000多年的栽培历史，是全国大枣中的著名品种之一。它个大皮薄，肉厚核小，糖多味浓，色鲜质细，有“活维生素丸”之称，“天然滋补剂”之誉。博陵大枣一直为历朝上等贡品，唐诗就有“博州瓜枣旧知名，千里河漕送帝京”之说。宋、元时期，用博陵大枣制成的“乌枣”即销往江南和东南亚等地。新中国成立后成为当地传统出口商品，其鲜枣、干枣、乌枣、醉枣、蜜枣、枣茶等远销亚、欧、北美等几十个国家与地区，成为中国的十大名贵特产之一。

十孔藕指博平镇南莲池特产的白莲藕，已有近千年的栽培历史，它藕质洁白、细腻、鲜嫩、香醇、无渣。生食可当水果，生津止渴。熟食可作佳肴，鲜美无比。其所含钙质、淀粉、脂粉、维生素都高于其他藕类，有“藕中之俊”的美称，是历代进贡皇室的佳品。这种藕区别于其他藕类的最大特点，就是藕芯有十个孔，“十孔藕”也因此而得名。十孔藕的产地南莲池，因其风景清雅，昔日曾被列为博平八景之一，名曰“莲池秋月”。

提起博平的名吃，就想到了博平成庄的“马蹄烧饼”，用死面做皮将按比例对好的面瓤包起来，沾上糖稀、芝麻，用手捏成中间薄周围厚的叠边圆饼，放在特制的“吊炉”里。上面铁锅烙，下面木炭烤，所以也叫作“吊炉烧饼”。博平烧饼颜色金黄，外酥内嫩，味香口甜，风格独特。因形如马蹄，故名“马蹄烧饼”，是博平特有的名吃，宴宾馈赠佳品。

古老的鱼山　古老的文化

东阿县鱼山村位于聊城市东部，东阿县城南14.5公里处，黄河岸边，该村由鱼北、鱼中、鱼南三个自然村组成。

鱼山村历史悠久，因鱼山坐落于村庄，所以名鱼山，一说鱼山因形似甲鱼静卧故名，另说每年桃花汛期海洋鱼族溯河而上至鱼山朝拜鱼姑而得名。鱼山亦名吾山，《汉书•沟洫志》记载，汉武帝临河决，作《瓠子歌》云："吾山平兮巨野溢，鱼弗郁兮柏冬日"。歌中"吾山"即鱼山。

鱼山濒临黄河，为泰山西来之余脉，地处鲁中南中低山丘陵区与鲁西北平原分界处，海拔82.1米，占地80公顷。今鱼山以下的黄河为古济水故道，后为大清河河道。

三国魏东阿王曹植墓坐落在鱼山西麓。该墓坐东朝西，南临星落陨石，北傍羊茂台，依山营穴，封土为冢。自古至今，谒墓观光者纷至沓来，文人墨客，名流政要多有题咏。墓区碑刻林立，令世人瞩目。

曹植（192—232），字子建，魏武帝曹操之子，魏文帝曹丕之胞弟。建安二十五年（220）曹操病死，曹丕继位，怕曹植争夺王位，曹丕对曹植猜忌甚重。曹丕曾以“醉酒悖慢，劫胁使者”的罪名，令他“七步成诗，不成则行大法”。曹植应声而对，七步之内，吟诗一首：“煮豆燃豆萁，豆在釜中泣。本是同根生，相煎何太急！”太和三年（229），徙封东阿为王。太和六年（232）病逝于陈（今河南淮阳），翌年三月，其子曹志遵遗训，将其遗体葬于鱼山。陈寿《三国志·曹植传》云：“初，植登鱼山，临东阿，喟然有终焉之志。遂营为墓。”

曹植当年读书之地羊茂台，临靠羊茂台的洗砚池也是其鱼山悠久历史的证明，除此之外，还有闻梵处、梵音洞、神女祠、仙人足印、星星石、穿阳洞、浴仙池与四眺亭，这都是鱼山古村的古人留给我们的历史产物。

1995年4月，省、地、县考古工作者发现，鱼山曹植墓周围有一处龙山文化夯筑台址，并有商周至西汉时期的大量遗物。该台址西南距阳谷县景阳冈大型龙山文化古城址约25公里，北距茌平县教场铺大型龙山文化古城址约28公里。据分析，此台很可能与两座古城的祭祀活动有关。

如今鱼山村已经成为聊城的旅游胜地，相信不久的将来，鱼山曹植墓将会建设得更美好，景区建设会“更上一层楼”。

美丽家园　古韵名镇——沙镇镇

在鲁西大地上坐落着一座历史古镇——沙镇。沙镇位于聊城市东昌府区西南部，聊莘公路中段，距区政府所在地21.5公里。位居莘县、阳谷、东昌府区三县交界处，北与东昌府区的张炉集、郑家镇接壤，南与阳谷县的定水镇隔河相望，东和东昌府区的朱老庄镇为邻，西与莘县的河店镇、莘亭镇搭界，是东昌府区最大的镇，聊城市第二大乡镇。

沙镇历史悠久，在汉代置阳平郡，辖周边府县72所，隋开皇十六年（596），属博州武水县（古武水县城遗址位于今沙镇镇政府驻地。据史料记载，隋开皇十六年沙镇置武水县，属博州，筑土城建治所，城廓约1平方公里，今仍能勘到城墙夯土层痕迹）。到了唐高宗时，立武则天为皇后，博州刺史李冲不服，起兵反讨武则天，先攻武水县，放火烧毁武水南门，后又遭大水漫之，城毁。后改武水镇，到了宋朝，白天祖大摆108镇（阵），在武水设黄沙镇，被女英雄穆桂英率兵攻破，从此，改称沙镇。穆桂英破阵时，在沙镇南门外，扎中军帐，筑夯土，设点将台，鼓舞士气。她一举攻破了辽将白天祖的黄沙阵，破阵后又在点将台阅兵，该事迹一直被后人传颂。点将台成为英雄和胜利的象征，至今沙镇南街还留有穆桂英点将台遗址，且遗址附近100米内无民房等建筑物。

到了明朝，沙镇出了许多的历史文化名人，其中有享有盛名的王汝训和著称聊城五大家（任、邓、朱、傅、耿）之一的朱家朱延禧。王汝训，明穆宗隆庆五年（1517）进士，相传其12岁考取进士任元城（今河北大名）知县，神宗万历初年任刑部、兵部主事，万历三十七年（1609）任南京刑部右侍郎，继任工部右侍郎，卒后赠工部尚书，纂有《东昌府志》20卷、《疏草》2卷及《诗文集》等；朱延喜，万历二十三年（1595）中进士，授为翰林院检讨，后升任礼部右侍郎，明熹宗时升任东阁大学士、礼部尚书、太子太师、建极殿大学士。还有相传明朝皇帝朱元璋南下巡视时，在沙镇北一庙前乘凉夜读，庙前坑里青蛙乱叫，影响朱元璋读书，朱元璋便大声喝道："憋住气，别叫了！"从此，该坑的青蛙不再会叫。

清朝时有一举人名叫郑板桥，去范县任县令时，路过沙镇住下，第二天晨起遇见沙镇南街一村妇欲上吊，询问得知该村妇是因丈夫去世，家境贫寒，孩子幼小，想以死解脱。郑板桥遂令把自己的一部分俸禄赠予村妇，供两孩子读书，后两个孩子学有所成。为纪念恩人，便在郑板桥赠银处建木板阁一座，起名"板桥阁"。板桥阁所在东西两条街，也分别称板桥西街和板桥东街。此阁"文化大革命"中被毁。现遗址仍存。

沙镇名人辈出，沙镇许多小吃也享誉盛名，最具代表性的要属沙镇呱嗒。沙镇呱嗒，是聊城的传统名吃，创制于清代，迄今已有200多年的历史，现已被收入《中国名吃》谱。众多呱嗒中，尤以沙镇呱嗒最为有名，而沙镇呱嗒又以"杨家呱嗒"最为有名。沙镇东街的杨氏家族，从山西老家带来祖传煎肉饼的绝活，郑板桥到范县做县官时经过沙镇，便前去亲眼看看。郑板桥正对着一个生肉饼专心致志地看时，被身后的人撞了一下，他的一只手正好把一个生肉饼压扁了。主人舍不得扔掉，便把这个被压扁的肉饼煎熟吃了，顿感味道特别，照此又煎了几个，照样很香。后来，主人根据当时郑板桥压生饼的声音和被压后饼的形状，取名为呱嗒。关于呱嗒名字的由来还有其他说法，一种说法是，因呱嗒形似艺人说快板的道具“呱嗒板”而得名；另一种说法是，取名叫呱嗒是因为将其吃在嘴里，会发出“呱嗒”的声音；还有一种可能是，在制作呱嗒的时候，制作工人把面团制作成呱嗒形时，擀面杖与面团在案板上结合，会发出“呱嗒呱嗒”的拟声声音，尤其是制作完毕最后一下的响声最大，也最为清脆，故名曰“呱嗒”。沙镇呱嗒不仅遍布于聊城城里的大街小巷，还在北京等大城市销售。每逢城镇闹市、乡间集市，大多有设摊者供应，发展较好的，都有了自己的门面，打起了自己的招牌。呱嗒是一种煎烙的馅类小食品。个头很大，制作技术精巧，味道鲜美。其馅料有肉馅、鸡蛋馅、肉蛋混合馅（又名“风搅雪”）等多种。包制时，随季节变化，按不同比例调制，卷以配好馅料，两端捏实，压成矩形，后放入油锅煎制而成。食之香酥，味道可口，加之有馅有面，也可以根据个人的口味自由选择肉馅或蛋馅，备受普通百姓的欢迎。

沙镇云灯是沙镇一绝，有500多年的历史。古代有人把它用于战争，抗日战争时期，有人用它传递书信。新中国成立后，沙镇一带的村民，每年春节都放云灯来增加喜庆气氛。

沙镇云灯制作很讲究。所用纸张讲究轻、密(不透风)，支架讲究弹性好，细长，质轻，燃烧体必须用优质油，用棉花作灯芯。云灯放飞到空中需要在地上点燃麦秸，利用其烟雾产生的热量升空。

扎好的云灯最好一人双手轻持着放，因放飞时全凭感觉，两人不便协调一致。放云灯自己接住的叫接云灯，被别人接去的叫抢云灯。也有人在云灯上贴上红纸条或写上吉利的祝福语的。沙镇云灯的艺术风格淳朴、典雅，洋溢着浓郁的乡土气息；匀称的造型与写实手法相结合，形式和内容有机地结合，传承着中国文化传统的审美观、理想情趣和精神追求。

古镇风韵耀华夏——清平镇

清平镇地处高唐县西南部，距高唐县城22公里。东邻省道316线，北接高临公路，西达临清，南邻茌平。

清平镇，始建于公元前206年，春秋战国时属齐国，秦朝时属巨鹿郡，汉时属清河郡。西汉置县，隋朝大业年间（605—616）废清平县。唐武德四年（621）又置清平县。后唐改县为镇，宋初又改镇为县。宋神宗元丰年间（1078—1085），黄河决口，县城迁现址。1940年，清平县城迁往康庄，原址改建旧城区。1956年，清平县撤销，旧城区划高唐县。1984年改建为旧城镇。1991年9月改称清平镇至今。

历史上，清平镇名人辈出，唐朝著名宰相吕才（606—665），出生于清平镇吕庄。他既是哲学家、唯物主义思想家、无神论者，也是位学者、自然科学家、音乐家。他出身于寒微的庶族家庭，从小好学，是一位未经名师传授，自学成才的思想家、学者。他爱好广泛，通晓"六经"、天文、地理、医药、制图、军事、历史、文学、逻辑学、哲学乃至阴阳五行、龟蓍、历算、象戏等，尤长于乐律，而且大都有专门著作和创造。唐初的一些名臣官僚如魏征、王珪等都十分赞赏他的"学术之妙"。30岁时，吕才由温彦博、魏徵等人推荐给唐太宗进入弘文馆，官居太常博士、太常丞、太子司更大夫。

元朝名臣王懋德（1151—1213），字仁父，出生于清平镇石门村。历任宪府御史台中书掾，升户部主事，南行台监察御使，内台御使，都省左司都事，御史台都事，河南、燕南廉访司副使。天历初年，升左司郎中、参议。至顺元年（1330）改任詹事参议、迁中书、拜治书侍御使，此后又改任淮西廉访使，江浙行省参知政事，又奉召任资善大夫、御史中丞，拜中书左丞。王懋德在任淮西廉访使时，曾平反冤狱；对百姓主张“穷之以兵不如喻之以礼”。善书、工诗，著有《仁父集》。

王懋德卒后葬于石门村祖茔。墓地今存有其祖父、父和王懋德祖孙三代连冢墓，三冢相接，保存较好，为市级文物保护单位。现仅存石人四个、石羊一只，石柱墩两个，碑座一个。墓地南部有古柏数百棵，林木茂密，参天蔽日，附近小河潺潺流过。每逢王懋德祭日，石门村王氏族人都到墓前祭祀。

除王懋德墓石雕群外，清平镇现存有北宋年间古城门（迎旭门）、清代透龙壁、金代文庙，均为省级文物。

清平迎旭门，为原清平县城之东门。据《清平县志》记载，清平于北宋宣和七年（1125）建成土城，金大定十三年（1173）增修，元延祐四年（1317）重修，清乾隆六十年（1795）改为砖城，重修四门和城楼，都是砖木结构。在迎旭门的门洞上方中央有匾碑一块，上书“迎旭”二字，为清乾隆二十五年（1760）刻。现迎旭门南北长15.5米，东西宽12.9米，整体为青砖砌筑。城楼四角凌空欲飞，稳固而壮观，严谨而雄伟。清平迎旭门是鲁西平原上仅存的古城门，《残阳》《水浒传》等影视剧曾在此取景拍摄。

清平文庙的影壁，又称透龙壁。影壁高5米，宽10.25米，厚1.27米，整体结构为青砖砌筑，琉璃瓦盖顶。中间有一圈绿色花边琉璃饰件，其四周为十字，透孔。上有烧制的“太和元气”四个大字。影壁的方青砖上皆盖有乾隆二十五年（1760）的戳印。据当地居民传说，影壁北面曾立有青色石灰石雕刻的盘龙柱，在影壁南面透过影壁上的透孔能望见此柱，因此人们也称影壁为“透龙壁”。文庙是古代供奉孔子的庙宇，也是供士子深读的学馆，里面碑刻众多，包括二十四孝的雕塑、杏坛、大成门、大成殿、古树龙柏等，都反映了其昔时的鼎盛风采。

清平镇还拥有山东省最大的森林公园，占地面积3万亩，森林覆盖率达80%以上，林区资源十分丰富，主要为人工植被，园内以白杨林、杨树林和刺槐林为主要景观，乔、灌、藤、草及各种动物、飞禽交互混生，遵循自然法则，和谐相处。茂密的森林，丰富的资源，给野生动物栖息繁衍创造了条件，是鲁西北植被资源、野生动物和药材资源最集中，最丰富的地方。

近年来，清平依托深厚的文化底蕴，打响了“游千年古镇、品儒家文化、观万亩林海、赏遍地黄花”，“民俗古镇、休闲清平”和“古城、农舍、绿荫、黄花”的特色旅游品牌；培育了清平森林公园、迎旭门、文庙建筑群、仿古商贸街一日游专线；举办了全国山地自行车赛、黄花节、中国象棋大赛、有机果品采摘节等旅游相关活动。

清平镇是极富特色的农业大镇，其所出产的清平坠面（又称空心挂面）、糖藕、馓子、花生都是富含地域特色的绿色食品。近几年，清平镇积极推广间作套种技术，引入了 “林—菌”“林—菠”“果—薯”“畜牧—食用菌”等间作套种模式，提高了群众的种植效益。本地主要种植花生、玉米、小麦、西瓜、红薯等农作物，还建设了黄金梨、苹果、油桃、千亩葡萄园采摘基地等。千亩葡萄园基地与张裕葡萄酒的定向合作不仅可以使单位土地获得相当于普通农作物10倍的收益，葡萄庄园的休闲观光规划更将清平森林公园、清旭果品生态园三点连成一线，将清平观光农业的内涵填充得更为丰富。

美词嘉喻　人文康庄

2010年4月5日，是中国传统的清明节，这一天，数以万计的人们从四面八方不约而同汇集到鲁西北的一个小镇上。他们中，有国家和省、地、市的各级领导，有首都高校的专家教授，有知名的学者、演艺界明星、文化传媒工作者，甚至周边地区的大中小学生，可谓群贤毕至、少长咸集。他们都怀着一颗虔诚的心，向一位老人道别。这个老人就是国学泰斗、一代宗师季羡林先生，这个小镇，便是大师的父母之乡——运河名城临清的文化古镇康庄！

因为有季老，康庄这个寓意美好的地名才得以让更多的人知道；因为有季老，这座鲁西北璀璨的明星小镇才更加靓丽。S257省道，如今人们约定俗成称为季羡林路。从临清市区东行20公里，横穿康庄镇，举目所见，这里的道路纵横交错，确乎四通八达，德商高速、聊夏、临高、临博等公路纵贯其中，而仰视大师走过的路，不禁让人肃然起敬，由衷赞叹一声：郁郁乎文哉！康庄！

康庄是古老的，《尔雅·释宫》道“五达谓之康，六达谓之庄”。古镇称为“康庄”，可以想见其历史上的辉煌。据载，康庄建于唐末宋初，始名康王庄，明朝改为康庄，清时曾一度改名人和寨。1939年成为清平县政府驻地；1946年称清平县，1956年改为康庄大乡，1959年由康庄公社改建制镇。《清平县志》记载，“康庄一镇，属清平县四境中心，为全县富庶之区……地处六路交叉，四通八达”。

深沉的历史积淀，丰厚的文化底蕴，古道名区，钟灵毓秀，使这片土地英才济济、名人辈出。在康庄镇驻地的康三村是清朝嘉庆帝师刘湄的故乡。刘湄（1732—1802），字正林，别号岸淮。乾隆庚辰（1760）举于乡，己丑年（1769）进士。吕恒安，字寿山，号松龄，清代中叶清平县（今临清）康庄东北吕庙村人。自幼臂力过人，禀赋聪慧，喜读兵书，爱好拳棒，好打抱不平，而且还是个孝子。嘉庆十五年（1810）乡试中武举；二十年（1815）考取进士；嘉庆二甲殿试第四名，授乾清门侍卫，赏顶戴花翎；道光二十八年（1848）升任台湾总兵，诰授振威将军。吕才（606—665），唐代哲学家、唯物主义思想家、无神论者、音乐家。贞观年间任太常博士，著有《大唐地理经》《唐新本草》《文思博要》等。编曲的《秦王破阵乐》是歌颂秦王李世民征伐叛将的歌舞大曲，以其磅礴威武的气势和卓越的艺术成就闻名天下。

在康庄镇驻地西南两公里处，是季羡林大师的出生地官庄。80年前，从这个小镇小村走出的一介寒家学子先后游学于省城、京师、西欧，学贯中西，汇通古今，在语言学、文化学、历史学、佛教学、印度学和比较文学等诸多领域建树卓著，是国际著名东方学家、印度学家、梵语语言学家、文学翻译家、教育家，堪称我国学术界的一代宗师。2006年他老人家被评为“感动中国”十大人物，颁奖词中盛誉：“智者乐，仁者寿，长者随心所欲。曾经的红衣少年，如今的白发先生，留德十年寒窗苦，牛棚杂忆密辛多。心有良知璞玉，笔下道德文章。一介布衣，言有物，行有格，贫贱不移，宠辱不惊。”

走进官庄村的季羡林故居和憩园，让人心灵为之一颤：斯地而有斯人！故居占地560平方米，总建筑面积178平方米。院落为两进，主院由北房五间、东西厢房各三间组成。院内三棵枣树是季羡林祖辈种植，距今已有百余年历史。憩园占地2387平方米。大门两旁有当代著名书法家欧阳中石先生撰写的对联：“集群贤大成学贯中外，承历代师表德合古今”。整个园区包括墓葬区、荷塘区、广场区、微地形绿化区。广场区塑有季羡林汉白玉雕像、清塘荷韵碑和题字碑。庄严肃穆，格调高雅，象征着一代师表的风范。

沿着大师的足迹，漫步“康庄大道”，触目所见，皆是改革发展所赋予古镇的新时代之意。康庄镇是临清东部的农业大镇，该镇是“鲁西北大蒜第一镇”、著名的香菜基地，拥有鲁西最大的大蒜专业批发市场——肖庄大蒜批发市场。

经济的发展带动了小城镇建设的迅猛发展。在这里，鳞次栉比的高楼和宽阔规整的街道比比皆是。近80000平方米的康清园温泉小区和府前路两侧的高新居民楼，集城市建筑风格和田园风光于一体，打造城乡宜居环境。鸿运金街两侧的新型商业楼富丽堂皇，美轮美奂，彰显出一派大发展大繁荣的景象。

临清是享誉全国的美食之乡，有“小天津”之称。而康庄是其中一朵靓丽的奇葩，以熏鸽、羊腔子、狗肉而冠名的“康庄三宝”最为著名。康庄熏鸽始创于80年前，属于饮食发掘，自主研发。其口味独特，色泽金黄，肉鲜味美。羊腔子也称作羊排，康庄羊腔子制作考究，精工秘制，其成品肉味鲜美、骨酥肉烂，食后回味无穷。康庄狗肉在选料上，精选家养幼狗，活狗放血，用15种香辛料炖制而成，口味独特，香味四溢。“康庄三宝” 业已成为聊城地区品牌。

神秘的古镇——朝城镇

古镇朝城位于山东省莘县境内中部，地处莘县、阳谷、河南范县和南乐的中心位置。

朝城交通四通八达，具有独特的地理位置，是整个莘县的交通中心，东距京九铁路阳谷站20公里，北距济聊馆高速公路50公里，境内齐南、临商两条省道在城区交会，德商高速穿境而过，全镇已实现村村通公路，交通十分便利，可以实现两小时上天，四小时下海，半小时铁运。

初进朝城给人感觉，地势平坦，交通发达，气候宜人。朝城历史悠久，文化底蕴深厚，有战国会盟台、清真寺等多处名胜古迹。古为颛顼地，自汉初建县至1956年最终撤销县级建制，时间长达两千余年，其间曾先后称东武阳、武阳、武圣，隋代曾设武阳郡，隋末武阳县城被水淹没，在旧城以东立新城，常有潮气上升故名“潮城”，后称朝城。唐开元年间设朝城县，由此沿用下来。新中国成立后先后属于观朝县、范县。1956年属莘县，为朝城区。1984年设镇。历史上的朝城县辖域广阔，从西北到东南长达数十公里，素有“朝城一条线”之说。

据《南乐县志》载，原朝城在南乐县韩张镇，宋明道二年（1033），因“河圮”迁至杜婆镇，《山东通志》亦有此记载。据朝城旧志记载，朝城城门周长3500米，城墙高9米，厚8.3米，城壕深3米，城门有垛口，四门有吊桥。1941年汉奸文大可盘踞朝城时，对城池大加修固，门附铁板。1944年2月，八路军在地方武装配合下，攻克朝城，城郭随之拆毁。1950年以后，旧城设施渐被新的建设所代替。城西“宁国寺”改建为医院，东门“山西会馆”建为中学。美国、德国教会于1897年在城内建造的耶稣教堂和教堂钟楼今保存完好，清光绪年间筑造的清真寺现仍为伊斯兰教民活动场所。

朝城清真寺位于莘县朝城北街路西，是鲁西地区大型的清真寺之一。朝城清真寺坐西朝东，占地两亩有余，宽敞明净，曲栏环绕。据寺内《修缮纪要》载，大殿饰以伊斯兰教象征和平的绿色为主色调，球体部分饰以金黄色调，该寺始建于明代永乐年间，距今达600年之久，清康熙年间重修，1935年和1946年曾两度扩建，1963年和1985年进行过两次修葺。

寺院由大门、过厅、讲堂、水房、住室和礼拜殿组成。主体建筑为大殿，建于高出地面0.8米的高台上。大门面示三进，石木结构，大木起脊，重檐歇山，斗拱起架，飞檐翘角，宏伟壮观，为全省清真寺大门第一例。大殿由卷棚、串堂殿及后殿组成。卷棚内正面悬有“认主独一”“道之大原”“万化一元”和侧面“开元古教”砖墙、硬山，勾连搭灰瓦，整个大殿由三梁九檩架起，为歇山双檐砖木结构，有彩绘、雕刻，图像姿态生动，是莘县保存最完好、规模最大的一处古典伊斯兰宗教式建筑，反映了明清时期的文化、宗教特色，是朝城一带穆斯林群众进行宗教活动的重要场所。大殿左墙至今留有弹痕，无言地记载了此寺的沧桑历史。

在古镇朝城孟庄村北有一个高达10多米、占地近8亩的“孟堌堆”。

在当地群众心目中，这个“孟堌堆”可了不得。这个“堆”下是什么？人们说，这里埋着曹操。

曹操曾官治朝城。据史料记载，曹操在东汉初平二年（191）至初平四年为东郡太守，而东郡治所就在武阳，也就是朝城。曹操在朝城生活了两年多，从朝城平步青云，发展到“挟天子以令诸侯”的强权地位。

曹操死后弄了“72疑冢”，他那些疑冢都是迷惑人的。曹操发丧那天，72口棺材同时出城，其中一口棺材就偷偷运到东武阳。曹操曾在东武阳“当过官”，对这里很有感情，所以，人们认为，生性多疑的曹操为了防止他的陵墓被盗，偷偷把陵墓修建在了朝城，这口棺材里才是真正的曹操。

然而，2009年，国家文物局认定孟庄村100多公里外的河南省安阳市西高穴村的高陵为曹操墓。并且考古学家证实“七十二疑冢”是北朝大型古墓群。孟堌堆占地10余亩，比曹操高陵还要大许多，一定是王侯级别的古墓。孟堌堆里虽然埋的不是曹操，但一定也是一位重要人物。历史真相，只能留给后人考证了。

每一个古墓几乎都有神奇的故事，在当地群众口中，这座堌堆有很多神秘而生动的传说。

当年东武阳的城址就在如今的孟庄村。当年的东武阳城街道繁华，贾商云集。一天清早，一位童颜鹤发的老头儿，担着两筐黄土在街上大声叫卖，声如洪钟，全城可闻。人们只看热闹，当他是个疯子。日薄西山时，老人也没有等到买黄土的人，他摇头叹息：“唉，天意难逃啊！”说完，他挑起两筐土径直走出南门，随手把黄土倒在地上，然后慢慢悠悠地向西南走去。走了几里路后，他又磕了磕筐底，飘然而去。

当天夜里，整个东武阳城突然被大水淹了。人们逃出南门，见城南出现了一个大堌堆，急忙爬了上去，才躲过了一劫。大堌堆紧挨着孟庄，后来人们就叫它“孟堌堆”。那个神秘老头儿磕筐底的黄土也形成了两个小堌堆，当地群众称呼为“二堌堆”“三堌堆”。

当地还流传这样一个“真实的故事”。十几年前，有人站在村头看到，“孟堌堆”上有一群身着戏装的人正在演戏，他匆匆跑了过去“看戏”。结果，这个人“看戏”回来，出人意料地大病了一场。“孟堌堆”上的这场戏，也只被这个人看到，同样站在村头的其他人，谁也没瞧见。

这就是朝城，一座历史悠久、充满神秘色彩的古城！

观国故址　古风遗韵——观城镇

观城镇位于聊城市莘县西南部，距莘县县城45公里。西与河南省清丰县、南乐县交界，东与樱桃园镇，北与王庄集乡，南与大张家镇相连。

说起观城镇，首先要说说它悠久的历史。

三代之前，天下分为九州，观城一带属兖州之域，时名斟观。夏代，夏启第三子武观封于斟观，并更名为“斟观”。商代称观国，周代称观津。春秋时期，观属卫国。战国时期，观邑先后为赵国、魏国属地。秦代，观邑属东郡。汉初，实行郡县制，观地始建县，称畔观县，王莽时改称观治县，东汉时更名为卫公国，为周后裔姬常的封地。晋代称卫县，南北朝时称卫国县，隋开皇六年（586）改称观城县，属武阳郡，观地建县至今已2200年，观城县之名至今已有1400年历史。

夏代，此地为古观国，亦称观扈。夏代第一个世袭帝王名启，启的第三个儿子武观被封于观地。地名中有“观”字，封的王名中又有“观”字，故后来建县时便离不开“观”字。后来，武观曾以观扈为根据地反叛，故汉初建县时定名为“畔观县”，畔和叛统一。王莽篡朝后，因为他本身是个叛臣，故最怕说叛字，便下令将畔观县改称“观治县”。隋代对县名进行清理，决定既不用“畔”字，也不用“治”字，只采用一个来历已久的“观”字，成为“观城县”。

“观城八景”是观城镇最为著名的八大景观。旧志记载较略，故只能根据有关资料所证，略作叙述。

“月河春澜”。据旧志载，月河在县城东南隅，称河，实为池。城内别无明水，只此一处，故人重之。此池形状如月，大可百亩，池中水长年不竭。每逢春雨初霁，池中不涨，澄清如镜。春风起处，浪起涟漪。池周多年生柳树，婆娑树影，映着一池春水，景色十分宜人，故“月河春澜”被列为一景。今之观城东南仍有一大坑，想即月河遗迹。坑中原有一井，井上有碑，传说大禹治水锁蛟处。据旧志载，乾隆三十一年（1766）初，大风刮倒了石碑，当年夏天就发起大水，曹州、兖州、东昌皆受灾，这一记载把神话传说与自然灾害联系起来，使自然灾害充满了神话色彩。

“金堤夕照”。金堤即紫金堤。此堤始筑于秦代，因其西起河南孟县的紫金山，所以名曰“紫金堤”，简称“金堤”，有固若金汤和重要、宝贵之意。民间有秦始皇跑马修堤的传说，故此堤又名为“秦堤”“秦皇堤”。还有写作“秦黄堤”，大概源于“秦始皇南修大堤挡黄水”的说法。早期的金堤从今之观城所在地穿过，朝东北方向伸展，然后折而向北，成为莘县阳谷的分界线。五代时期后周显德三年（956），自滑县向东北修堤，将马陵堤与子路堤接连起来，直到阳谷的张秋镇，俗称“新金堤”，后简称“金堤”。此后，原金堤渐废弃，农民取土种田，堤坡渐趋平缓，但至今堤的残形仍断续存在，清晰可辨。今之观城西街地势高于他处数尺，据说旧金堤遗迹。登高远眺，旧堤如龙伏地，蜿蜒而行。堤下染上一抹橘红，与堤下水光相映，亦成一景。

“龙潭涌浪”。据旧志载，古龙潭在观城东南13里，马陵堤之北，大不满10亩，水却极深，难测其底，故以潭相称。大雨时，田野之水皆流入潭，潭满则顺堤流，最后注入范县的竹口坡。天旱时，潭水亦不枯竭。据民间传说，潭中有河神，掌一方旱涝，天旱时来求雨，常有灵应。数亩之潭，想来不会有什么大浪可观，说“龙潭涌浪”，夸大之词而已。此潭清初尚存，后渐被淤浅，最终变为洼地。

“马颊分流”。据观城旧志载，马颊河在观城东8里，即禹疏九河之一。此说不确。多种史料显示，不论古马颊河还是今马颊河，均不流经观境。旧志中所说的马颊河，实际是沙河。沙河由四角池（今古云镇东池、西池附近）发源北流，过夏家沟，经观城东，汇入南乐来水后，流入朝城县境，然后折向东北入莘县，由莘县城东北，经阳谷界流入聊城境。沙河的流向，与今徒骇河基本一致，估计沙河很可能是今徒骇河的前身。古代文人论事喜欢上挂下联，不论有没有渊源，均好张冠李戴地弄出来个渊源来。此处的“马颊河”即是一例。沙河流经观城时，有马家沟、夏家沟等支流汇入，干支分明，故有“马颊河分流”之说。

“窦氏青冢”。据旧志载，观城南8里处有窦冢，今已无迹可寻。关于此墓来历，旧志上有两种说法。一种说法是：汉文帝的皇后窦氏之父少翁曾在观城南一水潭垂钓，不慎落水而死。窦氏之子景帝即位后，命人填筑大坟葬其外祖父，是为窦冢。史书载，窦皇后祖籍观津县。观城西虽曾有过观津地名，但不是县。真正的观津县在今河北省武邑县。观城既非窦皇后祖籍，当然不可能有窦父的坟墓。另一种说法是：南北朝时，北魏曾任冀州刺史的窦瑾，卫国（今观城）人，死后葬于此地。此说颇为可信。窦瑾，字道瑜，少以文学知名，先后任中书博士、中书侍郎、秘书监、散骑常侍、殿中都官尚书、冀州刺史等职，封毗陵公，官声甚佳。北魏文成帝兴光元年（454）遭诽谤被杀，死后葬于祖籍。这顺理成章，后人将其墓列为桑梓一景，亦属情理之中。

“灵公鹤池”。即旧志中所说的四角池，沙河即以池为源头。史载，春秋时期，魏懿公喜养鹤，民间献鹤者皆有重赏，所养之鹤皆有品位，享俸禄。懿公出游时，常以车载鹤行于前，号曰“鹤将军”。后北狄入侵，懿公急令召兵，百姓说：“鹤既食俸禄，又号将军，何不令其御敌？”懿公方悔悟，但为时已晚，终至全军覆没，懿公被杀。当时卫都帝丘（今濮阳西南），观地属卫，卫懿公曾在今古云一带修池养鹤，池名四角池。今东池、西池村名皆与此有关，八景中说“灵公鹤池”，实应为“懿公鹤池”。灵公在位比懿公晚130多年，旧志记述有误。

“东郊牧笛”。此景纯属凑数之词。据旧志记载，观城东系一片草地林莽，人烟稀少，十分荒凉。至宋代仍有参天古树，树林幽深，人迹罕至，时有野猪出没，人称“野猪林”。传说《水浒传》中描写的鲁智深救林冲之野猪林即此地，有树有草，又近城郭，自然是好牧场，故常有牧童来此放牛。牧童无事，多以竹笛自娱。草地开阔，树林茂密，笛声响起，更显悠扬，天气晴和时可闻数里，文人闻声触景，极易生情，于是“东郊牧笛”便成了一景，被收入县志。

“西寺晚钟”。西寺指显庆寺，寺址在今孟秋寺村。孟秋寺村原名为“西营村”，在观城西约2公里处。显庆寺建于明崇祯年间。寺内有钟，撞击时声闻数里。观城县城偏西，每逢钟声响起，县城内亦清晰可闻，颇有仙韵，“西寺晚钟”遂成一景。至于西营村为何改名孟秋寺村，显庆寺何时拆毁，志书不载，亦无人传说。

百年风流　运河名镇——张秋镇

张秋镇位于阳谷县东南部。镇辖区东、南与河南省台前县接壤，北与本县阿城镇毗邻，西与十五里园镇接界，中部小运河（古运河）纵贯全境，南部、东部有金堤河环绕；景阳冈旅游区位于镇驻地西北1.5公里处。张秋镇是著名的运河古镇和历史名镇。它是大运河进入聊城境内后，雄踞会通河上的第一个古老而繁华的大镇，最盛之时有9个城门、72趟街和82条胡同，仅寺庙观祠就有40余处，因此明清时期有“南有苏杭，北有临（清）张（秋）”之说，并有“小苏州”之美誉。宋景德年间更名景德镇，为“山东三镇”之一。清朝《兖州府志》描述张秋：“夹运河而城，旧为贡道之通渠，实扼南北之咽喉，襟带济汶，控引江湖，盖鲁齐间一重镇也。”民国《增修阳谷县志》称张秋“昔繁盛之时，航桅林拥，商贾云集，非三县（阳谷、东阿、寿张）城市所能及也”。

相传，张秋初名“涨秋”，因地势低洼，常在秋季涨水成灾，故有此名。后因水患频繁，当地居民禁忌水字，将“涨”字去水，称张秋。张秋历史悠久。辖区内龙山文化时期的古城遗址证明，在距今4500多年前已有先民在这里繁衍生息。“张秋”一名，始见于五代时期。宋元时期更名为景德镇，明朝更名为安平镇，清朝仍沿称张秋。新中国成立后先后设置张秋区、乡、人民公社，1984年，改建为阳谷县张秋镇至今。

景阳冈是水浒英雄武松打虎故地，也是龙山文化城遗址。据《阳谷县志》记，当年这里冈阜起伏，草密林茂，人烟稀少，野兽出没。今日的景阳冈已成一片沙冈，周围炊烟袅袅。沙冈顶部正中，建有一座民族形式的庙宇，俗称“武松庙”，据传始建于明代中期，后被毁。现存古庙为1958年修建。庙前方有一座刻有“景阳冈”三个大字的石碑，系我国当代著名书法家舒同所题。庙东二三百米处，有一刻有“武松打虎处”的墨玉色石碑。1994年景阳冈旅游开发过程中，发现此地是龙山文化城址。这一考古发现，续写了阳谷五千年的史前文明。

明清时期，张秋地处运河沿岸，交通发达，商贾云集，仅山西商人到张秋做生意的就有上百家，清康熙三十二年（1693），山西商人集资在运河西岸筹建了山西会馆（关帝庙），馆内供奉财神、关帝等以祈福发财，是京杭大运河重要遗迹。会馆的建筑形式为四合院，坐北朝南。整体建筑为歇山式建筑施斗拱。青砖砌体，灰瓦覆顶。建有正殿三间，东西厢房各两间。大门与戏台成为上下两层。上层为戏台，下层为大门，大门前脸上镶有石匾“乾坤正气”，四字豪放流畅，刚劲有力，书刻俱嘉。传说是一个南京道台路过张秋时留下的墨迹，为清代雕刻书法珍品。是古运河申请世界文化遗产的重要申遗点。

明、清时张秋有多户富裕人家，俗称“南常、北孔、中间高”，即南面的三义庙常家，北面的北米市街孔家，居中间的南米市街高家，另外还有锅市街陈家。孔家、高家大院均被毁，现存陈家旧宅（亦称陈家大院）部分建筑。陈家大院，在锅市街路东，占地30余亩。始建于清康熙二年

（1663），距今已有350余年历史。整个大院共分五院、一园、八门户，安排严紧，布局得体。房舍均为飞檐斗拱，木格棂门，灰瓦覆顶，方砖铺地，典雅异常。系清代典型民居大院，在当时邻县是很少见的。

和陈家大院一样衰败不堪的，还有始建于清代的城隍庙。它被湮没在一片片两层小楼中，大部分古建筑已经被拆除，现仅存坐北朝南的大殿一座和东耳房三间。

木版年画，自元代由山西晋南地区传入山东阳谷县张秋镇，至今约有600年的历史。张秋木版年画题材新颖、形式多样、内容丰富，各种题材品种数量多达300多个。张秋木版年画的构图丰满、匀称古朴，人物造型夸张朴实，色彩明快沉着，刻版精细，线条流畅，简洁有力，印刷独特，做工十分考究，2008年被列入国家级非物质文化遗产名录。

张秋以其深厚的历史积淀和浓郁的文化氛围，造就了一批历代文人名士。刘琰，康熙三十二年（1693）进士，在翰林院供职10年，参与国史编修，为皇子讲授经史，颇得康熙帝赏识，有“铁面冰心”之誉，著有《柳园诗百首》流传于世。张令璜，康熙四十八年（1709）进士，生性刚正，处事果决，执法严峻，不避权贵。其墓志铭及墓前激励人生刻苦学习的“画荻和丸”匾额是极珍贵的石刻。周天爵，嘉庆十六年（1811）进士，鸦片战争期间在广东参与抗英军务。时朝廷有“外有林则徐，内有周天爵”之说，是朝廷中举足轻重的人物，《清史稿》为其立传。

张秋镇最出名的特产当属秋镇乌粉。源于明朝万历年间，于慎行作《安平镇新城记》云，“会通南北夹秋镇，粮河上下数乌粉”，这是对秋镇乌粉首次明文记载。相传，明朝隆庆年间，高氏兄弟在安平创办“石盛德”粮号，后由于家庭变故，粮号倒闭。万历年间高氏子弟创办了秋镇杂粮坊，主营杂粮磨坊，利用大运河南来北往的粮食运输便利，采用前店后作坊的形式，自产自销。一代传一代，发展至“文革”时停止营业活动。20世纪90年代恢复运营，一直发展至今。现张秋镇杂粮坊一直沿用人工小磨的形式制作粉类精品，在原乌粉的基础上开发了数十款有益身体的粉类产品。乌粉，由阿胶、黑枣、黑芝麻、黑豆、黑米、核桃等原料磨制而成，黑枣取自张秋镇，阿胶取自古东阿（现在阿城镇），其余原料均来自河南以及以南的地方，由于京杭大运河的运输便利和张秋镇运河枢纽的地位，成就了秋镇乌粉这一特产。

阿胶之乡　大美阿城

阿城镇因镇政府驻地而得名。此地春秋时称为“柯”，处齐国西部边境，因地近泽，故名。古时“柯”“阿”二字相通，故亦称“阿”。汉设东阿县。南北朝时东阿县治东迁。此地仍沿称阿城。后置阳谷县，阿城属之。1984年改为阿城镇。2001年3月撤乡并镇，原范海镇并入阿城镇。

阿城镇是著名的阿胶之乡。据医药史学专家研究，今阿城镇岳家庄一带为阿胶发源地。阿胶大约起源于战国至秦时期。汉代《神农本草经》将阿胶列为上品，药用记载始见于马王堆汉墓出土的古医著《五十二病方》。唐代《元和郡县志》中有“东阿贡阿胶”的记载。清嘉庆十五年（1810），张顺在阿城西岳家庄开办“和顺堂”熬制阿胶。道光二十一年（1841），阿城镇岳家庄张、刘、司三家开办“魁星堂”阿胶作坊，所产阿胶附有木刻版说明书。后来随着阿胶生产技术的不断更新、推广，阿胶生产工艺愈发精湛，产量提高。民国四年（1915），阿胶在巴拿马国际商品博览会上获金奖。从此，“贡”字牌、“宗”字牌阿胶享誉海内外。

镇西北1.5公里处东阿县故城遗址中的古阿井（亦称阿胶井）乃海内

外罕见古迹。《东阿县志》载："昔有猛虎居西山，爪刨地得泉，饮之久，化为人。"有关此井的记载，最早见于成书于汉代的《本草》。北魏郦道元《水经注》称"东阿故城中央阜上有大井，其巨若轮，深六七丈，岁常煮胶以供天府"，历经沧桑的古阿井虽始掘年代无考，但清代经济学家孙星衍曰："海内古迹，莫先于此。"（《岱南阁丛书》）

相传唐代时，阿城镇上住着一对年轻的夫妻，两人靠贩驴过日子。妻子分娩后因气血损耗，身体虚弱，吃了许多补气补血的良药也不见好转。丈夫听说驴肉能补身，于是让伙计宰了一头小毛驴把肉放在锅里煮，但是伙计们嘴馋，争抢中把驴肉吃光了，于是伙计把剩下的驴皮放在锅里煮，希望能瞒天过海。熬了足有半天工夫才把驴皮熬化，成了驴皮汤。汤冷却后凝固成胶块，谁知病人吃了后食欲大增，气血充沛，身体慢慢恢复了。后来许多人熬驴皮胶出售，但只有阿城当地的胶才有疗效。经过调查发现，阿城镇水井与其他地方不同，比一般水井要深，水的重量也沉重许多。县令将驴皮胶进贡给唐王李世民，李世民赏赐给年迈大臣，吃后都夸此胶是上等补品。李世民大喜，派尉迟恭以钦差大臣身份巡视阿城镇，尉迟恭重修了古阿井，将驴胶命名为"阿胶"。

古阿井以青砖砌成，上覆以石板。井侧原有接官厅、龙神庙等建筑，今仅存一石质碑亭。碑亭建于清光绪五年（1879），六角对称，结构紧凑，额题"济世寿人"四字，左右楹联为"圣代即今多雨露，仙乡留此好泉源"。亭下石碑高五尺，宽二尺余，上镌"古阿井"三字，篆刻完美，古朴自然。

清康熙年间建成的海慧寺距今已有近300年的历史，至今仍坚固如初。寺院占地近百亩，由刘公祠、海慧寺、运司会馆三部分组成。原有殿堂、僧房、楼阁200余间，现存81间。海慧寺作为寺院建筑，结构完整严谨。沿其中轴线从南往北依次为山门和前殿、中殿、大殿、三大殿及三进院落。山门三间，额匾上写“海慧寺”三字。山门外原有两尊大石狮，其上建亭，称为狮子亭。山门内有彩塑哼哈二将，高约一丈五尺。进山门即是前院，院内东西两侧建有钟鼓二楼。前殿三间，内有两个佛龛，关羽与韦驮二神像南北相背而立，东西山墙分别立着四大天王塑像。中院有中殿三间，为穿堂式建筑。殿中南向供弥勒佛，靠背北向供观音菩萨。院内各有平顶配房五间。后殿是正殿，即大雄宝殿，面阔五间，进深三间，木结构，砖登顶，是寺内主体建筑，比前殿、中殿都高大宽敞。正中供奉三尊木雕池佛坐像，中间一像是释迦牟尼，俗称西天如来佛。海慧寺后院落东西两个方向各有小院，以中轴线为准左右对称。西院为大悲阁，东院主体为方丈阁。海慧寺是阳谷现存的古代文化宝贵遗产。

阿城镇历史上名人颇多。战国时期孙膑是著名的军事家。其本名失传，因在魏国受过“膑”刑，故名孙膑。齐威王时任齐国军师，先为齐国田忌设“批亢捣虚”之计，围魏救赵，大败魏军于桂陵（今河南长垣），后又用“减灶”之计惑敌，再败魏军，魏军统帅庞涓势穷自杀。所著《孙膑兵法》久已失传。1972年临沂银雀山汉墓中出土其残编，经整理得一万余字。

程昱为三国时东阿（今阿城）人。先在兖州刺史刘岱部下任都尉。曹操据兖州，迁为寿张县令。后又升为中郎将，任济阳太守，督兖州。程昱长于谋略，屡为曹操献计献策，多为采纳，累迁至振威将军、安国亭侯。死后谥号车骑将军。曹元用，字子贞，元代著名史学家，阿城镇人。少有才华，为阎复所用，荐入翰林，官至礼部尚书。曾参与撰修《元实录》，诠释《贞观政要》，有《超然集》40卷传世。

名臣故里　沃土华章——汲堂村

“黄河落天走东海，万里写入胸怀间”，在牡丹之都菏泽西北、黄河以南7公里的肥沃土地上，镶嵌着一颗璀璨的明珠——有着“文化名村、名臣故里”盛誉的牡丹区高庄镇汲堂村。

厚重的村史承载了汲堂的光荣和沧桑——汲氏周时建村，因村中有一庙堂，取名汲堂。随着时代的变迁，村庄先后隶属河南濮阳、菏泽地区鄄城县、菏泽市牡丹区高庄镇。

翻开汲堂村厚重的村志和家谱，一段段久远的历史画面在这片土地上生动地演绎着。其中，最醒目的当属西汉名臣汲黯。汲黯（?－前112），字长孺。据《汲氏族谱》记载，汲黯为汲氏十三世祖。汉景帝时官居太子洗马。武帝初为谒者，出为东海太守，有治绩。召为主爵都尉，列于九卿。他刚直不阿，直谏廷诤，秉公办事，为官清正，武帝称之为“社稷之臣”。据《史记》记载，有一年，河内郡发生了火灾，绵延烧及1000余户人家，皇帝又派汲黯去视察。他回来报告说：“那里普通人家不慎失火，由于住房密集，火势便蔓延开去，不必多忧。我路过河南郡时，眼见当地贫民饱受水旱灾害之苦，灾民多达万余家，有的竟至于父子相食，我就趁便凭所持的符节，下令发放了河南郡官仓的储粮，赈济当地灾民。现在我请求缴还符节，承受假传圣旨的罪责。”皇帝认为汲黯贤良，免他无罪，调任为荥阳县令。汲黯认为当县令耻辱，便称病辞官还乡。皇帝闻讯，召汲黯入朝任中大夫。由于屡次向皇帝直言谏诤，他仍不得久留朝中，被外放当了东海郡太守。汲黯死后，皇帝因为汲黯的关系，让他的弟弟汲仁官至九卿，儿子汲偃官至诸侯国相。

汲黯为官清正，为人正直，同情民间疾苦，受到历代敬仰。清嘉庆九年（1804）二月，当地官员立碑纪念，碑铭为“汉淮阳太守汲长孺墓”。该碑现立于汲堂庙堂内，供后世瞻仰。

西汉昌邑故城所在地——大谢集镇

大谢集镇地处巨野县东南，历史悠久。秦始皇二十七年（前220）置昌邑县（今境内昌邑集一带），属砀郡。西汉、东汉、三国、两晋、隋唐均在此设郡，一度成为政治、经济、军事和文化中心。镇境内的昌邑集是西汉山阳国、昌邑国的都城。昌邑古城遗址在大谢集镇前昌邑村，春秋战国时期为邑，秦时设县，西汉时期为郡治，素有“商王城”称号。汉景帝中元六年（前144）分梁地，置山阳国，封梁孝王之子刘定为王，从此，昌邑城就成为王国之都。汉武帝建元五年（前136），改山阳国为山阳郡。天汉四年（前97），改山阳郡为昌邑国，封其子刘髆为昌邑王。刘髆在位11年，死后其子刘贺继位。公元前74年，汉昭帝驾崩，因无子嗣，刘贺奉为帝，在位仅27天，昏庸淫乱，被大将军霍光废为海昏侯。汉宣帝本始元年（前73）改昌邑国为山阳郡，至东汉，改为兖州刺史部。1980年、1982年，菏泽地区文物工作队对该城址进行了两次调查勘探，探清古城平面略呈方形，东城墙长1215米，西城墙长1377米，北城墙长1585米，南城墙长1720米。城墙分段板筑，土质为掺有石灰的黏性黑土，夯层9、10、

11厘米不等。城址上现有前昌邑、后昌邑、侯花园、城角刘四个村庄，范围内发现大量汉代遗物和少量的战国遗物，有瓦、小鼻罐、浅盘细柄豆、壶、铜镞、铁柱、弩机、陶井圈等。还发现了石磨、石槽房屋基址、酿造窑址。另有部分唐、宋、金、元时期的遗物，如铁釜、碗、盘等。大量的文化遗存，为我们研究古昌邑的历史与兴衰提供了可靠的实物资料。昌邑自古便是兵家必争之地，秦二世二年（前208）的“楚汉之战”，汉景帝三年（前154）的“七国之乱”平叛之战等都曾发生在这里。昌邑又是走蛟卧虎之地，孕育出许多旷世枭雄。西汉初，梁王彭越从这里揭竿；东汉末，费亭侯曹操任兖州牧于此。战国至魏晋是昌邑的鼎盛时期，这一带是当时重要的交通要道和冶造贸易中心。西汉时，昌邑城内已有了自己的冶铁业和专门管理冶铁的铁官，是当时全国49处从事铁器生产的官办工业之一。据《汉书》记载，当时昌邑从事冶铁生产的工役就有280多人。隋唐时期，昌邑为县，宋代降为镇，昌邑的经济、文化亦从繁荣昌盛逐渐走向衰落。迨至元末，黄河几次决口，厚厚的泥沙把这座古城湮没在黄土之下，仅留下城廓残垣隐约可现。

根据《山东通志》记载，此城“纵横皆六里”“外城周长三十余里”。由于后来黄河几次大泛滥，这座雄伟古城便长眠于地下了。但每逢阴雨天气，人们仍然隐约可见这座古城的城门、城垛、城墙、宫殿等。后人作《忆秦娥·昌邑怀古》赞曰：

烟雨歇，漠漠故城雄关堞。雄关堞，残阳晚照，汉家陵阙。楚汉交兵流碧血，郦商冲锋泣壮烈。泣壮烈，彭王略地，千古英杰。

这就是著名的巨野八景之一“昌城烟雨”。1992年，被公布为省级重点文物保护单位。

“巨野之胜在金山，金山之胜在秦王洞。”金山南麓，有一人工开凿的大洞，俗称金山大洞，世传为秦始皇东巡泰山时建造的驻跸行宫，称为秦始皇避暑宫。当地人又传隋末唐初，秦王李世民带兵征战，曾在此歇马，故又称秦王洞。经考证，实为西汉昌邑王（汉废帝）刘贺营而未用的废冢。据《汉书·武王子传》载："贺王昌邑十三年，后征为帝，因行淫乱，被废为海昏侯，就国豫章（今江西南昌）。"在汉代，帝王即位之次年，即营和山陵，昌邑王刘贺事多僭越，自治寿域，乃入立被废，客死他乡，不得归葬，营而未用，遂成废冢。此洞共有明道、侧室、甬道、耳室、主室等九部分组成。总长89.80米，最宽28米，石壁最高处15米，如劈如削，洞室整体结构布局严谨，鬼斧神工，令人惊叹。洞内冬暖夏凉，气候宜人，涓涓清泉，自石罅中渗出，悬溜不断。"云开山上地，雨滴洞中天，径窄藤萝没，崖高日月悬"，正是金山洞的真实写照。千古奇观，胜地佳境，吸引着历代众多的游客，有多少文人名士怀着几多感慨，几多赞叹，欣然命笔，留下了脍炙人口的诗句和精辟的考证。明道两壁上现存刻石，具有较高的史料价值和艺术价值，成为珍贵的历史文化遗产。宋金元时期，这里曾为佛寺，香火旺盛，经久不衰。洞门上方的"敕赐大明禅院"六个大字，为金大定三年（1163）所刻，洞内现存石佛像一尊，高约90厘米，为元泰定四年（1327）所造，雕刻精细，造型美观。

大谢集镇是西汉初梁王彭越的故乡。1965年，在巨野城东1.5公里处固堆庙附近，发现了身披铠甲的彭越石像和彭越墓。

彭越（？—前196），字仲，秦末昌邑（今巨野东南）人。早年聚众巨野泽中渔猎、为盗。秦二世元年（前209），陈胜起义反秦。众人劝彭越仿效陈胜，他说："两龙方斗，且待之。"一年后，他收编散兵，聚于众人，助刘邦攻昌邑。后率兵居巨野泽，发展到万余人。秦二世三年（前207）秋天，刘邦授彭越将印，命其攻打楚国，彭越大破楚将肖公角。后来，楚汉战争爆发，彭越归附刘邦，刘邦最后能取得胜利，离不开彭越的参战。汉高祖四年（前203），彭越与刘邦会师垓下，击败项羽，被刘邦立为梁王，定都定陶。高祖十年（前197），因拒伐陈豨，为高祖怒责，后为梁太仆告发，废为庶人，继遭夷族。

历史上有名的杨震辞金的故事也发生在大谢集镇。《后汉书·杨震传》载，王密为昌邑县令，深夜怀金十斤送给杨震。杨震说："我知你，你不知我。"王密说："深夜没人知道。"杨震又说："天知，神知，我知，子知，何谓无知？"王密羞愧而走。南朝诗人王融有诗："阴墙虽雨密，幽夜有四知。"

大谢集镇有地方名吃谢集罐子汤，以大谢集镇老地方罐子汤最为正宗。目前已经注册"谢集正宗罐子汤"商标。该汤主要用羊骨、羊头肉、羊肝、羊心、羊肚等原料长时间熬汤制作，多用花椒、生姜为作料，放入优质粉条，香气袭人，久喝不腻，是当地群众最为喜爱的汤类之一。

大谢集镇资源丰富，物产丰富，享有"山东棉花第一镇，优质大蒜主产区"之美誉，是重要的大蒜、棉花、油料生产基地。

品天下第一汤　赏百年古牌坊——单城镇

单城镇地处单县中部，为单县县委、县政府驻地。单城镇始建于公元前11世纪成周时期，故址在今单城镇南1公里处。明嘉靖二年（1523），黄河决口，旧城淹没。明嘉靖五年（1526）迁至新城址，即今单城镇。

单城镇有着悠久的历史和灿烂的文化。古往今来，每逢重大节日，特别是春节、元宵节期间，人们都载歌载舞、赏灯、赛灯以示欢乐。传统节目主要有舞龙、舞狮、旱船、竹马、独杆轿、高跷、河灯等。传统武术源远流长，主要拳种有梅花拳、查拳、大洪拳等，器械主要有枪、棍、大刀、剑、钩、叉、三节鞭、七节鞭、流星锤等。

单城镇人杰地灵，名人辈出，主要有明武宗时冒死上书弹劾权阉刘褒的忠臣陈勖；生性耿直、淡泊名利，曾在翰林院任编修的李簧；急公好义、煮粥放赈，谥号“孝靖”先生的朱世德；曾任中国银行总裁、财政总长、交通总长、陆军总长、署理国务总理、摄行大总统职务的周自齐；创男女生合校上课先例的赵玉波；跟随抗日爱国将领赵登禹英勇抗击日军的副师长刘星南；1951年10月，被授予全国劳动模范称号，受到毛泽东、周恩来等党和国家领导人接见的王福田；著名中医朱德馨等。

单城镇是单父故里。单卷，又称善绻，是大舜的老师，公元前2100年长期隐居在今天单城镇境内。据《吕氏春秋》记载："尧不以帝见善绻，北面而问焉。"舜接任后时常来单县看望单卷，并诚心禅位于他，但单卷婉拒。舜逊让再三，单卷始终不肯接受，遂徙隐深山。宋真宗时赐给单卷封号叫"遁世高蹈火先生"。后人为纪念他，便把他居住过的地方称作单父，即今单县。

单城镇为鲁国单父邑。鲁哀公时，孔子的弟子宓子贱、巫马施相继为单父宰。他们一个"鸣琴而治"，一个"披星戴月"，颇有政绩，被后人尊为单父二贤。

单城镇是单县羊肉汤的发祥地。嘉庆十二年（1807），徐柱立、曹西胜、朱克勤三人共同开设"三义和"羊肉汤馆，为全国闻名的地方名吃——单县羊肉汤开创之始。单县羊肉汤选用单县独有的青山羊为原料，精工熬制，汤呈白色乳状，鲜洁爽口，不腥不膻，色香味俱佳，被誉为"天下第一汤"。

单城镇内有风景秀美的琴台、晒仙台和天台三座高台，俗称"一里三台"，古往今来，无数文人墨客登台怀古，会文赋诗，留下许多佳话。

琴台即孔子弟子宓子贱鸣琴之处，前枕大堤，后带绿水，桑柘环翠，风景秀美。唐天宝年间，李白、杜甫、高适同登琴台，吟咏唱和，诗酒抒怀，留下许多千古名句。今琴台四周，春来绿柳垂丝，清秋竹菊傲霜，冬日苍松斗雪。昔日单城八景，这儿就占了琴台夜月、涞河归帆、仙桥流水、吕井寒泉四景。

晒仙台位于琴台东侧百余米，相传神话人物吕洞宾曾来单城，见东南高阜上绿草芊芊，野花遍地，十分喜欢，遂变作老翁，头枕二瓶睡卧在地晒太阳，被后来任户部侍郎的陈勖认出。后吕洞宾晒太阳的高台就取名为

“晒仙台”，今仙人井、仙人桥遗迹犹在。

天台位于晒仙台东护城堤东南角上，三面环水，突兀耸立，绿草铺地。台上建有天台庙，正殿为通明天宫，前有升仙桥，西有望月楼、听琴室，历代文人多登台赋诗，留下诸多佳作名篇。

单城镇是历史上有名的牌坊城。从宋代元佑年间至清末，单县建坊达百余座。城内主要街道上凌空飞架着一座座精美的牌坊，百狮坊与百寿坊以其宏伟的气势、巧妙的结构、严谨的图案、精致的透雕和优美的传说蜚声海内外，堪称天下一绝。

百狮坊，又称张家牌坊。清乾隆四十三年（1778）为文林郎张蒲妻朱氏所建。因其坊柱夹座上精雕百只姿态各异、活灵活现、栩栩如生的大小石狮，故名“百狮坊”。百狮坊耗资巨大，据说雕刻下来每两碎石可耗一两白银。百狮坊建成后，石匠领班回家不几天便与世长辞。巧匠已逝，精工难再，百狮坊便成为世间绝艺。

百寿坊，俗称朱家牌坊。清乾隆三十年（1765）为翰林院孔目朱叔琪妾孔氏建。其前后坊心精雕百个不同形格的篆体“寿”字，故名“百寿坊”。刀法简洁洗练，造型古朴典雅。牌坊额坊上镌刻了乾隆皇四子颙琙为朱氏题写的两首诗，一为“布衣蔬食度生平，喜看庭芝渐次成。月冷黄昏霜满地，穗帷遥出读书声”，二为“数十年来铁骨支，养生送死总无疵。冰操劲节光天地，千古常教奉母师”。

200多年来，百狮、百寿两坊经受了风雨侵蚀和人为损坏，仍巍然屹立。据传这是因为在建坊时东家将祖传的夜明珠悄悄置于某石件中，牌坊历劫不倒，乃镇坊宝物所佑，盗宝贼多次觊觎此宝，皆因坊高石重构件复杂而未能得逞，1977年被列为省级重点文物保护单位。

吕后故里扬古风　千秋大业战终兴

终兴镇地处单县东部，东与江苏省丰县接壤，西与单县李田楼乡为邻，南接朱集镇、蔡堂镇，北靠时楼镇、张集镇，是菏泽市的东大门。终兴镇始称刘庄集，后因刘氏族人在此开店，遂称刘新店村，西邻走马汉河集，北邻平乐侯国都城平乐城。据传，汉高祖刘邦称帝后，带吕后荣归故里，到吕后的故乡潘庄小住，当地乡绅专从附近刘新店村请来开饭铺的刘厨师做饭。刘邦和吕后觉得饭菜特别香，吃得津津有味。酒宴过后，刘邦心情欢畅，想到自己做了皇帝，不觉踌躇满志，乘兴挥笔写下“千秋大业，百战终兴”八个大字，随手赏赐给刘厨师。刘厨师回到家中，将刘邦题字高悬于堂上，把刘家饭铺改为“终兴饭店”。后来刘新店村也就改成了终兴，即今日“终兴镇”之由来。

终兴镇自西汉时就是单县东部重镇。西汉初年在此地设平乐县，属梁国。东汉建武年间撤平乐县，设防东县，后终兴复归单父。此后历经各朝，始终称为终兴。

终兴镇平城庵是西汉平乐县治故址。至明嘉靖年间，因平城内有一座道观（清微观）香火旺盛，名气很大，人们习惯把这座道观称为“平城庵”，渐渐地“平城庵”就成为整个平城的称谓。平城庵旧有殿宇70余间。据明天启年间的碑文记载，旧殿宇占地300余亩，宋、元、明、清各代都曾重修，金碧辉煌，气势恢宏。20世纪40年代还鲜丽照人，1957年殿宇被拆除，现仅存废井一口。

终兴镇是大汉文化的发源地之一。汉高祖皇后吕雉出生于终兴镇西南1公里处潘庄，秦时称吕庄，西汉时称吕姑村，亦称吕堌村。据载，吕后的父亲吕公（名文，字叔平）是世家大族，颇有钱财，善于相面算命。吕公和沛县县令交好，一日到县令家做客，刘邦听说县令家有贵客，就来祝贺。吕公见到刘邦，发现其状貌异于常人，行事豪爽，就等祝贺的客人都走了之后，单独留下了刘邦。吕公对刘邦说：“我相过的人很多，状貌之奇异没有一个像你刘邦的，敢问你娶妻了吗？”刘邦答称：“尚未。”吕公说：“我有小女，愿许你作妻，请你勿嫌。”刘邦听了此言，顿感喜从天降，当即应诺，并约期迎亲，欣然离去。吕后终成一代国母，她的妹妹吕嬃也许配给了当时尚以屠狗为业的樊哙，吕公慧眼识婿的故事成为一段佳话。

吕后，名雉，字娥姁，《史记》有传。吕雉初嫁给刘邦时，亲率子女从事农桑针织，过着自食其力的生活。刘邦率众起义，吕雉被官府关进大牢，历经磨难，性格更加坚毅果敢。出狱后随刘邦转战军中，经历战争风云，增长了文韬武略。刘邦称帝后，封吕雉为皇后。她参与朝政，献策施计，机智果敢，能谋善断，是一位有抱负、有韬略、有作为的政治家。刘邦死后，她临朝称制，又做了一番事业。死前留下遗诏，赐各诸侯黄金千斤，将、相、列侯、郎、吏，都按官阶赐给黄金，大赦天下。吕后是中国历史上第一位皇后和皇太后，同时也是封建王朝第一个临朝称制、掌握汉朝政权长达16年的女性。她执政期间，鼓励生产，改良汉法，提倡勤俭治国，严厉治理铺张浪费，这为后来“文景之治”的出现和汉武帝时的兴盛局面创造了有利条件，可以说没有吕后，就没有大汉王朝初期的兴盛。

吕后死后，刘、吕争权，诸吕被诛，族人害怕受到牵连，就将村向东南迁了1里左右，以吕雉外祖姓命名，称潘庄。吕氏后人为纪念她，在潘庄建了吕后祠、吕姑寺。20世纪30年代，村内还有吕堌寺，寺西有吕姑村荒址，今仅存吕后碑一块。近年来，终兴镇充分挖掘吕后故里文化资源，重修了吕后家庙、吕姑寺，重塑了吕后像，修复了吕后残碑、吕后社稷井和吕公坟遗址，为发展乡村旅游业奠定了基础。

寻找“才圣”的足迹——伯乐集镇

伯乐集镇坐落在鲁西南平原，有着独特的文化音符和深厚的文化底蕴。

伯乐集镇历史悠久，明代由积善社改名为伯乐社，民国时废社设伯乐集区，新中国成立后，伯乐集镇隶属成武县第一区，1958年撤区设伯乐集人民公社，1997年撤乡设镇为伯乐集镇。

让我们先来认识一下诞生在这块土地上的历史名人吧。伯乐，姓孙名阳（约前690—前610），人称伯乐。孙阳善相马，古代传说伯乐是主管天马的星名。后人多把伯乐誉为荐贤识才的“才圣”。史载，伯乐死后，葬于王子村，后孙、李、王、胡诸氏陆续来傍墓居住，出于对孙阳的崇敬，王子村改名为伯乐村，后又形成集市，伯乐集由此得名。《太平寰宇记》载：“伯乐冢，秦人善相者，葬此。”由于伯乐村多孙姓，因而村民多称伯乐为始祖。过去，在家庙中还有“伯乐宗风绵世泽，仲或孝感震家声”的楹联，可见村民与伯乐的渊源。20世纪50年代，明嘉靖重修之墓碑犹存。清明节，其子孙都上坟祭奠。当地孙姓依鲁西南习俗敬称伯乐为“老爷爷”。现在碑已失，墓犹存。如今，孙氏一门人丁兴旺。他们对这位名人先辈顶礼膜拜，常年祭祀。伯乐墓香火不断、薪火相传。穿越2600多年历史的风云，我们依稀看到一位面容清癯的老人跋山涉水寻找千里马的足迹。在成武县城伯乐文化广场中央有一尊巨型雕像：伯乐手执马缰，目光如炬；在他身畔的千里马扬尾奋蹄、欢快嘶鸣。这是不是那匹在虞坂盐道上“蹄申膝折，尾湛胕溃，漉汁洒地，白汗交流”的羸弱老马？千里马必成于伯乐之手！在浩如烟海的中华经典文集中，不时见到关于伯乐的记载，《战国策•楚策四》《战国策•燕策一》《列子•说符》《庄子•马蹄》《荀子•君道》等史篇中都有伯乐的记载。历代文人如韩愈的《杂说》，金代陈庚、元好问的《虞坂》，元代王恽的《虞坂晓行》等文化名人都对伯乐予以高度的赞扬，形成了独特的“伯乐文化”。

伯乐文化是伯乐集镇独具特色的文化产业优势。2009年，伯乐传说被列为山东省非物质文化遗产，伯乐文化旅游被列为全市十大旅游产业项目。目前，伯乐集镇正在策划鲁西南农村生态文化旅游综合体，把伯乐文化、牡丹种植、绿色有机蔬菜种植串联起来，打造新型绿色观光农业产业园。

随着乡村特色旅游的兴起，中国的历史城镇作为一种独特的旅游资源吸引着越来越多的游客。古镇旅游已经成为各地炙手可热的旅游产品，在促进旅游古镇的经济发展、社区繁荣和文化进步等方面发挥了不可低估的重要作用。伯乐集镇，就像一颗璀璨的明珠镶嵌在广袤的鲁西南平原上，散发出夺目的人文光彩。她因伯乐而得名，她又养育了庞籍、祝维岳等一代又一代名人先贤。

庞籍，字醇之，北宋著名政治家、军事家。庞籍为人正直，敢于直谏。明道二年（1033），章献太后（宋真宗皇后）去世，留下遗诏，想让章惠太后（宋真宗贵妃）继续垂帘听政，参与讨论军国大事。庞籍认为皇帝已经不是孩童，能够独立处理政务，不应该再受后宫掣肘。他力主仁宗亲政，并当众烧掉了垂帘制度的《内东门议制》。正是由于他的极力坚持，仁宗才得以亲政。宰相张士逊深得宋仁宗宠信，言事官们不敢弹劾，而是千方百计地逢迎他。只有庞籍敢于直斥张士逊的不法行径，庞籍的做法深得同僚们的佩服。御史中丞孔道辅曾对人说："言事官多观望宰相意，独庞醇之，天子御史也。"庞籍不仅不惧权贵，具有铮铮铁骨，他还精通兵法，在与西夏的军事斗争中取得了胜利，他考虑到西夏生产力低下，经济发展落后，不足以支撑长时间的战争，于是适时地采取了"稳固防守"的战略。由于战略方法得当，西夏不堪战争重负，不得不向北宋称臣，这在北宋一度委曲求和的屈辱外交史上写下了光彩的一笔。而庞籍因为在抗击西夏中的赫赫战功，被宋仁宗拜为宰相。当时，朝野上下独任庞籍为相（宋时一般以两人或三人同为宰相执政），且加其昭文馆大学士的称号，这是前所未有的殊荣。庞籍的书法也造诣极深，为世人所追捧。如今在山东潍坊境内沂山的歪头崮南面，尚有庞籍题壁"郝崖映辉、云海飞霞"石刻，笔力苍劲老练，落落大方，堪称书法佳作。

伯乐集镇白店村是宋朝名臣祝维岳的故里，宋咸平元年（998），祝维岳考取进士，其四个儿子也先后登科进士，史称"父子五进士"，在中国历史上绝无仅有。《祝氏族谱》载，白店村最繁荣时有"八十二条街、七十二眼井"。现白店村西北2.5公里有祝维岳墓碑，虽然年久淤积，风化严重，但上面刻的"圣旨"及蛟龙、牡丹纹饰仍清晰可辨。

近年来，村民挖菜窖时，时常挖出陶器瓷器，有盆罐瓶甑盂等器皿。1998年，李庄村村民挖出瓦片2000多片，瓦片都有"祝"字印记。在白店村后池塘内存有一口古井，井壁为烧制砂石圈起，厚度不足4厘米，可见技术之先进。据当地村民说，从此井打上来的水，初为墨黑色，稍停即清澈见底，桶内并无一点杂质，至今仍是一个谜。

2600多年前的伯乐，还静静地躺在伯乐集村南的一片田野里，仿佛日夜俯视着辛苦劳作在这块土地上的子孙。2011年以来，伯乐集镇不遗余力地宣传推介伯乐与伯乐文化，并结合秺侯墓、庞籍祠、祝维岳父子五进士祠等景点的修缮，利用本镇人文荟萃的优势，全力打造“伯乐故居、宜居新镇”。

凤凰南飞到南鲁集镇

南鲁集镇位于成武县域最北部，历史悠久。古称落凤集，意为凤凰南飞落于此。根据《左传》记载，境内梁丘是春秋时宋国的城邑，据杨伯峻释："梁丘、宋邑，在今山东省成武县东北三十里。"《汉书·地理志》载，此处为梁丘乡，属昌邑县；《后汉书·郡国三》载："昌邑刺史治，有梁丘城。"时昌邑县为山阳郡治所在。

南鲁集村西北原有一高阜，是古遗迹，叫凤凰台，相传落过凤凰。很久以前，黄河发大水，南鲁集村外围筑台因年久失修，土墙坍塌。百姓心急如焚，筑新墙以防御，无奈新墙筑起就塌。一夜，天降瑞雪，一只凤凰驾着祥云悄然落在南鲁集东南角石井清泉边，引颈品饮清洌甘爽的清泉水。过后，踏雪绕此处行走数里，有几圈凤足印迹。村民大喜，认为这才是南鲁集理想的选址，忙组织人力筑之，新筑墙果然牢固。大水去后，村民为纪念凤凰栖落之地，遂将村名改为"落凤集"，后改为南落集。因"落""鲁"两音极近，逐步由"南落集"讹为"南鲁集"。据金大定三年（1163）《修南鲁村广严院庙碑》和朱阜亨的记载："南鲁村广严院者，爰自大唐，镌记天宝。”由此可见南鲁集的历史久远。

镇驻地东南2.5公里处的梁丘，是春秋五霸之首齐桓公与诸侯会盟之处。鲁庄公二十八年（前666），楚伐郑。因齐、宋、郑等国有盟约，第二年，齐桓公“请会于诸侯”，谋划为郑复仇。时“宋公请先见于齐侯，夏，遇于梁丘”，商定梁丘为会盟之地。会前，各盟国抽调民夫数千人，在宋国都城以北建筑高台。会盟的这一天，会场上旌旗蔽空，金鼓齐鸣。各盟国军队穿甲戴盔，威武雄壮，呈现一派戎马倥偬、团结战斗的气氛。各盟国国君商定，自定约之日起，将此台命名为梁丘台。古往今来，这里留下了许多文人墨客吟诵梁丘的佳句。

秦末，这里出现了一位农民起义将领彭越，他在此起兵反秦，并与刘邦会师，率部归附刘邦，平定了梁地，兵力曾达3万余人。汉高祖四年（前203）冬，彭越攻占了楚军睢阳、外黄等17座城邑。高祖五年（前202）秋，项羽南走阳夏，彭越攻下昌邑及其周围20余城池，并获得了10余万斛粮食，献给刘邦做军需。《汉书·高帝纪》载：“沛公引兵西，遇彭越昌邑。”《史记·高祖本纪》记载更为明确：“二月，沛公从砀北攻昌邑，遇彭越。越助攻昌邑，未下。”《括地志》载：“昌邑在曹州成武县东北三十二里，有梁丘故城是也。”后来彭越随刘邦转战南北，屡建战功。汉朝建立后，彭越因战功显赫被封为梁王，都定陶，梁丘为其封地。后刘邦、吕后因畏惧彭越的兵权和谋略，以谋反之名，将彭越杀害。后人出于对他的同情，建立了梁王庙以示追念。庙堂规模宏大、布局严谨、造工精巧、轩敞雄伟、格调高雅。大殿雕梁画栋，金碧辉煌，巍然壮观。庙堂初建或重建于明清时代。清道光《成武县志》载：“古迹梁丘，在县北二十五里。乃鲁西南境，春秋齐宋相遇处。汉彭越以功封梁王即此。”今士人立庙，岁时致祭，祷雨甚灵。后来，人们又在此建了一些与佛教有关的庙宇，形成了一个规模宏大的庙宇群。且每年农历四月初二日还成立庙会，在方圆百里有较大影响。梁丘胜迹遂成为成武县八大景之一。现被公布为县级重点文物保护单位。

南鲁集镇另一古迹张成墓位于境内白海村东南100米处，今存张成墓碑一尊。碑身高440厘米，置龟趺之上。碑文是元代大书法赵孟頫所书，字体疏朗瘦硬。据道光《成武县志》载："原张成墓在县北二十里许，按中宪讳成，其先济宁虞城人，三迁至成武，依母党遂为邑人。至大四年（1311）因子恩制赠中宪大夫、中书兵部侍郎、上骑都尉、清河郡伯。葬成武小房里，有碑。"此碑一向为人们所珍重，历代常有人拓片。20世纪50年代后期碑楼坍塌，使该碑受到一定损蚀。1981年修盖了碑楼并立标加以保护。属省级重点文物保护单位。

千年古镇南鲁集，具有悠久的历史文化。当地民间流传的大鼓、秧歌、评弹、戏曲、小调、舞狮、河灯等地方文艺，都是极富传统魅力的文化遗存和流传曲目。特色小吃狗肉、烧鸡、壮馍令人馋涎欲滴，特产粉皮、粉条、松花蛋等远近闻名。逛庙会、划旱船，是融旅游和娱乐于一体的艺术形式。梁王庙会时，附近的大鼓、秧歌、评弹、戏曲、小调、舞狮等多个表演队赶来助兴，周边几千人前来赶庙会。表演队所到之处，鼓乐齐鸣，围观群众看得如痴如醉，水泄不通。

"栽下梧桐树，引来金凤凰。"在全镇人民的共同努力下，全镇综合实力显著增强，人民生活水平日益提高，千年古镇正焕发新的生机和光彩。

千年古村　宋江故里——水堡村

郓城作为水浒故里，自古以尚武、豪爽侠义而出名。俗话说，梁山一百零八将，七十二名出郓城。《水浒传》中的核心人物宋江就是郓城县水堡乡人，元人杂剧《坐楼词》中，就有“家住水堡在郓城，姓宋名江字公明”的话。

水堡村位于郓城西，是水堡乡政府驻地，北倚金堤，聚落呈长方形，东西较长，南北稍窄。此村古迹和传说甚多，是著名的水浒旅游景点之一。

水堡最早叫飞云驿，“水堡，古飞云驿也”。相传，在晋开运元年（944），滑州河决，飞云驿殃及其中，四面环水，方圆数里，一片汪洋。一官员登高环视，大笑曰：“此地易守难攻，实乃水堡也。”此后，水堡由此而得名。

水堡历史悠久，出土的历史文物中有春秋战国时期的兵器、箭镞、陶器碎片和两汉及宋代瓷器文物，证明水堡是历史上古廪丘地望中比较繁华的民居和兵家必争之地。1983年该村曾出土一大酒坛，高90厘米，白釉铁花，并镌有“罗列三千馆，清香第一家。隔壁三家醉，开坛十里香”的诗句。经考证，此坛为北宋磁州窑烧制，被考古专家鉴定为国家一级文物，现保存在县文物馆。

水堡村曾立有孙膑牛舔碑。据《濮州志》记载：“邑之东南七十里水堡镇，旧有龙虎殿一座，不知建于何年……仅存禅门外古碑五，半淤土中，上仅三尺余，傍东一碑，有牛舔刷之迹，深二三分许，碑青色，其舔处则淡红色而滑，确似牛舔。但碑文模糊不可识，相传齐将孙膑射庞涓，经此庙憩息，系牛碑上，留此遗迹。”

水堡的水浒纸牌非常出名，纸牌的制作为雕版印刷，起源于元代，据《曹州府志》记载，宋江起义100多年之后，宋江故里水堡村的齐氏、傅氏、杜氏三家，出于对起义领袖宋江及众多英雄人物的怀念，根据朝廷擒拿宋江起义英雄所出的赏银数额，将水浒108将人物、姓名、形象、手持兵器等，融入纸牌游戏之中，创造出120张纸牌，编排出三种牌艺，即万字牌、条字牌、饼字牌，以纪念起义英雄。因为这种纸牌最初在老年人之间把玩，所以又称水浒纸牌为“老妈妈牌”“婆婆牌”“小牌”。

孙膑故里　义士之乡——箕山镇

箕山镇位于鄄城县东北部，与郓城县相邻，自然、人文景观丰富，是鄄城县经济发展、文化旅游重镇，是鲁西南黄牛、小尾寒羊、青山羊、獭兔养殖中心区。

箕山历史悠久，古迹众多。箕山遗址位于箕山集东街垓子庙旧址。《濮州志·山川考》记载："箕山在州治东五十里，相传许由所居。"唐尧时期名士许由隐居的箕山南侧山洞，世称许由洞。相传尧王年老后，想找一个合适的人禅让帝位，颍水畔有位隐士巢父，尧王要把君位让给他，巢父推辞。尧王问巢父："听说您的朋友许由很有才能。他会同意否？"巢父把尧王之意告诉许由，许由便隐居在颍水畔箕山南麓的山洞里。经村老指点，尧王见到许由，深施一礼说："为百姓谋利，是帝王职责。不要一个人过安逸生活，到京城当帝王吧。"许由说："您治理天下几十年，百姓安居乐业，四方宾服，惩罚四凶，世上太平，您是人们心中的名君。我一不为名，二不为利，不去做这个帝王。"尧又说："您避世离俗，高卧箕山，值得尊敬。但只有治理天下，才能施展您的才华，去做九州长吧！"许由厌烦地说："我连帝王都不愿当，还当什么长！"边说边做出送客的手势。尧王摇着头离开了箕山。许由送走尧王，快步来到颍水边，掬水洗耳。时巢父牵着牛犊来此饮水，问："朋友，为何不净面，独洗耳呢？"许由说："可恨的尧王，要我去接替帝王，我不从，又召我为九州长，玷污了我的耳朵，故洗耳。"今箕山西北有许黄店村，村内许姓从古至今尊许由为祖先。村里原有许由庙，"文革"中被拆。鄄城古代八景中"修真独卧箕山侧"即指此事。清光绪年间，箕山尚高5米，后历经河水冲刷，人工挖掘，渐为平地。

孙膑墓位于箕山镇孙花园村东北向阳河东岸。孙膑归隐故乡后，在孙花园著书立说，死后葬于村北。明代，墓被黄河泥沙淤埋地下。光绪二十六年（1900），在村北向阳河东岸出土明嘉靖三十七年（1558）重修亿城寺墓碑一块，上刻"膑墓址深邃"，经专家多方考证，确定孙膑墓址在此。孙氏族人重修坟茔，墓丘直径4米，封土高3米，四周砌以围石，墓前立碑一块，篆书"孙膑墓"。墓地面积600平方米，四周砌1米高青砖花墙，内植翠柏12株，立有县政府"县级重点文物保护单位"石碑一块。

亿城寺遗址位于箕山镇孙花园村北，如今可观察到的范围是东西宽50米、南北长60米、总面积3000平方米的土丘。孙膑在（孙）花园著书时，为方便他接待宾客，齐王特在附近建了一座驿城。孙膑死后，葬于驿城前。魏晋时佛教传入鄄城，北齐皇建元年（560）在其旧址建寺取"亿"安静之义，名为"亿城寺"，后因黄河水患被毁。亿城寺曾两次重修。明嘉靖三十七年（1558）"重修亿城寺石碑记"上有"刻释伽诸像万余尊于碑之阳，镌主持僧众五百余名于碑之阴"及"皇明宫殿遍天下，而无减于大齐之盛"的记载，可见其规模之宏大。亿城寺又名义城寺，取羊角哀、左伯桃、荆轲义士之意，来历为寺旁曾有羊角哀、左伯桃合葬墓以及荆轲墓。故"驿""义""亿"同指一寺。

羊左合葬墓位于箕山镇东李胡同村南半里许。该墓封土直径3米，高

2米，墓室结构不详。墓前有清嘉庆十四年（1799）所立“范县古义士左伯桃表墓碑”，该墓为县级重点文物保护单位。羊左全交的故事，千百年来广泛流传于民间。相传战国时期燕国人羊角哀、左伯桃同往楚国求职，行至鄄邑，忽遇雨雪，盘费将尽，仅够一人生存，左伯桃将食物、银两尽给羊角哀，让其前往楚国，自己留此等候。羊至楚国做了上大夫，后至鄄邑寻找左伯桃，发现左已因冻饿死在一树洞中。羊遂拔剑自刎。当地遂将羊、左二人合葬一墓。

荆轲墓位于箕山镇李胡同村西南。传荆轲刺杀秦王未遂而被杀后，葬于此地。战国末期，秦国攻破了赵国，继而攻打燕国，提出要燕国把督亢一带属地划给秦王。燕太子丹为了保卫燕国利益，正密谋刺杀秦王。荆轲是战国末期卫国人，擅长击剑，有勇有谋，燕将田光将他举荐给太子丹。荆轲带了督亢地图和秦国叛将樊於期的人头前往咸阳。但终因寡不敌众，荆轲被杀死在秦庭。其好友卫国人高渐离（今箕山镇高庄人）把荆轲遗体运回自己原籍村东南择地安葬，即今荆轲墓。

汲黯墓位于箕山镇观寺王庄北500米。1979年被公布为县级文物保护单位。汲黯，字长孺，西汉济阴郡鄄城县人，官至中大夫。先世曾七代为卫国大夫。汉景帝时，黯为太子洗马，武帝即位，为谒者。黯性情耿直，直言敢谏，曾多次当众指责汉武帝过失。武帝称赞汲黯：“古有社稷之臣，像汲黯这个样子，就算差不多了。”元狩五年（前118），任淮阳太守，推行五铢钱。后卒于任上，葬于鄄。

孙膑旅游城是经省政府批准立项，在孙膑墓和古亿城寺原址上修复建设的外资旅游项目，现为国家AAAA级旅游景点，坐落在箕山镇东北部。其主要由孙膑纪念区、园林游览区和佛教文化区组成。整个旅游城内遍植各种树木花草，山、水、塔、湖、林，是休闲避暑、观光旅游、览胜游乐的好去处，为我国北方继泰山、“三孔”之后又一旅游观光胜地。

城濮大战发生地——临濮镇

临濮因临古濮水而得名。地处鄄城西南部，山东、河南两省交界处，北枕黄河，南接牡丹之乡，西靠中原油田，东通水泊梁山。沿黄公路自东北至西南穿境而过，东北距旧城黄河浮桥36公里，西南距东明黄河大桥41公里，既是鄄城西南重要的交通枢纽和工农业产品集散地，又是鄄城西南的门户和历史重镇，具有悠久的历史和明显的区位优势，素有“南数临濮北数阁”之美称。黄巢安营古址、庄子庙钓鱼台、东岳大帝青铜像等文化古迹至今犹存，晋楚城濮之战、公子重耳退避三舍等历史故事历代传唱。

临濮是中华民族开发较早的区域之一，五千年前，我们的祖先就在这片土地上渔猎耕种，创造着人类文明。春秋时称城濮，为古代军事要地之一，隋置临濮县，属濮州。唐、五代十国、北宋因之，金于贞元二年（1154）降临濮县为临濮镇，并入鄄城县。《春秋》载：“庄公二十七年（前667），公会齐侯于城濮。”又载：“僖公二十八年（前632），晋楚战于城濮。”又载：“城濮，春秋卫地”，由于地理位置重要，历代统治者都把临濮视为军事要地，设郡立县，严加统治，临濮成为古代著名的军事重镇和文化中心。公元前632年，在今临濮一带发生了闻名千古的晋楚城濮之战，晋文公和齐、宋、秦等国联军，战败楚国于此，约当今山东鄄城西南临濮集。城濮之战创造了以少胜多的战争奇迹。据《春秋》记载，晋文公五年（前632）曾在此发生了一场中国历史上有名的晋楚之战，史称城濮之战。当时楚、晋争霸，形成必然交锋之势。宋、曹、卫三国先后脱离楚国归向晋国，楚国进攻晋国，两军相遇，晋军主动退让90里至卫国城濮（今鄄城临濮集）。《左传•僖公二十三年》记载，晋公子重耳逃亡到楚国，楚王款待甚厚，问他将来怎样报答。重耳说：如果晋楚打仗，我先“避君三舍”。成语“退避三舍”即自此而来。楚之主帅子玉统率的左中右三军被晋文公统率的上中下三军打败，楚军元气大伤，晋国声威大震，确立了霸主地位。城濮之战是春秋争霸关键性的一战。

临濮镇还有庄子钓鱼台遗址。相传，庄子在濮水垂钓，楚王委派两位大夫前来聘请他道：“吾王久闻先生贤名，欲以国事相累。深望先生欣然出山，上以为君王分忧，下以为黎民谋福。”庄子持竿不顾，淡然说：“我听说楚国有只神龟，被杀死时已三千岁了。楚王珍藏之以竹箱，覆之以锦缎，供奉在庙堂之上。请问二大夫，此龟是宁愿死后留骨而贵，还是宁愿生时在泥水中潜行曳尾呢？”二大夫道：“自然是愿活着在泥水中摇尾而行啦。”庄子说：“二位大夫请回去吧！我也愿在泥水中曳尾而行哩。”他淡泊权势名利，甘愿清贫隐居，逸情垂钓濮上，宁做自由之龟。庄子钓鱼台遗址位于临濮镇庄子庙村南华观遗址北约1000米，是鄄城八大景点之一，有“钓台阴雨雾蒙蒙”之诗句。战国时期，道家学派重要人物庄周曾垂钓于此，故称“庄子钓鱼台”，简称“钓鱼台”。后人又在其著《南华经》的南华观旧址上建庙以祀庄子。其后将南华观改名为庄子庙村。唐玄宗天宝元年（742）封庄子为南华真人，又将庄子庙改为南华观，《庄子》一书改名为《南华真经》。因黄河决口，该台渐被淹没，清末时尚有4亩许一方高地，后被淤为平地，仅存遗址。自1985年以来，已恢复修建了南华观，占地20余亩。主体建筑漆园大殿五间，为庑殿式仿古建筑，内塑庄周雕像，正中墙壁绘制太极八卦图，雄伟壮观。

临濮亚圣夫子庙由孟子54代孙孟思安始建于明正德三年（1508），由62代孙孟闻山重修于明崇祯五年（1632），1935年毁于黄河水患。原有殿堂、断机亭、棂楹三小门、墓门、应门、月池、水井各一，为当地一大胜景。1990年从原址出土有碑刻五通，为《天启元年翰林院清查祭祀整理庙貌赐族人冠带衣巾碑》《崇祯五年知州刘锃新撰崇祯五年碑》等。孟子54代孙孟思安原任陕西榆林道佥士，正德初告老还乡，经濮赴邹，因家乡有兵变，滞留临濮，后其子克谐试于濮，补弟子员，遂世居濮水。虑于每年回邹丁祭路远不便，因而建亚圣孟夫子庙于临濮，形成山东孟庙南北各一，至今五百年。

临濮镇是春秋时期著名思想家计然故里。计然，又名计倪，原姓辛，名文子。其先祖是晋国逃亡公子，避居于濮上（今鄄城县临濮集）。计然天资聪慧，博学强记，满腹经纶，尤善于出谋划策，著有《万物录》13卷。学业有成后，周游列国。适逢越国被吴国打败，越王卧薪尝胆，发誓报仇灭吴。范蠡荐然于勾践，计然提出的发展农工商的策略被越国采纳，行施10年，国富民强，兵精粮广，遂称霸天下。后范蠡用计然之策经商，不几年便成为百万富翁。留有《计然子》15卷。

在历史的长河中，临濮人民创造了灿烂的文化，可谓人杰地灵，临濮历来商贸发达，四方商贾云集，素有“南数临濮北数阁”的美称。改革开放以来，临濮的政治、经济、文化得到了迅速发展，人民群众安居乐业，生活水平日益提高，临濮的面貌出现了巨大的变化。

先贤故里　冉堌春秋——冉堌镇

冉堌镇位于定陶县东南，建于春秋时期，是用孔子贤徒冉子命名的集镇。秦汉时，为吉旺里，称冉山。据《冉堌村志》记载："冉求系出于周聃季载，与冉伯牛、冉仲弓三贤鼎足，世居山左。"冉氏定居于此，故称冉山。据清朝徐继孺《曹南文献录》载："汉高祖自丰沛起兵灭秦，至吉旺里驻跸，练士卒于冉山南……改冉山为冉子堌。"《冉子族谱》亦有类似记载曰："改冉山为冉堌。"据此，自汉代改名冉子堌，或称冉堌。

冉堌镇历史悠久，文化底蕴丰厚，是冉子故里。冉子名求，字子有，周文王第十子周聃季载的后裔，"聃"去"耳"为"冉"，故为冉姓，是孔子贤徒之一。冉求是春秋末年鲁国人，生于公元前522年，卒年不详。他性格活泼爽快，多才多艺，以擅长"政事"著称，孔子称赞他是"千室之邑，百乘之家，可使之为宰也"。自从东汉永平十五年（72），明帝刘庄东巡曲阜祭祀孔子及其弟子后，冉子在历代官府推崇孔子的同时不断受到祭祀和封赐。东魏兴和元年（539）兖州刺史李仲璇修建曲阜孔庙时，雕塑冉求等"十子"像。唐开元八年（720）玄宗李隆基诏称"十子"为

“十哲”改站像为坐像。开元二十七年（739）追封其为“徐侯”，北宋大中祥符二年（1009）加封为“彭城公”。南宋咸淳三年（1267）改封为“徐公”。明嘉靖九年（1530）更正祀典，改称“先贤冉子”。清雍正七年（1729）曲阜孔庙大成殿重建落成后，重塑冉求像，列十哲第六，位于大成殿内西山墙下像龛内，自北数第三名，面向东。塑像毁于“文革”之中，1983年国家又按照清雍正七年（1729）塑像的形制进行复制，坐像高2米，冕九旒，服九章，手执躬圭，像前牌位贴金正书“先贤冉子求神位”。

据《曹南文献录》和《冉氏族谱》所记，明成化十七年（1481），知县邹鲁在冉堌为冉子、冉伯牛、冉仲弓三贤合祠。明、清时期曾四次重修。三贤冉子祠在冉堌集中心路北，有前后两院，后院大殿三间，塑有三贤泥像。院内石碑数块。两侧各有配房三间。前后院有两扇园门相通，前院中石碑六块，其中有“先贤冉子故里”碑一块。院中古树参天，幽雅恬静，后因年久失修，再加“文革”中破除“四旧”，三贤冉子祠拆毁无迹，后建为冉堌公社大院，今为冉堌小学。

冉堌是秦相魏冉的墓葬地。魏冉，战国时秦国大臣，原为楚人，秦昭王母亲宣太后异父弟。秦武王去世，秦内乱，他拥立昭王。初任将军，后一再任相，封于穰（今河南邓县），号穰侯。五国合纵破齐后，他加封陶邑（今山东省定陶县西北），富于王室。与华阳君、泾阳君、高陵君并称“四贵”。曾保举推荐白起为将，连续攻取晋国城池土地，并克楚国都城郢（今湖北江陵西北）。秦昭王四十一年（前266），昭王改用范睢为相，冉被罢免。昭王命魏冉去封地陶邑居住。魏冉出关时，仅财物辎重就装了一千辆大车，最后“身折势夺而以忧死”于陶邑，葬于陶。据《山东通志》记载：“魏冉墓在冉堌集。”据清光绪《曹县志》载：“魏冉（秦相）墓……葬于陶，世谓之安平陵。按冉堌之名，盖因此墓。”《山东考古录》云：“曹县之冉堌为秦相魏冉之墓，而今人以为仲弓，如此之类，盖难以尽信也。”相传在冉堌集东门里大觉寺遗址东约30米处，有古墓埋深7米左右，疑为魏冉墓。实际上据《明嘉靖南阳府志校注》载：“魏冉墓在州城东门外，世传秦丞相魏冉葬此。”《明统志》载：“穰侯墓在邓州新城东。”魏冉冢位于河南省邓州市大东门外苗圃内，保存完好，为邓州市市级文物保护单位。

春秋五霸会盟处——五霸岗村

五霸岗村位于东明县城东南20公里，陆圈镇政府驻地东南8公里，在东明县与牡丹区的交界处。这是一个历史悠久的古村，《春秋左传集解·僖公上》记载：“（鲁僖公）九年夏，公会宰周公、齐侯、宋子、卫侯、郑伯、许男、曹伯于葵丘。”明万历年间碑刻记载：“……其来盖有年矣，夫五霸岗乃齐桓公会盟处也。”《读史方舆纪要》载：“（东明）县东南五霸岗，春秋时，齐晋会盟处也，亦曰霸王岗，相传项羽救邯郸曾住此岗。”据李氏宗祠碑载：“吾始祖李公原籍山西平阳府洪洞县衡门镇人，于明永乐二年（1404）奉旨徙居于五霸会盟之处葵邱。”为纪念五霸会盟之事，改村名五霸岗。所称葵邱集、葵邱围皆为此地。

明清以来，该村曾多次设为乡镇驻地，交通便利，官绅集中，商贾云集。旧时，该村较出名的财主有李锡范、李增广、李锡均等，本村周边的小村落大多是这些地主的佃户，就连河南兰考县的找营、东明县的东三里、穆庄、唐庄等都有五霸岗财主的庄园。种种有利条件，吸引了许多外来人员到此经商，出现了一大批远近闻名的钱庄、粮庄、商号、药店，如得胜堂药店、崇有号钱庄、成有号粮店、大有号、始有号百货店、姚家药铺等。

五霸岗历史悠久，教育发达，人们重诗书，懂礼仪。据《东明县志》记载：该村古有李钺为明岁贡生，曾任山西平阳府稷山县知县。李遇春为明朝晋标总旗，李长庚为明朝天启辛酉科举人，李跻昌为明朝崇祯乙亥科贡生，李殿桂入太学、李长发为清朝顺治己亥岁贡生，李少兰为清朝嘉庆癸酉科拔贡，李维驭为清道光乙酉科拔贡。李浣为清朝咸丰辛亥恩科举人、同治壬戌科大挑二等，历署顺天府汉学教授，任河间县教谕，钦定五品衔，著有《面圃轩诗草》六卷、《李氏时文集》两卷。李云为清道光丁酉科拔贡，李曾盼为清朝六品提功。李曾裕为清朝光绪乙卯（1879）科举人，戊戌科大挑二等，就职教谕，于宣统三年（1911）纂修《东明县志》，并做《清宣统三年〈东明县志续〉序》。李锡范为清朝末年秀才，清优廪生。

清咸丰年间，拔贡张沿树创办私学，开门授徒，所教学生出秀才多人。清末秀才李金榜、李万荣创办的私塾也有很大影响。1935年，五霸岗公办学堂，称为“洋学”，李起静任校长，并有吴六一、乔文敏、李绍拥、李展拥等一批较有名望的教师任教。新中国成立后，五霸岗完小曾吸引方圆几十公里的学生来此上学。

民国初年，开明地主李锡钧和李德标组织起大平调戏班，新中国成立后改为豫剧团，演员达40多名，李广让、李宝堂、张启运、李春季等演技高超，群众喜闻乐见。1956年剧团解散后，不少演员被聘外地，其中李宝堂被陕西黄龙县豫剧团聘为团长，后到河南周口市商水县豫剧团任职。该村书法艺术源远流长。早在咸丰年间，举人李浣的书法艺术造诣很深。光绪年间的举人李曾裕，书法艺术名噪一时，大有颜柳之风，慈禧太后慕其书法，亲自召见，并赐钱袋一个，现县庄子书画院、文化馆都藏有他的真迹。

据该村《梅花拳拳谱》记载："梅花拳自乾隆十年，从徐州传入我村，七八十年代最为普及，今拥有梅花拳弟子一千余人。"期间出现了不少武术名师。清康熙年间的宗师李绍先留有"河北半拉天，不如河南李绍先"的美名。清咸丰年间的王义臣因战功被封为保定府世袭守备，得御赐"威震沙漠"之匾额。姚公序在民国期间南京打擂夺魁，后任南京国民政府陆军武术教官。民国末年，李万高参加曹县比武大会，一举夺魁，被誉为一代名师。如今，五霸岗这种尚武之风有增无减，成为人们强身健体、结朋交友的方式。

现在的五霸岗，道路平坦，绿树成荫。村前，清清的贾河水绕村而过，村内50座高楼拔地而起，古老文明的五霸岗以它的优美、和谐、文明、富足，展示着新的风采。

图书在版编目（CIP）数据

山东古镇古村 / 董珂，郭晓琳主编. -- 济南：山东友谊出版社，2016.9
ISBN 978-7-5516-0660-8

Ⅰ. ①山… Ⅱ. ①董… ②郭… Ⅲ. ①乡镇－概况－山东 Ⅳ. ① K925.25

中国版本图书馆 CIP 数据核字（2016）第 242119 号

主管单位：山东出版传媒股份有限公司
出版发行：山东友谊出版社
地　　址：济南市英雄山路 189 号　　邮政编码：250002
电　　话：出版管理部（0531）82098756
市场营销部（0531）82098035（传真）
印　　刷：山东省东营市新华印刷厂
版　　次：2016 年 10 月第 1 版
印　　次：2016 年 10 月第 1 次印刷
规　　格：165mm × 240mm
印　　张：42.5
字　　数：500 千字
定　　价：75.00 元
